Deepak Chopra

Heilung

Deepak Chopra

Heilung

*Körper und Seele in
neuer Ganzheit erfahren*

Aus dem Englischen von
Michael Wallossek

nymphenburger

Meinen geliebten Enkelkindern
Tara, Leela und Krishan gewidmet.

1. Auflage August 2010
2. Auflage November 2010

© by Deepak Chopra
© für die deutschsprachige Ausgabe nymphenburger in der
F. A. Herbig Verlagsbuchhandlung GmbH, München 2010
Die Originalausgabe erschien 2009 unter dem Titel:
»Reinventing The Body, Resurrecting The Soul« bei Harmony Books,
an imprint of the Crown Publishing Group, a division of
Random House, Inc., New York.
Alle Rechte vorbehalten.
Schutzumschlag: www.atelier-sanna.com, München
Schutzumschlagmotiv: Jeremiah Sullivan
Lektorat: Désirée Schoen
Satz: Ina Hesse
Gesetzt aus: 10,3/13,8 pt. Sabon
Druck und Binden: GGP Media GmbH, Pößneck
Printed in Germany
ISBN 978-3-485-01316-1

www.nymphenburger-verlag.de

Inhalt

Einführung: Das vergessene Wunder 7

Den Körper neu erfinden

Vom Zusammenbruch zum Durchbruch 16

Durchbruch Nr. 1
Ihr physischer Körper ist eine Fiktion 37

Durchbruch Nr. 2
Ihr wirklicher Körper ist Energie 63

Durchbruch Nr. 3
Die Magie des Gewahrseins 91

Durchbruch Nr. 4
So verbessern Sie Ihre Gene 128

Durchbruch Nr. 5
Die Zeit ist nicht Ihr Widersacher 153

Die Seele wieder erwecken

Die Seele ist Ihr geistiger Körper 182

Durchbruch Nr. 1
Das Leben kann so viel leichter sein 215

Durchbruch Nr. 2
Liebe erweckt die Seele 254

Durchbruch Nr. 3
Seien Sie so grenzenlos wie Ihre Seele   288

Durchbruch Nr. 4
Die Frucht vollständigen Loslassens   320

Durchbruch Nr. 5
Durch Sie entfaltet sich das Universum   353

Zehn Schritte zur Ganzheit

Versprechungen, die Sie halten können   388

Resümee: »Wer hat mich gemacht?«   458

Dank   463
Anmerkungen des Übersetzers   464

Einführung:
Das vergessene Wunder

Während meines ersten Studiensemesters befand ich mich eines Tages in einem stickigen Obduktionssaal in der anatomischen Abteilung der medizinischen Fakultät. Abgedeckt mit einem Laken, lag dort ein Leichnam vor mir. Das Laken zur Seite zu ziehen war eine schockierende, zugleich aber durchaus aufregende Erfahrung. Mit einem sauberen Schnitt führte ich oberhalb des Brustbeins mein Skalpell durch die Haut. Nun sollte sich mir also das Geheimnis des menschlichen Körpers offenbaren.

Im gleichen Moment hatte ich damit dem Körper die Aura des Geheiligten genommen und eine Grenze überschritten, hinter die man im Grunde nie wieder zurückkehren kann. Zwar verdanken wir den Naturwissenschaften einerseits die Anhäufung und Aneignung eines ungeheuren Faktenwissens. Andererseits ist uns jedoch ein reichhaltiger Schatz an spiritueller Weisheit verloren gegangen.

Warum aber sollten wir nicht beides haben, beides miteinander verbinden und vereinbaren können?

Dazu müssten wir in unserem schöpferischen Denken einen großen Sprung, einen Durchbruch vollziehen. Diesen Durchbruch nenne ich »die Neuerfindung des Körpers«. Ihr Körper – das wird Ihnen vielleicht nicht bewusst sein – ist zunächst einmal eine Erfindung. Wenn Sie zum Beispiel in einer medizinischen Fachzeitschrift lesen, werden Sie letztlich mit einer Vielzahl von Begriffen und Vorstellungen über den Körper konfrontiert, die wir Menschen uns lediglich ausgedacht haben, die wir aber bereitwillig zur Grundlage unserer Lebensführung machen. Ich habe mich einmal hingesetzt und all die einzelnen Artikel jenes ärztlichen Credos, das man mir einst an der medizinischen Fakultät vermittelt hatte, fein säuberlich aufgeführt. So entstand eine lange Liste mit solch fragwürdigen Aussagen wie:

- Der Körper ist eine aus beweglichen Teilen zusammengesetzte Maschine. Wie alle Maschinen verschleißt er mit der Zeit.
- Ständig schwebt er in Gefahr, sich Infektionen und anderweitige Erkrankungen zuzuziehen. In einer dem Menschen feindlichen Umwelt wimmelt es nur so von Keimen und Viren, die darauf warten, die Immunabwehr des Körpers zu überwinden.
- Die einzelnen Organe führen, von den übrigen Körperzellen getrennt, ein Eigendasein und sollten daher auch separat untersucht werden.
- Alles, was im Körper geschieht, wird durch unkontrolliert ablaufende chemische Reaktionen bestimmt.
- Das Gehirn erschafft den Geist in einem stürmischen Gewitter von elektrischen Impulsen. Diese gehen mit biochemischen Reaktionen einher, die man beeinflussen kann, um den Zustand des Geistes zu verändern.
- Erinnerungen werden in den Gehirnzellen gespeichert – ungeachtet der Tatsache, dass noch nie jemand herausfinden konnte, wie bzw. wo dies geschieht.
- Nichts Metaphysisches ist wirklich. Realität kommt letzten Endes einzig und allein den Atomen und Molekülen zu.
- Unser Verhalten wird durch die Gene determiniert. Wie Mikrochips sind sie darauf programmiert, dem Körper Handlungsvorgaben zu machen.

- Alle körperlichen Attribute sind das Ergebnis einer evolutionären Entwicklung im Interesse der Arterhaltung. Letztlich geht es im Leben nur darum, einen Partner zu finden und sich fortzupflanzen.

Als junger Arzt hielt ich die in dieser Liste zusammengefassten Aussagen für sehr überzeugend. Die Körper, die ich in meiner ärztlichen Praxis untersucht und behandelt habe, schienen ihre Gültigkeit zu bestätigen. Patienten suchten mich auf, weil Teile ihres Körpers einem Verschleißprozess unterlagen. Ihre Symptome ließen sich auf Probleme mit verschiedenen Organen zurückführen. Ich verschrieb ihnen Antibiotika, um eindringende Bakterien abzuwehren, und so weiter. Dennoch lebte parallel zu alldem jeder dieser Menschen ein Leben, das mit kaputtgehenden Maschinen und mit Herzzellen, die getrennt von Leberzellen ihr Werk verrichten, rein gar nichts zu tun hatte. Jedes dieser Leben war erfüllt von Bedeutung und Hoffnung, erfüllt von Emotionen, von Ambitionen, von Liebe und Leid. Keine einzige Maschine auf der Welt vermag ein derartiges Leben zu führen; und eine schiere Ansammlung von Organen vermag es ebenso wenig. Das aus naturwissenschaftlicher Perspektive wahrgenommene Abbild des Körpers wurde dessen ganzheitlicher Beschaffenheit ganz und gar nicht gerecht. Das begann ich bald zu begreifen.

Immer wieder wurde deutlich, wie schnell die künstlich aufgebaute Trennungslinie zwischen jenem Leben, wie es aus der medizinischen Perspektive wahrgenommen wird, und dem persönlich erlebten Leben nicht mehr hält. Verlor ein Patient seinen Arbeitsplatz oder hatte er einen Todesfall in der Familie, war eine tiefe Niedergeschlagenheit die Folge. Die wiederum bewirkte eine Veränderung der chemischen Abläufe im Gehirn. Zwar konnte ich dann, um dieses

Stimmungstief zu behandeln, ein Medikament verschreiben. Durch das Medikament wurden allerdings lediglich die Symptome kaschiert. Eine wirkliche Heilung setzte dagegen voraus, dass die Patientin bzw. der Patient eine neue Arbeitsstelle fand oder den Prozess des Trauerns durchlief. Im einen wie im anderen Fall ging es um mehr als bloße chemische Reaktionen, die in verschiedenen Bereichen des Gewebes und in den Organen ablaufen.

Für mich steht seither außer Frage: Wir müssen unseren Körper neu erfinden. Erst der Körper ermöglicht Ihnen ein sinnvolles Leben. Ohne ihn können Sie nichts erleben, keinerlei Erfahrung machen. Daher sollte auch Ihr Körper Bedeutung tragen und von Sinn erfüllt sein. Was aber würde Ihrem Körper höchste Sinnerfüllung, Zielrichtung, Intelligenz und Kreativität geben? Allein die sakrale, also die von der Naturwissenschaft vergessene Seite unserer Natur. So bin ich auf den Ausdruck »die Seele wieder erwecken« gekommen.

Da religiöse Begriffe bei vielen Menschen mit emotionalem Ballast befrachtet sind, finde ich es keineswegs unproblematisch, sie zu verwenden. An der Verwendung des Ausdrucks »Seele« führt jedoch kein Weg vorbei. 90 Prozent aller Menschen glauben, dass sie eine Seele haben und ihr Leben erst durch sie seinen letzten und tiefsten Sinn erhält. Die Seele ist göttlicher Natur, sie verbindet uns mit Gott. Soweit das Leben Liebe, Wahrheit und Schönheit beinhaltet, betrachten wir unsere Seele als den Quell dieser Qualitäten. Aus gutem Grund wird vollkommene Liebe auch als Seelenverwandtschaft bezeichnet.

Und doch leben wir – ganz im Gegensatz zu unseren erklärten Überzeugungen – so, als sei in der materiellen Welt die Seele ohne Belang. Die Seele mag zwar gegen alle Übel des Fleisches immun sein, der Körper bleibt jedoch ohne Seele ein sinnloses Etwas. Tatsächlich sind Seele und Körper durch ständige Rückmeldungen jederzeit miteinander verbunden. Die vermeintliche Trennung zwischen beiden ist lediglich unsere Erfindung.

Vielleicht wenden Sie jetzt ein, noch nie in einem Zustand religiöser Ekstase gewesen zu sein oder die Gegenwart Gottes empfunden zu haben. Dies zeigt nur, welch eine verengte Vorstellung von der Seele wir haben, indem wir sie auf die Religion beschränken. Sie brauchen sich nur einen Einblick in die Weisheitsüberlieferungen einer Kultur, jeder Kultur, zu verschaffen und schon werden Sie feststellen, dass »Seele« weitere Bedeutungen hat. Die Seele ist der Quell des Lebens: jener Funken, durch den tote Materie zum Leben erweckt wird. Aus ihr gehen der Geist und die Emotionen hervor. Mit anderen Worten: Die Seele bildet die eigentliche Grundlage aller Erfahrung, dient der in jeder Sekunde sich entfaltenden Schöpfung als Kanal. Diese hochfliegenden Gedanken sind deshalb von großer Tragweite, weil jegliche Aktivität der Seele in einen körperlichen Prozess umgesetzt wird. Ohne Seele können Sie buchstäblich keinen Körper haben. Darin besteht das in Vergessenheit geratene Wunder: Die unsichtbare, der materiellen Welt scheinbar so ferne und von ihr getrennte Seele ist im Grunde der Schöpfer des Körpers. Jeder von uns ist Fleisch gewordene, körperlich manifestierte Seele.

Der Körper bedarf, das möchte ich Ihnen hier vor Augen führen, tatsächlich der Neuerfindung. Und es liegt in Ihrer Macht, dies zu vollbringen. Jede Generation hat, so eigenartig sich das vielleicht anhören mag, am Körper herumgebastelt. In vorwissenschaftlichen Zeiten begegnete man dem Körper noch mit tiefem Misstrauen. Es herrschten erbärmliche hygienische Verhältnisse, die Nahrung war kümmerlich und der Schutz vor den Elementen so unzureichend, dass ein Überleben, wenn überhaupt, nur unter großer

Mühe möglich war. Die Menschen erwarteten sich daher nichts anderes als ein kurzes, jederzeit von Gefahren bedrohtes Leben voller Krankheit und Schmerz. Dementsprechend brachte der Körper genau das hervor. Viele Menschen waren damals oft ein Leben lang von den Folgen ihrer Kinderkrankheiten gezeichnet. Die durchschnittliche Lebenserwartung betrug 30 Jahre.

Im Lauf der Jahrhunderte veränderte sich die Sicht des Lebens und als der Körper durch die aufkommenden Naturwissenschaften neu erfunden war, hat die Menschheit enorm davon profitiert. Seit die Medizin in der Lage ist, bestimmte Krankheitsprozesse bis zu einem gewissen Grad unter Kontrolle zu bringen, stellen wir auch höhere Erwartungen an unseren Körper und behandeln ihn besser. Heutzutage sind gute Gesundheit und ein langes Leben zum Standard, zu etwas ganz Natürlichem geworden.

Und jetzt ist Ihr Körper bereit für den nächsten Durchbruch. Er besteht darin, die Verbindung des Körpers zu Sinnerfüllung und Sinnhaftigkeit wiederherzustellen, die Verbindung zu den umfassenderen Werten der Seele. Es gibt keinerlei Grund, den Körper der Liebe, seiner Schönheit, seiner schöpferischen Kraft und seiner Inspiration zu berauben. Genau wie jeder Heilige sollten auch Sie Ekstase erleben. Und sobald Sie das tun, werden Ihre Zellen sich darauf einstimmen.

Den Entwicklungsweg zu einer höheren Existenz können Sie nur dann beschreiten, wenn Sie den Körper einladen, mit auf die Reise zu gehen. Das Leben wird uns nur als Ganzes erfahrbar. Wir Menschen strampeln uns mit körperlichen wie auch geistigen Problemen ab. Worin die eigentliche Ursache dafür liegt, wird den meisten jedoch nicht klar: nämlich in dem Umstand, dass das Band zwischen Körper und Seele durchtrennt worden ist.

Das Buch, das Sie hier in der Hand halten, habe ich in der Hoffnung geschrieben, diese Verbindung wiederherstellen zu können. Nach wie vor bin ich mit ebenso großem Eifer und Optimismus bei der Sache wie an jenem Tag, an dem ich erstmals mithilfe des Skalpells die unter der Haut verborgen liegenden Geheimnisse des Körpers enthüllen wollte – nur dass mein Optimismus jetzt den Geist ebenfalls mit einbezieht. Die Welt bedarf der Heilung. Erwecken *Sie* Ihre Seele, so erweckt im selben Maß die Menschheit die Seele der Welt. Gut möglich, dass eine Welle der Heilung über uns hinwegschwappen wird: eine kleine Welle zunächst, die allerdings innerhalb einer einzigen Generation anschwellen und eine über alle Erwartungen hinausgehende Dimension annehmen könnte.

Den Körper neu erfinden

Vom Zusammenbruch zum Durchbruch

Der Körper stellt uns im Lauf des Lebens zunehmend vor Probleme. Als Kinder lieben wir unseren Körper und verschwenden kaum je einen Gedanken an ihn. Mit fortschreitendem Alter findet diese Liebesbeziehung freilich rasch ein Ende, und das aus gutem Grund. Milliardenbeträge werden aufgewendet, um den Körper von seinen vielfältigen Krankheiten und Malaisen zu kurieren. Für Kosmetikartikel, die uns glauben machen sollen, wir sähen besser aus, als es tatsächlich der Fall ist, werden weitere Milliarden zum Fenster rausgeworfen. Der menschliche Körper lässt, sprechen wir es doch ohne Umschweife aus, viele Wünsche offen, und das nicht erst seit heute. Grenzenloses Vertrauen sollten wir lieber nicht zu ihm haben, denn Erkrankungen stellen sich häufig ohne Vorwarnung ein. Im Lauf der Zeit unterliegt er dem Verfall. Und letzten Endes stirbt er irgendwann. Lassen Sie uns das Problem daher mit der gebührenden Ernsthaftigkeit angehen.

Warum bemühen wir uns nicht, anstatt uns mit der physischen Gestalt zufriedenzugeben, die uns von Geburt an gegeben ist, um einen Durchbruch – um einen gänzlich neuen Umgang mit dem Körper?

Ein Durchbruch wird dadurch möglich, dass man beginnt, ein Problem von einer ganz neuen Warte her zu betrachten und zu überdenken. Ein besonders großer Durchbruch wird sich immer dann erzielen lassen, wenn man gedanklich völlig unvoreingenommen, also frei von allen

Vorbehalten an eine Sache herangeht. Wenden Sie also Ihre Augen von Ihrem Spiegelbild ab. Kämen Sie vom Mars und hätten nie gesehen, wie der Körper mit der Zeit altert und dem Verfall unterliegt, würden Sie womöglich glauben, dieser Prozess verliefe genau andersherum. Aus biologischer Sicht gibt es für körperliche Beeinträchtigungen an sich keinen Grund. Setzen Sie also an diesem Punkt an. Nachdem Sie sich geistig von all den überholten Annahmen, von denen Sie bisher stillschweigend ausgegangen sind, gelöst haben, steht es Ihnen nun frei, eine Reihe bahnbrechender Ideen zu entwickeln, die zu einer völlig veränderten Ausgangssituation führen:

Ihr Körper reicht ins Unendliche, ist grenzenlos. Er kanalisiert die Energie, Kreativität und Intelligenz des gesamten Universums.
In diesem Moment hört das Universum durch Ihre Ohren. Es blickt durch Ihre Augen. Und über Ihr Gehirn erfährt es sich selbst.
Ihr Lebenssinn besteht darin, dem Universum seine weitergehende Entfaltung zu ermöglichen.

Nichts von alledem ist irgendwie an den Haaren herbeigezogen. Ohnehin findet sich im ganzen Universum kein weiter fortgeschrittenes Laborexperiment als der menschliche Körper. Sie und ich stehen in vorderster Linie des Daseins. Diese Tatsache zu akzeptieren gibt uns die beste Überlebenschance. Eine schnelle Evolution – schneller als die jeder anderen Lebensform auf diesem Planeten – hat uns zu unserem derzeitigen Zustand verholfen. Dazu gehört eine immer bessere Gesundheit, eine zunehmend höhere Lebenserwartung, eine geradezu explosiv sich entfaltende Kreativität und ein – den Naturwissenschaften sei Dank – immer schneller sich weitender Blick für die sich uns bietenden Möglichkeiten.

Unsere körperliche Evolution fand im Grunde genommen vor etwa 200 000 Jahren ein Ende. Ihre Leber, Ihre Lunge, Ihr Herz und Ihre Nieren unterscheiden sich nur unwesentlich von denjenigen eines Höhlenbewohners. Mehr noch, zu etwa 60 Prozent stimmen Ihre Gene mit denjenigen einer Banane überein, zu rund 90 Prozent mit denen einer Maus und zu über 99 Prozent mit denen eines Schimpansen. Mit anderen Worten: Alles Übrige, was uns zum Menschen macht, beruht auf einer Evolution, die überwiegend unkörperlicher Natur ist. Wir haben uns selbst erfunden und den dazu passenden Körper gleich mit.

Wie Sie sich selbst erfunden haben

Vom Tag Ihrer Geburt an haben Sie Ihren Körper erfunden. Das fällt Ihnen bloß deshalb nicht auf, weil dieser Prozess auf eine so vollkommen natürliche Weise abläuft. Deshalb sieht man ihn leicht als eine Selbstverständlichkeit an. Genau darin liegt das Problem. Die Mängel, die Ihr Körper aufweist, sind keineswegs naturgegeben, sie sind mitnichten auf die Gene oder Fehler der Gene zurückzuführen. Vielmehr hat jede Ihrer Entscheidungen – bewusst oder unbewusst – den Körper ein Stück weit geformt. Nachfolgend zähle ich die Veränderungen auf, die Sie herbeigeführt haben bzw. nach wie vor herbeiführen. Diese Liste beschränkt sich auf ganz elementare Dinge, alle medizinisch fundiert. Jedoch bleibt kaum ein Teil des Körpers ausgenommen:

- Mit jeder Fertigkeit, die Sie erlernen, entsteht im Gehirn ein neues neuronales Netzwerk.

- Jeder neue Gedanke hinterlässt in der Hirnaktivität ein unverwechselbares Muster.
- Über »Botenmoleküle« wird jeder Stimmungswandel in alle Teile des Körpers übermittelt und die chemische Grundaktivität jeder Zelle verändert.
- Mit jeder Bewegung und durch jede körperliche Beanspruchung rufen Sie im Skelett und in der Muskulatur Veränderungen hervor.
- Mit jedem Bissen Nahrung, den Sie zu sich nehmen, modifizieren Sie den täglichen Stoffwechsel, die Ausgewogenheit Ihres Elektrolythaushalts und den Fettanteil Ihrer Muskulatur.
- Ihre sexuelle Aktivität und die Entscheidung, ob Sie Kinder zeugen wollen, wirken sich auf den Hormonspiegel aus.
- In Abhängigkeit von dem Stress, dem Sie sich aussetzen, wird Ihr Immunsystem stärker oder schwächer.
- Jede Stunde völliger Inaktivität lässt Ihre Muskulatur verkümmern.
- Die Gene stimmen sich auf Ihre Gedanken und Emotionen ein. In Einklang mit Ihren Wünschen schalten sie sich außerdem auf wundersame Art und Weise an und ab.
- Leben Sie in einer liebevollen Beziehung, wird Ihr Immunsystem gestärkt, in einer nicht liebevollen wird es geschwächt.
- Durch Trauer, Verlust und Einsamkeit hervorgerufene Krisen erhöhen das Risiko, zu erkranken und kürzer zu leben.
- Vom Geist regen Gebrauch zu machen erhält das Gehirn frisch und jung. Mangelnde Beanspruchung führt zu einem Abbau des Gehirns und zu einer Verringerung seiner Leistungsfähigkeit.

Mit all diesen Mitteln haben Sie Ihren Körper erfunden. Und wann immer Sie wollen, können Sie ihn mit ihrer Hilfe neu erfinden. Da stellt sich die Frage: Warum haben wir unseren Körper nicht wahrscheinlich längst neu erfunden, obwohl die jeweiligen Probleme schon lange genug offensichtlich sind? Weil es uns, so die Antwort, ungleich leichter gefallen ist, kleine Teilaufgaben zu lösen, als das Ganze zu sehen. In der Medizin haben wir die verschiedenen Facharztbereiche. Wenn Sie sich verlieben, kann Ihnen ein Endokrinologe Auskunft darüber geben, in welchem Maß sich dadurch in Ihrem Hormonsystem der Anteil der Stresshormone verringert hat. Ein Psychiater kann Ihnen etwas zur Aufhellung Ihrer Stimmung sagen. Diese Stimmungsaufhellung kann ein Neurologe bzw. ein Radiologe mittels modernster bildgebender Verfahren sogar anschaulich darstellen. Einem Ernährungswissenschaftler wird unter Umständen Ihr Appetitverlust Anlass zu Besorgnis geben. Dafür wird die aufgenommene Nahrung nun freilich besser verdaut. Und so weiter. Niemand kann Ihnen allerdings ein vollständiges Bild liefern.

Da der Körper aber, was die ganze Angelegenheit noch komplizierter macht, ständig in Veränderung begriffen ist und eine ganze Reihe von Aufgaben gleichzeitig zu erledigen vermag, kann man sich nur schwer vorstellen, durch einen einzelnen Schritt eine weit reichende Transformation in Gang zu setzen. Beispielsweise könnten Sie momentan ohne Weiteres gleichzeitig verliebt und schwanger sein, ein Landsträßchen entlanglaufen und mit einer Ernährungsumstellung begonnen haben. Sie könnten unter Schlafmangel leiden – oder ein bisschen zu viel schlafen –, könnten beruflich gerade eine kleine Durststrecke durchstehen oder aber Überdurchschnittliches leisten. Ihr Körper ist ein unablässig in Bewegung befindliches Universum.

Den Körper neu zu erfinden heißt, den Lauf der Welt zu verändern. Der Versuch, an sich selbst herumzudoktern, bedeutet dagegen, den Wald vor lauter Bäumen nicht zu sehen. Bei der einen Person dreht sich alles ums Gewicht, jemand anderer bereitet sich fleißig trainierend darauf vor, die Marathonstrecke zu bewältigen, eine Frau stellt gerade ihre Ernährung auf vegane Kost um, während ihrer Freundin die Wechseljahre zu schaffen machen.

Thomas Edison hat nicht versucht, nur eine verbesserte Kerosinlampe zu konstruieren. Vielmehr hat er sich von der Vorstellung, Feuer zu verwenden – seit prähistorischen Zeiten für uns Menschen die einzige Lichtquelle –, voll und ganz gelöst. Stattdessen hat er den Durchbruch zu einer gänzlich neuen Art von Lichtquelle bewerkstelligt. Wahrlich ein schöpferischer Quantensprung! Wenn Sie der Schöpfer Ihres Körpers sind, welcher Quantensprung steht Ihnen dann noch bevor?

An die Quelle zurückkehren

Nehmen wir uns Edison zum Vorbild, so sehen wir, dass wir uns erst von der alten Quelle abkehren müssen, um eine neue zu entdecken. Beim letzten Mal, als der menschliche Körper einer Generalinventur unterzogen wurde, haben seine Erfinder sich auf eine materialistische Weltanschauung gestützt. Sie war die Quelle, aus der sie schöpften, und so ging die letzte große Neuerfindung des Körpers von folgenden Grundvoraussetzungen aus:

- Der Körper ist ein Objekt.
- Sein Aufbau lässt sich mit demjenigen einer komplizierten Maschine vergleichen.

- Mit der Zeit geht die Maschine kaputt.
- Unentwegt wird die Körpermaschinerie von Keimen und anderen Mikroben angegriffen, die ihrerseits ebenfalls Objekte nach Art einer Maschine sind, wenn auch nur in einer winzigen, einer molekularen Größenordnung.

Wäre eine der gerade aufgeführten Annahmen tatsächlich zutreffend, hätte das gleich im Anschluss beschriebene Phänomen der *Elektrosensitivität* nicht auftauchen können. Damit wird ein Syndrom bezeichnet, bei dem Betroffene allein schon deshalb unter Schmerzen und anderen Beschwerden leiden, weil sie sich in der Nähe einer elektrischen Stromquelle aufhalten. Zumindest in Schweden wird das Krankheitsbild so ernst genommen, dass als elektrosensitiv diagnostizierte Menschen aus öffentlichen Mitteln Umbaumaßnahmen zur elektromagnetischen Abschirmung Ihres Hauses bzw. Ihrer Wohnung finanziert bekommen.

Ob die weit verbreitete Behauptung, Mobiltelefone seien gesundheitsschädlich, zutrifft, ist noch nicht abschließend geklärt. Dagegen schien es einfacher, der Frage nachzugehen, ob ein Phänomen wie Elektrosensitivität tatsächlich existiert. Zu diesem Zweck setzte man in einem Experiment Versuchspersonen elektromagnetischen Feldern aus (in Form von Mikrowellen, Radio- und Telefonsignalen, Mobilfunksendern und den Feldern von Strom- und Starkstromleitungen), wie sie uns auch im Alltag ständig umgeben. Während die entsprechenden elektromagnetischen Felder ein- und ausgeschaltet wurden, befragte man die Versuchspersonen nach ihrem Befinden. Bei keinem der Teilnehmer, so stellte sich letztlich heraus, lagen die Resultate jedoch deutlich oberhalb eines mittleren statistischen Erwartungswertes. Dies galt auch für diejenigen Personen, die sich selbst als elektrosensitiv bezeichnet hatten.

Endgültig geklärt war die Angelegenheit damit allerdings längst noch nicht. In einem Folgeexperiment gab man den Probanden Mobiltelefone und fragte sie, ob sie Schmerzen oder sonstige Beschwerden verspürten, wenn sie das Handy an den Kopf hielten. Nun beschrieben die elektrosensitiven Personen eine ganze Reihe von Beschwerden, darunter stechende Schmerzen und Kopfweh. Bei einer daraufhin mit den Mitteln der Magnetresonanztomografie durchgeführten Untersuchung der Gehirnaktivität wurde unübersehbar deutlich, dass ihre Aussagen den Tatsachen entsprachen. Denn die Schmerzzentren in ihrem Gehirn waren aktiviert. Nur hatte die Sache einen kleinen Haken: Die Mobiltelefone waren nichts weiter als Attrappen gewesen, von denen keinerlei elektrischer Impuls ausging.

Mit anderen Worten: Bei bestimmten Menschen genügte bereits die bloße *Schmerzerwartung*, um tatsächlich Schmerz auszulösen. Beim nächsten Telefonat mit einem Handy würden sie also unter dem Syndrom leiden.

Bevor Sie dies als einen psychosomatischen Effekt abtun, halten Sie bitte kurz inne und überdenken das Ganze. Wenn jemand sagt, er sei elektrosensitiv, und sein Gehirn dementsprechend funktioniert, so handelt es sich dabei um eine reale Bedingung – jedenfalls für diese Person. Mit gleichem Recht lässt sich andererseits sagen, die betreffende Person habe diese Bedingung selbst hervorgebracht. In der Tat haben wir es hier eigentlich mit einem weit umfassenderen Phänomen zu tun: mit dem Entstehen und Verschwinden bislang unbekannter Erkrankungen, die unter Umständen den Charakter einer Neuschöpfung haben. Weitere Beispiele dafür sind die sogenannte Magersucht (Anorexie) sowie verschiedene andere mit ihr in Zusammenhang stehende Essstörungen wie die Bulimie. Noch vor einer Generation traten solche Störungen äußerst selten auf. Heutzutage scheinen sie hingegen weit verbreitet zu sein, vor allem unter Mädchen im Teenageralter. Das prämenstruelle Syndrom (PMS) hat dagegen seinen Höhepunkt offenbar überschritten und scheint jetzt rückläufig zu sein. Das »Ritzen« wiederum, eine Form der Selbstverstümmelung, bei der ein Patient, in der Regel eine junge Frau, sich heimlich mit einer Rasierklinge oder einem Messer an der Hautoberfläche Verletzungen zufügt, scheint auf dem Vormarsch zu sein, nachdem es lange Zeit so gut wie unbekannt war.

Tauchen solche neuen Störungen auf, läuft die erste Reaktion im Grunde immer nach dem gleichen Muster ab: Die Opfer, so lautet dann die einhellige Meinung, hätten im Grunde genommen eine eingebildete bzw. psychotische Erkrankung hervorgebracht. Breitet sich die betreffende Störung weiter aus, dann stellen die Ärzte jedoch fest, dass die Patienten jene Weichenstellung, durch die sie die Erkrankung in Gang gesetzt haben, aus eigener Kraft nicht wieder rückgängig machen können. Das lässt nur den einen Schluss zu: Mögen die Symptome auch selbst hervorgebracht sein, sind sie nichtsdestoweniger real.

Im Unterschied dazu sind Maschinen außerstande, neuartige Funktionsstörungen hervorzubringen. Das bedeutet aber, dass dieses ganze Modell, uns den Körper als eine Art Maschine vorzustellen, in Wahrheit von Anfang an unzulänglich war. Mehr noch: Es war irreführend. Maschinen unterliegen mit der Zeit einem Verschleiß. Ein Auto brauchen Sie nur lange genug zu fahren, dann werden sich, durch die Reibung bedingt, seine beweglichen Teile abnutzen. Im Unterschied dazu wird ein Muskel unter Belastung stärker. Wenn wir vom Körper keinen Gebrauch machen, verkümmert er. Eine Maschine hingegen kann eben dadurch, dass man auf ihren Einsatz verzichtet, in einem weitestgehend neuwertigen Zustand erhalten werden. Bei knirschenden arthritischen Gelenken könnte allerdings durchaus der Eindruck entstehen, hier handele es sich um ein Paradebeispiel für verschlissene bewegliche Teile. Tatsächlich wird Arthritis jedoch nicht einfach nur durch Reibung, sondern durch das komplexe Zusammenwirken einer ganzen Reihe von Störungen verursacht.

Zu Ihren Lebzeiten hat sich dieses völlig überholte mechanistische Denkmodell nicht verändert. Lediglich hier und da wurde die eine oder andere Schönheitsreparatur vorgenommen. Aber was ist der Körper, wenn er keine Maschine ist? Ihr gesamter Körper ist ein ganzheitlicher dynamischer Prozess, der gewährleistet, dass das Leben weitergeht. Und für diesen Prozess sind Sie verantwortlich. Wie Sie damit umgehen sollen, hat Ihnen freilich niemand beigebracht – vermutlich deshalb, weil es ein derart gewaltiges Unterfangen ist: Es umfasst alles und nimmt niemals ein Ende.

Der Prozess des Lebens

In jedem Moment, so auch jetzt, gleicht Ihr Körper einem dahinströmenden Fluss, der niemals bleibt, was er gerade noch war. In einem ununterbrochen ablaufenden Prozess gehen auf der zellulären Ebene Hunderttausende chemischer Veränderungen fließend ineinander über. Diese Veränderungen laufen keineswegs wahllos ab. Unablässig dienen sie dem Zweck, das Leben weiter voranzubringen und dabei von der Vergangenheit das Beste zu bewahren. Ihre Erbsubstanz, die DNS, gleicht einer Enzyklopädie. In ihr ist die gesamte Evolutionsgeschichte archiviert. Ehe Sie geboren wurden, hat Ihre DNS die Seiten durchgeblättert, um zu gewährleisten, dass sich jedes Informationsfragment an der richtigen Stelle befindet. Zunächst, im allererste Stadium, ist der Embryo im Mutterleib lediglich eine einzelne Zelle, die schlichteste Form des Lebens. Im nächsten Schritt entwickelt diese Zelle sich zu einem locker zusammenhängenden Zellklumpen. Anschließend durchläuft der Embryo Schritt für Schritt die Evolutionsstadien von Fisch, Amphibie und niederem Säugetier. Simple Kiemen bilden sich und verschwinden wieder, um der Lunge Platz zu machen. Finger und Zehen treten an die Stelle von Flossen.

Zu der Zeit, da sich eindeutig menschliche Konturen abzuzeichnen beginnen, ist der Embryo bereit, einen Quantensprung zu vollziehen: Das Gehirn nimmt erste Gestalt an. Und während der letzten Schwangerschaftswochen werden minütlich Millionen neuronaler Neuverbindungen hergestellt. Zwei Milliarden Jahre genetischer Evolution, in neun Monaten zusammengefasst, nehmen Fahrt auf, bis sie ein unglaublich hohes Tempo erreicht haben.

Wenn das Baby schließlich zur Welt kommt, ist die Evolution eigentlich bereits übers Ziel hinausgeschossen. Als Neugeborenes besaßen Sie ein allzu komplexes, über Millionen überflüssige neuronale Verbindungen verfügendes Gehirn – ähnlich einem Telefonsystem mit einer viel zu umfangreichen Verkabelung. Die ersten paar Lebensjahre verbrachten Sie damit, diese Millionen zusätzlicher Verbindungen auf ein brauchbares Maß zu reduzieren. Indem Sie die nicht benötigten Verbindungen kappten, während Sie die einwandfrei einsetzbaren Verbindungen beibehielten, entwickelten Sie sich zu genau dem Menschen, der Sie heute sind. Genau an dem Punkt aber betrat die Evolution unbekanntes Gebiet. Ab jetzt mussten Entscheidungen getroffen werden, die nicht unbedingt genetisch vorgegeben waren.

Ein Baby steht an der Schwelle zum Unbekannten. In der genetischen Enzyklopädie sind ab jetzt keine weiteren Seiten mehr verfüg- und abrufbar. Die nächste Seite mussten Sie bereits selbst schreiben. Während Sie das getan und auf diese Weise den Gestaltungsprozess eines völlig einzigartigen Lebens in Gang gebracht haben, hat der Körper mit Ihnen Schritt gehalten: Die Gene haben sich Ihrem Denken, Empfinden und Handeln angepasst. Die Wissenschaft hat herausgefunden, dass eineiige, mit exakt demselben Erbgut geborene Zwillinge nach dem Heranwachsen deutliche genetische Unterschiede aufweisen. Bestimmte Gene wurden »angeschaltet«, andere »abgeschaltet«. Die Chromosomen 70-jähriger eineiiger Zwillinge weisen nicht einmal mehr entfernte Ähnlichkeit miteinander auf. Indem die Lebenswege zweier Menschen in unterschiedliche Richtungen verlaufen, stellen sich die Gene darauf ein.

Nehmen wir zum Beispiel eine vergleichsweise einfache Fertigkeit wie das Laufen: Mit jedem unbeholfenen Schritt, den ein kleiner Knirps zurücklegt, nimmt er an seinem Gehirn eine Veränderung vor. Das für den Gleichgewichtssinn verantwortliche Nervenzentrum, das sogenannte vestibuläre System, das sich in der Gebärmutter noch nicht entwickeln konnte, erwacht nun gewissermaßen zum Leben und zeigt erste Aktivitäten. Sobald das Kleinkind dann richtig zu laufen gelernt hat, ist dieser funktionelle Entwicklungsabschnitt für das vestibuläre System zunächst einmal abgeschlossen.

Später aber, nachdem Sie herangewachsen sind, wollen Sie vielleicht lernen, Auto zu fahren, Motorrad zu fahren oder sich anmutig auf dem Schwebebalken zu bewegen. Mag das Gehirn auch zum betreffenden Zeitpunkt bereits vollständig entwickelt sein, so bleibt es jedoch keineswegs an diesem Punkt stehen. Ganz im Gegenteil: Sobald Sie eine neue Fertigkeit erlernen wollen, folgt es Ihren Wünschen und passt sich diesen an. Eine elementare Funktion wie die Wahrung des Gleichgewichts lässt sich weit über das Grundniveau hinaus schulen und fein abstimmen. Das ist das Wunderbare an der Verbindung zwischen Geist und Körper: Da gibt es keine ein für alle Mal festgeschriebene Schaltung, keine »feste Verdrahtung«. Das Gehirn bleibt veränderlich und flexibel. Bis ins hohe Lebensalter kann es neue Verknüpfungen herstellen. Unser Gehirn ist höchst resistent gegen Alterung. Und es ist die Triebkraft der Evolution, ihr Motor. Mag es auch den Anschein haben, als sei die physische Evolution abgeschlossen – tatsächlich hat sie uns eine Tür offen gehalten.

Durch diese Tür möchte ich gemeinsam mit Ihnen hindurchgehen. Denn dahinter liegt weit mehr, als Sie sich jemals vorgestellt hätten. Sie sind dazu bestimmt, versteckte Möglichkeiten zutage zu fördern, die sonst im Verborgenen bleiben würden. In diesem Zusammenhang kommt mir das Bild des vermutlich größten Balanceakts, den je ein Mensch vollbracht hat, in den Sinn. Vielleicht haben Sie Fotos davon gesehen. Am 7. August 1974 stieg ein französischer Akrobat namens Philippe Petit, nachdem es ihm gelungen war, sämtliche Sicherheitsvorkehrungen auszuhebeln, auf das Dach des World Trade Center. Dort spannte er mit Unterstützung von Helfershelfern zwischen den beiden Türmen ein 205 Kilogramm schweres Seil. Als Petit den ersten Schritt hinaus auf das 43 Meter lange Seil unternahm, hielt er sich mithilfe eines knapp acht Meter langen Stabs im Gleichgewicht. Beide Türme schwankten, denn es herrschte starker Wind. Der Abgrund, der sich unter seinen Füßen auftat, war 104 Stockwerke tief, rund 400 Meter. Petit, der professionelle Hochseilartist (so bezeichnete er sich selbst), war mit einer grundlegenden Gabe des menschlichen Körpers, dem Gleichgewichtssinn, in eine neue Dimension vorgestoßen.

Was einen normalen Menschen in Angst und Schrecken

versetzen würde, wurde für diesen einen Menschen, für Philippe Petit, zu etwas ganz Normalem. Er stand an vorderster Front der Evolution. Über das Drahtseil mit einem Durchmesser von nur 19 Millimetern balancierend, legte er die 43 Meter messende Distanz zwischen den Twin Towers ganze acht Mal zurück. Zwischendurch setzte bzw. legte sich Petit sogar auf das Seil.

Dies war nicht einfach nur ein physisches Kunststück, das wusste er ganz genau. Ein Höchstmaß an innerer Sammlung, volle Konzentration, war hier seine einzige Lebensversicherung. Daher entwickelte Petit einen mystischen Bezug zu dem, was er tat. Er musste mit absolut ungeteilter Aufmerksamkeit bei der Sache sein. Auch nicht für den winzigsten Augenblick durfte er sich erlauben, Angst aufkommen zu lassen oder anderweitig abgelenkt zu sein. Gewöhnlich ist das Gehirn unfähig, einen derartigen Zustand eingerichteter, durch nichts zu erschütternder geistiger Sammlung zu erreichen. Wir lassen uns ständig ablenken, ohne zu wissen, wie wir dagegen ankommen sollen, und schon auf die ersten Anzeichen von Gefahr reagieren wir ganz automatisch mit Angst. *Ein* Mensch jedoch vermochte dies durch die klare Ausrichtung auf die selbst gestellte Aufgabe zu bewältigen: Geist und Körper passten sich dieser Ausrichtung an und die Evolution betrat unbekanntes Terrain.

Durchbrüche statt Zusammenbrüche

In diesem Augenblick stehen Sie an der unablässig über sich selbst hinauswachsenden Spitze der Evolution. Der nächste Gedanke, den Sie entwickeln, die nächste Handlung, zu der Sie sich entschließen, wird entweder eine neue Möglichkeit für Sie schaffen oder bloß eine Wiederholung von Vergangenem sein. Die Bereiche möglichen Wachstums sind immens. Dennoch werden sie meist übersehen. Machen Sie sich eine Liste, um einen Eindruck davon zu bekommen, wie das vor Ihnen liegende Territorium aussieht. Es lohnt sich. Ich habe mir jedenfalls ein Blatt Papier geschnappt und so schnell wie möglich, ohne mir irgendwelche Einschränkungen oder Grenzen aufzuerlegen, sämtliche Aspekte meines Lebens notiert, in denen Wachstum und Weiterentwicklung notwendig sind. Alles, was ich je erleben wollte, jedes Hindernis auf dem Weg, jedes angestrebte Ideal – es ist auf der Liste gelandet. Und das kam dabei heraus:

Liebe	Tod	Transformation
Leben nach dem Tod	Unschuld	Gnade
Erneuerung	Verlust	Unsicherheit
Angst	Intuition	Krise
Energie	Vertrauen	Widerstand
Schuld	Hoffnung	Mangel
Glaube	Vorsatz	Vision
Egoismus	Inspiration	Macht
Kontrolle	Hingabe	Vergebung
Ablehnung	Verspieltheit	Wertschätzung
Ewigkeit	Zeitlosigkeit	Handlung
Begierde	Motivation	Karma
Entscheidung	Verletzlichkeit	Illusion
Freiheit	Präsenz	Nichtanhaftung
Achtsamkeit	Stille	Sein

Wenn Sie wissen wollen, welchen Schritt das Universum Sie als nächsten gehen lassen möchte, bietet die Liste Ihnen eine reiche Auswahl. Die von Ihrer Seele kanalisierte Energie und Intelligenz kann auf jedem dieser Felder angewendet werden. Nehmen wir zum Beispiel die Liebe. Derzeit sind Sie entweder verliebt, nicht mehr verliebt, Sie überlegen vielleicht, ob Sie verliebt sind, wollen mehr geliebt werden, lassen anderen Menschen Liebe zuteil werden oder trauern einer in die Brüche gegangenen Liebe nach. All diese bewusst oder unbewusst ablaufenden Geistesaktivitäten haben Auswirkungen auf den Körper. Die Physiologie einer Witwe, die in tiefer Trauer um den durch Herzinfarkt verstorbenen Ehemann ist, unterscheidet sich grundlegend von derjenigen eines frisch verliebten jungen Mädchens. In groben Zügen können wir diese Unterschiede sogar messen, indem wir eine Blutprobe nehmen und den Hormonspiegel, die Immunreaktion und das Vorkommen bestimmter Botenmoleküle untersuchen, mit deren Hilfe das Gehirn dem übrigen Körper Informationen zukommen lässt. Ein etwas genaueres Bild gibt eine Magnetresonanztomografie, die zeigt, welche Hirnareale beim Empfinden einer bestimmten Emotion aktiv sind. Und auf der genetischen Ebene lässt sich feststellen, welche Gene an- bzw. abgeschaltet sind. In jedem Fall aber liegen zwischen Trauer und Liebe offenkundig Welten – und jede Zelle Ihres Körpers weiß das.

Ist Ihnen erst klar geworden, wie viele Durchbrüche Sie gern erzielen würden, werden Sie vor der schwierigen Entscheidung stehen, wo Sie anfangen sollen. Das ist der Grund, warum sich die Menschen immer wieder derart stark an spirituellen Leitfiguren orientiert haben, die ihnen die Richtung wiesen.

Stellen Sie sich bitte einmal folgende Situation vor: Sie suchen einen neuen Arzt auf – und dieser entpuppt sich als Jesus oder Buddha. Hätten Magenkrämpfe Sie zu dem Arztbesuch veranlasst, würde Jesus womöglich sagen: »Das ist bloß 'ne Magengrippe. Ihr eigentliches Problem liegt woanders: Sie haben zu dem Reich Gottes in Ihrem Innern noch keinen Zugang gefunden.« Buddha würde dagegen zum

Beispiel nach Durchführung verschiedener Untersuchungen zur Überprüfung der Herzfunktion zu Ihnen sagen: »Die Koronararterie weist die eine oder andere kleinere Verengung auf. Im Grunde kommt es aber darauf an, dass Sie sich von der Illusion, über ein eigenständiges Ich zu verfügen, frei machen.« Nichts dergleichen geschieht jedoch in der Alltagsrealität. Die Ärzte sind ausgebildet, wie ein Techniker Wartungsarbeiten am Körper durchzuführen. Über Ihre Seele machen sie sich weiter keine Gedanken – und erst recht unternehmen sie keine Anstrengungen, diese zu heilen. Im Grunde verläuft ein Arztbesuch nicht grundlegend anders, als wenn Sie Ihr Auto in die Werkstatt bringen und den Kfz-Meister fragen, warum es nicht einwandfrei läuft.

Jesus und Buddha dagegen ließen keinen Daseinsaspekt außer Betracht. Ihre Diagnose erfasste mit unwahrscheinlicher Präzision das gesamte Selbst in all seinen physischen, geistigen, emotionalen und sozialen Bezügen. Einen idealen Arzt, der all das berücksichtigt, werden wir nicht finden. Doch wir haben eine Seele, die diese Rolle übernehmen kann, denn sie ist der Knotenpunkt zwischen Ihnen und dem Universum. Woher auch immer Jesus und Buddha gekommen sein mögen – vielleicht können Sie ja ebenfalls dorthin gelangen. Öffnen Sie sich, lassen Sie zu, dass Ihr Leben sich entfaltet. Man weiß nie, wo der nächste Durchbruch stattfinden wird. Die Tür geht auf; und von diesem Augenblick an hat sich Ihr Leben gewandelt.

Test: Sind Sie zur Veränderung bereit?

Bislang haben wir zwar, was unseren Körper angeht, mit überholten Vorstellungen gelebt, zugleich hat aber der Impuls zur Veränderung an Kraft gewonnen. Viele Zeichen weisen darauf hin, dass uns das alte Modell vom Körper nicht mehr weiterbringt. Hat dieser Wandel auch Sie erfasst? Der folgende Fragebogen ergründet, inwieweit Sie bereit sind, sich auf einen persönlichen Wandlungsprozess einzulassen, ja, ihn willkommen zu heißen. Jeder von uns kann sich mehr öffnen. Aber es ist gut zu wissen, von welchem Punkt aus man startet, wenn man sich auf eine Reise begibt.

Beantworten Sie die folgenden Fragen:
Ja _ Nein _ Ich bin der Meinung, dass der Geist den Körper beeinflusst.
Ja _ Nein _ Schon mancher Mensch ist, glaube ich, auf verblüffende, ärztlicherseits unerklärliche Weise von einer Erkrankung genesen.
Ja _ Nein _ Wenn bei mir körperliche Symptome auftreten, bemühe ich mich um eine alternative Behandlung.
Ja _ Nein _ Intuitives geistiges Heilen ist ein reales Phänomen.
Ja _ Nein _ Menschen können sich, ohne dass eine physische Ursache vorhanden ist, selbst krank machen.
Ja _ Nein _ Ich muss eine Heilung nicht verstehen, um zu glauben, dass sie stattgefunden hat.
Ja _ Nein _ Die traditionelle Medizin verfügt über zahlreiche Kenntnisse, zu denen die naturwissenschaftliche Medizin noch keinen Zugang gefunden hat.
Ja _ Nein _ Durch die Art meines Denkens kann ich meine Gene verändern.
Ja _ Nein _ Die menschliche Lebensspanne ist nicht genetisch determiniert.
Ja _ Nein _ Die Naturwissenschaft wird kein einzelnes Alterungsgen entdecken – dazu ist der Alterungsprozess viel zu komplex.

Ja __ Nein __ vom Gehirn regen Gebrauch zu machen wirkt seiner Alterung entgegen.

Ja __ Nein __ Ob ich an Krebs erkranke, darauf kann ich selbst Einfluss nehmen.

Ja __ Nein __ Mein Körper spricht auf Emotionen an: Wenn diese sich verändern, verändert auch er sich.

Ja __ Nein __ Eine mentale Komponente spielt für die Alterung eine maßgebliche Rolle. Der Geist kann mit darüber entscheiden, ob ich schneller oder langsamer altere.

Ja __ Nein __ Im Allgemeinen bin ich mit meinem Körper zufrieden.

Ja __ Nein __ Ich habe nicht das Gefühl, dass mein Körper mich betrügen wird.

Ja __ Nein __ Auf Hygiene achte ich zwar, dennoch sind Keime kein großes Thema für mich.

Ja __ Nein __ Ich habe mich schon mindestens einmal selbst geheilt.

Ja __ Nein __ Mit östlicher Medizin (Akupunktur, Qi Gong, Ayurveda, Reiki etc.) bin ich schon mindestens einmal persönlich in Berührung gekommen.

Ja __ Nein __ Ich habe pflanzliche Heilmittel verwendet, die sich als wirksam erwiesen haben.

Ja __ Nein __ Ich habe schon meditiert oder mich anderer Methoden zum Abbau von Spannungen bedient.

Ja __ Nein __ Dem Gebet wohnt Heilkraft inne.

Ja __ Nein __ Wunderheilungen sind möglich und können durchaus seriöser Natur sein.

Ja __ Nein __ Mein Körper hat eine gute Chance, in zehn Jahren noch ebenso gesund zu sein wie heute.

Ja __ Nein __ Obgleich ältere Menschen pro Tag durchschnittlich sieben verschreibungspflichtige Medikamente einnehmen, werde ich voraussichtlich 70 Jahre alt werden, ohne auf irgendein Medikament angewiesen zu sein.

Summe der mit Ja beantworteten Fragen _____

Auswertung der erreichten Punktzahl
0–10 Fragen mit Ja beantwortet: Sie akzeptieren die herkömmliche Vorstellung, beim Körper hätten wir es mit Gegebenheiten zu tun, die in grundlegender Weise – entweder durch die Gene oder durch einen mechanischen Verfalls- und Alterungsprozess – festgeschrieben sind. Sie erwarten, dass mit zunehmendem Alter ein Verschleiß einsetzt. Ihr Optimismus in Bezug auf die Möglichkeiten alternativer Medizin hält sich entweder in überschaubaren Grenzen oder wird von Ihrer Skepsis vollkommen überschattet. Auf einen Heiler würden Sie sich nie einlassen wollen. Sogenannte Wunderheilungen halten Sie entweder für ausgemachten Humbug oder für eine Form von Selbsttäuschung. Einerseits vertrauen Sie der naturwissenschaftlich ausgerichteten Medizin und gehen davon aus, dass die Ärzte sich um Sie kümmern werden. Andererseits schenken Sie Ihrem Körper nicht sonderlich viel Aufmerksamkeit und wenn es gesundheitlich anders läuft als gewünscht halten Sie dies für schicksalhaft und unabwendbar.

Besteht für Sie die Möglichkeit zu einem bedeutsamen Durchbruch, so bleiben Sie auf der Hut und sind nicht ohne Weiteres bereit, größere Veränderungen in Ihrem Leben zu vollziehen.

11–20 Fragen mit Ja beantwortet: Persönliche Erfahrungen haben Sie zu einer Abkehr vom herkömmlichen Körperverständnis veranlasst. Dank Ihrer Offenheit für Veränderung haben Sie inzwischen weiter gefasste Vorstellungen von Heilung entwickelt. Entweder Sie selbst oder jemand in Ihrem Freundeskreis haben/hat schon mit Erfolg eine alternative Behandlungsform ausprobiert. Daher glauben Sie nicht länger, die Schulmedizin sei die einzig richtige Antwort auf alle gesundheitlichen Fragen. Dessen ungeachtet begegnen Sie intuitiven geistigen Heilverfahren mit Skepsis. Alles in allem sind Sie zwar nicht zu einem befriedigenderen Körperverständnis als jenem der naturwissenschaftlich ausgerichteten westlichen Medizin gelangt, dennoch ist Ihnen bewusst, dass unkonventionelle Ansätze ebenfalls wertvoll sein können.

Die Möglichkeit, einen bedeutenden Wandel im Leben zu vollziehen, finden Sie durchaus attraktiv. Allerdings haben Sie sich noch nicht entschieden, welcher Weg der richtige für Sie ist.

21–25 Fragen mit Ja beantwortet: Sie haben in einer bewussten Anstrengung dem alten Paradigma den Rücken gekehrt und alternative Behandlungsformen eindeutig für sich akzeptiert. In konventionelle medizinische Behandlung begeben Sie sich nur, nachdem Sie es mit ganzheitlicher Medizin versucht haben, und auch dann noch sind Sie vor Medikamenten und chirurgischen Eingriffen auf der Hut. Wahrscheinlich steht Ihr Körperverständnis in Verbindung mit einem spirituellen Weg, dem Sie sich ernsthaft widmen. Sie identifizieren sich mit anderen Menschen, die ein höheres Bewusstsein anstreben. Von den Möglichkeiten intuitiven geistigen Heilens sind Sie fest überzeugt. Sie bezweifeln stark, dass eine materialistische Anschauung, in welcher Form auch immer, jemals die tiefer gehenden Geheimnisse des Daseins wird ergründen können.

Sie haben persönliche Transformation als ein wesentliches Ziel im Leben akzeptiert. Je schneller Sie sich in diesem Sinn verändern, desto lieber ist es Ihnen.

Durchbruch Nr. 1
Ihr physischer Körper ist eine Fiktion

Für einen Durchbruch benötigen wir gewagte Vorstellungen. Lassen Sie uns darum gleich mit der kühnsten Vorstellung beginnen: Ihr physischer Körper, mag er bisher in Ihren Augen auch stets so etwas wie den Inbegriff des Realen dargestellt haben, ist eigentlich eine Fiktion. Könnten Sie zu der Einsicht gelangen, dass Ihr physischer Leib ein Fantasiegebilde ist, wäre damit ein gewaltiger Durchbruch geschafft. Von da an wären Sie nicht mehr in einem Stück Materie gefangen. Und Sie hätten nicht länger physische Beschwerden, die danach verlangen, mit physischen Mitteln kuriert zu werden. Aber das Allerbeste: Dann würden Sie Ihr wahres Potenzial entdecken, das derzeit, verschüttet unter einem System überholter Glaubenssätze und Überzeugungen, verborgen liegt.

Unsere fünf Sinne scheinen zu unterstreichen, dass der Körper eine physische Beschaffenheit hat, gar keine Frage. Sich demgegenüber vor Augen zu führen, warme und weiche Haut zu berühren sei lediglich eine Vorstellung, ist schon ein eigentümliches, ja irritierendes Gefühl. Dessen ungeachtet verhält es sich genau so. Andere Kulturen haben da ganz andere Vorstellungen entwickelt. Zum Beispiel war der Körper aus frühchristlicher Sicht Fleisch gewordener Geist, wobei dem fleischlichen Teil der Charakter des Illusionären anhaftete. Warme, weiche Haut zu berühren bedeutete für die Frühchristen, mit der Versuchung in Berührung zu kommen. Anders bei den Hopi-Indianern. Das gesamte Universum ist für sie ein Energie- und Geistesstrom. Den Körper erleben sie deshalb als ein vorübergehendes Geschehen in diesem Strom. Warme Haut zu berühren gleicht somit der Berührung eines Windstoßes. Und Buddhisten verknüpfen hier mit der Vorstellung von Vergänglichkeit zugleich diejenige des Illusionären. Aus buddhistischer Sicht gleicht der Körper einem gespenstischen Fluss. Und das Anhaften am Körper wird so zur Quelle allen Leids. Warme Haut zu berühren beinhaltet demnach für einen Buddhisten die Gefahr, der Illusion nur noch stärker anheimzufallen.

Diese Vorstellungen sind ebenso schlüssig wie diejenige, Ihr Körper sei von physischer, von dinglicher, von objekthafter Beschaffenheit. Und sie weisen auf die schlichte Tatsache hin, dass wir im Grunde immer schon hätten stutzig werden müssen, wenn es hieß, der Mensch lasse sich fein säuberlich in die materielle Welt einordnen. Felsen sind von materieller Beschaffenheit, allerdings haben sie keine Emotionen. Bäume sind materiell, verfügen indes nicht über einen Willen. Jede Zelle besteht aus Materie, aber Zellen schreiben keine Musik und schaffen keine Kunstwerke.

Das Universum hat den menschlichen Evolutionsprozess wesentlich weiter geführt als bloß bis zur physischen Ebene. Stellen Sie sich einmal vor, wie seltsam es wäre, wenn Sie ein Buch lediglich als ein physisches Objekt betrachten und behandeln würden. Zwar könnten Sie es dann immer noch als Brennmaterial zum Feueranzünden verwenden. Oder als Türstopper. Oder Sie könnten die Seiten zusammenknüllen, um nach Art eines Basketballspielers ein Papierknäuel nach dem anderen aus einiger Entfernung in den Papierkorb zu werfen. Außerdem könnten Sie das Buch, falls es groß und schwer genug ist, zum Wurfgeschoss umfunktionieren. Doch offenkundig würde all das der wirklichen Bestimmung eines Buches, seinem eigentlichen Daseinszweck nicht im Mindesten gerecht werden. Denn was sonst ist ein Buch, wenn nicht eine Quelle der Information, Inspiration, Freude und Schönheit? Und nicht weniger verfehlt ist es, Ihren Körper als ein physisches Objekt anzusehen, obgleich auch der Körper mit Verbrennungsprozessen zu tun hat, Spiele spielen und bei einem Kampf oder im Krieg zur Waffe werden kann.

Ihr Körper weiß bereits, dass sein Lebenszweck keineswegs physischer Natur ist. Sehen Sie sich einmal bei einem Blick durchs Mikroskop an, wie ein Keim von den als *Makrophagen* (wörtlich: »große Esser«) bezeichneten weißen Blutkörperchen umzingelt, verschlungen und vernichtet wird: allem Anschein nach ein physischer Prozess in Reinkultur. Aber der Schein trügt. Denn bei diesem Prozess ist Intelligenz am Werk. Zunächst einmal muss ein Makrophage überhaupt erkennen, dass ein Eindringling vorhanden ist. Als Nächstes muss er sich vergewissern, wen er da vor sich hat – Freund oder Feind. Sobald der Makrophage sich entschieden hat, muss er dann nahe genug an den Eindringling heranrücken, um zum eigentlichen Angriff übergehen zu können. Und schließlich muss er sein chemisches Waffenarsenal einsetzen, um den Feind unschädlich zu machen.

Gebilde von rein physischer Beschaffenheit dagegen treffen keine Entscheidungen, zumal keine derart heiklen, bei denen es um Leben und Tod gehen kann. Eine Fehlentscheidung könnte hier bedeuten, dass die Makrophagen über körpereigene Zellen herfallen und dadurch eine Autoimmunerkrankung hervorrufen, etwa chronischen Gelenkrheumatismus oder einen Lupus (Hauttuberkulose). Beide Erkrankungen beruhen auf solch drastischen Fehlentscheidungen. Tatsächlich aber reicht die Intelligenz eines weißen Blutkörperchens sogar so weit, dass es den eigenen Tod ins Werk setzt, sobald es nicht länger von Nutzen ist. Denn hat der Makrophage den eingedrungenen Mikroorganismus erst unschädlich gemacht, fällt er seinen eigenen chemischen Waffen zum Opfer und stirbt einen vorsätzlichen, einen selbstlosen Tod. Ein einzelnes Blutkörperchen weiß, dass das Wohl der vielen schwerer wiegt als sein individuelles Wohl – und dementsprechend ist die Zelle buchstäblich zu jedem Opfer bereit.

Wenn es sich bei der Vorstellung von der physischen Beschaffenheit des Körpers um ein überholtes Denkmodell handelt, sollten wir unbedingt ein neues Modell entwickeln. Das ist deshalb so dringend notwendig, weil die Art und Weise, wie wir leben, davon abhängt, auf welchen Überzeugungen unsere Lebensführung beruht.

Aidens Geschichte

Manche Menschen haben bereits damit begonnen, einen neuen Körper zu erfinden, der nicht mehr auf dem alten Modell basiert. Aiden ist inzwischen jenseits der fünfzig. Seine Ausbildung hatte ihm seinerzeit alle erdenklichen Möglichkeiten und Perspektiven eröffnet. In jedem Betätigungsfeld seiner Wahl hätte er beste Karriereaussichten gehabt. Stattdessen zog er es vor, sich auf eine spirituelle Suche zu begeben, die – fast könnte man sagen: per Zufall – vor 30 Jahren ihren Anfang nahm.

»Die ganze Sache hat völlig normal begonnen. Nichts schien dafürzusprechen, dass sich irgendetwas Außergewöhnliches anbahnt«, erinnert sich Aiden. »Aufgewachsen bin ich als typisches Kind der Mittelschicht. Meine Studienzeit war, obgleich ich kein sonderlich idealistischer Mensch gewesen bin und mich auch nicht der Protestbewegung angeschlossen habe, vom Vietnamkrieg überschattet. Doch als ich Anfang zwanzig war, geschahen plötzlich Dinge, die sich meiner Kontrolle entzogen. Nachts im Schlaf kam es mir so vor, als sei ich wach. Ich fand mich in einer Art Blase wieder, die überall hingelangen konnte. Während des Aufenthalts in dieser Blase überkam mich zugleich das Gefühl, meinen Körper verlassen zu haben. Ich erblickte Orte, die ich nie zuvor zu Gesicht bekommen hatte, darunter Städte und Landschaften, die der Fantasie entsprungen zu sein schienen. Ich sah auch Menschen, die ich kannte, und hatte dabei den Eindruck, wie mit Röntgenaugen ihre verborgenen Charakterzüge erkennen zu können. Diese Welt meiner nächtlichen Wahrnehmungen war unglaublich plastisch und von höchster Intensität. Sie schlicht und einfach als Traumwelt abzutun erschien mir unmöglich, denn Vergleichbares erlebte ich mitunter auch, während ich auf einem Stuhl saß – nur dass ich mich dann nicht in jener Blase befand, sondern es mir vielmehr so vorkam, als würde ich aus dem Körper heraustreten. Einmal ließ ich die Wände, die den Wohnraum umschlossen, hinter mir zurück und konnte sehen, was sich draußen vor dem Haus abspielte. Ich konnte die vorbeikommenden Passanten ebenso beobachten wie die vorüberfahrenden Autos.«

Neurologen würden derartige Erfahrungen als das Ergebnis einer zerebralen Fehlsteuerung einstufen, als eine Art Wiedergabefehler des Gehirns, eine Form von Sinneswahrnehmung, die in ähnlicher Weise verändert ist wie unter dem Einfluss halluzinogener Drogen, im Rahmen eines epileptischen Anfalls oder einer schwerwiegenden Geisteskrankheit. Jedenfalls gewinnt man im Rahmen einer derartigen Erfahrung den Eindruck, die körperlichen Begrenzungen seien auf einmal aufgehoben.

»Inzwischen weiß ich«, fuhr Aiden fort, »dass derartige Erfahrungen beileibe nicht so abgedreht und bizarr sind, wie man vielleicht meinen könnte. Immerzu erleben Menschen solche Reisen in außerkörperliche Erfahrungswelten, haben Visionen von Engeln, sehen etwas kommen, bevor das betreffende Geschehen tatsächlich stattfindet. Wer hätte nicht schon einmal an einen Freund oder eine Freundin gedacht, und im nächsten Moment klingelt dann das Telefon und am anderen Ende der Leitung spricht die betreffende Person. Viele Menschen machen derartige Erfahrungen, vergessen sie jedoch ganz schnell wieder. Oder sie nehmen kurzerhand an, ihr Geist habe ihnen einen Streich gespielt. Ich bin genau umgekehrt vorgegangen, habe meine Erfahrungen ernst genommen und den Weg in unerforschtes Territorium angetreten.«

Als wir dieses Gespräch führten, saßen wir in einem Meditationszentrum unweit des Stadtkerns von Manhattan. Dort hatten sich unsere Wege im Vorbeigehen schon des Öfteren gekreuzt. Ich kenne zahlreiche Menschen mit ähnlichen Geschichten. Viele von ihnen sind von dem Gedanken fasziniert, möglicherweise höhere Bewusstseinszustände erreichen zu können. Das galt auch für Aiden.

»Wir glauben zu wissen, was real ist und was nicht. Die Grenzlinie ist jedoch viel diffuser und verschwommener, als die meisten Menschen meinen«, sagte er. »In den Fernsehnachrichten habe ich kürzlich einen Bericht über einen Priester aus Brooklyn gesehen, der Kettenraucher kuriert. Er setzt sich mit einer Gruppe dieser Leute in sein Wohnzimmer. Darüber hinaus scheint er auf den ersten Blick nichts weiter zu tun. Tatsächlich wendet er seine Aufmerksamkeit nach innen und stellt sich vor, ein Strahl geheiligten Lichts trete in seinen Körper ein. Er bittet Gott, jede der anwesenden Personen von der leidigen Gewohnheit des Rauchens zu befreien. Das war's. Danach gehen die Leute aus dem Zimmer und rühren keine Zigarette mehr an. In Santa Monica lebt ein Heiler, der seine Berufung entdeckt hat, als er eines Tages von einer Frau aus der Nachbarschaft aufgesucht wurde. Sie litt unter Warzen, die sich mittlerweile überall auf ihrem Körper ausgebreitet hatten. Eines Nachts hatte sie geträumt, um sich von den Warzen kurieren zu lassen, sei nichts weiter nötig, als einfach von ihrem Nachbarn berührt zu werden. Also klopfte sie an seine Tür und erzählte ihm von dem Traum. Er fand das so schockierend, dass er sie aufforderte zu gehen. Weil die Frau derart verzweifelt war, entsprach er aber schließlich doch ihrem Wunsch und berührte sie. Innerhalb von ein oder zwei Tagen waren alle Warzen ausnahmslos verschwunden.«

»Haben Sie solch eine Heilung auch schon einmal selbst erlebt?«, fragte ich Aiden. Er schüttelte den Kopf. »Heilung vollzieht sich zwar überall, doch ein allgemein vorherrschender Widerstand hält uns Menschen davon ab, das wahrzunehmen und es zu akzeptieren.« An seiner Überzeugung ließ er indes keinen Zweifel. Auf die Frage, an welchem Punkt seiner Reise er inzwischen wohl angekommen sei, erklärte Aiden, im Grunde stecke er mittendrin in dem Prozess.

»Ich bin durch viele Phasen gegangen«, meinte er. »Da gab es jede Menge Ideale, denen ich nachgejagt bin, und ich habe allerlei Enttäuschungen erlebt. Bin ich Gott nahegekommen? Glaube ich, erleuchtet zu sein? Also, über so was zerbreche ich mir mittlerweile nicht mehr den Kopf.«

»Was aber haben Sie dann gelernt«, wollte ich von ihm wissen.

»Ich bin wieder gut beieinander. Mein Leben stürzt mich nicht mehr in Verwirrung. Ich trage einen Quell in mir, das weiß ich. Und diesem Quell nahe zu sein ist eine Million Mal besser, als wenn du durch die Gegend läufst, ohne den leisesten Schimmer zu haben, wer du eigentlich bist.«

»Sind Sie also noch die Person, die sich seinerzeit auf diesen Weg begeben hat?«, wollte ich weiter wissen.

Aiden lachte. »Diese Person würde ich überhaupt nicht wiedererkennen. Rückblickend kann ich sehen, dass ich mich damals verstellt habe. Erst ab dem Moment, in dem es mir möglich wurde, die Maske abzulegen, hat sich alles gewandelt.«

Er sprach über seine Selbsttransformation – inzwischen ein ziemlich abgegriffener, fast schon zur Floskel geratener Ausdruck, der nichtsdestoweniger auf einer ganz realen Grundlage beruht. Denn die Veränderung, die Sie bei sich erleben wollen, müssen Sie selbst in die Wege leiten. (Das hat Anklänge an Gandhis bekannten Ausspruch: »Lasst uns selbst die Veränderung werden, die wir in der Welt sehen wollen.«) Darin liegt der Schlüssel zur inneren Wandlung, zur Transformation. Bei Aiden zeigten sich im Körper die ersten Veränderungen. Er war ja nicht von Natur aus immer schon ein Suchender auf dem spirituellen Weg gewesen. Wahrscheinlich half es ihm, dass er von religiösen oder spirituellen Vorstellungen unbelastet war. Da er keine vorgefassten Meinungen hatte, war er offen für Veränderung, als diese sich anbahnte.

Die Zukunft einer Illusion

Aber auch Veränderung beruht auf einer Entscheidung. Ihr Körper steckt voller unbekannter Möglichkeiten. Freilich erwartet er, dass Sie ihm die Richtung weisen. Sobald Sie eine neue Intention ins Spiel bringen, findet Ihr Körper von selbst eine Möglichkeit, sich all Ihren Wünschen anzupassen. Ein Beispiel dafür hat sich im Lauf der letzten paar Jahre gezeigt: Die jüngere Generation hat ein Gehirn mit neuartigen Begabungen entwickelt. Forscher stellen fest, dass Kinder, die mit Videospielen, iPods, E-Mails, Textverarbeitung und dem Internet aufgewachsen sind, die »Kinder der digitalen Generation«, eine im Vergleich zu früheren Generationen deutlich veränderte Gehirnaktivität aufweisen. In dem einen Bereich – dem der für einen schnellen Zugang zu Informationen und zur Durchführung von Videospielen erforderlichen Fertigkeiten – hat ihr Gehirn ein höheres Leistungsvermögen entwickelt. In anderen Bereichen hingegen, in denen es auf soziale Bindungen und auf die Gabe, Emotionen wahrzunehmen, ankommt, hat seine Leistungsfähigkeit nachgelassen. Sollten Sie das Gegenteil solch eines in der digitalen Welt Aufgewachsenen sein (also mit anderen Worten zu den »digital Naiven« gehören), brauchen Sie im Grunde bloß eine Woche lang immer wieder ein Videospiel ausgiebig zu spielen oder das Internet intensiv zu nutzen. Dadurch wird Ihr Gehirn stimuliert, sich auf die Anforderungen Ihres neuen digitalen Umfelds umzustellen.

Verändert man aber erst einmal sein Gehirn, verändern sich damit einhergehend auch die gesellschaftlichen Normen und Standards. Wenn frühere Generationen von Kindern die Welt erkundet haben, waren sie dabei in das engmaschige Netz einer familiären Struktur eingebettet und wurden auf diese Weise zu sozialen Wesen. Demgegenüber erleben die Kinder aus der jüngeren Generation, die viele Stunden am Tag damit verbringen, allein vor dem Computerbildschirm zu sitzen, gelockerte familiäre Bindungen, ja, häufig wachsen sie sogar ganz ohne eine Familie im herkömmlichen Sinn auf. Entsprechend unbeholfen sind sie, wenn es um menschliche Anteilnahme und um sozialen Kontakt geht.

Dank eines mittlerweile 20 Jahre zurückliegenden Durchbruchs in der Gehirnforschung wissen wir bereits um die

»Plastizität« des Gehirns: Es kann sich wechselnden Anforderungen anpassen und ist beileibe kein von Geburt an fest vorgegebenes Gebilde. Neuere Forschungen kommen sogar zu dem Ergebnis, dass einfache tägliche Aktivitäten im Handumdrehen neue neuronale Netzwerke entstehen lassen. Und die Möglichkeiten für das Gehirn sind da offenbar nahezu grenzenlos.

Es kann uns zum Beispiel spirituelle Erfahrungen liefern. Tatsächlich ist es so, dass uns eine Gotteserfahrung gar nicht möglich wäre, hätte das Gehirn kein neuronales Netzwerk entwickelt, um sich auf das Geistige einzustimmen. Dies fand die medizinische Forschung erst in den letzten paar Jahren heraus. In Zusammenarbeit mit Seiner Heiligkeit dem Dalai Lama erhielt eine Gruppe von Hirnforschern die Gelegenheit, Untersuchungen an buddhistischen Mönchen vorzunehmen, die in ihrer Meditation recht weit fortgeschritten waren. Immerhin hatten sie zu dem Zeitpunkt, als dieses Projekt durchgeführt wurde, bereits mindestens 15 Jahre, teilweise aber bis zu 40 Jahre lang regelmäßig meditiert. Im Labor wurden die Mönche mit den Mitteln der Funktionellen Magnetresonanztomografie (FMRT) untersucht, einem bildgebenden Verfahren, das in Echtzeit über Veränderungen der Hirnfunktionen Aufschluss gibt. Zugleich waren sie an ein Elektroenzephalogramm (EEG) angeschlossen.

Die Mönche wurden gebeten, über Mitgefühl zu meditieren. Mitgefühl besteht gemäß den Lehren des tibetischen Buddhismus in der Intention bzw. der Fähigkeit, jederzeit auf das Wohl aller Lebewesen hinzuwirken. Während sie meditierten, brachten die Mönche die stärksten Gammawellen hervor, die jemals in einem normalen Gehirn beobachtet worden sind.[1] Nach heutigem Kenntnisstand tragen Gammawellen maßgeblich dazu bei, das Gehirn als Ganzes in einem betriebsfähigen Zustand zu erhalten. Darüber hinaus besteht ein Zusammenhang mit dem »höheren Denken«. Als Hirnareal mit der am stärksten ausgeprägten Aktivität erwies sich bei den Mönchen der gleich hinter der Stirn gelegene linke vordere Stirnlappen. Dieser Bereich wird mit Freude, Glück und sonstigen positiven Gedanken und Emotionen in Verbindung gebracht.

Die Forscher waren hellauf begeistert angesichts dieser Ergebnisse, denn zum ersten Mal überhaupt konnte hier gezeigt werden, dass *man sein Gehirn bereits durch bloße geistige Aktivität verändern kann*. Vorher war zwar schon bekannt, dass es möglich ist, das Gehirn in Bezug auf unser physisches Leistungsvermögen hin zu trainieren – zum Beispiel werden Athleten umso besser, je häufiger sie ihre sportlichen Leistungen auch mental durchspielen. Gewöhnlich zollen wir ihnen zwar dafür Bewunderung, dass sie so großes Talent haben, so viel Willenskraft und Mut aufbringen. All das mag auch durchaus stimmen. Aus Sicht eines Neurologen sind indes diejenigen Athleten die größten Läufer, Schwimmer und Tennisspieler, die jenes Areal ihres Gehirns, das als »motorischer Kortex« bezeichnet wird, entsprechend gut trainiert haben. Der motorische Kortex ist für die Koordination all der komplexen Bewegungsabläufe zuständig, die man in jeder anspruchsvollen Sportart beherrschen muss. Jetzt aber konnte gezeigt werden, dass bereits ein Wunsch – in diesem Fall der Wunsch, mitfühlend zu sein – das Gehirn trainiert, entsprechende Anpassungen vorzunehmen.

Auch Mystik ist hier mit im Spiel. Eine Form von Liebe beeinflusst solide Materie. Jesus mag metaphorisch gesprochen haben, als er sagte, dass ein Glaube von der Größe eines Senfkorns Berge versetzen kann. Die Kraft der Liebe kann aber ganz buchstäblich Ihr Gehirn verändern. Wir alle haben gelernt – und akzeptieren es, ohne es zu hinterfragen –, dass das Gehirn ein »Computer aus Fleisch und Blut« sei, wie ein bekannter Fachmann für künstliche Intelligenz am Massachusetts Institute of Technology (MIT) es schonungslos ausdrückte. Der eine Teil der Hardware, der Kortex, sei aufs Denken programmiert, ein anderer Teil, das limbische System, hingegen auf die Emotionen.

Diese pauschale Unterteilung entpuppt sich nun jedoch als Irrtum. Würden Sie von Ihrer Gehirnaktivität in dem Augenblick, in dem Sie eine grandiose Idee haben, mithilfe bildgebender Verfahren einen Schnappschuss anfertigen, so würde sich herausstellen, dass Dutzende Hirnareale gleichzeitig aufleuchten; und bei jeder neuen Idee würde ein auf subtile Weise verändertes Aktivitätsmuster zu sehen sein. Ganz anders bei einem Computer: Hier leuchten bei jedem Befehl dieselben Leiterplatten auf. Auf einen Computer trifft die Vorstellung von einem fest vorgegebenen Schaltmuster zu. Das Gehirn, das sich innerhalb eines Sekundenbruchteils selbst neu vernetzen kann, gehorcht im Unterschied dazu unsichtbaren Kräften, die mit einem Computer absolut gar nichts gemein haben.

Was bedeutet dies aber für unseren Alltag? Forscher der Universität von Harvard haben experimentell nachgewiesen, wie Liebe sich unmittelbar auf den Körper auswirkt. Sie ließen Versuchspersonen sich einen Film über Mutter Teresa und ihre Arbeit mit Kalkuttas verstoßenen Kindern ansehen. Beim Betrachten dieser zutiefst bewegenden Bilder änderten sich die Atemfrequenz und die Blutwerte der Teilnehmer, sie wurden ruhiger und waren weniger angespannt. Gesteuert werden derartige Reaktionen vom Gehirn.

Wenn es bereits ausreicht, so kurze Zeit mit dem Ausdruck einer höheren Liebe in Berührung zu kommen, damit im Gehirn neue Reaktionsmuster entstehen, welche Auswirkungen wird Liebe dann erst auf längere Sicht haben? In Studien mit älteren Eheleuten, die eine gute Ehe führten, berichteten diese, dass sie einander nach 30 oder 40 Jahren mehr liebten als in der Phase des ersten Verliebtseins. Dabei handele es sich allerdings um eine andere Art von Liebe; nicht um jene überwältigende Form der Verliebtheit, die in der Dichtung bisweilen mit Verrücktheit verglichen wird, sondern um eine stetigere, beständigere, tiefer gehende Liebe. Das legt den Gedanken nahe, dass ebenso wie bei den tibetischen Mönchen auch bei den glücklich verheirateten Paaren das Gehirn eine Veränderung durchläuft.

Zwischen beiden Gruppen bestehen ohne Frage auffallende Ähnlichkeiten. Die Mönche haben den Geist in einen Zustand der Ruhe, der Offenheit, des inneren Friedens und, um auf diesen gängigen buddhistischen Ausdruck zurückzugreifen, des »Nichthandelns« versetzt. Indem das Gehirn sich an diesen von Beschränkungen freien Zustand gewöhnt hat, konnte es sich aus den eigenen Konditionierungen befreien. Paare, die einander seit langer Zeit lieben, erleben in der Nähe des geliebten Menschen ebenfalls Ruhe, inneren Frieden und Offenheit. Ihre Bereitschaft, sich dem Partner zu öffnen und mit ihm in Berührung zu kommen, hatte bei ihnen eine ähnliche Wirkung wie bei den Mönchen die Meditation.

Subtiles Handeln

Der immaterielle – oder nicht physische – Aspekt des Lebens ist stärker als der physische, der materielle Aspekt. Diese Auffassung habe ich bereits vorgebracht. Von unsichtbaren Kräften zu reden mag zwar ziemlich geheimnisvoll anmuten. Jedoch können wir auf der ganz persönlichen Ebene

Liebe, eine gänzlich unsichtbare Kraft, nicht vom Körper trennen. Und wenn wir uns verlieben, entzündet sich auf der physischen Ebene ein wahres Feuerwerk intensiver Veränderungen – das sehen wir selbst, dafür benötigen wir keine naturwissenschaftlichen Beweise. Lösen Sie sich von der Vorstellung, Ihr Körper sei ein Ding, dann wird Ihnen klar, was eigentlich schon längst offensichtlich hätte sein können: Ihr Körper ist die Nahtstelle, an der die sichtbare Welt mit der unsichtbaren in Kontakt tritt. An diesem Schnittpunkt stehend, stoßen Sie unentwegt in neue Bereiche der unsichtbaren Welt vor. Denn bei jedem neuen Schritt, den Sie im Geist machen, folgt Ihr Körper Ihnen.

Diese neuen Schritte bezeichne ich als »subtile Handlungen«, weil sie lediglich den Geist betreffen, wohingegen unsere gewöhnlichen, unsere sichtbaren Handlungen den direkten Kontakt mit der materiellen Welt beinhalten. Sosehr subtiles Handeln bei jedem von uns ein ganz natürlich ablaufender Prozess ist, lässt es sich trotzdem in folgende fünf Schritte unterteilen:

So kommt eine subtile Handlung zustande:
1. Sie gehen in sich und werden sich klar über Ihre Absichten.
2. Sie glauben daran, dass Sie Resultate erzielen werden.
3. Sie wehren sich nicht gegen den Wandlungsprozess, sondern nehmen ihn an.
4. Auf der physischen Ebene vollzieht Ihr Körper den Wandel mühelos.
5. Sie wiederholen die subtile Handlung, bis Sie die gewünschte Veränderung herbeigeführt haben.

Die tibetischen Mönche haben jeden dieser Schritte durchlaufen. Um zu einem höheren Bewusstseinszustand (das

Wort *Seele* würde ein Buddhist nicht verwenden) in Verbindung zu treten, haben sie meditiert. Darauf vertrauend, dass sie ihr Ziel erreichen werden, haben sie still dagesessen. Das Ziel stets vor Augen, haben sie sich eifrig ihrer Praxis gewidmet. Einzig und allein aufgrund subtilen Handelns, ohne jede Anstrengung oder körperliches Bemühen wurden sie von Mitgefühl erfüllt. (Das erinnert mich an ein bekanntes indisches Sprichwort: »Weisheit lässt sich nicht erlernen, man kann nur weise *werden*.«)

Wenn unsichtbare Kräfte tatsächlich Macht haben, dann sollte eine subtile Handlung – eine einzig und allein im Geist angesiedelte Handlung –, verglichen mit einer sichtbaren Handlung, die größere Veränderung herbeiführen können. Und genauso ist es auch. Aus subtilem Handeln können verblüffende Fähigkeiten resultieren. Eine *Tumo* genannte tibetische Meditationspraxis bietet dem Körper Schutz vor den Elementen. Lediglich mit einem Gewand aus dünnem Stoff bekleidet, können Mönche oder Yogis, die *Tumo* praktizieren, bei Minustemperaturen über Nacht in einer Felsenhöhle sitzen – und erfreuen sich am nächsten Morgen einer ausgezeichneten körperlichen Verfassung. Westlichen medizinischen Beobachtern zufolge besteht das Geheimnis dieser speziellen Meditationsform in der Fähigkeit der Praktizierenden, ihre innere Körpertemperatur um etwa fünf Grad Celsius ansteigen zu lassen, indem sie eine bestimmte Hirnregion aktivieren: den Hypothalamus. Die Regulation der Körpertemperatur läuft zwar normalerweise als automatisierter Prozess ab. Nichtsdestoweniger kann der Mensch aufgrund subtilen Handelns bewusst Einfluss darauf nehmen.

Mit ganz gewöhnlichen westlichen Versuchspersonen durchgeführte Biofeedback-Experimente haben sich an diesem Beispiel orientiert. Die Teilnehmer/innen wurden aufgefordert, ihre Aufmerksamkeit auf eine kleine Hautpartie ihres Handrückens zu richten, um sie willentlich zu erhitzen. Ohne darin sonderlich geübt zu sein, konnten viele Versuchspersonen einfach durch eine konzentrative Ausrichtung ihrer Aufmerksamkeit die Hauttemperatur so weit erhöhen, dass sich auf dem Handrücken ein roter Fleck abzeichnete.

In Indien verbreitete yogische Praktiken, die noch einen Schritt weitergehen, stellen die westliche Medizin allerdings vor ein Rätsel. Dort haben Yogi sich in einer Meditationspraxis geübt, die es ihnen erlaubt, mit einer winzigen Nahrungsmenge auszukommen: kaum 100 Kalorien am Tag. Oder sie haben sich in einen Sarg gelegt und sich mitsamt dem Sarg tagelang eingraben lassen. Da sie ihre Atemfrequenz verringern und ihren Basalstoffwechsel entsprechend reduzieren konnten, überlebten sie mit dem winzigen Sauerstoffvorrat im Sarg. Darüber hinaus verweilen nach Aussage westlicher Beobachter die am weitesten entwickelten Yogis so unerschütterlich im Zustand von *Samadhi* (tiefem Gewahrsein), dass es selbst mit dem größten Kraftaufwand nicht gelingt, den in der Meditationshaltung sitzenden Yogi umzustoßen.

All das bedeutet freilich nicht, dass subtiles Handeln nur dann funktioniert, wenn man sich in einem Biofeedback-Labor aufhält oder sich jahrelang mit großer Disziplin in einer spirituellen Praxis geübt hat. Die auf so spezifische Weise beeinflussbaren unsichtbaren Kräfte sind vielmehr allgegenwärtig und spielen in jedem Aspekt unseres Daseins eine Rolle. Gemeinhin bezeichnen wir sie als Intelligenz und Kreativität. Zum Beispiel können wir sie in dem Moment ihr Werk verrichten sehen, in dem eindringende Bakterien durch weiße Blutkörperchen unschädlich gemacht werden. Nobelpreise wurden dafür vergeben, dass Forscher wenigstens einem Bruchteil jener chemischen Abläufe, die sich im

Umfeld von Immunzellen abspielen, auf die Spur gekommen sind. Diese Abläufe sind, wie sich letztlich herausgestellt hat, derart komplex, dass man das Immunsystem heute auch als ein »schwimmendes Gehirn« bezeichnet.

Dennoch hat die Entdeckung der Zellintelligenz dem alten Modell des physischen Körpers bislang nicht den Garaus machen können. Stattdessen haben wir uns ein Paradox eingehandelt: Wenn ein weißes Blutkörperchen über Intelligenz verfügt, wie ist ihm diese dann zuteil geworden? Jedenfalls zählt es nicht zum Milliardenheer jener Neuronen, die im Gehirn miteinander interagieren. Als Zellbiologe muss man die Intelligenz eines weißen Blutkörperchens in seinen Proteinen und Enzymen lokalisieren. Bei diesen handelt es sich allerdings lediglich um miteinander verbundene einfachere Moleküle. Verfügen demnach selbst einfache Moleküle über Intelligenz? Bekanntlich bestehen die Moleküle nun aber ihrerseits aus noch einfacheren Bestandteilen, aus Atomen. Heißt das nun, dass Atome intelligent sind? Wäre es nicht ziemlich befremdlich, sich vorzustellen, dass derselbe Kohlenstoff, der in einem Stück Kohle anzutreffen ist, intelligent genug sein sollte, um gemeinsam mit ein paar anderen Atomen wie Sauerstoff und Wasserstoff einen Makrophagen hervorbringen zu können?

Müsste also am Ende dem Kohlenstoff, da er doch ein unerlässlicher Bestandteil jedes zu Geniestreichen fähigen Gehirns ist, ein Anteil am Nobelpreis zugesprochen werden? Diese Reductio ad absurdum stellt Sie vor schier unüberwindliche Schwierigkeiten – so lange jedenfalls, wie Sie nicht bereit sind, sich auf die Aussage zu verständigen, dass Intelligenz eine unsichtbare Kraft ist, die nun mal unter anderem auch in den weißen Blutkörperchen ihren Ausdruck findet. Genau zu diesem Schluss darf aber ein Zellbiologe nicht kommen. Kein herkömmlicher Naturwissenschaftler darf das. Denn von der DNS an aufwärts muss aus wissenschaftlicher Perspektive alles, was mit dem Leben in Zusammenhang steht, eine materielle Basis haben. Um wie vieles einfacher wäre es dagegen, das Offenkundige einzuräumen – also zuzugeben, dass Intelligenz eine unsichtbare Kraft ist, von der unser Körper ausgiebig Gebrauch macht. Das Sichtbare mit dem Reich des Unsichtbaren zu verbinden, darin liegt die eigentliche Bestimmung Ihres Körpers. Und neben der Intelligenz wollen auch noch andere Kräfte von Ihnen zum Ausdruck gebracht werden: Kreativität, Wahrheit, Schönheit und Liebe.

Manchmal begreifen wir das erst, wenn uns auf einmal unversehens die Augen dafür geöffnet werden. Ein Mann namens Damon kehrt eines Tages von einer seiner routinemäßig abgewickelten Geschäftsreisen nach Hause zurück. Als Damon nach der Landung aus dem Flugzeug steigt, tut er dies in der Erwartung, dass er als Nächstes sein Gepäck vom Förderband holen und sich ein Taxi nehmen wird, das ihn nach Hause bringt. Da erblickt er aus dem Augenwinkel seine Frau. Um ihn zu überraschen, hat sie sich kurz entschlossen auf den Weg zum Flughafen gemacht und erwartet ihn nun im Empfangsbereich.

Damon erinnert sich: »Sie stand einfach nur lächelnd da. Aber ich hatte das Gefühl, mein Herz hüpft vor Freude. Ich kann mich nicht entsinnen, seit jenen Tagen, als wir frisch verliebt waren, je wieder etwas Vergleichbares empfunden zu haben. Dies Gefühl überkam mich völlig unerwartet, so unerwartet, dass meine Frau, als sie auf mich zukam, diesen speziellen Ausdruck auf meinem Gesicht gewahrte und von mir wissen wollte, wie ich mich fühle. Mir lag auf der Zunge, ihr zu antworten: ›Ich liebe dich so sehr wie nichts und niemanden sonst auf der Welt.‹ Doch ich habe meine Empfindung nicht ausgesprochen. In letzter Zeit hatten wir mancherlei Probleme miteinander gehabt. Außerdem war sie momentan nicht gerade in bester Laune. Daher sagte ich einfach, mit mir sei alles in Ordnung. Dann trotteten wir in Richtung Gepäckausgabe. Dieser Moment geht mir einfach nicht aus dem Kopf. Wo diese intensive Empfindung von Liebe herrührte, weiß ich nicht. Jedenfalls war sie ganz deutlich und klar. Zu meinem Bedauern muss ich sagen, dass mir später nie mehr der Sinn danach stand, diese Situation noch einmal anzusprechen.«

Weshalb trifft die Liebe uns so unerwartet? Weil wir gewöhnlich durchs Leben geistern, umnebelt von einer Wolke aus geschäftiger Betriebsamkeit und allerlei vorhersehbaren Routineabläufen. Um einen Durchbruch haben zu können, müssen Sie zu den unsichtbaren Kräften, die Sie zu jeder Zeit umgeben und Sie dazu bringen möchten, Ihre alten Konditionierungen hinter sich zu lassen, bewusst Verbindung aufnehmen. Ein unvermittelt aufwallender Liebesimpuls will zum Ausdruck gebracht und ausgelebt werden. Andernfalls verflüchtigt er sich wieder. Und das Leben geht dann weiter seinen gewohnten Gang. Subtiles Handeln ist durch Dringlichkeit und durch Notwendigkeit gekennzeichnet. Es ruft diese unsichtbaren Kräfte auf den Plan und holt sie in Ihren Körper hinein. Sobald Sie erst am eigenen Leib erfahren, welch ein Wandel auf diesem Weg herbeigeführt werden kann, haben Sie keine Veranlassung mehr, noch länger an der Fiktion festzuhalten, Sie seien von physischer Beschaffenheit.

Heilung für Sie: Erkennen Sie das Werk der Liebe

Von idealer Liebe träumen oder sie tatsächlich leben – das sind zweierlei Paar Schuhe. Subtiles Handeln kann den Unterschied zwischen beidem ausmachen. Im gewöhnlichen

Leben ergeben sich Verstrickungen der Liebe mit manch anderen Bezügen, meist mit solchen des Ego. Dieses kreist naturgemäß um sich selbst. An der Liebe findet es zwar Gefallen, allerdings möchte es sie zu *seinen* Bedingungen haben. Sich dieser Verstrickungen zu entledigen, darauf kommt es an. Gut möglich, dass die eine Person unbedingt die Fäden in der Hand halten will, während eine zweite unter Umständen möchte, dass man sich um sie kümmert. Die nächste könnte sich verunsichert fühlen, ganz gleich, wie viel Liebe man ihr zuwendet. Ein anderer Mensch verspürt vielleicht das Bedürfnis, die Partnerin oder den Partner zu beherrschen, um nicht selbst das Gefühl zu haben, verletzlich zu sein.

Ungeachtet all dessen existiert reine Liebe. Und wir können sie finden. Wie bei allem anderen haben wir es hier mit einem Prozess zu tun, der für Sie dort beginnt, wo Sie gerade stehen. Und aufgrund subtilen Handelns entwickeln Sie sich dann weiter. Mit anderen Worten: Ganz sachte und ganz allmählich bereiten Sie auf diese Weise jener Art von Liebe, an der Ihnen wirklich gelegen ist, den Weg. Diejenigen Qualitäten, die der Liebe auf ihrer höchsten Stufe zu eigen sind, sollten für Sie im Leben maßgebend sein.

Die Liebe der Seele ist:
- selbstlos
- freigebig
- beglückend
- warmherzig und sicher
- eigenständig, also nicht auf äußere Bestätigung angewiesen
- unschuldig
- unkompliziert
- gütig, mitfühlend

- stetig
- öffnend und weitend
- wohltuend
- unantastbar

Dies sind Begriffe, die Sie Ihr Leben lang gehört haben und mit deren Inhalt Sie – mehr oder weniger – aus eigener Erfahrung vertraut sind. Setzen Sie sich still hin und führen Sie sich eine dieser Qualitäten vor Augen, Güte zum Beispiel. Beziehen Sie in diese kurze Besinnung eigene Erinnerungen, Ihre visuellen Eindrücke und Emotionen ebenso mit ein wie Ihre Empfindungen für diejenigen Menschen, die aus Ihrer Sicht eine Verbindung zu dieser Qualität haben. Verweilen Sie einige Minuten lang bei dieser Erfahrung. Dadurch vertieft sie sich ganz von allein. Im Grunde leiten Sie so den Geist auf eine subtile Art an, sich die betreffende Qualität zugänglich zu machen. Das daraufhin entstehende neuronale Muster unterscheidet sich von demjenigen eines Geistes, der sich nicht mit Güte befasst.

Auf die gleiche Weise können Sie in sich gehen, um so umfassend und vollständig wie nur möglich zu empfinden, was »freigebig« oder »unantastbar« für Sie bedeuten. Widmen Sie sich jeweils einer der Qualitäten mit ungeteilter Aufmerksamkeit – bis Sie eine klare Vorstellung gewonnen haben, worin diese Qualität für Sie persönlich besteht. Wann in der Vergangenheit war Ihre Liebe besonders selbstlos? Können Sie, vielleicht während eines Waldspaziergangs oder beim Blick hinaus aufs Meer, ein Gefühl von Unschuld wieder aufleben lassen?

Versuchen Sie bitte nicht, innerhalb einer Sitzung die ganze Liste von Anfang bis Ende durchzugehen. Kehren Sie jeden Tag aufs Neue zu der Liste zurück. Entwickeln Sie, indem Sie dies tun, innerlich ein Gefühl für die eigene Verbundenheit mit der Liebe. Subtiles Handeln kann seine Wirkung dadurch entfalten, dass Sie ein vertieftes Gewahrsein zu entwickeln versuchen. Indem Sie die Liebe, die Sie in sich tragen, eingehender wahrnehmen, richten Sie sich auf eine unsichtbare Kraft aus. Ganz allmählich werden Sie dann feststellen können, wie die höheren Qualitäten der Liebe stetig ein wenig mehr Eingang in Ihr Leben finden.

Natürlich werden Sie auch mit Erinnerungen an Zeiten konfrontiert werden, in denen die Liebe ins Wanken geraten ist oder scheinbar einen Bogen um Sie gemacht hat. Stellen Sie sich diesen Empfindungen und Erinnerungen. Weichen Sie ihnen nicht aus. Hier geht es nicht darum, in beglückenden Fantasien zu schwelgen. Genauso wenig sollten Sie Ihren Blick nur auf Negativaspekte richten. Haften Sie nicht an Empfindungen, die angesichts einer gescheiterten Liebe aufkommen – Einsamkeit beispielsweise, Selbstmitleid oder Wut. Verweilen Sie auch nicht bei dem Gefühl, sich in Ihrer gegenwärtigen Beziehung zu langweilen. Viele Menschen finden es schwierig, diese Unterscheidung vorzunehmen. Niemandem von uns wurde beigebracht, wie man subtil handelt. Deshalb verstricken wir uns in allerlei Gefühle, die wir als Liebe bezeichnen. Verwirrung und unnötiges Leid sind die Folge.

Sanft und mühelos beseitigt subtiles Handeln die Verwirrung, indem es ermöglicht, dass die unsichtbare Kraft der Liebe in aller Klarheit zum Vorschein kommt. So verwechseln Sie Liebe nicht länger mit anderen Dingen. Lassen Sie mich das an einem Beispiel verdeutlichen:

Loreen, eine junge Frau aus Iowa, zieht in eine andere Stadt, weil ihr dort eine neue Arbeitsstelle angeboten worden ist, die für sie einen beruflichen Aufstieg bedeutet. Allerdings befindet sie sich hier nun in einer ihr fremden Umgebung. Ihren alten Freundeskreis vermisst sie sehr. Schnell fällt ihr Blick auf einen Kollegen, den sie interessant findet. Gewöhnlich in Beziehungsangelegenheiten eher reserviert, tritt diesmal bei ihr an die Stelle zaghafter erster Regungen rasch ein Gefühl heftiger Verliebtheit. Loreen beginnt mit dem Mann, der alleinstehend und noch ledig ist, zu flirten. Er verhält sich ihr gegenüber zwar freundlich, unternimmt allerdings keinerlei Versuch, sich mit ihr zu verabreden.

Ihr Verlangen nach diesem Mann, so stellt Loreen fest, beginnt sich zu wandeln: Sie ergeht sich in Träumen und Fantasien, die immer stärker erotisch geprägte Züge annehmen, und gibt ihm durch eindeutige Anspielungen zu verstehen, sie sei an einer Liebschaft mit ihm interessiert. Er wisse, dass sie in ihn verliebt sei, erklärt er der überraschten Loreen. Allerdings erwidere er ihre Gefühle nicht. In seinem Verhalten zeigt er sich nichtsdestoweniger weiter einfühlsam und verständnisvoll, was ihn für sie nur umso anziehender macht. Loreen fühlt sich hin- und hergerissen zwischen ihrem heftigen Verlangen und der Einsicht, dass sie bei ihm chancenlos ist. Letztlich verstärkt sie dann aber ihre Bemühungen nur noch mehr, hinterlässt ihm einige vielsagende Mitteilungen auf dem Anrufbeantworter und liegt am Arbeitsplatz auf der Lauer, um ihm immer wieder »zufällig« zu begegnen.

Bei der Weihnachtsfeier in der Firma kommt es schließlich zum Eklat, als sie zu viel trinkt und sich ihm vor den anderen Mitarbeitern der Firma an den Hals wirft. Loreen hält ihn so fest, dass er sich nur mit Mühe aus ihrer Umklammerung befreien kann. Am nächsten Tag legt der Mann einen Brief auf Loreens Schreibtisch, in dem er ihr empfiehlt, professionelle Hilfe in Anspruch zu nehmen. Verwirrt und von Schamgefühlen überwältigt, fasst sie den Entschluss, einen Psychologen aufzusuchen. Tränenreich beschreibt sie in der ersten Sitzung ihre Situation. »Ich liebe ihn so sehr, dass ich ganz aufgelöst bin«, sagt sie. Doch der Psychologe korrigiert sie: »Was da bei Ihnen zum Ausdruck kommt, ist keine Liebe.« Verdutzt will Loreen daraufhin wissen: »Wenn es keine Liebe ist, was ist es dann?«

»Das ist Missbrauch, ein Übergriff«, erklärt er. »Wären Sie nicht so verzweifelt, würde Ihnen das selbst auffallen. Was Sie Liebe nennen, dient Ihnen lediglich dazu, tiefer liegende Gefühle, mit denen Sie nicht konfrontiert werden wollen, zu übertünchen.« Loreen ist aufgewühlt und erschüttert. Dessen ungeachtet versteht sie tief im Innern, dass der Therapeut recht hat.

Viele Menschen suchen in der Liebe eine Art Rettungsanker. Dadurch wird Liebe mit Realitätsflucht und mit Angst verquickt. Aber Dinge, vor denen Sie Angst haben – Einsamkeit, Isolation oder das Gefühl, nicht dazuzugehören, zum Beispiel –, sollten Sie unbedingt für sich genommen, als das, was sie sind, betrachten, um sie so bereinigen und heilen zu können. Versuchen Sie nicht, Ihre Angst dadurch zu kaschieren, dass Sie sich in eine Beziehung mit einem Menschen stürzen, von dem Sie glauben, er werde für Sie die Probleme lösen, die Ihnen Angst machen.

Vielfach gelangen Menschen wie Loreen nie zur Einsicht in ihre eigentliche Problematik. Das von ihrem Gehirn ausgeprägte Verhaltensmuster ist ihnen derart vertraut geworden, dass es sich selbst angesichts extrem negativer Rückmeldungen nicht verändert. Nur subtiles Handeln kann das Muster verändern, indem es das Gehirn mit einer neuen Intention vertraut macht. (Denken Sie an die tibetischen Mönche. Denken Sie daran, wie sie mitfühlend geworden sind. Dazu musste im Gehirn erst ein neues Aktivitätsmuster gebildet werden.) Indem Sie lernen, sich durch subtiles Handeln zu heilen, werden Sie nicht mehr unweigerlich in Situationen geraten, die Sie als ein Scheitern erleben und die dazu führen, dass Sie auf Ablehnung stoßen. Denn die Erfahrung des Scheiterns und der Ablehnung spiegelt Ihre frühere innere Verfassung wider – jene Verfassung, von der Sie sich nun allmählich immer weiter entfernen.

Tauchen negative Eindrücke und Erinnerungen auf, wirkt es sich heilsam aus, ihnen einfach Aufmerksamkeit zu schenken. Um subtile Handlungen auszuführen, brauchen Sie nur hinzuschauen, achtzugeben und sich in Gewahrsein zu üben – statt zu bewerten, zu verurteilen oder zurückzuweisen. Die negativen Prägungen aus Ihrer Vergangenheit sind nicht wirklich Sie, sondern lediglich von früheren Erfahrungen herrührende Narben. Demgegenüber sind die positiven Dinge aus Ihrer Vergangenheit Markierungen auf dem Weg einer fortschreitenden inneren Öffnung. Indem Sie spüren, wie sich die Ihnen innewohnende Liebe anfühlt, aktivieren Sie latent vorhandene Liebesimpulse im Hier und Jetzt. So signalisieren Sie dem Universum, dass Sie offen, aufgeschlossen und für Veränderung empfänglich sind.

Dann wird sich der Wandel einstellen, zunächst in Form von frischen Empfindungen, die Sie im Innern verspüren – das zarte Aufkeimen von Liebe in ihrer höheren Form. Seien Sie geduldig, üben Sie sich weiterhin in Gewahrsein. Immer häufiger wird es Augenblicke geben, in denen Sie mehr Güte empfinden, selbstloser, mitfühlender oder freigebiger sein werden. Auch außerhalb Ihrer selbst werden Sie diese Qualitäten zunehmend antreffen. Die Außenwelt wird sie Ihnen widerspiegeln. Nicht zuletzt werden Sie diese Qualitäten bei anderen Menschen entdecken. Und Ihre Mitmenschen werden sie Ihnen gegenüber zum Ausdruck bringen. Lassen Sie diesen Prozess sich immer weiter entfalten. Allerdings sollten Sie Güte oder Freigebigkeit niemals einfordern, weder von sich selbst noch von jemand anderem. Seien Sie stattdessen wieder wie ein Kind – bereit zu wachsen und sich zu entwickeln, ohne irgendetwas erzwingen zu wollen. Scheuen Sie sich nicht zu zeigen, dass Sie verletzlich sind.

Lassen Sie es aber vor allem nicht zu, dass Ihnen die Vorstellung, die Sie von sich selbst haben, im Weg steht. Denn dieses Selbstbild wurde vom Ego konstruiert und dient Ihnen als Fassade, die Sie der Welt präsentieren können, aber auch als Schutzwall, hinter dem Sie sich verschanzen können. Wenn Sie zulassen, dass dieses Selbstbild Ihnen im Weg steht, können Sie nicht offen und empfänglich sein. Wirkliche Veränderung setzt eine entspannte, eine natürliche Haltung voraus. Bedauerlicherweise wenden die meisten Menschen unsäglich große Energie dafür auf, Ihr Selbstbild zu schützen – es gegen tatsächliche oder vermeintliche Angriffe zu verteidigen. Denn sie wollen stark sein. Aber wahre Stärke gründet in einer Liebe, die selbstgewiss und eigenständig ist. Missverstandene Stärke stützt sich auf einen zum Zweck der Selbstverteidigung aufgetürmten Schutzwall. Richten Sie Ihr Augenmerk weiterhin auf die Bedeutung, die der Liebe für Sie persönlich zukommt, und auf den Wunsch, diese Liebe allmählich behutsam wachsen zu lassen.

Dies ist ein sehr gutes Beispiel, dem wir entnehmen können, dass subtiles Handeln weit mehr auszurichten vermag als sichtbare Handlungen. Denn nur auf der subtilen Ebene können Sie Ihrem Gehirn beibringen, sich rundum zu erneuern.

Durchbruch Nr. 2
Ihr wirklicher Körper ist Energie

Es reicht nicht für einen Durchbruch, mutig zu sein, er muss auch hilfreich sein. Der nächste Durchbruch, der besagt, dass Ihr Körper reine Energie ist, wird dieser Anforderung auf eindrucksvolle Weise gerecht. Ich kann einen beliebigen Gegenstand nehmen – einen Holzstock, ein Zündhölzchen, einen Wolframdraht – und ihn aus der physischen Welt verschwinden lassen: Wenn ich den betreffenden Gegenstand unter einem Elektronenmikroskop untersuche, erweist jedes Stück physischer Materie sich als eine diffuse Wolke, so wenig greifbar wie Nebelschwaden. Man braucht von da aus nur eine Größenordnung weiterzugehen, schon verflüchtigt sich auch der Nebel: Unsichtbare Vibrationen sind alles, was dann noch übrig bleibt. Und in der Freisetzung der in diesen Vibrationen gespeicherten Energie besteht der hilfreiche Schritt. Deshalb war es auch ein so weltbewegender, alles verändernder Durchbruch, als der Mensch entdeckte, dass man Holz anzünden und verbrennen, Feuer mithilfe eines Streichholzes von einem Ort zum anderen tragen kann und dass ein Wolframdraht, sobald man Elektrizität hindurchfließen lässt, Licht und Wärme abgibt.

In jedem Fall steht am Schnittpunkt zwischen sichtbarer und unsichtbarer Welt ungenutzte Energie. Und als solche haben wir den Körper beschrieben. Ein Stück Holz gibt sich damit zufrieden, untätig an der Nahtstelle zwischen diesen beiden Welten zu stehen – Ihr Körper hingegen nicht. Unablässig bewegen sich Ihre Zellen über die Grenze hin und zurück und fördern das Unsichtbare zutage. Wie die DNS gelernt hat, dies zu tun, bleibt ein Rätsel. Denn das ist ganz so, als würde ein Wolframdraht lernen, sich selbst zum Leuchten zu bringen, oder ein Streichholz, sich selbst zu entzünden, ganz ohne Hilfe von außen. Das Geheimnis reicht freilich noch viel weiter und tiefer. Wenn Holz verbrennt und zu Asche zerfällt, ist es verschwunden. Und spendet ein Glühbirnendraht aus Wolfram Licht, ist er dazu verurteilt, eines Tages durchzubrennen. DNS hingegen wächst und vervielfältigt sich, indem sie Energie freisetzt. DNS tut tatsächlich nichts anderes, als schiere Energie (Wärme und elektrische Impulse) in unzählige komplexe Prozesse umzuwandeln. Und da DNS, wie jede chemische Substanz, selbst aus Energie besteht, ist Ihr Körper also eine Energiewolke, die sich durch zusätzliche Energie am Leben erhält.

Je genauer Sie hinschauen, umso klarer werden Sie erkennen, dass sich hinter diesen Geheimnissen noch weitere verbergen. Indien war zu der Zeit, als ich dort aufgewachsen bin, in weit höherem Maß als heute ein religiöses Land. Und im spirituellen Bereich kannte man dort ein spezielles Phänomen: Menschen, die es, ähnlich wie in späteren Jahrzehnten Fans oder Groupies die Nähe von Film- oder Rockstars suchten, über alles liebten, sich in der Nähe eines Heiligen aufzuhalten. (Wenn hier von einem »Heiligen« die Rede ist, ist diese Bezeichnung in erster Linie als Ausdruck des Respekts vor einem Menschen zu verstehen, von dem es heißt, er habe einen höheren Bewusstseinszustand erreicht.) Gewöhnliche Menschen verbrachten also recht viel Zeit im Umfeld von Heiligen, um deren Energie in sich aufzunehmen, sie gleichsam aufzusaugen. In meiner Kindheit hatte ich einen Onkel, der mich unbedingt immer wieder zu solchen nach westlichen Maßstäben ungewöhnlichen Ausflügen mitnehmen wollte. Im Alter von acht oder zehn Jahren sollte ich daher, nachdem ich mich vor dem Heiligen verbeugt und ehrerbietig seine Füße berührt hatte, mit überkreuzten Beinen vor ihm auf dem Boden sitzen. Inzwischen plauderte mein Onkel mit dem Yogi oder Swami. Der wahre Grund für den Besuch war jedoch das *Darshan* – die Gelegenheit, wie ein Schwamm die Energie des Heiligen in sich aufnehmen zu können.

Das Sanskrit-Wort Darshan ist eigentlich ein einfacher Begriff, es bedeutet im Grunde »sehen«. Aber ich hatte das Gefühl, dass es viel mehr als das beinhaltete. Die Energie eines anderen Menschen zu empfangen war wahrlich etwas Wunderbares. Manche Heilige bewirkten, dass ich mich heiter und ganz unbeschwert fühlte. Bei anderen wiederum wurde mein Geist still: Solange ich mich in der Gegenwart des Heiligen aufhielt, empfand ich einen tiefen inneren Frieden. Obgleich der Heilige ein Mann war (möglicherweise war er ein Anhänger von Devi, der göttlichen Mutter), fühlte sich das Darshan manchmal so unverkennbar weiblich an, als würde meine Mutter mir ein Lächeln schenken.

Bei diesen Besuchen fielen mir noch andere Dinge auf: Die wohltuende Wirkung verringerte sich mit zunehmender Entfernung von dem jeweiligen Heiligen. Näherte man sich der Hütte des Heiligen – in der Regel ein Mensch, der in Abgeschiedenheit und Besitzlosigkeit sein Leben der Askese widmet –, konnte es sein, dass man mit jedem Schritt, den man sich auf seine Tür zubewegte, mehr und mehr jedes Gefühl von Besorgnis verlor. Stattdessen füllte der Geist sich mit der Überzeugung, Gott weile in seinem Himmel und mit der Welt sei alles in Ordnung. Dieser Erbauungszustand hielt eine Zeit lang an. Fuhr mein Onkel anschließend wieder mit uns heim nach Delhi, fühlte ich mich nicht mehr so inspiriert, sondern mein gewöhnliches Selbst kam wieder stärker zum Vorschein – ähnlich wie bei einer defekten Batterie allmählich ein Entladungsprozess einsetzt. Nach einiger Zeit – dabei konnte es sich um Stunden oder um Tage handeln – verblasste die beglückende Präsenz des Heiligen zur bloßen Erinnerung.

Menschen wie mein Onkel waren nicht einfach nur Energie-Junkies. Der Kontakt mit einer heiligen Seele *(Atman Darshan)* weckte in ihnen ein höheres Bewusstsein. Davon waren sie überzeugt. Ob das stimmt oder nicht, brauchen wir hier im Moment nicht zu entscheiden. Von einem Darshan ausschließlich im Sinn einer mystischen Erfahrung zu sprechen würde jedenfalls der Sache nicht gerecht. Wenn Sie jemanden sehen, den Sie lieben, stellt Ihr Gehirn sich auf die Liebe ein, die Ihnen von der oder dem Betreffenden zuströmt: Ein Energieaustausch findet statt. Darum kann der erste Liebestaumel so überwältigend sein. Im Neuen Testament steht geschrieben, dass Jesus zu den Menschen nicht nur sprach, sich vielmehr unter sie begab, damit sie ihn sehen und berühren konnten. Seiner persönlichen Energie wohnte zweifellos eine ganz eigene Kraft inne.

Denken Sie an all die Eigenschaften, die Sie auf der energetischen Ebene intuitiv an einem anderen Menschen erfassen. Sie nehmen nicht nur wahr, ob die betreffende Person fröhlich oder traurig ist, sondern Sie merken auch, ob sie inneren Frieden verspürt oder beunruhigt ist. Ein Blick in ihre Augen verrät uns, ob sie geistig rege oder begriffsstutzig, mitfühlend oder teilnahmslos ist. Sich eine menschliche Eigenschaft vorzustellen, die nicht eine Art energetische »Signatur« aufweist, fällt schwer. Und Sie können, das ist das Gute daran, durch eine Veränderung Ihrer Signatur jede gewünschte Eigenschaft hervorbringen: Beunruhigung lässt sich in einen friedvollen inneren Zustand verwandeln, Traurigkeit in Fröhlichkeit, Dumpfheit in Regsamkeit. Ihr Körper ist ein Energieumwandler, und zwar auf einer ganz subtilen Ebene, auf der Sie zu den wertvollsten Aspekten des Lebendigseins Zugang erhalten.

Heilige wissen ganz genau, dass sie am Schnittpunkt zwischen dem Sichtbaren und dem Unsichtbaren stehen. Denn die Präsenz Gottes ist für sie jederzeit spürbar. Die von ihnen ausgestrahlte Energie ist subtiler als Wärme oder Licht. Und dieselbe Energie nutzt auch Ihr Körper in einer Art und Weise, die von der Wissenschaft erst noch ergründet werden muss.

Energie und Gesundheit

Kommen wir zunächst auf die grundlegendste Aufgabe der Energie zu sprechen: den Körper lebendig und gesund zu erhalten. Ihr Körper ist dann gesund, wenn sein energetischer Zustand gesund ist – eine Vorstellung, die die Grenzen der schulmedizinischen Weltanschauung weit hinter sich lässt. Noch vor 100 Jahren standen die Keime im Blickpunkt des medizinischen Interesses. Alles drehte sich nur darum, neue Bakterien und Viren zu entdecken, sie den durch sie verursachten Erkrankungen zuzuordnen und die Keime abzutöten, bevor sie im Körper Schaden anrichten können. Heutzutage sind die Gene die Stars in der Manege. Ansonsten wiederholt sich das altbekannte Muster: Nur dass es nun vor allem darum geht, neue Gene ausfindig zu machen, sie bestimmten Erkrankungen zuzuordnen, um sie anschließend zu manipulieren oder zu spleißen[2], bevor der Körper Schaden nehmen konnte.

Die ganze Zeit aber hätte eigentlich der Energie die Hauptrolle gebührt. Denn Keime und Gene können, wie jedes Objekt, auf Energie zurückgeführt werden. Darum lässt sich jeder dem Körper zugefügte Schaden auf diese allem zugrunde liegende Kraft zurückführen.

Ungeachtet solcher Tatsachen zögert die Medizin dazuzulernen. Energie ist ihr zu dynamisch, sie verändert und wandelt sich, hinterlässt kaum eine Spur. Und bislang hat man die Gründe für ihre unzähligen Veränderungen erst völlig unzureichend verstanden. Demgegenüber sind chemische Substanzen etwas vergleichsweise Konkretes, sie sind berechenbar und kommen in übersichtlichen kleinen Quantitäten daher. Daraus zusammengestellte Medikamente kann man den Patienten in genau bemessener Dosierung verabreichen. Nichtsdestoweniger führt kein Weg an der grundlegenden Tatsache vorbei, dass Medikamente ebenfalls gebündelte Energie und die durch sie im Körper hervorgerufenen Wirkungen (einschließlich ihrer Nebenwirkungen) nichts weiter sind als Energiemuster, die sich nun, statt in die eine, in eine andere Richtung bewegen. Könnten wir auf die Energie des Körpers Einfluss nehmen, ohne zu diesem Zweck auf Medikamente zurückzugreifen, die in aller Regel zu heftige und zu breit gestreute Auswirkungen auf den Körper haben, käme dies einem großen Durchbruch gleich. Wenn Sie sich zum Beispiel eine üble Schnittverletzung zuziehen und der Arzt Ihnen eine Penizillinspritze verabreicht, gelangt das Antibiotikum in Ihren gesamten Körper. Während es im Wundbereich Keime abtötet, wandert es zugleich in den Darmtrakt und tötet die einzellige Darmflora, die für eine gesunde Verdauung notwendig ist. Deshalb ist Durchfall eine verbreitete Nebenwirkung von Penizillin V, der aktuellen Variante jenes Originalmedikaments, das vor 60 Jahren entwickelt wurde.

Es mag den Anschein haben, als sei das Abtöten einer größeren Anzahl einzelliger Lebewesen ein ziemlich banaler Vorgang, ähnlich wie die Badewanne überläuft, wenn wir zu viel Wasser einlassen. Die chemischen Wirkungen des Penizillins bringen jedoch zahlreiche mögliche Nebenwirkungen mit sich, darunter auch so bizarre Phänomene wie die »schwarze Haarzunge«. Eine Reizung des Mund- oder Rachenraums, Übelkeit, Magenverstimmung und Erbrechen sind weitere häufig anzutreffende Nebenwirkungen. Allerdings könnte es, falls eine Überempfindlichkeit gegen Penizillin besteht, auch zu so alarmierenden Symptomen kommen wie Hautausschlag, Flüssigkeitsansammlung im Kehlkopf und einem anaphylaktischen Schock. Letzterer kann lebensbedrohlich sein. Dass es solch ein weit gespanntes, verwirrendes, unberechenbares Spektrum von Nebenwirkungen gibt, liegt in der Komplexität von Energie begründet. Ihr Körper bildet unzählige Energiemuster. Und wenn Sie in die Mixtur all dieser Muster ein Medikament mit einem breiten Wirkungsspektrum hineingeben, ist Ihr gesamtes energetisches System davon betroffen.

Medikamente sind wirkungsvoll, können aber viele Probleme verursachen. Ganz alltägliche Handlungen können im Körper freilich ebenfalls viele Veränderungen bewirken. In dem Moment, in dem Sie einen Raum betreten, um jemandem eine gute oder eine schlechte Nachricht zu überbringen, kommt es Ihnen vielleicht nicht in den Sinn, dass Sie damit auf die Energie der betreffenden Person Einfluss nehmen. Genau das tun Sie jedoch. Wenn Sie einen anderen Menschen dazu bringen, dass er fröhlich oder traurig ist, besteht die Veränderung nicht einfach nur in einem Stimmungsumschwung. Sie reicht tiefer: Der Körper wird unmittelbar beeinflusst, da die energetischen Auswirkungen all dessen, was das Gehirn im Augenblick denkt oder fühlt, von Botenmolekülen über den Blutkreislauf als Information an Billionen von Zellen weitergegeben wird. (Nicht von ungefähr sagt man: »Die schlimme Nachricht hat ihn krank gemacht.« Ihr Gehirn greift die Information auf, verwandelt sie in einen chemischen Code und lässt den gesamten Körper wissen, ob es auf der Welt Probleme gibt. In einem buchstäblichen Sinn »verstoffwechseln« Sie die Neuigkeit und leiden unter den in ihr enthaltenen Giften.)

Die kleinste energetische Veränderung, nicht mehr als ein paar Worte, kann zu massiven physischen Störungen führen. Nehmen wir einmal an, jemand erfreue sich seines Lebens. Dann erhält die oder der Betreffende plötzlich die Nachricht, der Ehemann bzw. die Ehefrau habe die Scheidung eingereicht – oder das Bankkonto sei komplett leer geräumt worden. Den Körper mit dieser Information zu füttern hat die gleiche Wirkung, als würde man eine physikalische Substanz injizieren: Augenblicklich kommen chemische Veränderungen in Gang. Stress, Schwäche und eine allgemein beeinträchtigte Funktionsfähigkeit setzen sich von einem Organ zum andern fort. Die betreffende Person wird sich daraufhin zumindest ziemlich bedrückt und bekümmert fühlen. Unter Umständen lässt sich bei einer entsprechend niederschmetternden Nachricht allerdings das normale Energiemuster nicht mehr wiederherstellen. Kummer und Trauer bedeuten einen gestörten Energiezustand, der unter Umständen jahrelang andauern kann. Der Verlust eines Partners kann Ihre Krankheitsanfälligkeit erhöhen und Ihre Lebenserwartung vermindern. (Dies ist bei Witwern sogar statistisch nachgewiesen: Sie haben ein erhöhtes Herzinfarktrisiko und ihre Lebenserwartung liegt unter dem Durchschnitt.)

Herzinfarkt, früher Tod und die physischen Nebenwirkungen eines Medikaments wie Penizillin – bei oberflächlicher Betrachtung sieht es so aus, als hätten wir es hier mit ganz unterschiedlichen Dingen zu tun. Im Kern gehen sie indes alle auf die gleiche Ursache zurück: auf eine Beeinträchtigung des Körperenergiemusters. Bereits *ein* Same einer solchen Störung, eine einzige bösartige Zelle beispielsweise, kann genügen – schon kommt möglicherweise das ganze System aus dem Gleichgewicht. Lässt man zu, dass die in ihm enthaltene Saat heranwächst, wird dies zu einem energetischen Zusammenbruch des ganzen Körpers führen. Wenn es auch befremdlich klingen mag, sich eine Krebserkrankung als energetische Störung vorzustellen, handelt es sich dennoch um nichts anderes. Das Unbehagen angesichts dieser Vorstellung verschwindet, wenn Sie sich den gesamten Körper als Energie vorstellen.

Ein geeigneter Umgang mit der eigenen Energie ist der mühelosester Weg zur Selbstheilung. Denn damit gehen Sie unmittelbar an die Quelle. Sobald ein gestörtes Energiemuster sich wieder normalisiert hat, verschwindet das Problem. Unsere Alltagserfahrung bestätigt die Glaubwürdigkeit dieser Aussage: Ein kleines Kind zum Beispiel, das glaubt, seine Mutter habe es im Kaufhaus allein zurückgelassen, wird zahlreiche körperliche und seelische Anzeichen von Verzweiflung zeigen. Kehrt die Mutter dann zurück, hat es hingegen keinen Grund mehr, sich zu ängstigen. Das normale, mit dem Gefühl, geliebt zu werden und geborgen zu sein, verknüpfte Muster stellt sich wieder ein, und zwar ganz automatisch. Ebenso mühelos erfolgt Heilung in ihrer höchsten Form.

Grahams Geschichte

Für Menschen, die sich auf die eigene Energie einzustimmen vermögen, war die Tatsache, dass Energie – im Körper, durch ihn und um ihn herum – unentwegt Muster hervorbringt, stets außerordentlich hilfreich.

»Vor einigen Jahren«, erinnerte sich Graham, ein Freund jenseits der vierzig, der sich als Energieheiler betätigt, »sah ich bei einer Abendgesellschaft einen Gast mit zittriger Hand nach dem Salzstreuer greifen. Als ich den Mann, der schätzungsweise Ende dreißig war, darauf ansprach und ihn fragte, ob es ein Problem für ihn gebe, berichtete er freimütig von seiner Parkinson-Erkrankung. Sein Name war Sam, er betrieb eine kleine Firma in der Stadt und lebte damals bereits seit sieben Jahren mit der Diagnose. Sam war sorgsam darauf bedacht, mit einer möglichst geringen Dosis an Medikamenten mit dem Parkinson-Syndrom zurechtzukommen. Zugleich war ihm klar, dass dies so nur für eine begrenzte Zeit möglich sein würde. Über kurz oder lang würde das Zittern zunehmen und eine ausgewachsene Parkinson-Symptomatik zutage treten.«

Graham hatte zu der Zeit, als er Sam kennenlernte, gerade erst begonnen, sich für Energiearbeit zu interessieren. Da er ohnehin vorhatte, kurz darauf nach Kalifornien zu fahren, um im Rahmen seiner Ausbildung ein Wochenendseminar zu besuchen, das ihn in ein altüberliefertes chinesisches Heilverfahren namens Qi Gong einführen sollte, lud er Sam kurzerhand ein, ihn dorthin zu begleiten.

»Energetisches Heilen jedweder Art bedeutete damals noch Neuland für mich, obwohl ich für diese Dinge schon immer offen gewesen war«, erklärte Graham, der zu jener Zeit bereits seit Jahren Meditation praktiziert hatte und in östlicher Spiritualität sehr belesen war. »Im Unterschied zu vielen Skeptikern hat mich die Vorstellung, der Körper bestehe aus subtilen Energien, ganz und gar nicht irritiert. Mein neuer Bekannter Sam war zwar ein wenig misstrauisch, aber trotzdem bereit, mich zu dem Wochenendkurs zu begleiten. Als ich ihn auf dem Weg zum Flughafen bei ihm zu Hause abholte, war das Zittern stärker als bei unserer ersten Begegnung. Aber wir sprachen nicht weiter darüber. Am nächsten Tag befanden wir uns dann in einer Gruppe von rund 50 Leuten, die sich alle zu dem Kurs angemeldet hatten, um etwas über Qi Gong zu erfahren.«

Ebenso wie andere traditionelle chinesische Heilmethoden basiert Qi Gong auf der Lenkung und Harmonisierung des Qi (oder Chi), jener elementaren Lebenskraft, die den Körper lebendig erhält. Aufgrund der Verbindung zu weiter reichenden spirituellen Auffassungen und weil Qi Gong außerdem als unkommunistisch galt, hat die chinesische Regierung seine Ausübung lange Zeit untersagt.

»Qi, so erklärte uns der aus Hongkong stammende Seminarleiter, existiere auf einer subtilen Ebene des Körpers. Das natürliche Fließen des Qi erhalte einen Menschen gesund. Gerieten diese subtilen Energien hingegen in ein Ungleichgewicht, habe das Erkrankungen zur Folge. Um das Qi im Körper lenken und verändern zu können, muss man sich normalerweise jahrelang diszipliniert darin üben. Unser Lehrer hing jedoch einer neuen Idee nach, der zufolge durch jeden Gedanken eine winzig kleine Veränderung in den Mustern des Qi hervorgerufen wird. Sogar schwere Erkrankungen und Traumata könne man, so glaubte er, wieder in Ordnung bringen, indem man kleine Unstimmigkeiten im Qi heilt: eine nach der anderen, als handele es sich um winzige Glieder einer Kette.«

Graham nahm die Seminarausbildung ernst und lernte schnell. Sam erwies sich als weniger diszipliniert. Anfangs war er zwar mit ziemlich großer Begeisterung bei der Sache, dann aber machte er nur noch sporadisch Lernfortschritte.

»Unser Lehrer ließ aus der Teilnehmerschar Leute nach vorne kommen, die unter chronischen Problemen wie beispielsweise Kreuz- oder Nackenschmerzen litten. Er erstellte kurz eine Diagnose und führte anschließend eine Korrektur ihres Qi herbei«, erzählte Graham. »Dies geschah mithilfe einer einfachen Methode: Im Geist fragt sich der Heiler, ob bei der betreffenden Person bestimmte Aspekte schwach oder stark sind. Hat er bei einem Aspekt den Eindruck, dieser sei geschwächt, so bittet er, dieser Aspekt möge die gleiche Stärke gewinnen wie bei einem gesunden Menschen. Dabei kann es sich um einen physischen, einen psychischen oder einen umweltbezogenen Aspekt handeln. Bei einem Asthmapatienten etwa würde unser Lehrer nicht nur Fragen in Bezug auf die Lunge und die Atemwege stellen, sondern sich darüber hinaus danach erkundigen, wie schwach oder stark das Nervensystem ist, und sich einen Eindruck davon verschaffen, ob die oder der Betreffende häufig unter Niedergeschlagenheit und Erschöpfungszuständen leidet. Bei jeder Störung ist es notwendig, auf der energetischen Ebene herauszufinden, an welcher Stelle die Kette unterbrochen ist, und sie an dieser Stelle wieder in Ordnung zu bringen, indem man jeweils *ein* Glied repariert. Erstaunlicherweise waren die Freiwilligen, die mit Rücken- oder Nackenschmerzen nach vorne gekommen waren, im Nu geheilt.«

Aus Sicht vieler Abendländer enthält die Geschichte bis zu dieser Stelle einige ungelöste Fragen. Ist ein Mensch überhaupt in der Lage wahrzunehmen, in welcher energetischen Verfassung sich ein fremder Körper befindet? Wie es sich anfühlt, wenn jemand wütend oder traurig ist, das wissen wir zwar. Allerdings neigen wir dazu, hier von emotionalen statt von energetischen Zuständen zu sprechen. Können wir noch einen Schritt weitergehen, indem wir Erkrankungen als energetische Zustände bezeichnen? Finden Sie es nicht bezeichnend, dass Krebs oftmals zuerst vom Patienten selbst entdeckt wird, weil dieser einen plötzlichen Niedergang des Energieniveaus, einen unerklärlichen, in Richtung Niedergeschlagenheit verlaufenden Stimmungsumschwung oder ein ganz unspezifisches Unwohlsein verspürt? Im Qi Gong würde man in dem Fall von einer schwerwiegenden Störung im Muster des Qi sprechen, während die westliche Medizin erst einmal abwartet, bis handfestere physische Veränderungen eintreten, bevor sie etwas unternimmt.

Theoretisch ist uns zwar bekannt, dass die Energiemuster des Körpers auf der Quantenebene beeinflusst werden, dennoch wollen die meisten Abendländer die Möglichkeit, Energie subjektiv wahrnehmen zu können – sei es durch die/den Erkrankte/n selbst oder durch einen Heiler –, nicht akzeptieren. Dabei fügt sich der Hauptstreitpunkt in Grahams Geschichte, nämlich die Vorstellung, der Qi-Gong-Heiler könne willkürlich die Energie eines anderen Menschen verändern, im Grunde sehr gut in das Feldmodell der Physik ein. Im Sinn der chinesischen Medizin ist Qi ein Feld ähnlich einem elektromagnetischen Feld. Dieses Feld umfasst den Patienten wie den Heiler. Und zwischen beiden bestehen keine klaren Trennlinien oder Grenzen. Auch ein handlicher kleiner, für die Mitnahme am Schlüsselbund oder in der Hosentasche geeigneter Magnet sieht wie ein eigenständiges, ganz unabhängig für sich existierendes Stück Eisen aus, ist aber dennoch in das Magnetfeld des gesamten Planeten Erde mit einbezogen.

Eine simple Demonstration, so stellte Graham fest, half ihm, ein gewisses Misstrauen, das er anfangs verspürte, zu überwinden. »Gemäß den Lehren des Qi Gong verläuft die Hauptenergiebahn zu beiden Seiten der Wirbelsäule, hinauf und hinab. Paarweise führten wir nun einen einfachen Muskeltest durch: Während ich meinen Arm waagerecht ausgestreckt hielt, versuchte mein Partner ihn nach unten zu drücken. Wir hielten dem abwärtsgerichteten Druck auf den Arm problemlos stand. Dann wurden wir aufgefordert zu visualisieren, wie die Energie entlang der Wirbelsäule abwärtsfließt, und ihr im Geist zu folgen. Sobald ich das tat, konnte ich dem auf meinen Arm ausgeübten Druck nichts mehr entgegensetzen. Augenblicklich wurde der Arm schwach. Dann kehrten wir in unserer Vorstellung den Prozess um. Mein Partner übte weiterhin Druck auf meinen ausgestreckten Arm aus, während ich visualisierte, die Energie würde entlang der Wirbelsäule aufwärtsfließen. Diesmal fiel es mir leicht, dem Druck auf meinen Arm standzuhalten; ja, ich hatte ein Gefühl größerer Stärke. Zuerst haben wir den Muskeltest mit ausgestrecktem Arm durchgeführt – Kinesiologie in einfacher Form. Nach einer Weile konnte der Heiler den Test aber im Geist vornehmen, indem er sich, ohne den Körper des Patienten zu berühren, fragte: ›Schwach oder stark?‹ Ich weiß, es klingt unglaublich, doch das ist die Grundlage der Heilmethoden, die ich nun seit einer Reihe von Jahren praktiziere.«

»Und wie ist es Sam ergangen, dem Mann, der unter den früh einsetzenden Parkinson-Symptomen litt?«, wollte ich wissen.

»Das Zittern ging bei ihm, während wir an dem Kurs teilnahmen, dramatisch zurück«, meinte Graham. »Sam war ganz aus dem Häuschen und sprach davon, er werde seine Medikamente komplett absetzen. Auf der Heimfahrt vom Flughafen wirkte er wie verwandelt, wie ein anderer Mensch, war enthusiastisch und, soweit ich das erkennen konnte, völlig symptomfrei. Doch ich nahm Sam das Versprechen ab, auf die Medikamenteneinnahme nicht vollständig zu verzichten. Dann haben wir uns voneinander verabschiedet. Wie es ihm anschließend ergangen ist, weiß ich nicht. Ich kann einfach nur hoffen, er hat weiter Qi Gong praktiziert.«

Bei dieser Geschichte geht es aber nicht nur um Qi Gong,

vielmehr wird hier etwas Umfassenderes veranschaulicht: Unser Körper besteht aus Energiemustern. Und auf diese Muster nehmen Sie, ob Sie dessen nun gewahr sind oder nicht, ständig Einfluss. Dabei ist *Energie* bloß ein wenig geeigneter sprachlicher Behelf. Das Wort vermittelt keine Vorstellung davon, wie lebendig der Körper ist, wie aus dem Zusammenspiel von Billionen Zellen ein Ganzes entsteht und wie diese Zellen in noch ungleich höherem Maß lebendig werden, sobald Sie bei einem Menschen die positive Energie unterstützen und verstärken.

Die Vorstellung von der Lebensenergie – oder Vitalenergie – hat im Westen deshalb nie Fuß gefasst, weil diese Energie keine physischen Spuren hinterlässt. Solange keine Karte vorhanden ist, die zeigt, wie die Energie fließt, eine ähnliche Karte wie diejenige vom zentralen Nervensystem, können Skeptiker sich leicht auf den Standpunkt stellen, die Lebensenergie sei nichts als Einbildung, frei erfunden. Aber in Indien und China gibt es zahlreiche Behandlungsmethoden, die genau auf solchen Karten basieren: Karten, die einst, von einer intuitiven Wahrnehmung der sogenannten Energiekanäle oder Energiebahnen ausgehend, gezeichnet wurden. Unter den sich darauf stützenden chinesischen Heilsystemen sind die Akupunktur und die Akupressur im Westen am besten bekannt.

Hören Sie sich die folgende Geschichte an, die mir mein Freund Henry erzählt hat, nachdem er eines Tages einen in Los Angeles ansässigen Akupunkteur aufgesucht hatte. »Bei Arbeiten rings ums Haus hatte ich mir einen Oberarmmuskel gezerrt. Zunächst ging ich davon aus, der Schmerz werde von allein verschwinden. Stattdessen wurde er jedoch im Verlauf der nächsten drei Wochen immer schlimmer. Da ich ähnliche Beschwerden schon früher einmal gehabt hatte, wusste ich, dass es sich um eine Sehnenentzündung handelte. Statt zu meinem Hausarzt zu gehen, beschloss ich nun, zunächst einmal eine alternative Behandlung auszuprobieren. Jemand nannte mir einen guten Akupunkteur. Ich ließ mir einen Termin geben und der Akupunkteur erklärte, mir helfen zu können. Dann setzte er an einigen Stellen meines Körpers Nadeln, aber nicht bloß im Bereich des betroffenen Muskels, sondern auch an anderen Stellen: im Nacken und in der Schulter. Nach der Behandlung, als ich gerade gehen wollte, überraschte der Akupunkteur mich mit der Frage, ob mich etwas bedrücke. Meine Mutter sei im Jahr zuvor gestorben, erzählte ich ihm, und ich hätte das Gefühl, mich in einem Stimmungstief zu befinden. In einer Phase der Trauer um meine Mutter befände ich mich meines Erachtens allerdings nicht mehr.

Er habe wahrgenommen, dass ich von einem schwachen Energiefeld umgeben sei, erklärte er mir. Daraus habe er ersehen können, dass mich etwas bedrücke. Und er empfahl mir, ihn noch ein paar kleine Anwendungen machen zu lassen. Mir war zwar gar nicht danach zumute, mir weitere Nadeln in die Haut stechen zu lassen. Aber das hatte er auch nicht vor, wie sich herausstellte. Stattdessen drückte er ganz behutsam ein paar Punkte entlang meiner Wirbelsäule. Außerdem arbeite er zugleich medial ein wenig an mir, erläuterte er mir. Das Ganze dauerte nicht mehr als zehn Minuten. Und er stellte mir diese Zusatzbehandlung auch nicht in Rechnung.

Auf dem Weg zum Auto konnte ich nicht sagen, ob bei meiner Sehnenentzündung eine Verbesserung eingetreten war. Doch meine Stimmung hatte sich eindeutig gewandelt. Schlagartig ging es mir sehr gut. Ich fühlte mich wohl und munter, meine Schritte waren um einiges leichter geworden. Erst da, nachdem sich die graue Wolke über mir gelichtet hatte, wurde mir klar, dass ich mich schon seit geraumer

Zeit niedergeschlagen gefühlt hatte. Am nächsten Tag war ich immer noch bei guter Laune, um nicht zu sagen: in Hochstimmung. Und der Zustand meiner Schulter besserte sich zusehends so weit, dass ich den Akupunkteur kein weiteres Mal aufzusuchen brauchte. Dieser eine Besuch bei ihm hat eine Heilung in Gang gesetzt, wie ich sie in der Weise niemals erwartet hätte.«

Die Energie für den Wandel

Der Unterschied zwischen gesunder und ungesunder Energie lässt sich folgendermaßen zusammenfassen:

Gesunde Energie fließt, ist flexibel, dynamisch, ausgewogen und weich; sie geht mit positiven Empfindungen einher.

Ungesunde Energie ist ins Stocken geraten, erstarrt, unbeweglich, spröde, im Ungleichgewicht und hart; sie geht mit negativen Empfindungen einher.

Jeder Aspekt Ihres Lebens kann sich dadurch zum Besseren verändern, dass Sie einen ungesunden in einen gesunden Energiezustand umwandeln. Menschen, die keine Möglichkeit sehen, sich zu verändern, haben mit mindestens einer der eben unter »ungesunde Energie« aufgeführten Eigenschaften Probleme. Die harten, frostigen Blicke, die Eheleute in einer schlechten Ehe miteinander wechseln, stehen für die eine Art von Energie; die weichen, liebevollen Blicke, die man in einer glücklichen Ehe austauscht, für die andere. Die Unterscheidung zwischen physisch und nicht physisch ist nicht mehr weiter von Belang. Die weichen, fließenden Blutfette, die gesund sind, können in Ihrem Körper zu harten, festsitzenden Plaqueablagerungen in den Koronararterien werden, die ungesund sind. Auf der gesellschaftlichen Ebene kann der weiche, fließende Austausch zwischen Menschen, die miteinander tolerant umgehen, zu einer sich hart und festgefahren anfühlenden, engstirnigen und von Vorurteilen belasteten Einstellung werden.

Selbst im Rahmen eines strikten Materialismus zeigen sich Anhaltspunkte dafür, dass Energie stärker ist als Materie. In Langlebigkeitsstudien wird beispielsweise untersucht, warum manche Menschen bis ins hohe Alter gesund bleiben. Ihr Geheimnis liegt, so vorteilhaft all diese Dinge auch sein mögen, weder in den Genen noch in der Ernährung, weder in Nikotinabstinenz noch in sportlicher Betätigung. Der stärkste Zusammenhang damit, dass ein Mensch bei guter Gesundheit 90 oder 100 Jahre alt werden kann, ergab sich für einen Faktor, den man als eine Art emotionale Stehaufmännchen-Qualität bezeichnen könnte: die Fähigkeit, sich nicht unterkriegen zu lassen, sondern sich nach einem schlimmen Rückschlag aufzurappeln und wieder auf die Beine zu kommen. Das stimmt bestens mit einem Wesensmerkmal gesunder Energie überein: mit Flexibilität.

In den späten 1940er-Jahren begann man in Harvard mit einer Langzeitstudie an jungen Männern, um herauszufinden, warum manche von ihnen bereits in mittleren Jahren, also unerwartet früh, einen Herzinfarkt erlitten. Der eindeutigste Zusammenhang ergab sich nicht etwa für Faktoren wie einen zu hohen Cholesterinspiegel, ungünstige Ernährungsgewohnheiten, Rauchen oder eine vorwiegend sitzende Lebensweise. In aller Regel entgingen diejenigen Männer einem frühzeitigen Herzinfarkt, die sich im Alter zwischen 20 und 30 Jahren mit den problematischen Aspekten ihrer Psyche auseinandergesetzt hatten, statt diese, wie es viele Männer tun, zu ignorieren. Solche psychischen Probleme sind durch festgefahrene, erstarrte Einstellungen und gestörte Emotionen gekennzeichnet – ein weiterer Hinweis auf den hohen Stellenwert von Energie.

Eine ausgesprochen reizbare Frau aus meinem Bekanntenkreis erhielt neulich einen jener witzigen Videoclips, die übers Internet verbreitet werden. Gemeint ist die Art von Video, wo in ein völlig unspezifisches Szenario Ihr Name eingefügt wird. Zu der Zeit standen Wahlen vor der Tür. Das Video trug den Titel: »Jetzt wissen wir, wer für die Wahlniederlage verantwortlich ist!« Im Rahmen einer fingierten Nachrichtensendung zeigte es, wie es bei der Präsidentschaftswahl deshalb zu einer Niederlage kam, weil eine bestimmte Wählerin am Wahltag zu Hause geblieben war. An dieser Stelle war dann der Name meiner Bekannten eingesetzt worden. Die meisten Menschen würden darin einen harmlosen Scherz sehen, der sie daran erinnern soll, zur Wahl zu gehen. Doch diese Frau reagierte total wütend. An die Organisation, die die Videos in Umlauf gebracht hatte, schrieb sie bitterböse E-Mails, in denen sie sich das ungebührliche Eindringen in ihre Privatsphäre ein für alle Mal verbat. Bis ihr Ärger verraucht war, dauerte es Stunden. Jeder in ihrer Familie wusste, dass man gut beraten war, ihr den größten Teil des Tages lieber aus dem Weg zu gehen.

Hier sehen wir alle Merkmale, die kennzeichnend sind für das Ausagieren negativer Energie. Die Frau hatte bereits ein festgefahrenes Muster, nach dem sie wütend wurde. Ihre Wut, an der sie eisern und unbeugsam festhielt, klang erst nach längerer Zeit ab und ging mit weiteren negativen Emotionen einher. (Sie war nicht einfach nur wütend. Vielmehr hegte sie Groll, sah sich in der Rolle des Opfers und bemitleidete sich selbst.) Nachdem die negativen Emotionen bei ihr erst einmal zum Ausbruch gekommen waren, hätte es wenig gebracht, an deren äußeren Bekundungen herumzudoktern. Was immer man diesbezüglich unternehmen würde – sie auf den witzigen und humorvollen, doch nun wahrhaftig nicht bierernst zu nehmenden Charakter des Videos hinweisen, an ihre Vernunft appellieren, in dem Bemühen um Beschwichtigung für Ablenkung, Zerstreuung und Aufheiterung sorgen –, die eigentliche, letzten Endes auf der energetischen Ebene angesiedelte Ursache würde von alldem unberührt bleiben.

Die Schulmedizin versteht durchaus in einem vagen Sinn, wie negative Emotionen in physische Symptome übergehen können. Dennoch haben zwei Probleme verhindert, dass sich daraus fruchtbare Therapieansätze entwickeln konnten.

Erstens ist eine energetische Störung ein allzu unspezifisches und umfassendes Phänomen. So etwas wie eine »Krebspersönlichkeit« lässt sich nicht definieren. Denn Menschen mit einer Krankheitsdisposition sind für gesundheitliche Probleme jedweder Art anfällig. Zwischen Angst und Sorge beispielsweise und Krebserkrankungen besteht keine Übereinstimmung im Verhältnis eins zu eins. Einen einfachen Zusammenhang zwischen negativem Denken und einer einzelnen Gesundheitsstörung zu finden hat sich ebenfalls als ein Ding der Unmöglichkeit erwiesen. Und andererseits kann, wenn sich Ihr Denken durch eine positive Grundhaltung auszeichnet, dieser Umstand Sie keineswegs vor einer bestimmten Gesundheitsstörung bewahren. Um Ihre Risikofaktoren steht es dann alles in allem nur um ein paar (im Allgemeinen wirklich nur wenige) Prozentpunkte besser als bei negativ denkenden Menschen. Darüber hinaus liefert uns die Statistik jedoch keinerlei Antwort.

Zweitens ist die Schulmedizin, nachdem sie ungesunde Energiemuster entdeckt hat, nicht darauf eingerichtet, uns ein geeignetes Heilverfahren anzubieten. Am ehesten wäre dazu noch die Psychiatrie in der Lage. Freilich hat man es dort mit einem sehr langsam voranschreitenden, kaum vorhersehbaren Prozess zu tun. Eine herkömmliche Gesprächs- oder »Couch«-Therapie kann Jahre in Anspruch nehmen.

Entscheidet man sich für eine Abkürzung in Form einer Medikamentenverordnung, eine für Angstneurosen und Depressionen typische Variante, können zwar die Symptome gelindert werden, die zugrunde liegende Störung wird hingegen nicht kuriert. Und die Wirkung einer Pille endet mit dem Tag, an dem sie abgesetzt wird. Nichtsdestoweniger führt uns die Psychiatrie in jenen energetischen Bereich, in dem Worte und Gedanken kraftvoll genug sind, um die Dinge auf der molekularen Ebene in Bewegung zu bringen. Begnügen wir uns mit einem Beispiel dafür: Prozac,[3] jenes Antidepressivum, mit dem die Ära der für Milliardenumsätze sorgenden Medikamente angefangen hat, zeigte eine unerwartete Nebenwirkung: Es erwies sich als wirksames Mittel zur Behandlung von Zwangsstörungen.

Unter einer Zwangsstörung leidende Patienten sind, wie es scheint, ein Paradebeispiel für Menschen, deren Dasein vom Gehirn dominiert wird. Sie kommen nicht dagegen an, immer wieder demselben Handlungsmuster zu folgen (z. B. sich die Hände waschen, Haus oder Wohnung putzen, die Zahlen von Kfz-Kennzeichen addieren). Und in ihrem Geist kursiert eine Vielzahl immer wiederkehrender obsessiver Gedanken, ganz gleich, wie sehr die oder der Betreffende sich bemüht, diese zu verscheuchen. Mithilfe einer magnetresonanztomografischen Darstellung des Gehirns können Neurologen bei solchen Patienten eine Normabweichung aufzeigen – nämlich eine verringerte Durchblutung der präfrontalen Hirnrinde. Dieses Hirnareal wird mit der Fähigkeit, Entscheidungen zu treffen, in Zusammenhang gebracht, mit genau jener Aktivität also, die durch eine Zwangsstörung beeinträchtigte Menschen nicht richtig beherrschen.

Durch Prozac wird bei solchen Patienten die normale Hirnaktivität wiederhergestellt. Diese Erkenntnis brachte die Neurologie der Einsicht etwas näher, dass das Gehirn gewissermaßen ein für das menschliche Verhalten ausschlaggebendes Allzweckchemiewerk ist. Eine weitere Entdeckung schien diese Auffassung dann allerdings schon wieder in Zweifel zu ziehen: Unterziehen sich Patienten mit Zwangsstörung einer sogenannten Couch-Therapie, so lassen sich, wie sich herausstellte, die Symptome durch Gespräche über ihre Probleme ebenso wirkungsvoll lindern. Und auf diesem Weg gelangt man, wie eine anschließende Magnetresonanztomografie zeigt, bei ihnen ebenfalls zu einer Normalisierung der Hirnaktivität – bloß unter Verzicht auf den Einsatz von Medikamenten. Durchaus logisch, das Ganze. Wenn Sie deprimiert sind, weil Sie an der Börse Ihr Geld verloren haben, lassen sich durch die Einnahme eines Antidepressivums Ihre Symptome lindern. Ein erneut steil nach oben gehender Aktienkurs kann indes denselben Effekt hervorrufen, und zwar weitaus nachhaltiger und wirkungsvoller, da Sie nun wahrscheinlich tatsächlich Grund zu Euphorie haben.

Zu Prozac zu greifen, statt den Psychiater aufzusuchen, ist in dieser Gesellschaft längst zu einer eingeschliffenen Gewohnheit geworden – was einmal mehr bedeutet, dass man dem physisch Greifbaren mehr Vertrauen schenkt als dem Unsichtbaren. Dieses Vorurteil gilt es zu überwinden. Aber wie? Heißt das etwa, wir alle sollten uns auf der Stelle in psychotherapeutische Behandlung begeben?

Die meisten Studien deuten darauf hin, dass wir bis zum Ende dieses Jahrzehnts in einer verstärkt von Angst und Depression bestimmten Gesellschaft leben und in höherem Maß von antidepressiv wirkenden Substanzen und von Beruhigungsmitteln abhängig sein werden. Die Belastung durch Stressfaktoren nimmt weiter zu: unter anderem durch einen hohen Lärmpegel, durch einen vielstündigen Arbeitstag ohne die nötigen Ruhepausen, durch Unterbrechungen unseres Schlafrhythmus oder durch Druck am Arbeitsplatz. Wer unter solchen Stressoren zu leiden hat, wird dazu neigen, ein ausgeprägtes körperliches Ungleichgewicht zu entwickeln: in Form eines erhöhten Blutdrucks beispielsweise, einer erhöhten Ausschüttung von Stresshormonen wie etwa Cortisol oder von Herzrhythmusstörungen. Einen derart weit gesteckten Problemkreis kann die Psychiatrie unmöglich abdecken. Eine kleine Insel der Stimmigkeit im Leben eines Menschen zu schaffen macht wenig Sinn, solange das gesamte System in Unordnung ist.

Tatsächlich ist eine Art Breitband-Therapie notwendig. Könnten all die mit ungesunder Energie einhergehenden Eigenschaften – von Blockaden über Starrheit bis hin zu den negativen Emotionen – mit einem Schlag geheilt werden, würde Ihr Körper im Handumdrehen seine natürliche Gesundheit wiedererlangen. Denn wie er im freien Fluss gesunder Energie blühen und gedeihen kann, weiß er ja bereits. Aber für eine derartige Heilung braucht es noch einen weiteren Durchbruch. Darauf kommen wir im nächsten Kapitel zu sprechen.

Heilung für Sie: Verbessern Sie Ihre Energiebilanz

Jede Lebensform setzt Energie überaus wirkungsvoll ein. Ob Wolf, Leopard oder Feldmaus, sie alle wissen instinktiv, welche Nahrung sie fressen sollten, wo sie diese finden, wie sie entbehrungsreiche Notzeiten überstehen und sich den Rhythmen der Natur anpassen können. Tiere nutzen die Lebensenergie in einer für die jeweils eigene Spezies optimalen Weise.

Anders als diese frei in der Natur lebenden Geschöpfe

können wir unser Energiereservoir nach eigenen Wünschen nutzen. Und wie Sie Ihre Energie einsetzen, macht den entscheidenden Unterschied zwischen einem gelungenen und einem vergeudeten Leben aus. Sie und ich teilen unsere Energie danach ein, wie wir Emotionen, Intelligenz, Gewahrsein und Kreativität zum Ausdruck bringen, denn all diese Aspekte setzen subtile Energie voraus. Hier geht es freilich um weit mehr als das Verbrennen von Kalorien. Energie will ganzheitlich aufgefasst werden. Denn stehen Körper und Seele miteinander in Einklang, wirkt sich das auf jeden Aspekt unseres Daseins aus.

Damit Sie eine bessere Vorstellung davon bekommen, was menschliche Energieeffizienz bedeutet, sollten Sie, um Ihr persönliches Profil zu ermitteln, den folgenden Fragebogen ausfüllen. Stufen Sie sich bei jeder Aussage anhand der von 1 bis 3 reichenden Skala selbst ein, je nachdem, wodurch Sie sich am besten beschrieben fühlen.

3 – Das trifft auf mich *fast immer* zu.
2 – Das trifft auf mich *des Öfteren* zu.
1 – Das trifft auf mich *nur selten* zu.

__ Jeden Tag mache ich pünktlich Feierabend. Ich bleibe höchstens einen Tag in der Woche länger in der Arbeit.
__ Meine Aufsteh- und Einschlafzeit ist jeden Tag die gleiche.
__ Mein Arbeitsplatz vermittelt einen aufgeräumten Eindruck. Einen großen Arbeitsrückstand gibt es nicht.
__ Was gleich erledigt werden kann, schiebe ich nicht vor mir her. Unangenehme Aufgaben sollte man meiner Meinung nach am besten sofort anpacken.
__ Negative Gefühle schleppe ich nicht lange mit mir herum. Gegeneinander aufrechnen und auf die Möglichkeit für eine Revanche warten ist nicht meine Art.

__ In meinem Schrank liegt alles an Ort und Stelle. Wenn ich etwas brauche, finde ich es leicht.

__ Im Kühlschrank sammeln sich bei mir keine Reste an. Ich stoße dort nicht zur eigenen Überraschung auf Lebensmittel, die ich längst vergessen hatte.

__ Wie ich zu den Menschen in meinem Leben emotional stehe, weiß ich genau. Wir haben ein offenes und klares Verhältnis zueinander.

__ Ich kenne meine Schwächen und habe einen Plan, wie ich sie überwinden werde. Morgen werde ich stärker sein, als ich es gestern war.

__ Mit Geld kann ich gut umgehen. Weder horte ich es noch gebe ich es unbedacht aus. Über meinen Kontostand brauche ich mir nicht den Kopf zu zerbrechen.

__ Meine Einkünfte entsprechen den Erfordernissen, jetzt und für die Zukunft. Meine Finanzplanung klappt gut.

__ Mein Garten ist zu jeder Jahreszeit gepflegt. (Falls Sie keinen Garten haben, können Sie stattdessen die Frage auf Ihre Terrasse, den Balkon, die Zimmerpflanzen oder Ihr sonstiges persönliches Umfeld daheim beziehen.)

__ Haushalt und Wohnung halte ich stets gut in Schuss. Bei mir zu Hause liegt weder eine dicke Staubschicht noch stapelt sich wochenlang schmutziges Geschirr.

__ Wenn ich einkaufen gehe, komme ich mit dem zurück, was ich brauche. Nur selten muss ich, weil ich etwas vergessen habe, ein zweites Mal in den Laden gehen.

__ Ich bin darüber auf dem Laufenden, wie es jedem in meiner Familie gerade geht, und weiß ziemlich genau, was sich im Leben jedes Familienmitglieds abspielt.

__ Ich muss mich nicht auf den letzten Drücker total ins Zeug legen, um meine Dinge erledigt zu bekommen, sondern verstehe es gut, meine Zeit zu planen und einzuteilen.

__ Arbeit und Freizeit stehen, glaube ich, in meinem Leben in einem ausgewogenen Verhältnis. Ich habe meinen Spaß und bekomme, was erledigt werden muss, trotzdem geschafft.

Gesamtpunktzahl: ____

Auswertung der erreichten Punktzahl:
43–51 Punkte: Ihr Leben zeichnet sich durch eine sinnvolle Nutzung Ihrer Energien aus. Ihre Chancen, Wohlbefinden und Zufriedenheit zu erleben und darüber hinaus das Gefühl zu haben, dass Sie selbst die Zügel in der Hand halten, stehen daher gut. Ihre Zeit- und Energienutzung weist kein gravierendes Ungleichgewicht auf. Jedem Aspekt Ihres Daseins wird ein gesundes Maß an Aufmerksamkeit zuteil.

36–42 Punkte: Sie haben Ihr Leben weitgehend unter Kontrolle und alles in allem läuft es recht gut. Dennoch gibt es kleinere Bereiche, die Sie vernachlässigen. Hin und wieder haben Sie dann das Gefühl, dass Ihnen all die unerledigt gebliebenen Dinge ein wenig über den Kopf wachsen. Bei genauerem Hinsehen werden Sie feststellen, dass Sie in dem einen oder anderen Aspekt Ihres Lebens effektiver sein, Ihre Zeit und Energie besser nutzen könnten. Wenn Sie sich jetzt um diese Aspekte kümmern, werden Sie dadurch größeres Wohlbefinden und mehr Zufriedenheit erreichen.

26–35 Punkte: Ihr Leben ist nicht zielgerichtet genug. Daher fehlt Ihnen das Gefühl, wirklich voranzukommen. Eher erscheint es Ihnen so, als ob Sie Wasser treten würden. Zu vieles ist Ihnen aus dem Ruder gelaufen. Ihre Fähigkeit, mit den Herausforderungen des Alltags klarzukommen, reicht so gerade eben aus. Um sich wohler zu fühlen, werden Sie mehr Disziplin an den Tag legen und Ihre Gewohnheiten verändern müssen. Verschaffen Sie sich einen realistischen Eindruck davon, wie wenig wirkungsvoll Ihre Art, die Dinge anzugehen, ist. Denn Schludrigkeit oder mangelnde Organisation, Hinhaltetaktik oder Verweigerung, Impulsivität oder Nachlässigkeit zehren an unserer Energie.

17–25 Punkte: Ihr Leben kann kaum noch als das Ihre bezeichnet werden bei dem großen Anteil an Dingen, die Ihrer Kontrolle entglitten sind. Ihr Alltag erschöpft sich in erster Linie in dem Bemühen, die Dinge nicht noch mehr aus dem Ruder laufen zu lassen. Und meist haben Sie das Gefühl, dabei auf verlorenem Posten zu stehen. Möglicherweise läuft in Ihrem Umfeld etwas gründlich schief. Irgendetwas, seien es psychische Hindernisse oder widrige äußere Umstände, bremst oder blockiert Sie. Damit Sie wieder zurück in die Spur kommen, wird professionelle Unterstützung notwendig sein.

Wie Sie sehen, wird Ihre Energie auf Dutzende Lebensbereiche zerstreut. Wenn Sie feststellen, dass Sie sich abmühen, bedeutet das: Sie verpulvern Ihre Energie. Zwei Lösungen bieten sich an. Entweder Sie sorgen dafür, dass Ihrem Leben mehr subtile Energie zuströmt; und die Zufuhr an subtiler Energie können Sie am besten erhöhen, indem Sie aufhören, diese zu blockieren. Oder Sie nutzen die vorhandene Energie wirkungsvoller; am besten, indem Sie ein weiteres und tieferes Gewahrsein entwickeln. Das Gewahrsein kann – darin besteht, wie wir gesehen haben, sein großes Geheimnis –, während es beinahe nichts tut, alles erreichen. Als Vorbild für den Körper dient uns stets die Seele und die benötigt überhaupt keine Energie.

Mit dem letztgenannten Punkt werden wir uns noch eingehender befassen, wenn wir uns ansehen, auf welche Weise subtile Energie blockiert und gestört wird. Seien Sie sich an dieser Stelle einfach der Tatsache bewusst, dass Sie von der unerschöpflichen Energie, die Ihre Seele zu bieten hat, mehr empfangen – und dass Sie diese Energie in Ihrem Leben einer guten Verwendung zuführen können.

Durchbruch Nr. 3
Die Magie des Gewahrseins

Um die Energie im Körper möglichst wirkungsvoll zu nutzen, brauchen wir einen Durchbruch. Wenn gestörte Energie die Wurzel aller Probleme ist, wie lässt sich dann der gesunde, normale Zustand wiederherstellen? Niemand hat uns beigebracht, Energie in Bewegung zu bringen. Daher bleibt uns nichts anderes übrig, als zunächst auf der physischen Ebene anzusetzen. Die Arbeit auf der physischen Ebene ist jedoch häufig nicht nur zu grob, sondern sie geht obendrein am entscheidenden Punkt vorbei. In medizinischen Fachartikeln lässt sich beispielsweise immer wieder lesen, Liebe sei lediglich eine chemische Reaktion im Gehirn. Ohne Frage unterscheidet sich die neuronale Aktivität eines frisch verliebten Menschen – mithilfe der Magnetresonanztomografie abgebildet – von der eines Menschen, der nicht verliebt ist: Bestimmte Hirnareale leuchten stärker auf und zugleich werden mehr mit Empfindungen von Glück und Wohlbefinden in Zusammenhang stehende chemische Substanzen wie Serotonin und Dopamin ausgeschüttet.

Eine Aussage im Sinn von: »Unser Gehirn kreiert die Liebe« ist dennoch völlig falsch. Stellen Sie sich vor, Sie säßen spätabends in einem Auto, neben Ihnen diejenige Person, die Sie insgeheim schon lange lieben. Aber Sie haben Ihre Empfindungen bisher verborgen gehalten, weil Sie sich nicht in der Lage fühlten, zum Ausdruck zu bringen, was Sie tief im Innern bewegt. Sie (oder er) beugt sich zu Ihnen herüber und flüstert Ihnen etwas ins Ohr. Alles hängt nun davon ab, ob die Worte lauten: »Ich liebe dich« oder: »Ich liebe dich nicht«. Einmal angenommen, ein Magnetresonanztomograf wäre bei diesem Tête-à-Tête mit von der Partie, dann würde er im einen Fall einen völlig anderen Zustand Ihres Gehirns sichtbar machen als im anderen, je nachdem, ob die Worte Ihres Schwarms bewirken, dass Sie wie auf Wolken dahinschweben oder zutiefst niedergeschlagen sind, weil Sie sich zurückgewiesen fühlen. Weder den einen noch den anderen Zustand hat das Gehirn in diesem Fall eigenmächtig hervorgebracht, sondern die Worte haben ihn bewirkt. Wie haben sie das gemacht? Indem sie Ihnen etwas verraten haben, was Sie unbedingt erfahren wollten.

Anders ausgedrückt: Für Sie hat sich damit geklärt, ob die von Ihnen empfundene Liebe erwidert wird oder nicht. Einem anderen Menschen ins Ohr gesprochene Worte versetzen Luftmoleküle in Schwingung, die ihrerseits eine Resonanz im Trommelfell bewirken. Dieses sendet daraufhin ein Signal ans Innenohr, das von dort aus ans Hörzentrum in der Hirnrinde weitergeleitet wird. Mit alldem haben wir jedoch noch keineswegs den entscheidenden Punkt erfasst. Denn die gleiche Kette von Reaktionen wäre vorhanden, wenn die Worte in einer Ihnen fremden Sprache gesprochen würden. Solange Sie die Sprache nicht verstehen, würden die Worte allerdings in Ihrer Wahrnehmung der Dinge keine Veränderung bewirken. Damit diese Veränderung zustande kommt, müssen Sie ihrer Bedeutung gewahr werden. Die Bedeutung entsteht also im Gewahrsein. Wenn Sie Ihren Körper verändern wollen, muss demnach zunächst einmal im Gewahrsein eine Veränderung eintreten.

Das Gewahrsein agiert wie eine unsichtbare Kraft. Und es ist die stärkste Kraft in Ihrem Körper. Es setzt Energie in Bewegung, wenngleich es den Anschein haben mag, als sei es untätig. Hier haben wir den benötigten Durchbruch. Denn ganz von allein kann das Gewahrsein ungesunde in gesunde Energie verwandeln. Darin liegt seine einzigartige Magie.

Davids Geschichte

Wie aber entfaltet das Gewahrsein seine magische Wirkung? Hinter der Frage verbergen sich viele Geheimnisse. Lassen Sie mich ein Geheimnis an den Anfang stellen, das unser aller Leben berührt – das Geheimnis des Sehens. Was Sie sehen, dessen sind Sie gewahr. Das allein kann schon ausreichen, den Körper in eine ganz neue Richtung zu bewegen.

David, inzwischen jenseits der dreißig, kam als Zwillingsgeschwister zur Welt, genetisch bedingt allerdings mit einem kleinen, nur bei ihm, nicht hingegen bei seinem Bruder auftretenden Herzfehler. »Ich hatte Glück«, erzählt David. »Kurz nach der Geburt wurde der Herzfehler behoben. Eigentlich gab es danach keinen Grund mehr, mich anders zu behandeln als meinen Bruder. Dennoch, von klein auf erinnere ich mich an die ängstlich besorgten Blicke meiner Mutter, sobald ich etwas zu tun versuchte, was aus ihrer Sicht irgendein Risiko beinhaltete. Meinem Bruder warf sie solche Blicke nie zu. Als wir schließlich vier oder fünf Jahre alt waren, hielt man meinen Bruder für den Starken und Robusten von uns beiden, während ich allgemein als das Sensibelchen galt. Alle Mitglieder meiner Familie, die männlichen zumindest, hatten einen ausgeprägten Drang, sich in der freien Natur zu bewegen. Ging man angeln oder auf die Jagd, erntete man anerkennende Blicke. Bliebst du dagegen zu Hause, um ein Buch zu lesen, wurde das mit Gleichgültigkeit, wenn nicht gar mit einem Ausdruck von Besorgnis zur Kenntnis genommen.

Natürlich umfasst die Kindererziehung weit mehr als die Blicke, die man seinem Nachwuchs zuwirft. Meine Eltern, das muss ich wirklich sagen, haben sich alle Mühe gegeben, gleich gut für uns beide zu sorgen und uns gleich viel Liebe zu schenken. Damals hatte ich mich damit abgefunden, in aller Augen der anfällige Zwilling zu sein. Später, als wir heranwuchsen, war ich überrascht, wie sehr sich meine Eltern geirrt hatten. Denn der weitere Werdegang meines Bruders erwies sich nicht gerade als tolle Erfolgsgeschichte. Heutzutage bekleidet er in einer kleinen Firma eine untergeordnete Position. Da seine eigentliche Leidenschaft immer das Jagen und Fischen war, hat er sich in erster Linie auf diese Dinge konzentriert. Demgegenüber erhielt ich – derjenige, der stets damit gerechnet hatte, bloß eine Neben- oder Statistenrolle im Leben zu spielen – später Stipendien, insgesamt eine wesentlich bessere Ausbildung und schließlich einen Lehrauftrag an einer guten Universität.

Ich habe Jahre gebraucht, um mir darüber klar zu werden, dass wir beide erst aufgrund unserer Prägungen zu dem wurden, was wir heute sind. Wäre es eines Tages aus Versehen dazu gekommen, dass meine Mutter uns in unseren Gitterbettchen vertauscht hätte, dann wäre ich wahrscheinlich zum Jäger und Fischer, mein Bruder dagegen zum Stipendiaten herangewachsen. Das gibt mir wirklich zu denken. Was ist geschehen in unseren ersten drei Lebensjahren, an die ich mich nicht erinnern kann? Meine Eltern betrachteten mich in einem ganz bestimmten Licht, mit der Konsequenz, dass die bis dahin lediglich in gewissen Grundzügen angelegten Eigenschaften eines kleinen Kindes auf die eine statt auf die andere Art und Weise ausgeformt wurden.«

Das ist nur ein Beispiel dafür, was »sehen« bedeutet, doch es gibt unendlich viele weitere. Menschen, die wir lieben, betrachten wir mit ganz anderen Augen als diejenigen, die wir nicht lieben. Wenn eine uns nahestehende Person einen Fehler macht, sind wir gewöhnlich geneigt, diesem Umstand mit sehr viel mehr Einfühlungsvermögen, Toleranz und Nachsicht zu begegnen, als wir das bei einem ungeliebten Menschen täten. Letzterer wird sich vielmehr auf den einen oder anderen Vorwurf, ein strenges Urteil und eine eher etwas feindselige Haltung gefasst machen müssen. Die Art und Weise, wie Sie jemanden ansehen, ist kein passiver, kein primär reaktiver Vorgang. Ihr Blick bringt Bedeutung zum Ausdruck, macht Menschen auf etwas aufmerksam. Mit anderen Worten, Ihr Gewahrsein spricht das Gewahrsein Ihres Gegenübers an. Und das reicht aus, um Veränderungen im Gehirn hervorzurufen, die zu Veränderungen an anderer Stelle im Körper führen.

Das kann mit unabsehbaren Folgen verbunden sein. So kann es zum Beispiel auf der Straße unversehens zu Gewalttätigkeiten kommen, wenn ein Mann eine fremde Frau auf die falsche Art und Weise ansieht – zumindest aus der Sicht des Mannes, der meint, sie sei »seine« Frau. (In den amerikanischen Südstaaten war es lange Zeit so, dass ein unschuldiger Blick eines schwarzen Mannes mit einem Lynchmord enden konnte.) Das Geheimnis besteht darin, positive und keine negativen Wirkungen hervorzurufen. Es ist ein Fehler zu glauben, Sie seien so etwas wie ein Radioteleskop, das lediglich passiv Signale aus dem All empfängt. Das Sehen ist ein ausgesprochen aktiver Vorgang. Sie senden Energie aus und empfangen zugleich die Energie anderer Menschen. Und dabei haben Sie die Möglichkeit, sich zu entscheiden: Sie können die Welt liebe- und verständnisvoll, mit anerkennenden und von Toleranz zeugenden Blicken ansehen. Wenn Sie das tun, üben diese Qualitäten einen Einfluss auf Ihre Umwelt aus, der allem und jedem zugutekommt.

Körpergewahrsein

Gewahrsein könnte überhaupt nichts ausrichten, würde der Körper nicht darauf ansprechen. Daher machen Sie sich bitte unbedingt klar, in welch massiver Form er tatsächlich auf Ihre Wahrnehmung ansprechen kann. Dazu ein Beispiel: Wenn Sie unter der Haut einen verdächtigen Knoten ertasten, werden Sie nach einem Arztbesuch Bescheid wissen, ob bei Ihnen alles in Ordnung ist oder ob Ihnen möglicherweise Gefahr droht. Sollte Ihnen wahrhaftig Gefahr drohen, könnte diese geringfügig sein oder wirklich gravierend. Und in jedem der gerade genannten Fälle lautet die Konsequenz, dass Sie sich anschließend in einer anderen inneren Verfassung befinden. (»Alles in Ordnung mit mir, kein Grund zur Sorge.« Oder: »Ich hab ein Problem.« Oder: »Ich bin meines Lebens nicht mehr sicher.« Oder: »Womöglich werde ich das nicht schaffen.«) Und jeder dieser inneren Zustände bedingt eine von Grund auf andere Reaktion. Selbst wenn wir sagen, hierbei handele es sich um eine seelische Reaktion, um Niedergeschlagenheit angesichts einer schlimmen Nachricht beispielsweise, sprechen wir zwangsläufig auch physisch darauf an. Schließlich stehen veränderte chemische Abläufe im Gehirn hinter den inneren Abläufen in unserer Psyche. In der Tat registriert Ihr Körper alles. Jede Zelle weiß, was Ihr Gehirn denkt, wie sich Ihre Stimmungen wandeln, worin Ihre tiefsten Überzeugungen bestehen. Indem Ihr Gewahrsein sich verändert, verändert sich Ihre Energie und daraufhin auch Ihr Körper. Dabei verläuft die Reaktionskette vom Reich des Unsichtbaren zum Sichtbaren hin, und zwar in dieser Reihenfolge:

Gewahrsein → Energie → Körper

So schlicht dieses Diagramm aussieht, es ist als das Abbild eines profunden Durchbruchs. Immerhin erklärt es medizinische Befunde, die ansonsten rätselhaft bleiben würden. Zum Beispiel kam die Helsinki-Herzstudie, eines der bekanntesten Forschungsprojekte zur Prävention von Herzinfarkten, unter anderem zu einem Resultat, das zunächst niemand verstand: Finnische Männer mittleren Alters mit einem erhöhten Herzinfarktrisiko wurden in zwei Gruppen eingeteilt. In der einen der beiden, der informellen Gruppe gingen die Männer ein paarmal im Jahr zum Arzt und erhielten allgemeine Ratschläge zu Themen wie Gewichtsabnahme, Körpertraining, gesündere Ernährung und Nichtrauchen. (Die Betroffenen werden diese Ratschläge, wenn man bedenkt, dass sie ihnen schon in der Vergangenheit keine Beachtung geschenkt hatten, vermutlich nicht befolgt haben.) Die andere Gruppe stand unter intensiver Beobachtung und wurde einer Reihe medizinischer Prozeduren unterzogen, um spezifische Herzinfarktrisiken, hohen Blutdruck etwa oder erhöhte Cholesterinwerte, zu reduzieren.

Zu ihrer eigenen Verblüffung mussten die Forscher nach Abschluss der Studie feststellen, dass innerhalb der gelegentlich beobachteten Gruppe nicht nur insgesamt weniger Todesfälle aufgetreten waren, sondern ausgerechnet auch weniger Todesfälle infolge eines Herzinfarkts. Wie war das möglich? Es könne, so merkte schließlich ein Kommentator zu der Studie an, durchaus ein Gesundheitsrisiko darstellen, sich ständig über sein Herz Sorgen zu machen und diese Besorgnis durch einen Arzt, den man zu häufig besucht, widergespiegelt zu bekommen.

Von der Gewahrseinsebene her macht diese Erklärung Sinn – und ebenfalls für eine ganze Reihe ähnlicher, in die gleiche Richtung gehender Befunde: etwa mit Blick auf die Tatsache, dass Männer, die sich im Alter zwischen 20 und

30 Jahren mit ihren psychischen Problemen auseinandersetzen, damit eine bessere Vorbeugung gegen einen frühzeitig auftretenden Herzinfarkt betreiben, als wenn sie ihren Cholesterinwert absenken würden; oder mit Blick darauf, dass ältere Menschen, die sich emotional nicht so leicht unterkriegen lassen, eine größere Chance auf ein langes Leben bei guter Gesundheit haben als Gleichaltrige, die weniger stabil und belastbar sind, dafür aber Vitamine nehmen und sich regelmäßig ärztlich untersuchen lassen. Solche Befunde bleiben nur dann rätselhaft, wenn man Gewahrsein und Energie, die beiden Eckpfeiler des Körpers, unbeachtet lässt.

Millionen Menschen, die diesen Zusammenhang nicht herstellen, sind dazu verurteilt, gegen ihren Körper zu kämpfen. Denken Sie an den ganzen Bereich von Abhängigkeit und Suchtverhalten. Wer ständig Gewicht zulegt, mag vielleicht den Eindruck haben, aufgrund eines physischen Verlangens bleibe ihm gar nichts anderes übrig, als so viel zu essen. Anstelle eines normalen Hungergefühls verspüren die Betreffenden oftmals einen maßlosen Essdrang. Der physische Impuls kaschiert jedoch nur, was tatsächlich abläuft: Der Körper steckt in der Klemme, ist festgefahren in einem gestörten Verhaltensmuster – und dessen Ausgangspunkt liegt im Gewahrsein.

Was geschieht, wenn Sie ein Verlangen verspüren? Sie fühlen sich hin- und hergerissen: hier der Impuls, dem Verlangen standzuhalten, da der Drang, ihm nachzugeben. Nehmen wir mal an, Sie stehen gegen Mitternacht auf und schleichen mit tapsigen Schritten die Treppe hinunter zum Kühlschrank, weil Sie ein Verlangen nach Eiscreme überkommt. Sollten Sie in dem Moment noch unschlüssig sein, ob Sie nun gleich eine ganze Packung Cappuccino-Eiscreme Royal mit Schokosplittern verdrücken sollen oder nicht, werden Sie dem Drang möglicherweise widerstehen. Aber dadurch werden Sie Ihre Gewohnheit nicht ändern. Ihr Gewahrsein liegt mit sich selbst im Clinch. Wer sich in einen Konflikt dieser Art verstrickt – und genau das tun Menschen, die zu viel essen, immer wieder –, baut auf diese Weise lediglich eine schlechte Gewohnheit immer weiter auf, macht sie mächtig und stark. Denn die ganze Energie wandert in Ihren Kampf gegen sich selbst, während für eine Lösung kaum Energie aufgewendet wird. Wäre die Lösung auf der Ebene dieser inneren Auseinandersetzung zu finden, würde entweder die eine oder die andere Seite die Oberhand gewinnen: Das Verlangen würde Ihren Widerstand überwinden oder Ihr Widerstand würde sich gegen das Verlangen durchsetzen. Tatsächlich führt solch eine Situation jedoch zu einem ganz anderen Ergebnis – zu einem ewigen Auf und Ab.

Ihr physisches Verlangen unbeachtet zu lassen fällt schwer. Denn schlechte Gewohnheiten hinterlassen stets eine Spur. Und dieser Spur folgt der Körper immer wieder aufs Neue. Dabei muss es sich keineswegs um ein Verlangen nach materiellen Dingen handeln wie jenem nach der süß auf der Zunge schmelzenden Eiscreme oder dem kurzfristigen Energieschub einer Zigarette. Vielleicht haben Sie die Gewohnheit, aus der Haut zu fahren oder sich wegen jeder Kleinigkeit aufzuregen. Wut und Besorgnis vermitteln uns ebenso sehr eine physische Empfindung, wie wenn wir Hunger verspüren. Die Erfüllung ihres Verlangens fühle sich fast so an wie Sex, erklären macht- oder geldgierige – besser sollte man vielleicht sagen: macht- oder geldgeile – Menschen. Und diejenigen, für die der Drang, um jeden Preis zu gewinnen, Suchtcharakter hat, beschreiben das Gewinnen als ein adrenalingeschwängertes Hochgefühl. Der Körper spiegelt Ihr Verlangen so geschickt, vollständig und stillschweigend wider, dass es nicht leichtfällt, die Geschehenskette bis zum

Gewahrsein zurückzuverfolgen. Aber wenn wir nicht die Sklaven unseres Verlangens bleiben wollen, führt für uns kein Weg an dieser Aufgabe vorbei.

In uns allen gibt es eine Gewahrseinsebene, die keinerlei Verlangen kennt. Sie ist weit entfernt von der Auseinandersetzung über solche Fragen wie: »Putze ich nun gleich die ganze Packung Eiscreme weg oder nicht?« Verweilen Sie auf dieser Gewahrseinsebene, so ist die Energie für den Essimpuls nicht aktiviert – und solange keine Energie zur Verfügung steht, tritt der Körper nicht in Aktion. In unseren Alltagserfahrungen bestätigt sich das: Wer trauert, dem vergeht beispielsweise der Appetit aufs Essen. Im Fall von Niedergeschlagenheit oder tiefer Besorgnis oder wenn wir uns verlieben, gilt dasselbe. »In solch einem Augenblick kann ich nicht ans Essen denken«, heißt es in diesem Zusammenhang häufig. Und das trifft den Punkt. Ihr Gewahrsein aufs Essen zu richten will Ihnen, wenn Sie verliebt sind, nämlich nicht gelingen. Und weil nun keine Energie mehr hinter dem Impuls steckt, empfindet der Körper auch keinen Hunger.

Das Problem ist, dass sich nicht nur Energie in festgefahrenen ungesunden Mustern verfangen kann, sondern auch das Gewahrsein. Und deshalb gibt es das Phänomen der sogenannten emotionalen Esser: Menschen, die so konditioniert sind, dass sie auf bestimmte Emotionen gegenläufig zum »normalen« Essverhalten ansprechen. Gerade in Zeiten der Trauer, Niedergeschlagenheit und Sorge essen sie besonders viel.

Ihr Körper ist darauf angewiesen, dass Sie lernen, wie das Gewahrsein arbeitet. Denn Ihre geistige Verfassung gibt vor, was auf der physischen Ebene für Billionen Zellen auf dem Programm steht. Diese sind nicht in der Lage, das Programm eigenmächtig zu revidieren. Vollständiges Gewahrsein weist die nachfolgend beschriebenen Merkmale auf:

Vollkommenes Gewahrsein bedeutet:
- Sie können ganz nach Belieben in Ihre Mitte gelangen.
- Ihnen ist ein innerer Ort der Stille und des Friedens vertraut.
- Sie sind nicht aufgrund innerer Konflikte mit sich selbst uneins.
- Sie können mit geringfügigen Störungen umgehen, ohne sich von ihnen ablenken oder beeinflussen zu lassen.
- Sie betrachten die Welt aus einem umfassenderen Blickwinkel mit großer Offenheit.
- Ihre Innenwelt ist geordnet.

Sich von Begierden und suchtgeprägten Verhaltensmustern frei zu machen läuft letztlich auf die oben aufgeführten Dinge hinaus. Bei entsprechendem Gewahrsein gerät Ihr Körper nicht augenblicklich in die gleiche alteingefahrene Spur, sobald Sie den Löffel in die Packung Cappuccino-Eiscreme Royal mit Schokosplittern tauchen. Und Ihr Geist ist nicht länger hin- und hergerissen zwischen: »Soll ich? Oder soll ich nicht?« Stattdessen sind Sie nun in der Lage zuzulassen, dass Ihnen ganz zwanglos andere Gedanken in den Sinn kommen: »Mach ich das, weil ich verärgert bin?« Oder: »Will ich wirklich *so* mit meiner Situation umgehen?« Oder: »Was kann Eiscreme dazu beitragen, dass ich von jetzt an weniger Stress im Leben habe?« Solche Gedanken führen zur Befreiung von jeglichem Verlangen. Sie sehen selbst, was Sie tun. Das verschafft Ihnen den Raum, den Sie brauchen, um einen Schritt zurückzutreten. Wer wirklich gewahr ist, der ist allenfalls noch eine Haaresbreite vom Sehen getrennt. Und zwischen mangelndem Gewahrsein und Blindheit liegt ebenfalls nur eine Haaresbreite.

Hat die Spur des Verlangens erst eine richtig tief gehende Prägung hinterlassen, fällt es ungleich schwerer, das gewohnte Reaktionsmuster zu verändern. (Wir alle wissen, wie es ist, den ersten Happen einer verführerischen Speise zu probieren und daraufhin alle Bedenken komplett beiseitezuschieben, bis auch der allerletzte Bissen verputzt ist.) Ein Psychologe würde diese tief eingravierte Spur als *Konditionierung* bezeichnen. Alte Konditionierungen halten uns in Unfreiheit. Denn ein ums andere Mal verfallen wir wieder in dieselben alten Muster, die sich uns so tief eingeprägt haben, wohingegen für unser neues Verhalten – dasjenige, das wir uns so gern aneignen würden – noch überhaupt keine Spur vorgegeben ist, der es folgen könnte. Solch ein Zustand des Gefangenseins in alten Konditionierungen schafft eine eigene Art von Gewahrsein.

Konditioniertes Gewahrsein bedeutet:
- Sie können Ihr Zentrum nicht finden. Deshalb ziehen und zerren die aufkommenden Impulse Sie mal hierhin, mal dorthin.
- Mit einem Ort der Stille und des Friedens sind Sie nicht vertraut. So herrscht in Ihrem Innern immerfort Unruhe.
- Gegensätzliche Impulse stehen in Widerstreit zueinander.
- Schon geringfügige Störungen lenken Sie ab.
- Sie betrachten die Welt aus einer eingeengten Perspektive.
- Ihre Innenwelt ist völlig durcheinander.

Auf einer bestimmten Ebene ist uns allen klar, dass dieses Konditioniertsein unser Leben einschränkt und uns den Weg zu einem erfüllten Dasein versperrt. Denken Sie einmal darüber nach, wie es kommt, dass der Ausdruck »bedingungslose Liebe« so hohe Wertschätzung genießt. Menschen, die nach bedingungsloser Liebe streben, wollen die Liebe in ihrer gewöhnlichen Form hinter sich lassen. Denn

Letztere ist hochgradig konditioniert – ruhelos, unzuverlässig, leicht ablenkbar und störanfällig. Solch eine Liebe kann jederzeit der Eifersucht, Wut, Langeweile, Untreue oder, sobald ein attraktiveres Objekt der Begierde auf der Bildfläche erscheint, schlicht und einfach einer Laune zum Opfer fallen. Nichtsdestoweniger spüren wir intuitiv, dass es eine vollkommen vorbehaltlose Liebe geben muss. Traditionell erfüllt die Gottesliebe diesen Wunsch, heutzutage hat die Suche danach allerdings einen profaneren Charakter angenommen. Wir wollen eine reale Person bedingungslos lieben und im Gegenzug von ihr bedingungslos geliebt werden.

Ein ziemlich unrealistischer Wunsch – zumindest dann, wenn wir uns die menschliche Natur unter gewöhnlichen Voraussetzungen anschauen. Realistisch wird er dagegen in dem Moment, in dem das Gewahrsein sich aus seinen alten Konditionierungen lösen kann. Sobald Sie für sich einen Zustand bedingungsloser Liebe erreichen können, werden Sie sich in einem völlig neuen Energiezustand befinden. Und dann, so werden Sie feststellen, sind Sie frei, ganz neu zu lieben. Dem Gewahrsein wohnt das Potenzial inne, bedingungslose Liebe zu schenken. Und dies geschieht auf dieselbe Art und Weise, wie Sie dem übermäßigen Verlangen nach Eiscreme ein Ende setzen können: indem Sie erkennen, wie Sie Ihre ungesunde alte Konditionierung hinter sich lassen können.

Drei Möglichkeiten, alte Konditionierungen aufzulösen

Sobald Sie begreifen, wie sehr Sie tatsächlich konditioniert sind, kommt der Wunsch auf, in Ihrem Leben wieder selbst die Zügel in die Hand zu nehmen. Schließlich läuft jede konditionierte Gewohnheit auf einen Automatismus hinaus, der – ähnlich wie ein Schalter – ein durch Prägung vorgegebenes Verhaltensmuster in Gang setzt. Was aber bewirkt, dass es an den betreffenden Stellen solch einen Schalter gibt? Dies ist das Werk von Zeit und Wiederholung. Ihr Körper stellt sich auf Dinge, die Sie immer wieder aufs Neue tun, ein. Ein energetisches Muster prägt sich nicht nur viel leichter aus als ein physisches, es lässt sich auch nur unter sehr viel größerer Mühe wieder verändern.

Ein Beispiel: Wenn Sie körperlich völlig außer Form sind, können Sie durch entsprechendes Training, indem Sie regelmäßig laufen, die 42 Kilometer lange Marathonstrecke innerhalb von etwa drei bis fünf Monaten bewältigen. Mit der Zeit und durch häufige Wiederholung – das heißt regelmäßige Läufe über Strecken von drei bis 15 Kilometer – kann Ihr Körper sich auf das Leistungsprogramm einstellen, das Sie ihm vorgeben. Auf diese Weise haben Sie ihn ganz bewusst konditioniert. Falls Sie jedoch am Tag nach dem Marathon das Laufen wieder drangeben, wird Ihr Körper spätestens binnen Jahresfrist erneut außer Form sein. Meist dauert es allerdings nur halb so lange. (Im Rahmen eines Forschungsprojekts ist man zu noch weitaus eindrücklicheren Ergebnissen gekommen. Wenn man College-Athleten auf dem Gipfel ihrer körperlichen Fitness in einem Krankenhausbett flach auf den Rücken legt und ihnen das Aufstehen untersagt, bedeutet das für ihre Muskulatur innerhalb von 14 Tagen eine Leistungseinbuße, die sie um zehn Jahre harter Trainingsarbeit zurückwirft.)

Vergleichen Sie diese Fakten mit der geistigen Konditionierung. Beispielsweise verändert ein einziges traumatisches Erlebnis (in einen schweren Autounfall verwickelt sein, einem Verbrechen zum Opfer fallen, einen Terroranschlag überleben) Ihr Gewahrsein auf der Stelle, ungleich schneller als jede physische Konditionierung. Sobald diese Prägung erfolgt ist, wird sich die traumatische Erfahrung im Geist unweigerlich wiederholen: Bilder, Gedanken und Gefühle kommen Ihnen unfreiwillig immer wieder in den Sinn. Und geistige Muster lassen sich nur schwer verändern. Drogenabhängigkeit ist dafür ein besonders krasses Beispiel, weil die mentale Komponente, die einen Menschen veranlasst, Drogen zu nehmen, auch im Anschluss an eine erfolgreich durchgeführte Entgiftung des Körpers immer noch vorhanden ist.

Alte Konditionierungen lassen sich mithilfe dreier Methoden auflösen: Besinnung, Kontemplation und Meditation. Ihre Wirksamkeit steigt in genau dieser Reihenfolge. Wir alle neigen dazu, die drei Worte so zu verwenden, als seien sie weitgehend gleichbedeutend und gegeneinander austauschbar. Tatsächlich bezeichnen sie jedoch unterschiedliche Sachverhalte.

Reflexion: Man schaut sich alte Gewohnheiten, Annahmen und Überzeugungen eingehender an.

Kontemplation: Man richtet das Augenmerk so lange auf eine Vorstellung bzw. einen Gedanken, bis diese/r sich möglichst weitgehend entfaltet hat.

Meditation: Man findet Zugang zu derjenigen Ebene des Geistes, die keiner Konditionierung unterliegt.

Unser Interesse gilt, im Moment jedenfalls, nicht der Frage, welcher spirituelle Stellenwert diesen Praxisformen zukommt. Uns geht es vor allem darum, ob sie gut geeignet sind, festgefahrene Energien zu lösen und in Bewegung zu bringen bzw. alte Konditionierungen zu verändern. Dabei wird zweierlei deutlich: In ihrer Wirkungsweise und in ihrem Wirkungsgrad unterscheiden sich die drei Methoden sehr stark voneinander. Außerdem wird – das mag Sie jetzt überraschen – die Chance, sich wirklich erfolgreich von einem bestimmten Muster zu lösen, umso *geringer*, je stärker Sie sich darauf konzentrieren.

Reflexion beinhaltet, dass Sie sich aus einer gewissen Distanz betrachten; wie in einem Spiegel. Wenn Sie reflektieren, machen Sie sich im Grunde, nachdem Sie ein bisschen mehr zur Ruhe gekommen sind, über ein vergangenes Geschehnis eingehender Gedanken, führen es sich nochmals vor Augen. Nehmen wir an, Sie hätten unvermittelt einen Impuls (Ihrem Chef mal gründlich die Meinung zu sagen, Ihre Frau zu verlassen, eine schöne Frau zu einer Verabredung einzuladen), denken dann jedoch darüber nach, ob Ihr Vorhaben tatsächlich so eine gute Idee ist. Reflexion bringt Erfahrung ins Spiel; und wo man sonst leicht zu einem vorschnellen Urteil neigt, legt sie uns nahe, eine gewisse Vorsicht walten zu lassen. Als Methode zur Auflösung alter Konditionierungen kann Reflexion dann dienen, wenn sie Ihnen dazu verhilft, eine Person oder einen Sachverhalt in neuem Licht zu sehen.

Carla, eine Bekannte Anfang vierzig, hat mir solch eine Erfahrung geschildert. »Ich bin im ländlichen Süden der USA aufgewachsen. In meiner Familie war ich von lauter lieben Menschen umgeben, die allerdings eine ganze Reihe festgefügter Überzeugungen hatten: Man hätte meinen können, dass sie diese mit der Atemluft oder mit dem Trinkwasser in sich aufnahmen. Nach eigener Einschätzung hatten meine Eltern durchaus keine Vorurteile. Aber ihr Freundes- und Bekanntenkreis bestand ausschließlich aus Weißen. Mit einem Kellner oder einem Verkäufer knüpften sie nur dann ein kleines Gespräch an, wenn seine Hautfarbe Weiß war. Die oberflächlichen Konversationen, all der Small Talk im sozialen Umfeld meiner Kinder- und Jugendjahre, hatten mit der größten Selbstverständlichkeit einen stockkonservativen Charakter. Und von klein auf habe ich, wenn ich solche Gespräche hörte, Anstoß daran genommen.

Später, als ich aufs College ging, war ich dort die Außenseiterin. Wann immer ich konnte, arbeitete ich für liberale Politiker. Ich hatte schwarze Freunde und las weit häufiger die *New York Times* als in der Bibel. Wenn ich mit einem neuen Anliegen, das mir etwas bedeutete, nach Hause kam, hörten meine Eltern mich an, nickten höflich und warteten darauf, dass jemand ein anderes Thema anschnitt.

Eines Tages, Jahre später, kam mir unvermittelt etwas in den Sinn, fast wie eine Offenbarung: Wenn ich stets das Gegenteil von dem machte und dachte, was meine Eltern taten und sagten, ließ ich mich ja nach wie vor von ihnen definieren. Durch den Versuch, das Gegenteil von schlecht zu sein, wird man ja nicht gut, sondern lediglich zu einem Spiegelbild des Schlechten.

Als ich meine eigenen Überzeugungen, auf die ich stets so stolz gewesen war, gründlicher unter die Lupe nahm, da wurde mir klar, dass jede von ihnen auf dieselbe reflexive Weise zustande gekommen war. Ich schaute mir Menschen an, die meiner Meinung nach schlecht waren, und sorgte dafür, dass meine Überzeugungen den ihren in keiner Weise entsprachen. Weiterhin sah ich mir Leute an, die ich für gute Menschen hielt, und stellte sicher, dass meine Überzeugungen mit den ihren möglichst weitgehend übereinstimmten. Nichts, woran ich glaubte, war also auf meinem eigenen Mist gewachsen. Wenn engstirnig sein bedeutet, nicht eigenständig zu denken, dann war ich genau das.«

»Worin besteht dann geistige Offenheit?«, wollte ich wissen.

»Auf keinen Fall in einer Reihe von Glaubenssätzen und Überzeugungen, gleichgültig wie gut diese nach eigener Einschätzung sein mögen«, meinte Carla. »Die meisten Menschen halten ihre Überzeugungen aufrecht, um eine gute Meinung von sich selbst haben und sich somit wohlfühlen zu können, und sehen gar nicht, in welche Falle sie da tappen. Wie befreiend eine Idee zunächst auch sein mag, sobald man aufhört, sich zu wandeln, wird sie zur Fessel.«

Dieses Beispiel verdeutlicht das Pro und Kontra des Reflektierens. Pro: Wenn Sie sich Ihre Auffassungen und Überzeugungen ungeschminkt vor Augen führen, können Sie den Konditionierungen entgegenwirken, bevor die Prägungen sich zu tief eingraviert haben. Dann werden Sie sich geistig nicht mehr so leicht festfahren, sondern lernen, flexibler zu sein. Gesunder Zweifel wird Sie davon abhalten, in Konformität zu verfallen. Das eröffnet Ihnen die Möglichkeit, ein authentischer Mensch zu werden, nicht bloß die Kopie eines gesellschaftlichen Typus. Kontra: Reflexion bleibt tendenziell auf die mentale Ebene beschränkt. Sie setzt wenig Energie im Körper in Bewegung. Infolgedessen ist sie, wenn es darum geht, konditionierende Prägungen zu beseitigen, im Allgemeinen nicht sehr wirkungsvoll. Deshalb kann es geschehen, dass Sie letzten Endes zwar sehen, was bei Ihnen schiefläuft, aber nicht tief genug gehen können, um die nötigen Veränderungen herbeizuführen. Obendrein ist Reflexion ein langsamer, mit viel Zeitaufwand verbundener Prozess. Und sie kann einer Veränderung sogar entgegenstehen, indem sie Unsicherheit und Zaudern bewirkt – dann kann Ihnen ein Problem zu komplex und vielschichtig erscheinen. Wird Reflexion lediglich zu einer weiteren Gewohnheit, geht Ihrem Handeln alle Spontaneität verloren. Beim Eintritt ins Erwachsenenalter wird mit einer gewissen Selbstverständlichkeit davon ausgegangen, dass die oder der Betreffende die Unbesonnenheit der Jugend ablegt. Und die Fähigkeit, die eigenen Handlungen zu reflektieren, spielt dabei eine entscheidende Rolle. Andererseits glaube ich nicht, dass ich viele reflexive Menschen kennengelernt habe, die ihre verborgenen festgefahrenen Energiemuster verändern konnten. Sie verfallen zwar nicht so leicht in gedankenlose Gewohnheiten wie der Durchschnitt, wenn jedoch nicht bloß ihre Annahmen und Überzeugungen der Veränderung bedürfen, sondern ihr Körper, bringt Reflexion sie nicht sehr viel weiter.

Kontemplation bedeutet, man konzentriert sich gedanklich auf *eine* Sache, damit diese sich immer weiter entfalten kann. Bei einem religiösen Menschen könnte beispielsweise Gottes Gnade Gegenstand der Kontemplation sein. Dabei lässt die betreffende Person den Geist über alle erdenklichen Aspekte und Facetten des Themas schweifen: Sie vergegenwärtigt sich Sinnbilder der göttlichen Gnade und Barmherzigkeit; sie empfindet, was es heißt, barmherzig zu anderen zu sein oder selbst Barmherzigkeit zu erfahren. (Möglicherweise bemerken Sie hier eine Verbindung zu dem, was ich als subtiles Handeln bezeichne. Kontemplation und subtiles Handeln weisen weitgehende Übereinstimmungen auf. Hinter subtilem Handeln steht allerdings eine spezifische Intention. Für die Kontemplation gilt das nicht, sie beinhaltet eher eine Art Loslassen.) Gibt man dem Prozess tatsächlich den nötigen Raum, kann ein kontemplativer Geist tief greifende Erfahrungen machen. Durch Kontemplation üben Sie den Geist vor allem darin, die Aufmerksamkeit nicht auf isoliert und vereinzelt dastehende Details zu richten. Denn solch eine punktgenau ausgerichtete Aufmerksamkeit bringt es fast immer mit sich, dass Sie sich am Ende mit jener Sache herumschlagen, die Sie gern ablegen wollen. Indem sich auf diese Weise aber derselbe Konflikt ein ums andere Mal wiederholt, verfestigen Sie, wie wir bereits gesehen haben, die Konditionierung nur noch mehr.

Die Technik der kontemplativen Betrachtung braucht durchaus nicht in einem religiösen Zusammenhang zu stehen oder mit spirituellen Praktiken verknüpft zu sein, so ehrwürdig die entsprechenden Überlieferungen auch sein und sosehr sie unseren Respekt verdienen mögen. Grundsätzlich können Sie jede schlechte Gewohnheit zum Gegenstand einer Kontemplation machen, um zu erfassen, was es mit dieser Gewohnheit auf sich hat. Und Sie können mit der kontemplativen Betrachtung so lange fortfahren, bis sich Antworten einzustellen beginnen. Diese Antworten werden Ihre Energie in neue Richtungen bewegen.

Tyrone, ein wahres Energiebündel, war seinerzeit voller Engagement in den Online-Handel mit risikoreichen Anlageformen eingestiegen. »Als ich Mitte zwanzig war, beneidete ich die Börsenhändler in der Wall Street – die Jungs, die gelegentlich, wenn der Markt mal kräftig in Bewegung gerät, schreiend, drängelnd und total ausflippend im Fernsehen zu sehen sind«, erzählte er. »Ich hatte damals keine Chance, nach New York zu ziehen, um in der Wall Street Fuß fassen zu können. Vor zehn Jahren bot dann aber das Internet uns allen eine Chance, an der Börse die Muskeln spielen zu lassen. Da habe ich gleich mitgemacht und bald hing ich in jedem freien Moment vor der Mattscheibe.

Viel Geld besaß ich nicht, darum wickelte ich die Art von Termingeschäften ab, die auf Sicherheitsleistungen zur Abdeckung von Verlustrisiken basieren. Das hat es mir ermöglicht, mit zunehmend höheren Einsätzen zu operieren, und meine Bereitschaft, immer gewagtere Risiken einzugehen, nahm immer weiter zu. Gleich auf Anhieb waren meine Gewinne regelmäßig höher als die Verluste. Ehe ich michs versah, verzeichnete mein Konto sechsstellige Summen auf der Habenseite. Und offenbar hatte ich die Decke noch längst nicht erreicht. Ein richtig euphorisches Gefühl hatte mich erfasst. Jeden Morgen konnte ich es kaum erwarten, bis die Aktienmärkte endlich öffneten.«

»Würden Sie sich als abhängig bezeichnen?«, wollte ich von ihm wissen.

Tyrone schüttelte den Kopf. »Solch ein Gedanke ist mir nie in den Sinn gekommen. Eines Tages war ich bloß noch ein paar Transaktionen von meiner ersten Dollar-Million entfernt. Die Million war für mich die Messlatte. Nach dem Überschreiten dieser Schwelle würde mein Leben sich komplett ändern. Das redete ich mir ein.«

»Aber diese Schwelle haben Sie nie überschritten?«, fragte ich ihn.

»Ich war ein Anfänger und hatte bis dahin nur Erfolgserlebnisse gehabt. Als meine Glückssträhne zu Ende ging, war das für mich ein regelrechter Schock. Ich verlor mein ganzes Geld. Außerdem all das Geld, das Freunde, als sie davon hörten, wie genial es bei mir lief, mir anvertraut hatten, damit ich es für sie investiere. Ich war fix und fertig. Meine Schuldgefühle und all die Vorwürfe, die ich mir machte, ließen mich nachts häufig nicht schlafen. Manche Leute brachten ihr Mitgefühl zum Ausdruck. ›Der Börsenhandel‹, meinten sie, ›ist halt nicht jedermanns Sache. Dafür muss man ein harter und zäher Hund sein und Nerven wie Drahtseile haben.‹«

»Wodurch Sie sich nur noch unzulänglicher fühlten«, merkte ich an. »Was geschah dann?«

»Ich kam wieder auf die Beine, ganz allmählich, mit einem kleineren Freundeskreis. Und einer dieser Freunde, der ein ganzes Stück älter war als ich, sagte etwas Entscheidendes zu mir: ›Denk nicht über das Geld nach‹, meinte er. ›Denk lieber darüber nach, was das Geld für dich bedeutet.‹ Denn in Schwierigkeiten geraten sei ich vor allem deshalb, weil mir dieser Punkt nicht klar war.

Ich bin nicht sicher, warum ich seinen Rat schließlich beherzigte. Aber ich setzte mich tatsächlich hin und schaute mir die Sache an. Zwei wichtige Dinge kamen mir sogleich in den Sinn: Ich mochte das Glücksspielelement, den damit verbundenen Nervenkitzel. Geld bedeutete also Adrenalin für mich. Außerdem hatte ich das Gefühl, selbst nicht gut genug zu sein. Geld bedeutete Selbstachtung für mich. Beides sei doch eigentlich in Ordnung, fand ich zuerst. Ich spiele gerne, na und? Warum sollte ich mir dabei nicht zusätzlich ein bisschen Selbstachtung verschaffen? Wäre es mir nicht so dreckig gegangen, hätte ich es vielleicht dabei bewenden lassen. Aber ich machte weiter. Und eines Tages konnte ich in meinem Körper ganz genau spüren, wie einem zumute ist, wenn man als Spieler in den Sog dieses Hochgefühls gerät. Der Adrenalinschub war da, mein Herz pochte wie wild und all das. Eines war mir allerdings vorher nie aufgefallen: meine Angst. In dem, was ich gewöhnlich als Nervenkitzel bezeichnet hatte, gab es sehr große Anteile von Angst, Sorge und Anspannung.

Und was die Selbstachtung anbelangte – wie hätte ich ernstlich behaupten können, diesbezüglich irgendeinen Fortschritt gemacht zu haben? Ich versteckte mich hinter einem flimmernden Computerbildschirm. Mit jeder noch so kleinen Kursänderung an der Börse stieg und fiel augenblicklich auch mein Stimmungsbarometer. Fuhr ich Gewinne ein, kam ich mir vor wie ein Held, sobald ich Verluste machte, wie ein Verlierer. Glauben Sie mir, es ist mir wirklich nicht leichtgefallen, mir all das anzusehen. Nach meinem großen Crash trank ich zwei Monate lang Magensäure bindende Mittel gleich aus der Flasche. Dennoch ließ ich mich darauf ein, all die schlimmen Zeiten noch einmal zu durchleben. Und wann immer all diese Dinge wieder hochkamen, durchlebte ich, statt meine Empfindungen beiseitezuschieben und sie zu verdrängen, das ganze Gefühlsspektrum ein weiteres Mal. Der einzige Weg aus dem Schlamassel hinaus führt mitten hindurch, stimmt's? Zu guter Letzt fand ich meine innere Ruhe wieder und konnte Frieden mit mir schließen. Nun konnte ich zugeben, dass ich ein unkontrollierter Spieler war, ein Abhängiger, dem nichts anderes mehr wichtig gewesen war, als seinen zwanghaften Impulsen zu folgen. Auf diese Weise schaffte ich es, die Zwangsjacke, die mich eingeschnürt hatte, endlich abzuwerfen. Endlich begann ich wieder dieselbe Luft zu atmen wie normale Menschen.«

»Glauben Sie, dass Sie inzwischen gesund sind?«, fragte ich.

Nachdenklich blickte er mich an. »Da bin ich mir nicht sicher. Ich bin erleichtert, dass ich mit meiner alten Gewohnheit brechen konnte. Diese unstillbare Gier, an der Börse zu handeln, habe ich jetzt nicht mehr. Und ich bin erleichtert, dass ich mich nicht länger durch diesen unglaublichen Stress selbst zerstöre. Andererseits durchlebe ich, obwohl die ganze Lektion inzwischen schon fast zehn Jahre zurückliegt, immer noch von Zeit zu Zeit diese qualvolle Erfahrung, all das Geld zu verlieren. Ich führe heute ein ganz anderes Leben als damals. Aber bis solche Eindrücke verblassen, braucht es sehr, sehr, lange.«

Tyrones Geschichte führt uns das Pro und Kontra des Kontemplierens vor Augen.

Ein Vorzug der Kontemplation ist, dass wir dabei unsere beschränkten und beschränkenden Denkmuster durchbrechen können. Sie kann verborgene Probleme zutage fördern und ihnen so viel Raum geben, dass die mit ihnen verbundene Störenergie freigesetzt wird. Der Prozess des Loslassens erfordert nicht, dass Sie mit sich kämpfen. Vielmehr können Sie sich Ihren inneren Dämonen in dem Tempo stellen, das Ihnen entspricht. Wenn Sie den Blick gewissenhaft immer wieder auf Ihre Schwachpunkte richten, wird ein weiter gefasstes Selbstverständnis Ihnen Heilung bringen. Und dabei werden Sie sehen, dass Sie größer sind als Ihre Probleme: Solch einem Gewahrsein wohnt enorme Heilkraft inne.

Auf das Loslassen, darin besteht die Schattenseite der Kontemplation, ist allerdings kein Verlass. Ist Ihr Geist zu verwirrt und von inneren Konflikten in Anspruch genommen, könnte er allzu unruhig und ablenkbar sein, um bei der Sache zu bleiben. Unter Umständen können Sie sich nicht in dem Maß sammeln, wie es nötig wäre, um in größerem Umfang festgefahrene Energien zu lösen und in Bewegung zu bringen. Sich Ihre Probleme eingehend anzuschauen kann gegebenenfalls auch eine entmutigende und deprimierende Wirkung haben. Möglicherweise gefällt Ihnen das, was Sie zu sehen bekommen, ganz und gar nicht. Leicht möglich, dass Sie sich dann gute Gründe suchen werden, nicht länger hinzuschauen.

Persönlich bin ich der Auffassung, dass Kontemplation wirkungsvoller ist als Reflexion. Denn sie findet Zugang zu Emotionen und Empfindungen, während Reflexion dazu tendiert, nicht über die intellektuelle Ebene hinauszugelangen. Manche Geistheiler pflegen zu sagen: »Die Probleme liegen im Körpergewebe«, sprich, für eine Heilung ist es notwendig, zu derjenigen Ebene im Körper zu gelangen, auf der die tiefsten Prägungen angesiedelt sind. Hinschauen und loslassen führt ohne Frage zu Resultaten. Andererseits bringen nicht viele Menschen, die ich kenne, die nötige Geduld auf, ihre Aufmerksamkeit Tag für Tag auf dieselben Dinge zu richten, ohne irgendwann gelangweilt zu sein und der Sache überdrüssig zu werden.

Meditation heißt, eine Gewahrseinsebene aufzusuchen, die keiner Konditionierung unterliegt. Ausgangspunkt ist hier der Geist in seinem ruhelosen, verwirrten Zustand. In der Meditation wird er dann zu einem höheren, durch Klarheit, Ruhe und Stabilität gekennzeichneten Zustand geführt. Diesen Prozess bezeichnet man auch als *Transzendieren*. Zahllose meditative Traditionen hatten ihren Ursprung einst in Indien oder China, bevor sie in der ganzen östlichen Welt Verbreitung fanden. All diese Traditionen verbindet eine gemeinsame Vorstellung davon, wie unsere Realität funktioniert. Die Realität fließt von feineren, subtileren Zuständen hin zu den gröberen Manifestationsformen. Am Anfang stehen Ruhe und Stille, gefolgt von subtilen Geistesobjekten (Gedanken, Emotionen, Empfindungen) und am Ende des Manifestationsprozesses stehen feste, greifbare Objekte und die materielle Welt. Wenn Sie meditieren, bewegen Sie sich sozusagen stromaufwärts: Über die materielle Welt und dann über den Geist mit all seinen Gedanken, Emotionen und Empfindungen gehen Sie hinaus, um schließlich in der Ruhe und Stille anzukommen.

Diese Reise ist allerdings mehr als eine subjektive Erfahrung. In Ruhe und Stille dazusitzen wäre um keinen Deut besser, als in einem Wirbel von Gedanken dazusitzen, wenn es sich in beiden Fällen lediglich um einen subjektiv erfahrenen Zustand handeln würde. Tatsächlich findet hier jedoch der Übergang von einer Wirklichkeitsebene zur nächsten statt. Zu jeder Ebene gehört eine ihr eigene Art von Energie und indem Sie zu einer höheren Energie Zugang gewinnen, passt Ihr Körper sich dieser an. Studien zeigen, dass sich bei Langzeitmeditierenden wichtige Gesundheitsindikatoren verbessern – der Blutdruck sinkt und die Ausschüttung von Stresshormonen lässt nach. Aber der Körper kann sich auf noch viel tiefgreifendere Weise anpassen.

Wenn Sie mit dem richtigen Auslöser im Geist in Berührung kommen, kann eine langfristige energetische Störung auf der Stelle verschwinden. Anders als bei Reflexion und Kontemplation geht es bei der Meditation darum, den »Schalter« zu finden, mit dessen Hilfe sich das durch Ihre alte Konditionierung vorgegebene automatisierte Verhalten ausschalten lässt. Das soll nicht heißen, dass das Ergebnis wie der Blitz aus heiterem Himmel einschlägt. Meditation ist ein Prozess und braucht folglich Zeit. Nichtsdestoweniger kann der Prozess dann auf einmal eine Veränderung hervorbringen, ähnlich wie man beim Graben eines Brunnens den Erdboden Schicht um Schicht abträgt, um urplötzlich auf klares, fließendes Wasser zu stoßen. Ich habe viele Menschen kennengelernt, denen so etwas widerfahren ist. Zu ihnen zählt auch David, der mittlerweile deutlich über 60 Jahre alt ist.

»Als Heranwachsender konnte ich meinen Vater nicht ausstehen. Schon in jungen Jahren, damals war ich neun, wurde mir unabweislich klar, dass ich meinen Vater hasste. Es geschah zu Weihnachten. Als bei einer Lichterkette das Licht ausging, wurde ich damit beauftragt, das dafür verantwortliche defekte Glühbirnchen ausfindig zu machen. Um die Fehlerquelle zu ermitteln, schraubte ich nacheinander jedes Birnchen heraus. Einmal geriet versehentlich mein Finger in die Fassung. Der Stromstoß, der mich daraufhin durchfuhr, warf mich rücklings zu Boden. Gleichzeitig gingen, da mein Finger den Stromkreis geschlossen hatte, am Christbaum für eine Sekunde alle Lichter an.

Als ich, den Schock des elektrischen Schlags noch in den Knochen, am Boden lag, sah ich meinen Vater lachen. Er amüsierte sich köstlich über den Anblick des Baumes, an dem plötzlich alle Lichter angingen. Es kam ihm vor wie eine Szene aus einem Zeichentrickfilm oder einem Comic-strip. In dem Augenblick wurde mir auf einen Schlag sonnenklar, dass ich ihm im Grunde vollkommen gleichgültig war. Ich brach in Tränen aus. Mein Vater warf mir einen missbilligenden Blick zu: ›Du bist der älteste Junge in der Familie‹, sagte er zu mir. ›Allmählich solltest du beginnen, dich wie ein Mann zu betragen. Das erwarte ich von dir.‹

Jahrzehnte später ergab es sich, dass ich eine Geistheilerin aufsuchte. Sie sagte mir sogleich auf den Kopf zu, dass ich diese alte Hassenergie in mir trage. Weiter sagte sie: ›Visualisieren Sie die Beziehung zu Ihrem Vater. Denken Sie nicht nach. Entspannen Sie sich. Und dann sagen Sie mir, welches Bild Ihnen in den Sinn kommt.‹

Als ich die Augen schloss, sah ich zwei Ritter vor mir, die von Kopf bis Fuß in einer Rüstung steckten. Mit ihren Schwertern hieben sie unablässig aufeinander ein, brutal und unbarmherzig. Doch keiner von beiden ging zu Boden. Die Auseinandersetzung nahm einfach kein Ende. Die beiden seien mein Vater und ich, meinte die Geistheilerin. Ich würde meinen Hass erst dann ablegen können, wenn es mir gelänge, auf die eine oder andere Weise dieses Bild aufzulösen.«

»Haben Sie ihre Worte ernst genommen?«, wollte ich wissen.

David lächelte gequält und antwortete: »Ich wurde einfach das Gefühl nicht los, dass mein Vater ein selbstsüchtiger, herzloser Mistkerl war. Auf die eine oder andere Weise hatte er jedes Familienmitglied verletzt. Nach dem Besuch bei der Geistheilerin vergingen erst einmal Jahre. Schließlich überredete mich eine Freundin, ich solle anfangen zu meditieren. Daran fand ich Gefallen. Am Ende der Sitzung fühlte ich mich stets entspannter und innerlich ruhiger. Unangekündigt rief eines Tages mein Vater an. Zu dem Zeitpunkt war er beinahe 70 Jahre alt. Und ich bemerkte, dass ich auf den Klang seiner Stimme nicht gereizt reagierte.

Am nächsten Tag widmete ich mich wie üblich meiner Morgenmeditation. Danach legte ich mich auf den Boden, um mich auszuruhen. So hatte man es mir beigebracht. Es sei einfach notwendig, hatte der Meditationslehrer mir erklärt, sich anschließend auszuruhen. Denn der Geist brauche eine gewisse Zeit, um das tiefere Gewahrsein, mit dem er in Kontakt gekommen ist, zu integrieren. Da tauchte unvermutet erneut das Bild mit den zwei Rittern vor mir auf. Nach wie vor hieben sie mit ihren Schwertern wüst aufeinander ein. Aber diesmal fragte mich eine innere Stimme, ob ich vielleicht einen Grund wüsste, den Kampf zu beenden. Mir fiel nur ein einziger ein: Ich fühlte mich von dem Kampf zusehends erschöpft. Er hatte niemanden auch nur ein einziges Stückchen weitergebracht. Mein verdammtes Schwert war unsagbar schwer! Ob Sie's glauben oder nicht, das hat gereicht.«

»Gereicht wozu?«, fragte ich ihn.

»Die Hassenergie ist verschwunden. Obwohl ich überzeugt war, der Hass auf meinen Vater sei vollkommen gerechtfertigt, ließ ich ihn los. Oder vielleicht ließ der Hass mich los. Einen Monat später besaß ich nur noch eine ganz vage Erinnerung an meinen einstigen Hass. Innerhalb eines Jahres fuhr ich nach Hause, um meinen Vater zu besuchen, und schenkte ihm tatsächlich ein Lächeln. Zum ersten Mal, seit ich ein Junge gewesen war, konnte ich mich in seiner Gegenwart wohlfühlen. Manchmal empfinde ich, zu meiner eigenen Überraschung, echte Zuneigung für ihn. Ich war auf eine Art und Weise geheilt, wie ich es niemals erwartet hätte.«

Davids Geschichte zeigt das Pro und Kontra des Meditierens.

Für die Meditation spricht, dass sie an die Quelle geht. Meditation holt Sie auf der Problemebene ab und bringt Sie von dort aus auf die Ebene der Lösung – dorthin, wo die Energie blockiert ist. So brauchen Sie sich nicht länger mit negativen Gedanken abzugeben und gegen entsprechende Impulse anzukämpfen. Und Meditation bereitet keine Mühe. In aller Stille löst sie alte Konditionierungen auf. Zusammenfassend kann man sagen: Die Wirkung der Meditation erstreckt sich aufs Ganze. Statt jeweils auf ein einzelnes Problem abzuzielen, geleitet sie den Geist insgesamt über die Ebene der Probleme hinaus.

Nachteile hat die Meditation nicht, allerdings gibt es Gefahren. Die falsche Art von Meditation funktioniert einfach nicht. Mag sein, dass sie dem Meditierenden einen Hauch von Transzendenz vermittelt – einen vorübergehenden Eindruck von Ruhe und innerem Frieden, flüchtige Momente der Stille und einer tiefen Zufriedenheit. Wer depressiv ist, könnte sich durch das Meditieren vielleicht zu sehr in sich selbst zurückziehen. Das Gleiche gilt ganz allgemein für introvertierte Menschen, die sich unter Umständen in ihre Innenwelt zurückziehen könnten, ohne eine tiefere Gewahrseinsebene zu erreichen. Prüfstein dafür, ob die Meditation wirksam ist und ihre Aufgabe erfüllt, bleibt letztlich die Energie: Solange Sie festgefahrene alte Energie nicht in Bewegung bringen, ist Ihre Meditation nicht wirkungsvoll.

Die heilsamen Auswirkungen der Meditation beruhen darauf, dass das Gewahrsein fähig ist, die Wirklichkeit zu verändern. Wir wissen ja inzwischen, warum das so ist. Jene Kette der Geschehnisse, die im Körper endet, fängt im Bewusstsein an. Indem wir festsitzende Energie in Bewegung bringen, wird der ungehinderte Bewusstseinsfluss wiederhergestellt. Und das reicht aus, um den Körper in einen gesunden Zustand zurückzuversetzen. Denken Sie bitte daran: Obwohl wir Probleme danach unterscheiden, ob sie physischer, geistiger, emotionaler oder anderer Natur sind, bleibt unabhängig davon die Geschehnisverkettung dieselbe. Zu sagen, jemand wie David hätte seine Wut und Verärgerung auf der emotionalen Ebene aufrechterhalten, würde von einer zu stark eingeschränkten Perspektive zeugen. David hat seinen Ärger auf der energetischen Ebene aufrechterhalten; und sein Körper hat sich dem angepasst, angefangen beim Gehirn mit seinen zornigen Gedanken bis hin zu den Zellen im Körper, die auf die Signale des Gehirns reagierten. Im Zusammenspiel sind Gewahrsein und Energie die wirkungsvollsten Heiler, die es gibt. Vor diesem Hintergrund stelle ich Ihnen nachfolgend drei einfache Meditationen vor, die Sie auf den Weg der Heilung führen können:

1. Atemmeditation. Setzen Sie sich ruhig hin, schließen Sie die Augen. Richten Sie die Aufmerksamkeit sachte auf Ihre Nasenspitze. Atmen Sie ganz normal ein und aus. Spüren Sie, wie die Luft durch die Nasenlöcher ein- und ausströmt. Stellen Sie sich Ihren Atem als eine dünne Wolke aus hellgoldenem Licht vor. Diese Lichtwolke tritt in Ihre Nase ein und verlässt sie wieder. Spüren Sie, welch eine weiche Energie der Atem mit sich trägt. Dank dieser Energie können Sie sich wunderbar entspannen und erleben, wie der Geist zur Ruhe kommt. Lassen Sie das einfach nur geschehen, leicht und unangestrengt, ohne irgendetwas forcieren zu wollen. Der gesamte Prozess erhält sich selbst aufrecht. Damit Ihre Aufmerksamkeit nicht abschweift, können Sie zur Unterstützung das Ausatmen mit der Silbe »huu« verknüpfen.

2. Herzensmeditation. Lassen Sie, während Sie mit geschlossenen Augen still dasitzen, die Aufmerksamkeit auf Ihrem Herzen ruhen. Anatomische Präzision ist dabei nicht gefragt. Finden Sie einfach eine Stelle im Zentrum Ihrer Brust, auf der Sie mühelos die Aufmerksamkeit ruhen lassen können. Atmen Sie ganz natürlich ein und aus und bleiben Sie währenddessen mit der Aufmerksamkeit weiter an dieser Stelle. Gestatten Sie allen möglichen Gefühlen und Empfindungen, zu kommen und zu gehen. Wenn Ihre Aufmerksamkeit abschweift, lassen Sie sie sachte wieder zum Bereich des Herzens zurückkehren und dort ruhen.

3. *Lichtmeditation.* Sitzen Sie mit geschlossenen Augen ruhig da. Stellen Sie sich vor, dass Licht durch Ihren Körper strömt – zartweiß, mit einem leichten Goldton durchsetzt. Sehen Sie, wie das Licht von den Fußsohlen aus emporsteigt und dann immer weiter Ihren Rumpf ausfüllt. Schauen Sie zu, wie es anschließend weiter nach oben steigt, durch den Brustkorb und zuletzt durch den Kopf strömt, bis es am Scheitelpunkt Ihres Kopfes austritt und von dort in gerader Linie senkrecht emporsteigt, bis es aus Ihrem Gesichtsfeld entschwunden ist. Stellen Sie sich vor, wie dasselbe golden schimmernde Licht im nächsten Schritt von dort oben wieder herabkommt, um über den Scheitelpunkt des Kopfes abermals in Ihren Körper einzutreten. Nun legt es den gleichen Weg in umgekehrter Richtung zurück, vom Kopf über den Brustkorb zu den Beinen, und verlässt durch die Fußsohlen den Körper. Sobald Sie den gesamten Ablauf beherrschen, können Sie die Visualisierung mit der Atmung synchronisieren. Holen Sie beim Einatmen das Licht sachte von den Füßen aus in den Körper und lassen es über den Scheitelpunkt Ihres Kopfes wieder aus dem Körper. Holen Sie das Licht beim Ausatmen über den Scheitelpunkt Ihres Kopfes hinein und lassen es zu den Füßen hinaus. Forcieren Sie den Rhythmus nicht. Atmen Sie, während Sie die Visualisierung durchführen, ganz entspannt, ruhig und natürlich.

Heilung für Sie: Entwickeln Sie ein weicheres Gewahrsein

Bei bestimmten Augenübungen lernt man, die Augen durch den »weichen Blick« zu entspannen. Ungesunde Energie ist hart, starr und festgefahren. Daher halte ich es für hilfreich, zu lernen, ein »weiches Gewahrsein« zu haben – nicht eine Art benebelte Glückseligkeit, vielmehr einen offenen, entspannten und aufnahmefähigen Geisteszustand. In diesem Zustand und durch ihn verschaffen Sie sich selbst die besten Voraussetzungen, mit dem Leben mitzufließen, statt Barrieren zu errichten und Widerstand zu leisten.

Soweit es das Sehvermögen betrifft, ist der »harte«, der scharf fokussierende Blick genau und zielgerichtet. Man nimmt ein Objekt sozusagen ins Visier und hält es im Blick. Demgegenüber erweitert der weiche Blick das Blickfeld. Statt *einen* Baum isoliert ins Auge zu fassen, sehen Sie nun den ganzen Wald. Ob dieser Ansatz dazu beiträgt, die menschliche Sehkraft zu verbessern, weiß ich nicht – auf den Geist angewendet, ist er jedenfalls sehr hilfreich. Ein allzu straff ausgerichteter Geist verengt sich. Falls er sich nicht öffnen und weiten kann, wird er »engstirnig« und einspurig. In eine eingleisige geistige Routine zu verfallen – wie ein Zug, der nicht anders kann, als in der Spur zu bleiben und der ihm fest vorgegebenen Schienenführung zu folgen – gehört zu den Dingen, die sich im Grunde jeder von uns nachsagen lassen muss. Wir erleben den eigenen Geist so, dass wir in jedem einzelnen Moment jeweils nur einen Gedanken haben, dann den nächsten und so weiter. Solange wir dabei bleiben, werden wir keinen Zugang zu wirklichem Verstehen haben. Denn in Wahrheit ist unser Geist weitaus mehr als eine zeitliche Abfolge von Geschehnissen, die sich jeweils eines nach dem anderen vollziehen.

Erst recht keinen Sinn macht der Versuch, Stück für Stück jeden einzelnen Gedanken zu kontrollieren. Egal wie viele Jahre Sie damit zubringen, Ihre Gedanken zu beurteilen – und solche, die Ihnen nicht gefallen, zurückzuweisen oder zu zensieren –, Ihr Geist wird Sie Ihnen immer wieder auftischen. Gerade die »schlimmen« Gedanken kehren mit besonders hoher Wahrscheinlichkeit zurück. Wer schon einmal ein schlechtes Gewissen gehabt hat, kann das bestätigen.

Ein weicher Blick bzw. ein weich ausgerichtetes Gewahrsein sieht den Geist in seiner Ganzheit. Mit weichem Blick schauen Sie sich das Spiel der Gedanken gleichsam auf einer Großleinwand im Breitbildformat an und akzeptieren, dass jeder nur mögliche Gedanke auftauchen darf. Auf diese Weise wird der nicht enden wollende Gedankenstrom, statt ein Problem darzustellen, zum fruchtbaren Boden für Veränderung. Die Flut der Bilder lässt sich nicht eindämmen und Sie sollten das auch gar nicht erst anstreben. Denn der Geist schöpft aus tausend Quellen. Gerade das macht ihn so großartig. Alles, was sich im Geist abspielt, ist nur ein vorübergehendes Geschehen. Es existiert im jeweiligen Moment, dann verschwindet es. Nichtsdestoweniger ist der gegenwärtige Moment, mag dies zunächst auch seltsam klingen, mit der Ewigkeit verknüpft. Denn die Gegenwart ist die einzige Zeit, die sich unablässig erneuert.

Sehen Sie Ihren Geist mit hart oder weich ausgerichtetem Gewahrsein? Um Ihnen die praktische Unterscheidung zu erleichtern, hier ein paar Anhaltspunkte:

Anzeichen für ein hart ausgerichtetes Gewahrsein:
- Ihr Geist ist überarbeitet. Es fällt Ihnen schwer, den Kontakt zu ihm nicht abreißen zu lassen.
- Sie empfinden eine starke Abneigung gegen Gedanken,

die Ihnen Gewissensbisse bereiten oder für die Sie sich schämen.
- Unliebsame Erinnerungen versuchen Sie aus dem Blickfeld zu verdrängen.
- Sie wünschen sich, Ihre Gedanken besser unter Kontrolle halten zu können.
- Wenn Ihnen ein Fehler unterläuft, machen Sie sich Vorwürfe und bezeichnen sich als Idiot oder Dummkopf.
- Sie sind hin- und hergerissen zwischen guten und schlechten Impulsen.
- Bilder, die Sie nicht sehen wollen, tauchen dennoch wie von allein vor Ihrem geistigen Auge auf.
- Eine Stimme sagt Ihnen laut und deutlich, ob Sie gerade gut oder schlecht sind.
- Sie merken, dass Sie auf der Hut sind. Schließlich könnte ja etwas Unerwartetes geschehen.
- Sie wissen, Gott sieht Sie, geben sich jedoch Mühe, nicht daran zu denken.

Das hart ausgerichtete Gewahrsein steht, wie Sie sehen, nicht nur für eine geistige Gewohnheit, sondern auch für die Qualität der Aufmerksamkeit, die Sie sich selbst und der Welt schenken. Der Akt des Sehens ist niemals neutral. Wenn Ihre Aufmerksamkeit durch Argwohn, durch übertriebene Scheu vor jedem erdenklichen Risiko und durch Besorgnis angesichts möglicher Fehlschläge gekennzeichnet ist, handelt es sich um eine ungesunde Aufmerksamkeitsqualität. (Dabei kommt mir jene Frau in den Sinn, die zweimal jährlich ihren Arzt aufsuchte, jedes Mal in der Erwartung, Krebs zu haben. Fünfzig Jahre lang blieb die Vorsorgeuntersuchung ohne Befund. Letzten Endes kam dann aber doch der Tag, an dem das Testergebnis darauf schließen ließ, dass sie Krebs hatte. »Sehen Sie?«, meinte sie selbstgerecht. »Ich hab's Ihnen doch gesagt!« Ärzte erzählen sich diese Geschichte, um sich zu bestätigen, wie störrisch Patienten sein können. Ich frage mich, welch ein Leben die Frau 50 Jahre lang geführt hat, bis ihr schlimmster Albtraum sich dann letzten Endes bewahrheitete.)

Durch weich ausgerichtetes Gewahrsein entwickelt sich eine andere Aufmerksamkeitsqualität.

Anzeichen für ein weich ausgerichtetes Gewahrsein:
- Ihr Geist ist ruhig und nicht überarbeitet. Sie genießen seine Präsenz.
- Sie haben nicht das Gefühl, von Gedanken verfolgt zu werden, bei denen Sie ein schlechtes Gewissen haben oder um deretwillen Sie sich schämen müssten.
- Durch die Erinnerungen werden Ihre Erfahrungen runder und reichhaltiger. Sie nehmen sie als das, was sie sind.
- Sie versuchen nicht, Ihre Gedanken unter Kontrolle zu bekommen. Je reichlicher und ungehinderter sie auftauchen, desto besser.
- Wenn Ihnen ein Fehler unterläuft, akzeptieren Sie das und wenden sich unverzüglich der nächsten anstehenden Aufgabe zu. Nicht jede Idee kann vollkommen oder brillant sein. Und woraus könnte man besser lernen als aus Fehlern?
- Zwischen guten und schlechten Impulsen besteht für Sie zwar ein Unterschied, mit beiden aber kommen Sie gut zurecht. An sogenannten schlechten Gedanken haben Sie manchmal insgeheim Ihr Vergnügen – in dem Bewusstsein, dass es sich hier nur um eine andere Seite Ihrer Erfahrung handelt.
- Unliebsame Bilder machen Ihnen weder Angst noch fühlen Sie sich von ihnen abgestoßen. Sie sind durchaus in der Lage, sich auf die dunklere Seite des Geistes einzulassen.

- Sie bleiben verschont von einer Werturteile abgebenden Stimme, die Ihnen sagt, Sie seien schlecht oder verachtenswert.
- Sie sind nicht ständig darauf gefasst, dass gleich hinter der nächsten Wegbiegung eine Katastrophe auf Sie wartet.
- Wenn Gott auf Sie herabschaut, ist er zufrieden mit dem, was er sieht.

Jeder der oben aufgeführten Punkte lässt sich in eine neue Art und Weise, das eigene Leben anzugehen, umsetzen. Beim Durchlesen der Liste waren Sie vielleicht überrascht, wie viele Aspekte des hart ausgerichteten Gewahrseins Sie bislang als etwas Positives akzeptiert haben. Ich hoffe, sie erscheinen Ihnen jetzt nicht mehr in so positivem Licht. Sobald Sie zu der Einsicht gelangen, dass weich ausgerichtetes Gewahrsein die gesündere Möglichkeit ist, mit dem Geist umzugehen, wird es viel leichter, positive Veränderungen in Ihr Leben zu bringen. Denn letzten Endes gilt immer: Was Sie sehen, können Sie heilen; was Sie nicht sehen, wird bleiben, wie es ist.

Geistige Gewohnheiten sind schwer zu fassen. Im Moment können wir nicht beweisen, dass hart ausgerichtetes Gewahrsein dem Körper unmittelbar schadet, während weich ausgerichtetes Gewahrsein ihn heilt. Aber der Körper ist lediglich Energie. Und Energie wird durch Gewahrsein verändert. Allein daraus lässt sich schon entnehmen, wie wertvoll es ist, ein gesundes Gewahrsein zu haben.

Aus allen möglichen Gründen schreiben wir Dingen einen positiven Wert zu. Von Geburt an werden wir darin durch Eltern, Freunde, die Schule, soziale Bezugsgruppen und die Gesellschaft insgesamt beeinflusst. Indem diese Einflüsse zu vorgefertigten Annahmen und Überzeugungen werden, engen sie jedoch den Geist unweigerlich ein. Wächst man in einem familiären Umfeld auf, wo nach starren Kriterien zwischen Richtig und Falsch unterschieden, wo mit der größten Selbstverständlichkeit gewertet und beurteilt wird, wo Perfektion, Disziplin und Selbstkontrolle gepredigt werden, dann verinnerlicht man all diese Einflüsse mit der Zeit. Kinder haben den Prägungen, denen ihr Geist unterworfen ist, nichts entgegenzusetzen. Auf der gesellschaftlichen Ebene sind wir so sehr daran gewöhnt, die Welt in Kategorien von Helden und Schurken, Gewinnern und Verlierern, »wir gegen sie« zu betrachten, dass es für unseren Geist zur Gewohnheit wird, derart holzschnittartig vergröberte Unterscheidungen vorzunehmen. Für den Schritt vom hart zum weich ausgerichteten Gewahrsein bedarf es daher einer bewusst vorgenommenen Veränderung. Dadurch aber verschaffen wir uns eine wirkungsvolle Möglichkeit, diejenige Energie, durch die starre Gewohnheiten scheinbar unverrückbar an Ort und Stelle fixiert bleiben, aufzulösen und in Bewegung zu setzen.

Durchbruch Nr. 4
So verbessern Sie Ihre Gene

Manchmal kommt ein Durchbruch dadurch zustande, dass man plötzlich eine schlichte, gleichwohl hinter einem Gewirr komplizierter Dinge verborgen liegende Wahrheit erkennt. Die Gene zählen zum Kompliziertesten, was der menschliche Körper aufzubieten hat. Dennoch steht hinter ihnen eine schlichte Wahrheit. Diese lautet: Sie können Ihre Gene verändern – und damit auch verbessern. Sie geben ständig Informationen an Ihre Gene, selbst bei so einfachen Tätigkeiten wie Essen oder Sich-Bewegen. So konnte eine kürzlich durchgeführte Studie zeigen, dass Menschen, die ihren Lebensstil deutlich änderten – indem sie sich gesünder ernährten, mehr Sport trieben und zu meditieren begannen –, Veränderungen an etwa 500 Genen bewirkten. Diese Veränderungen traten innerhalb weniger Wochen ein und unterstützten sie in ihrer neuen Art zu leben. Eigentlich hätten wir es uns längst denken können, dass unsere Gene nicht bloß wie stille Beobachter in unseren Zellkernen sitzen. Schon eine starke Emotion kann genügen, um ein Gen zu verändern, weil Emotionen eine Veränderung der Gehirnchemie benötigen – und Gehirnzellen schütten neue chemische Botenstoffe für Trauer oder Glücksgefühle, Vertrauen oder Schüchternheit dann aus, wenn ihre Gene es ihnen befehlen. Damit erweist sich der scheinbar stabilste Teil unseres Körpers als erstaunlich flexibel und veränderlich. Der Code des Lebens ist eine Botschaft, die beständig im Fluss ist.

Noch vor gar nicht langer Zeit haben die Biologen behauptet, Sie seien mit einer festgeschriebenen und unveränderlichen genetischen Ausstattung zur Welt gekommen. Und viele Menschen glauben nach wie vor, dass dies den Tatsachen entspricht. Das zu behaupten ist jedoch ungefähr so, als würde man sagen, Sie seien mit zwei durch nichts zu verändernden Händen geboren worden. Nehmen wir mal an, Sie seien Konzertpianist und hätten einen Zwillingsbruder, der das Maurerhandwerk erlernt hat. Seine und Ihre Hände würden sich im Erscheinungsbild, in puncto Beweglichkeit und Geschicklichkeit vollständig voneinander unterscheiden. Und diese Unterschiede würden sich in unterschiedlichen Hirnaktivitätsmustern widerspiegeln. Ihr motorischer Kortex wäre vom Pianospiel, der Ihres Zwillingsbruders von seiner Maurertätigkeit geprägt. Eineiige Zwillinge kommen zwar mit der gleichen Genausstattung auf die Welt. Wenn man sich ihr genetisches Profil dann aber nach ihrem siebzigsten Geburtstag noch einmal anschaut, zeigt sich, dass sie sich inzwischen stark unterscheiden.

Heute verfügen wir über einen anderen Kenntnisstand in der Genetik als noch vor einigen Jahren: Mittlerweile wissen wir, dass Gene nur so lange Einfluss auf Sie nehmen, wie sie angeschaltet sind. Im abgeschalteten Zustand sind sie hingegen ohne Einfluss. Nur bei der Geburt gleichen eineiige Zwillinge einander so sehr wie ein Ei dem anderen. Auf dem Weg durchs Leben macht dann aber jeder von ihnen seine ganz eigenen Erfahrungen, durch die manche Gene an-, andere wiederum abgeschaltet werden. Der Körper jedes einzelnen Menschen ist das vorläufige Endprodukt eines lebenslangen Prozesses, in dessen Verlauf Schalter auf Ein oder Aus geschaltet werden. Dabei ergeben sich drei Möglichkeiten:

- Ein Gen kann sich nach einem vorgegebenen Zeitplan an- und abschalten.
- Ein Gen kann sich in Abhängigkeit von dem Verhalten und den Erfahrungen der betreffenden Person an- und abschalten.
- Ein Gen kann sich aufgrund einer Kombination aus den beiden vorgenannten Möglichkeiten an- und abschalten.

Zwei der drei Möglichkeiten lassen Ihnen Raum, darüber zu entscheiden, was Ihre Gene tun werden: Wenn das keine gute Nachricht ist! Hat man uns doch jahrzehntelang erklärt, Gene seien eine fest vorgegebene und unveränderliche Größe, die uns die von unseren Eltern ererbten Merkmale und Charakterzüge verleihen und die Abläufe in unserem Körper steuern, ohne dass wir darauf auch nur den geringsten Einfluss haben. Um mit 70 Jahren ein unverwechselbares genetisches Profil aufzuweisen, brauchen Sie allerdings kein Zwillingsgeschwister zu haben. Jeder von uns durchläuft solch eine Entwicklung. Und dieselben drei Möglichkeiten bilden auch für Sie die Arbeitsgrundlage: Gewisse Gene werden durch Ihr Verhalten nicht beeinflusst werden; auf andere wird es einen starken Einfluss ausüben; und für die überwiegende Mehrzahl Ihrer Gene spielen Anlage und Umwelt eine mehr oder weniger gleich große Rolle.

Wenn wir an Gene denken, kommen uns gewöhnlich die blauen Augen als Beispiel in den Sinn. Falls Sie ein bestimmtes Gen geerbt haben, sind Ihre Augen blau. Haben Sie ein anderes Gen, sind sie dunkelbraun, grün oder haselnussbraun. Wie sich herausgestellt hat, ist dieser Fall, die Festlegung der Augenfarbe durch ein einzelnes Gen, aber die Ausnahme, nicht die Regel. Zum Beispiel gibt es kein Einzelgen, das die Körpergröße definiert. Die jüngsten Forschungsergebnisse zeigen, dass an der Festlegung der Körpergröße, die ein Mensch erreichen wird, mehr als 20 Gene beteiligt sind (manche Experten gehen von einer erheblich höheren Anzahl aus: von bis zu 100 Genen). Und selbst wenn man diese Gene bei der Geburt eines Babys analysiert, lässt sich an ihnen nicht ablesen, ob das Kind später besonders groß werden oder ein anderes klein bleiben wird. Die Körpergröße der Mutter beeinflusst diejenige der Söhne, die Körpergröße des Vaters dagegen diejenige der Töchter. Doch wir alle kennen Kinder, die deutlich größer oder kleiner sind als ihre Eltern. Wenn zwei vergleichsweise klein gewachsene Eltern ein sehr großes Kind haben, kann niemand genau erklären, worauf der Zuwachs an Körpergröße zurückzuführen ist. Die Wissenschaftler können nicht einmal zuverlässig sagen, ob die Gene zu 90 Prozent für die Körpergröße ausschlaggebend sind, wie es lange Zeit hieß, oder lediglich zu 30 Prozent.

Äußere Faktoren lassen ebenso wenig eine zuverlässige Prognose zu. Verbessert sich die Ernährungssituation, dann werden die Menschen größer – könnte man annehmen. Auf den Philippinen ist die jüngere Generation jedoch ungeachtet der heutzutage günstigeren wirtschaftlichen Rahmenbedingungen weniger groß als ihre Eltern und Großeltern. Bei einer Volks- oder Bevölkerungsgruppe, die ohnehin schon durch eine vergleichsweise große Statur gekennzeichnet ist, würden wir wohl davon ausgehen, dass das Größenwachstum eher noch weiter zunimmt. Als der amerikanische Kontinent durch die Europäer besiedelt wurde, lagen die Prärieindianer in puncto Körpergröße weltweit an der Spitze. Heutzutage ist das längst nicht mehr so. Und während des 18. und 19. Jahrhunderts überragten die Amerikaner fast von Anfang an ihre europäischen Zeitgenossen an Körpergröße. Heutzutage sind sie von den Niederländern überholt worden, dicht gefolgt von den Menschen in dem einen oder anderen skandinavischen Land. Solch eine Veränderung kann sich mit hohem oder mit geringem Tempo vollziehen. Die Niederländer haben 150 Jahre gebraucht, um sich in dieser Hinsicht »hochzuarbeiten«. Die Japaner haben erst nach dem Zweiten Weltkrieg einen Sprung nach vorne gemacht.

Vor ein paar Jahrzehnten erkannte die medizinische Forschung, dass Erkrankungen wie Diabetes und Sichelzellenanämie genetisch innerhalb der Familie weitervererbt werden. Daran anknüpfend stellte sich dann die Frage, ob dies für andere Krankheiten wie Depression und Schizophrenie, die offenbar ebenfalls innerfamiliär weitergegeben werden, genauso gilt. Vor diesem Hintergrund wuchs die Hoffnung, man werde zu guter Letzt vielleicht alle Störungen, seien sie nun physischer oder mentaler Natur, auf der genetischen Ebene festmachen und kurieren können. Eltern könnten dann Trost finden in dem Wissen, dass die mentalen Probleme beim Nachwuchs keine Folgeerscheinung ihrer Erziehung sind. Und unter Depression, Angst, Fettleibigkeit und einer Reihe weiterer Beschwerden leidende Menschen bräuchten sich keine Sorge zu machen, durch ihre Entscheidung für diese oder jene Art der Lebensführung könnten sie vielleicht das Problem selbst heraufbeschworen haben. Nein, die Gene wären schuld. Und von den Genen wäre auch Abhilfe zu erwarten.

Mag die Kartierung der menschlichen DNS vor zehn Jahren noch der Heilige Gral gewesen sein, so gibt es den Heiligen Gral heute in tausendfacher Ausführung – jeder Gesundheitsstörung soll ein spezielles Gen zugeordnet werden. Nachrichten, denen zufolge es ein für die Alzheimer-Demenz verantwortliches Gen geben soll, ebenso ein sogenanntes Fettgen oder vielleicht sogar ein Gen, das die Menschen an Gott glauben lässt – das »Glaubensgen« –, überfluten die Medien. Letzten Endes steckte hinter all diesen Meldungen ziemlich wenig. Die Einzelgen-Theorie wurde bald wieder aufgegeben, mag auch die Öffentlichkeit weiterhin daran glauben. Darüber hinaus wurde in den letzten Jahren das Genom Tausender Menschen kartiert – wobei sich zum Entsetzen der Forscher zeigte, dass zwischen zwei Menschen in der genetischen Ausstattung mindestens drei Millionen Unterschiede bestehen (eine gewaltige Zahl, wenn man bedenkt, dass wir überhaupt nur 20 000–30 000 Gene besitzen, weitaus weniger als ursprünglich angenommen).

Ungeachtet aller Komplexität der Gene: Für sämtliche Faktoren, die Sie zu dem Menschen machen, der Sie sind, können sie unmöglich maßgebend sein. Weder sind Sie durch ein Gen zum begeisterten Gartenfreund oder zu einem leidenschaftlichen Briefmarkensammler geworden noch haben Sie durch ein Gen Ihre Vorliebe für Johann Sebastian Bach entwickelt; ebenso wenig ein inneres Bild von dem Menschen, in den Sie sich verlieben könnten.

Was aber geschähe, würden wir aufhören, die DNS als etwas Physisches anzusehen? Lassen Sie uns die Gene ins Feld des Gewahrseins bringen und sehen, wie sie darauf ansprechen. Die DNS ist eine Art Gedächtnis – eine Speicherbank, in der jede Erfahrung aus der Vergangenheit gespeichert ist, die uns zum Menschen macht. Statt zuzulassen, dass diese Erinnerungen sich Ihrer bedienen, können Sie lernen, die Erinnerungen für sich zu nutzen.

Ihre DNS ist kein bisschen mehr physisch als andere Teile Ihres Körpers. Sie besteht aus Energie und ihre Energiemuster können Sie durch einen Bewusstseinswandel verändern. Zur Welt gekommen sind Sie mit einigen Prädispositionen, die zunächst einmal ausschlaggebend dafür sind, ob Ihr Körper so oder so gerät. Indem Sie Ihre Wünsche, Gewohnheiten und Intentionen mit ins Spiel bringen, wird sich ein vermeintlich festgeschriebenes Merkmal jedoch als hochgradig formbar erweisen – schon der Anflug eines Wunsches reicht aus, um die DNS zu beeinflussen.

Zeugt es da nicht von einer ganz besonderen Ironie, dass sich ausgerechnet jene beiden Phänomene, die der Medizin einst als fixe Größen galten – das Gehirn und die DNS –, als Schlüssel für die Neuerfindung des Körpers erweisen?

Mariels Geschichte

Die große Frage lautet nicht, *ob* Sie die eigenen Gene verbessern, sondern *wie weit* Sie den Prozess voranbringen können. Einem Wandel stehen die Gene nur deshalb im Weg, weil wir akzeptieren, dass sie Macht über uns haben. Manche Menschen finden freilich einen Weg, die Gene zu überwinden. Mariel, heute in den Dreißigern, kam mit einem angeborenen Augenfehler auf die Welt, der mit chirurgischen Mitteln nicht korrigiert werden konnte. »Aufgewachsen bin ich in dem Bewusstsein, dass mein Sehvermögen mit fortschreitendem Alter dahinschwinden würde«, erklärte sie. »Während die Jahre ins Land gingen, war ich mit der Herausforderung konfrontiert, mich immer wieder auf neue Einschränkungen einstellen zu müssen. Als ich nach dem College mit dem Aufbaustudium begann, konnte ich klein gedruckte Schrift nur noch mit großer Mühe lesen.«

In der Bibliothek stellte Mariel eines Tages fest, dass sie nicht mehr in der Lage war, den Zettelkatalog zu lesen. »Man hatte gerade die Umstellung auf ein Mikrofilmsystem (Mikrofiches) vorgenommen. Mich nun darum bemühen zu müssen, die winzige Schrift auf dem Bildschirm zu entziffern, war überaus frustrierend. Einem Impuls folgend, stand ich daher auf und ging zu den Bücherregalen. Ich steuerte einfach jenen Bereich an, in dem das gewünschte Buch meines Erachtens stehen musste. Als ich dort hinkam, wollte ich eigentlich jemanden um Hilfe bitten. Doch es war niemand in der Nähe. Da griff ich einfach auf gut Glück nach einem Buch. Wie sich herausstellte, handelte es sich genau um das Buch, das ich haben wollte.«

Zu der Zeit hielt Mariel dies für bloße Koinzidenz – für einen »Zufall«, wenngleich einen bemerkenswerten. Mit der Zeit begann sich allerdings ein Muster abzuzeichnen. »Ich stellte fest, dass ich sehen konnte, ohne von meinen Augen Gebrauch zu machen. Es gelang mir, verloren gegangene Gegenstände wie Schlüssel oder eine Geldbörse wiederzufinden, ohne erst überall danach suchen zu müssen. Bestimmt, so versuchte ich mir das zuerst zu erklären, habe ich einfach Schritt für Schritt nachvollzogen, was ich vorher getan hatte. So gehen schließlich die meisten Menschen vor, wenn sie etwas verloren haben. Eines Tages aber stellte ich bei der Heimkehr von einem Restaurantbesuch fest, dass mein Scheckheft verschwunden war. Bevor ich auch nur den Versuch unternehmen konnte, mir in Erinnerung zu rufen, wo ich es denn gelassen haben könnte, tauchte unvermittelt ein visueller Eindruck vor meinem inneren Auge auf. Ihm konnte ich entnehmen, dass das Scheckheft auf dem Parkplatz des Restaurants lag, und zwar an einer ganz bestimmten Stelle. Beim Herausholen des Autoschlüssels war es mir dort aus der Handtasche gefallen. Daraufhin fuhr ich zum Restaurant zurück: Das Scheckheft lag genau dort, wo ich es mir vorgestellt hatte.«

Mariel begann sich mehr und mehr auf ihre neu entdeckte Hellsichtigkeit zu verlassen. »Wenn ich ein Referat oder eine wissenschaftliche Arbeit schreibe und ein spezielles Zitat benötige, brauche ich den Quellentext nur aufzuschlagen, schon liegt die Seite mit der gesuchten Passage offen vor mir. Das klappt zwar nicht jedes Mal. Insbesondere dann aber, wenn ich dringend darauf angewiesen bin, scheint es zu funktionieren.«

»Wie erklären Sie sich das?«, fragte ich.

»Anzunehmen, da bestehe eine besondere Verbindung zwischen mir und Gott, war ein verlockender Gedanke«, meinte sie. »Aber dann stieß ich auf den Artikel eines Neurologen. Darin ging es um Menschen mit normalem Sehvermögen, die plötzlich erblinden, meist aufgrund eines Unfalls. Manche von ihnen finden sich einfach damit ab, nicht mehr sehen zu können. Andere hingegen passen sich der veränderten Situation auf erstaunliche Weise an. Ein blinder Mann fing an, als Dachdecker zu arbeiten. Er spezialisierte sich auf außergewöhnlich schwierige, besonders steile Dächer mit verschachtelten Giebelkonstruktionen und verrichtete seine Arbeit, zum großen Entsetzen der Nachbarn, vorzugsweise bei Nacht – und das auf Dächern, auf die sich auch ein normalsichtiger Dachdecker bei hellem Tageslicht nur ungern hinaufwagen würde. Außerdem erinnere ich mich an eine weitere in dem Artikel erwähnte Person. Dieser Mann hatte die Fähigkeit entwickelt, Getriebe zu entwerfen: Vor seinem inneren Auge sah er all die verzwickten Bewegungsabläufe, das ganze Zusammenspiel des hoch komplizierten Räderwerks. Bevor er von einem auf den anderen Moment sein Augenlicht verloren hatte, weil ihm bei einem Arbeitsunfall Säure in die Augen gespritzt war, hatte er diese Gabe nicht besessen. Erst danach fand er heraus, dass er über diese bemerkenswerte Fähigkeit verfügt.«

Bei jedem Menschen liegen in den Genen geheime Potenziale verborgen. Man braucht sich nur das Werk des verstorbenen Dr. Paul Bach-y-Rita aus Mexiko anzuschauen. Vor 30 Jahren erntete er noch allenthalben Hohn und Spott, als er behauptete, das Gehirn sei zu »sensorischer Substitution« fähig. Ein Blinder beispielsweise könne, anders ausgedrückt, zu »sehen« lernen, indem etwa der Tastsinn an die Stelle des Sehsinns tritt. Braille hat uns mit der für Blinde entwickelten Punktschrift bereits einen Fingerzeig gegeben und uns damit zumindest schon einmal ahnen lassen, dass in dieser Richtung vielleicht noch einiges möglich sein könnte. Doch mit seiner wirklich verwegenen Idee ging Dr. Bach-y-Rita weit über solche Ahnungen hinaus. Bevor er im Alter von 72 Jahren verstarb, hatte er einen sogenannten »Brain Port« entwickelt: ein kleines Plättchen, das auf die menschliche Zunge passt. Mittels 600 winziger, gitterförmig angeordneter Elektroden, die mit einer Kamera verbunden sind, kann der Brain Port der Zunge ein Bild der durch die Kamera aufgezeichneten visuellen Signale übermitteln. Das Bild setzt sich aus elektrischen Impulsen zusammen, die an normalerweise für den Tastsinn zuständige Sinnesrezeptoren weitergeleitet werden. Nach einer kurzen Einübungszeit »sieht« das Gehirn des Blinden aber tatsächlich das Bild.

Hierbei handelt es sich nicht bloß um einen subjektiven, nicht weiter verifizierbaren Eindruck. Vielmehr wird, sobald Signale an die Zunge übermittelt werden, die Sehrinde eines Blinden aktiv, das konnte mithilfe der Magnetresonanztomografie sichtbar gemacht werden. In einer Fernsehreportage wurden vor einiger Zeit blinde Patienten gezeigt, die aus sechs Metern Entfernung einen Tennisball in einen Papierkorb werfen und einen gewundenen Weg gehen konnten, ohne dessen Randbegrenzungen zu überschreiten. Die Möglichkeiten der sensorischen Substitution reichen aber noch weiter. Einer Frau, die infolge der Nebenwirkungen eines Antibiotikums ihren Gleichgewichtssinn verloren hatte, konnten die Ärzte weder mit Medikamenten noch mit einem chirurgischen Eingriff weiterhelfen – so stark war das im

Innenohr sitzende Gleichgewichtsorgan zerstört geworden. Doch dank eines Trainings mit dem Brain Port, der ihrer Zunge signalisierte, wann der Körper in einer aufrechten Position war und wann nicht, fand sie wieder in ein Körpergleichgewicht. Schließlich geschah etwas noch Bemerkenswerteres: Als die Frau dieses Gerät, das ihr wieder zu einem Gleichgewichtsgefühl verholfen hatte, irgendwann entfernte, verlor sie ihr Gleichgewichtsgefühl keineswegs sofort wieder. Sie stellte fest, dass die Wirkung eines einstündigen Trainings anschließend noch ungefähr eine weitere Stunde anhielt. Im Zuge weiterer Trainingsfortschritte blieb die Wirkung eines eintägigen Trainings noch den ganzen darauffolgenden Tag erhalten. Zur Verblüffung der Ärzte konnte sie zu guter Letzt gehen und Fahrrad fahren, ohne den Brain Port überhaupt noch zu tragen.

Das Gleichgewichtssystem des Gehirns ist außerordentlich komplex. Trotzdem fand bei dieser Frau ein Großteil dessen, was dazugehört, wenn nicht gar alles, im Sinn der sensorischen Substitution an anderer Stelle Ersatz: in einem Bereich des Gehirns, der vorher mit dem Gleichgewichtssinn überhaupt nichts zu tun gehabt hatte. Dr. Bach-y-Rita hat damit nicht nur nachgewiesen, dass seine Annahme, das Gehirn sei flexibler, als man bis dahin vermutet hatte, zutrifft. Darüber hinaus lässt seine Forschung den Schluss zu, dass das Gehirn auch weitaus kreativer ist als bis dato vermutet. Woher weiß ein größtenteils aus Wasser bestehendes und durch elektrochemische Impulse gesteuertes Organ eigentlich, dass ein Mensch eine neue Art der Sinneswahrnehmung benötigt? Und zwar eine Art der Sinneswahrnehmung, die nach heutiger Kenntnis für die menschliche Evolution nicht notwendig ist.

Samen für den Wandel

Wenn wir vom »verborgenen Potenzial des Gehirns« sprechen, so ist damit letztlich das verborgene Potenzial der Gene gemeint. Denn eine Gehirnzelle kann sich erst dann in eine neue Richtung verändern, wenn ihre DNS neue chemische Signale aussendet. Aber statt sich an dieser Stelle in organischer Chemie zu verzetteln, die ohnehin über die physische Ebene niemals hinausgelangen wird, sollten Sie sich lieber klarmachen, dass Sie schon die ganze Zeit zu Ihren Genen sprechen. Jedes menschliche Merkmal kommt dadurch zustande, dass Myriaden von Genen ein komplexes Muster weben. Dieses Muster ergibt sich aus der Reaktion auf folgende Faktoren:

- wie Sie denken,
- wie Sie sich fühlen,
- wie Sie handeln,
- woran Sie glauben,
- was Sie erwarten,
- wovor Sie sich fürchten,
- worauf sich Ihr Verlangen richtet,
- für welche Lebensführung Sie sich entscheiden,
- auf welche Beziehungen Sie besonderen Wert legen,
- wie Ihr unmittelbares Umfeld aussieht,
- welche Gewohnheiten und Vorlieben Sie haben.

Auf einer ganz grundlegenden Ebene haben Entscheidungen in Bezug auf die eigene Lebensführung genetische Konsequenzen. Ansätze wie etwa vegetarische Ernährung, Hatha-Yoga, Meditation und psychosoziale Unterstützung wurden in der Wellness-Bewegung lange Zeit als gute Vorsorgemaßnahmen eingestuft. Heute scheint es, dass man auf diese Weise sogar ernsthafte Erkrankungen zum Stillstand bringen, wenn nicht gar rückgängig machen kann – vielversprechende Hinweise darauf gibt es beispielsweise bei Herzerkrankungen, Diabetes, hohem Blutdruck, Prostatakrebs, Fettleibigkeit, hohen Blutfettwerten und anderen chronischen Krankheiten.

Das Zustandekommen solch heilsamer Veränderungen von der genetischen Ebene her zu erklären, diesen Schritt hat die Forschung erst in jüngerer Zeit vollzogen. Inzwischen wurde nachgewiesen, dass Hunderte Gene ihre Expression verändern können. Bei Patienten, die sich einen gesünderen Lebensstil zulegten, brauchte es dazu lediglich eine Zeitspanne von ein paar Monaten. Auf diesem Weg konnten Gene, die man mit Krebs, Herzerkrankungen und entzündlichen Prozessen in Verbindung bringt, bei solchen Patienten herunterreguliert oder »abgeschaltet«, schützende Gene hingegen hochreguliert oder »angeschaltet« werden.

In jedem Augenblick treffen Sie vielerlei Entscheidungen. Diese Entscheidungen gestalten die für Sie spezifischen, schöpferischen, nicht vorhersagbaren Webmuster Ihres Lebens. Aber kümmert das etwa Ihre Gene? Ja, das kümmert sie, sogar sehr. So stellte man zum Beispiel fest, dass in der Zeit gleich nach den Weihnachtstagen deutlich mehr Menschen sterben als sonst. Das Gleiche gilt für die Zeitspanne, die auf den Geburtstag eines sterbenskranken Menschen folgt. Woraus sich folgern lässt, dass ein Mensch im Angesicht des herannahenden Todes oftmals durchaus bewirken kann, dass sich dessen Eintreten über einen Tag, den die oder der Betreffende unbedingt noch miterleben will, hinaus verschiebt. (Ich kannte einen Mann, dessen Tod durch einen Gehirntumor langsam, aber unausweichlich immer näher rückte. Er starb erst, nachdem man einen Medizinmann der Lakota Sioux in sein Krankenzimmer gebracht und dieser eine Zeremonie durchgeführt hatte, um Geist und Seele vom

Körper zu befreien und ihnen den Übergang ins Jenseits zu ermöglichen.)

Es scheint also, als genüge es bereits, einen Wunsch zu hegen, damit der Körper weiß, was er zu tun hat. Genügt das auch für die Gene? Ein Gen zu beeinflussen galt lange als ein Ding der Unmöglichkeit. Doch diese Einschätzung ändert sich nun. Bei wissenschaftlichen Experimenten mit Mäusen fand man heraus, dass Mäusebabys, die von der Mutter gut umsorgt werden, zu gesünderen Exemplaren heranwachsen als ihre schlecht bemutterten Artgenossen. Eine gute Mäusemutter leckt und säubert ihre Jungen fast ununterbrochen und bleibt ihnen körperlich nahe. Demgegenüber verhält sich eine schlechte Mäusemutter bei der Säuglingspflege launisch und unberechenbar. Zwischendurch werden die Jungen immer wieder allein gelassen. Die Folge: Als erwachsene Mäuse sind sie später stressanfälliger, reagieren schneller verängstigt. Zugleich zeigen sie weniger Interesse an der Welt und eine geringere Bereitschaft, sie zu erkunden.

An und für sich kein sonderlich dramatischer Befund. Schon vor langer Zeit haben Forscher nachgewiesen, dass Affenbabys, denen man die Möglichkeit nahm, sich an die Mutter anzuschmiegen und von ihr gestillt zu werden, zu emotional gestörten Affen heranwuchsen. (Vielleicht erinnern Sie sich an die ergreifenden Bilder von kleinen Rhesusäffchen, die sich in Ermangelung einer leibhaftigen Mutter an eine aus Drahtgeflecht bestehende Nachbildung klammern.)

Auf einen ganz entscheidenden Aspekt des Mäuseversuchs wurde man aber erst im Nachhinein aufmerksam, als sich nämlich herausstellte, dass schlecht umsorgte Mäuse ihrerseits schlechte Mütter waren, sich nicht ausreichend um die Pflege ihrer Jungen kümmerten und dazu neigten, sie immer wieder sich selbst zu überlassen. Mit anderen Worten: Die Babys schlechter Mäusemütter besaßen zwar keine anderen Gene, hatten sich aber dennoch ein neues Verhalten angeeignet. Und siehe da, auf einmal zeichnete sich hier eine neue Perspektive ab: Als der erste Frühmensch beschloss, aufrecht zu stehen, um den Horizont in der Ferne besser im Blick zu haben, hatte dies mit seinen Genen vielleicht gar nichts zu tun. Vielmehr könnte er das neue Verhalten entwickelt und an seine Kinder weitergegeben haben, ohne erst Jahrtausende auf eine Mutation warten zu müssen. Aber wie?

Die Antwort finden wir auf einer etwas geheimnisvoll anmutenden, zellulären Ebene, die man die *epigenetische* Ebene nennt. Jeden DNS-Strang umhüllt ein Puffer aus komplexen Proteinen – das Epigen. Und irgendwie veranlassen diese Proteine das Gen dazu, sich an- oder abzuschalten. Wenn das Epigen durch das, was Sie tun oder fühlen, beeinflusst wird, hat das keineswegs eine Veränderung der DNS zur Folge. Vielmehr bleibt das genetische Erbe, wie es schon bei Ihrer Geburt war. Stattdessen kann es allerdings im Verhalten der DNS zu einschneidenden Veränderungen kommen. Wenn also eine schlechte Mäusemutter die Entwicklung ihres Babys nachteilig beeinflusst, aktiviert sie zugleich dessen DNS dahingehend, dass diese sich schlecht verhält. Das ist der springende Punkt. Und das schlechte Verhalten wird auf diese Weise auch an künftige Generationen weitergegeben.

Hier habe ich Ihnen jetzt ein Negativbeispiel genannt. Doch wenn wir lernen können, Gene an- und abzuschalten, eröffnet uns das in vielerlei Hinsicht positive Möglichkeiten. Die Gentherapie ist, beispielsweise bei der Behandlung von Krebs, ein Misserfolg. Die epigenetische Regulation könnte dagegen Abhilfe schaffen. Da die Gentherapie den Versuch unternimmt, die Gene, mit denen Sie zur Welt gekommen sind, hier und da zu ersetzen oder sie zu verändern, wehrt sich der Körper dagegen. Infolgedessen treten zahlreiche unerwünschte Nebenwirkungen auf. Sofern aber das Epigen Ihrer DNS den Befehl geben kann, einen Tumor an weiterem Wachstum zu hindern oder ihn gar nicht erst entstehen zu lassen, könnte der Krebs einfach dadurch besiegt werden, dass an eine Zelle die Aufforderung ergeht, sich anders zu verhalten.

Wenn nun das An- und Abschalten eines Gens die natürlichste Möglichkeit darstellt, Veränderungen in Gang zu setzen, wie kommen wir an den Schalter heran? Veränderungen, die wir an unserer Lebensweise vornehmen, sind auf jeden Fall ein guter Anfang. Aber vielleicht besitzen wir auch eine unmittelbare Steuerungsmöglichkeit – und wissen nur momentan noch nicht, wo sich der Schalter verbirgt.

Bleiben wir beim Beispiel Krebs: Tausende Fälle sind dokumentiert, in denen bösartige Tumoren in einem fortgeschrittenen Stadium ohne Behandlung wieder verschwanden. Um diese sogenannten Spontanremissionen ranken sich jede Menge Mythen. Damit solche Mythen entstehen, genügt bereits ein Gerücht, das besagt, durch bestimmte Kräuter, eine Fruchtzubereitung, einen Edelstein, eine Form der Farbtherapie, ein religiöses Ritual, ein Gebet oder das Einwirken übernatürlicher Kräfte sei ein Leben gerettet worden. Und schon werden Krebspatienten angesichts des drohenden Todes händeringend versuchen, auf ebendiesem Weg Heilung zu finden. Der Nobelpreisträger Linus Pauling beispielsweise war der Überzeugung, extrem hoch dosiertes Vitamin C habe eine kleine Gruppe sterbenskranker Krebspatienten gerettet. In Mexiko dagegen werden komplette Bluttransfusionen oder eine sogenannte Blutreinigung illegal angeboten. Weil all diese Dinge unter der Flagge »alternative Behandlungsformen« segeln, gibt es ein weites Feld von Therapien, bei denen völlig im Dunklen bleibt, wie sie wirken bzw. ob sie überhaupt wirksam sind.

Tatsächlich wissen wir nur: In seltenen Fällen kann ein unbekannter Faktor bewirken, dass ein Tumor sich ohne einen für uns erkennbaren Grund zurückbildet – durchaus auch in Fällen, in denen jede schulmedizinische Behandlung unterbleibt. Bei manchen Patienten ist es so, dass sie einfach eine innere Gewissheit haben, wieder gesund zu werden, und mit dieser Einschätzung, wie sich anschließend herausstellt, vollkommen richtigliegen. Das entspricht im Grunde eher dem, was man traditionell als Wunderheilung bezeichnet: Die Heilung wird einer unsichtbaren höheren Macht zugeschrieben und auf keine wie auch immer beschaffene physische Ursache zurückgeführt. Der gemeinsame Nenner dieser hochgradig unterschiedlichen Ansätze (Betrügereien und haltlose Gerüchte natürlich ausgenommen) dürfte in dem Umstand zu sehen sein, dass dem Gewahrsein die Kraft innewohnt, ein tumorunterdrückendes Gen anzuschalten.

An diesem Punkt stecken wir in einem Dilemma. Eine Hoffnung, die zu positiven Resultaten führt, darf man nicht und sollte man nicht als falsche Hoffnung bezeichnen. Ebenso wenig wäre es fair, alle alternativen Therapien auf bloße Geschäftemacherei mit der Hoffnung zu reduzieren. Vielmehr könnte hier eine nicht genau kalkulierbare Kombination aus materieller Substanz und Geist am Werk sein, bei der erst durch die subjektive Hoffnung und den Glauben eines Patienten die Therapie in die Lage versetzt wird, ihre Wirkung zu entfalten. Wir stehen vor einer ganz elementaren Herausforderung, bei der die Schlüsselfrage lautet: Wie können Sie möglichst effektiv auf Ihre Gene einwirken?

Sich einstimmen, sich ausblenden

Wir alle können in unseren Genen Veränderungen hervorrufen. Dies ganz bewusst herbeiführen zu können ist allerdings eine spezielle Fähigkeit. Auf diejenige Ebene unseres Körpers, auf der die Gene aktiv an- und abgeschaltet werden, sind wir nicht eingestimmt. Doch es ist möglich, zu dieser Gewahrseinsebene Zugang zu bekommen. Man kann sich zwar nicht dorthin begeben, um ganz gezielt ein Gen unmittelbar anzusteuern, aber das ist auch gar nicht notwendig. Sich einzustimmen reicht schon aus. Hingegen können Sie kaum größeres Unheil anrichten als dadurch, dass Sie den Körper ausblenden. Ohne einen klaren, möglichst störungsfreien Kommunikationsweg können Sie von Ihren Körperzellen nicht erwarten, dass sie auf Ihre Wünsche und Absichten ansprechen und auf sie eingehen.

In der Kurzformel »sich ausblenden« bzw. »den Körper ausblenden« sind drei verschiedene Aussagen zusammengefasst: dem Körper die Aufmerksamkeit entziehen; sich gegen ihn entscheiden; seinen Signalen keine Beachtung schenken. Wie bei allen Dingen gibt es auch hier Abstufungen. Abhängig davon, wie stark Sie von sich selbst abgeschnitten sind, wartet der Körper dann mit immer massiveren Reaktionen auf, wie: *Freudlosigkeit*, *verminderte Vitalität*, *Unwohlsein*, *Benommenheit* und *Schmerz*.

Der Übergang von einer Stufe zur nächsten kann Jahre dauern. Durch ein plötzlich erlebtes Trauma jedoch, durch einen Autounfall etwa oder eine schwere Erkrankung, kann das Körpergewahrsein sich schnell und in dramatischem Ausmaß verringern. Wenn wir zum Beispiel über den Tod eines uns nahestehenden Menschen in Trauer geraten, durchleben wir das ganze Spektrum: Am Essen finden wir nun keinen Gefallen mehr (Freudlosigkeit); wir fühlen uns lustlos und müde (verminderte Vitalität); wir verspüren eine Schwere im Körper, außerdem fällt uns das Einschlafen nicht leicht (Unwohlsein); Empfindungen wie Hitze oder Kälte werden nicht mehr wahrgenommen, eine eigentlich vertraute Umgebung mutet uns auf merkwürdige Weise fremd an (Benommenheit); Beschwerden kommen und gehen, ohne dass es einen Grund dafür zu geben scheint (Schmerz). Das hat immer auch mentale Auswirkungen. Deprimierten Menschen, die ein Gefühl von Benommenheit und innerer Leere verspüren, ist sehr häufig überhaupt nicht bewusst, wie stark sie vom eigenen Körper abgekoppelt sind.

Der nachfolgenden Liste können Sie entnehmen, wie einem üblicherweise zumute ist, wenn man sich ausblendet. Fragen Sie sich beim Durchlesen, wie viele Punkte auf Sie zutreffen.

- Ihrem Körper und dem, was er Ihnen sagen will, stehen Sie distanziert bis gleichgültig gegenüber.
- Am eigenen Körper Freude zu haben fällt Ihnen schwer.
- Ihr eigener Körper schneidet beim Vergleich mit dem anderer Menschen oder mit dem Idealbild eines »perfekten« Körpers schlecht ab.
- In dem Körper, den Sie haben, kommen Sie sich hässlich oder wertlos vor.
- Sich vorzustellen, was für eine Figur Sie haben, bereitet Ihnen Unbehagen und macht Sie unzufrieden.
- Wenn Sie angefasst werden, fühlen Sie sich unwohl.
- Sie neigen dazu, eine körperliche Annäherung seitens Ihrer Mitmenschen als einen aggressiven Akt zu missdeuten oder zumindest verblüfft zu reagieren.
- Eine auf körperlicher Intimität beruhende Bindung kommt für Sie nicht in Betracht.

- Sie fühlen sich unbeholfen, nicht gut koordiniert.
- Nur solange Sie jung waren, haben Sie Ihren Körper gemocht.
- Körperlich finden Sie sich nicht feminin bzw. nicht maskulin genug.
- Gelegentlich überkommt Sie ein Gefühl, als gehöre Ihr Körper eigentlich gar nicht zu Ihnen.

Diese negativen Einstellungen reichen von leichter bis gravierend. Ihr Körper aber spürt es immer, wenn ihm keine Beachtung geschenkt oder er in einem unvorteilhaften Licht wahrgenommen wird. Dem Körper keine Beachtung zu schenken ist allerdings für die meisten Menschen zur Gewohnheit geworden. Bedenkenlos wird er über Gebühr belastet und strapaziert – ist es nicht einfach so, dass wir heutzutage im Leben starkem Stress ausgesetzt sind, der sich unserer persönlichen Kontrolle entzieht? Wären Sie tatsächlich auf Ihren Körper eingestimmt, würden Sie seine Unpässlichkeiten und sein Unwohlsein spüren, bevor er mit Nachdruck auf sich aufmerksam macht. Sich einzustimmen heißt im Kern nichts anderes als: mehr Gewahrsein aufbringen, achtsamer sein. Je achtsamer Sie sind, desto empfänglicher und sensibler sind Sie für den eigenen Körper. Umgekehrt gilt das Gleiche.

Symbolisch betrachtet verhält es sich bei allen funktionellen Beeinträchtigungen so, dass der Körper zu einem Fremden, einem »Fremdkörper«, einem Feind, einem gescheiterten Bündnispartner oder einem unterlegenen Opfer wird. Um zu verhindern, dass diese Metaphern sich für Sie in handfeste Realität verwandeln, sollten Sie Ihrem Körper die sichere Gewissheit vermitteln, dass Sie sich um ihn kümmern und dass Sie ihm zuhören werden, wenn er Ihnen etwas zu sagen hat.

Heilung für Sie: Stimmen Sie sich ein

Sobald Sie sich auf ihn einstimmen, verfügt Ihr Körper in bemerkenswertem Maß über die Gabe der Selbstregulation und Selbstkorrektur. Dieser Prozess kann jedoch nur dann in Gang kommen, wenn Sie sich in Ihrem Körper wohlfühlen. Eine grundlegende Verbindung muss vorhanden sein, die weder durch Schuldgefühle noch durch Scham oder Unbehagen blockiert ist. Während Sie den nun folgenden Fragebogen durchgehen, werden Sie sehen, an welcher Stelle auf Sie persönlich Arbeit wartet – Arbeit an der Wiederherstellung Ihrer Verbindung zum eigenen Körper.

Test: Sind Sie in Ihrem Körper heimisch?

Die folgende Liste umfasst die Punkte, bei denen wir uns, wenn es um den eigenen Körper geht, besonders häufig unwohl fühlen. Tragen Sie bei jedem Punkt ein, welcher Wohlfühl-Wert auf Sie zutrifft:

a – angenehm
g – gleichgültig
u – unangenehm
s – sollte unbedingt vermieden werden

__ einen gewagten Badeanzug tragen
__ körperbetonte Kleidung tragen
__ in einen Spiegel blicken, der mich in voller Lebensgröße zeigt
__ im Geschäft Kleidungsstücke anprobieren
__ tanzen
__ Mannschaftssportarten betreiben

__ jemanden umarmen/umarmt werden
__ kuscheln
__ bei Licht Sex haben
__ in der Öffentlichkeit den Blicken anderer ausgesetzt sein
__ mein körperliches Erscheinungsbild beschreiben
__ mit meinen körperlichen Reizen kokettieren
__ an mein Körpergewicht denken
__ von einer/einem Bekannten (einem Freund, einer Freundin) beiläufig angefasst werden
__ zuhören, wie andere über meine körperlichen Attribute sprechen
__ in aller Ruhe dasitzen, zumal in der Öffentlichkeit
__ körperliche Herausforderungen angehen (wandern, laufen, viele Treppenstufen steigen)
__ nackt den Blicken meines Ehepartners oder Liebhabers ausgesetzt sein
__ mich in der Sporthalle oder im Fitnesscenter entkleiden
__ mich fotografieren lassen
__ daran denken, körperlich berührt zu werden
__ einen BH oder sonstige Unterwäsche kaufen

Bei diesem Fragebogen geht es nicht darum, Ihre Punktzahl zu ermitteln. Dies ist ein Arbeitsblatt. Es dient dazu, Sie wieder mit dem eigenen Körper in Tuchfühlung zu bringen. Suchen Sie sich einen Punkt heraus, bei dem Sie »unangenehm« vermerkt haben. Skizzieren Sie einen Plan, wie Sie es anstellen werden, dass Sie die betreffende Erfahrung künftig nicht mehr als etwas Unangenehmes empfinden. Ausgangspunkt für Ihren Plan ist das Gewahrsein. Stellen Sie sich vor, Sie seien in dieser unangenehmen Situation. Greifen Sie gezielt auf eine Vorstellung zurück, die bei Ihnen das Gefühl des Unwohlseins weckt, damit es für Sie auf der emotionalen, vielleicht auch auf der körperlichen Ebene spürbar wird. Verweilen Sie bei dieser Energie. Indem Sie sich einfach darauf einstimmen, unternehmen Sie bereits den ersten Schritt zu einem neuen Körpergewahrsein. Sperren Sie sich nicht gegen die Vorstellung. Verkrampfen Sie nicht. Atmen Sie leicht und ruhig. Bleiben Sie körperlich entspannt.

Nehmen wir an, Ihre Vorstellung beträfe das Entkleiden im Fitnesscenter. Dann fangen Sie einfach an, das Szenario zu verändern: Während Sie dort im Umkleideraum stehen, sind nicht länger alle Blicke auf Sie gerichtet. Sorgen Sie dafür, dass die Leute stattdessen in eine andere Richtung schauen und Ihnen keine Beachtung schenken. Lassen Sie die gesamte Szenerie wie einen Film mehrere Male vor Ihrem inneren Auge ablaufen. Schauen Sie sich an, wie Sie angestarrt werden und Ihnen das peinlich ist. Sorgen Sie anschließend dafür, dass die anderen sich abwenden und woandershin sehen. Mit jedem Durchgang durch diesen Prozess wird die Energie, die diesem Thema für Sie persönlich anhaftet, ein wenig heller und leichter werden.

Wechseln Sie nun zu einem weiteren Aspekt der Szene, indem Sie sich etwa weiter ausziehen, bis Sie splitternackt dastehen. Gehen Sie genauso vor, wie Sie es eben getan haben. Sehen Sie, wie Sie sich genieren und unwohl fühlen. Verändern Sie dann das Szenario. Sorgen Sie diesmal dafür, dass Sie überhaupt nicht darauf achten, ob Sie nackt dastehen. Sie kümmern sich kein bisschen darum, plaudern stattdessen mit einem Freund oder reiben sich die Beine mit einer Lotion ein. Vielleicht geht gerade jemand an Ihnen vorüber, ohne weiter Notiz von Ihnen zu nehmen. Vielleicht kommt, während Sie gerade die letzten Kleidungsstücke ausziehen, jemand auf Sie zu und bittet Sie um einen Gefallen. Entscheidend ist, dass Sie in die zuvor unliebsame Situation ein Gefühl von Leichtigkeit und Wohlbefinden hineinbringen. Abermals gilt: Lassen Sie den gesamten Prozess, in dem sich

Ihre Wahrnehmung der Situation wandelt, viele Male vor sich ablaufen, so als würden Sie eine Filmszene immer wieder zurückspulen, um sie erneut zu betrachten.

Letzten Endes geht es bei dieser Übung darum, Ihr Gewahrsein auf eine Art zu verändern, die es ermöglicht, einen störungsfreien Kommunikationskanal zum Körper entstehen zu lassen. Falls Sie in tief greifender Weise von Ihrem Körper abgeschnitten sind, wird Ihnen diese Übung vielleicht zu viel Angst machen. In diesem Fall beginnen Sie besser nicht mit einem der Punkte, bei dem Sie »unangenehm« vermerkt haben, sondern stattdessen mit einem aus der Kategorie »gleichgültig«. Auch so wird es Ihnen schließlich gelingen, sämtliche zur Einstimmung gehörenden Schritte durchzuführen:

1. Feststeckende Energie wieder in Fluss bringen;
2. sich in die Situation hineinbegeben, in der Sie sich ursprünglich unwohl gefühlt haben;
3. der betreffenden Situation mit einem Gefühl von Gleichgültigkeit begegnen – bis zu dem Punkt, dass Sie sich einfach gar nicht mehr darum scheren;
4. sich restlos wohlfühlen;
5. an der einst gemiedenen Situation Freude haben und bestrebt sein, sie zu erleben.

Erst nachdem Sie diesen Prozess vollständig durchlaufen haben, werden Sie tatsächlich eingestimmt sein. Vergegenwärtigen Sie sich immer wieder: Heilung vollzieht sich im Bewusstsein, Schritt für Schritt. Sie würden sich keinen Gefallen damit tun, wenn Sie sich vom einen auf den anderen Moment einen Bikini kaufen oder vertrauliche Berührungen zulassen würden, obwohl Sie sich dabei mental und emotional noch unwohl fühlen.

Mit den im Körper auftauchenden Empfindungen sollten Sie stets in Tuchfühlung bleiben. Verweilen Sie bei diesen Empfindungen. Schauen Sie sich eingehend an, was da zum Ausdruck kommen will. Wenn Sie immer wieder einen kleinen Abstecher in die Zone Ihres Unbehagens unternehmen, wird Ihr Körper darauf anzusprechen beginnen. Haben Sie einfach Vertrauen. Setzen Sie sich nicht unter Druck. Versuchen Sie nicht, zu viel auf einmal zu erreichen.

Gönnen Sie sich außerdem jene wohltuenden physischen Empfindungen, die Sie so lange links liegen gelassen haben. Sehen Sie sich die Punkte an, bei denen Sie »angenehm« notiert haben. Diese positiven Empfindungen sind für Ihren Körper wie Aufbaunahrung. Füttern Sie ihn damit. Rufen Sie sich in Erinnerung, dass Ihr Körper die Nahtstelle zwischen der sichtbaren und der unsichtbaren Welt ist. Die angenehmsten und beglückendsten Erfahrungen – Erfahrungen der Liebe, Wärme, Verbundenheit, das Gefühl, gehegt und gepflegt zu werden – schlagen eine Brücke zwischen diesen Welten. Solche Erfahrungen beinhalten eine Komponente, die Ihr Körper versteht, und zugleich eine Komponente, die Ihr Geist versteht. Lassen Sie beides ineinander übergehen, ineinanderfließen. Dann ist der Einstimmungsprozess abgeschlossen.

Durchbruch Nr. 5
Die Zeit ist nicht Ihr Widersacher

Ist ein Durchbruch vehement genug, kann er die natürliche Ordnung der Dinge außer Kraft setzen. Das Thema Zeit gehört in diese Kategorie. Gibt es etwas Natürlicheres als die Zeit? Sie herrscht über den Kreislauf von Geburt und Tod. Unerbittlich schreitet sie voran, zieht Alterung und Verfall nach sich. Die höchste und letzte Befreiung bestünde für Ihren Körper demnach in der Möglichkeit, die Auswirkungen der Zeit zu überwinden. Auf diese Weise könnten Sie die größte Schwäche des Körpers meistern, die darin besteht, dass er dem Verfall unterliegt – offenbar nur aufgrund der negativen Auswirkungen des Verstreichens der Zeit.

Die Zeit ist keineswegs gegen Sie. Das werden Sie bei diesem Durchbruch erkennen. Denn nicht die Zeit lässt Sie altern. Von unserer Entscheidung hängt es ab, ob wir aufhören, uns der Zeit so zu unterwerfen, als beherrsche sie unser Leben. Manche Anzeichen sprechen dafür, dass ein entsprechender Prozess bereits begonnen hat. Die heute lebende Generation hat die soziale Gruppe der »neuen Alten« erfunden. Diese sorgt dafür, dass die biologischen Koordinaten sich immer weiter verschieben. Im Jahre 2005 wurde eine Rumänin namens Adriana Illescu mit 67 Jahren Mutter – das höchste jemals für eine Schwangerschaft dokumentierte Alter. Der Vorgang rief weltweit großes Unbehagen hervor. Aber Frau Illescus Einstellung ist typisch für den sich heute rasch vollziehenden Wandel unserer Überzeugungen.

»Ich bedaure nur, dass ich für meine Tochter nicht wie

eine junge Frau aussehe«, sagte sie. »Beim Blick in den Spiegel bin ich immer wieder aufs Neue verblüfft, wie groß der Unterschied ist zwischen dem Gefühl, das ich habe, und dem, was ich im Spiegel sehe!«

Indem Adriana Illescu ihren Körper aufforderte, so jung zu sein, wie sie sich fühlte, hat sie mit dem Klischee einer allein der Jugend vorbehaltenen Mutterschaft gründlich aufgeräumt. Und dadurch hat sie ganz bewusst die Grenzen des Alterns verschoben.

»Ein wenig Sport, ein wenig Aktivität und ein reges geistiges Leben bringen den Körper dazu, jünger zu werden, weil sich so im Gehirn Hormone bilden, die Ihnen dazu verhelfen, sich besser zu fühlen«, erklärte sie den Reportern.

Wollen wir dem Körper eine neue Richtung vorgeben, müssen wir unsere Einstellungen ändern. In der Vergangenheit war das Alter gefürchtet – mit Recht, denn ältere Menschen wurden aufs Abstellgleis geschoben. Als sich dank einer besseren Gesundheit, einer höheren Lebenserwartung und einer sich wandelnden Altersstruktur die Einstellungen veränderten, begannen die Menschen zugleich die Erwartung zu hegen, weit über das Rentenalter von 65 Jahren hinaus kraftvoll und vital, geistig rege und alltagstauglich zu sein. Eine unlängst durchgeführte Befragung ergab, dass über die Hälfte der Amerikaner meinen, mit 70 habe man erst einen wenngleich fortgeschrittenen Zeitpunkt im mittleren Lebensabschnitt erreicht. Das eigentliche Alter beginne erst ab 80 Jahren. Beim Londoner Marathonlauf kam jetzt ein 101-Jähriger als ältester Mann ins Ziel. Das zeigt, welche Möglichkeiten sich uns allen eröffnen.

Nichtsdestoweniger ist eine Verlangsamung des Alterungsprozesses nicht gleichbedeutend mit einer Lösung des Zeitproblems. Warum aber nehmen wir es überhaupt hin, dass die Zeit uns derart zu schaffen macht? Und: Kann der ärgste Widersacher des Körpers vielleicht sogar zu einem Verbündeten werden?

Evolution oder Erosion?

Das Problem mit der Zeit beinhaltet zwei Aspekte: Einerseits entwickelt sich der Körper, hat teil an der Evolution; andererseits unterliegt er einem Abbauprozess, einer Erosion. Beide Kräfte sind – unsichtbar – jederzeit am Werk. Indem wir uns weiterentwickeln, können wir uns dem Zugriff der Zeit besonders wirkungsvoll und zuverlässig entziehen. Manchmal gewinnt dann, das ist die gute Nachricht, die Evolution richtiggehend die Oberhand. Dann überkommt uns ein Gefühl von Expansion, wir sind optimistisch, blicken erwartungsfroh in die Zukunft und entdecken voller Begeisterung neue Dinge. In dieser Verfassung scheinen wir alle Zeit der Welt zu haben. Wir können die Zeit vergessen und so leben, als gäbe es sie nicht (ganz so, wie es bei Liebenden der Fall ist oder bei Menschen, die vollkommen in ihrer Arbeit aufgehen oder ins Spiel vertieft sind). Bei anderen Gelegenheiten herrscht hingegen Entropie vor. Die Zeit scheint uns davonzulaufen: Wir haben nicht genügend Zeit, um wichtige Dinge zu erledigen, und die für uns verfügbare Zeit zehrt an unseren Kräften und zermürbt uns.

Langweilen wir uns oder fühlen wir uns niedergeschlagen, verliert unser Leben an Schwung. Bringt Ihr Körper indes Evolution und Entropie in ein ausgewogenes Verhältnis, dann ringen die beiden Gesichter der Zeit insgeheim darum, welches von beiden sich durchsetzt. Die »neuen Alten« führen uns vor Augen, dass man den Abbauprozessen, der Erosion, durch die eigenen Einstellungen und Überzeugungen Widerstand entgegensetzen kann. Dagegen müssen wir Auffassungen und Überzeugungen, die der Entropie Vorschub leisten, keinesfalls für bare Münze nehmen. Viel besser stehen wir da, wenn wir, wie wir es hier bereits die ganze Zeit getan haben, von der Annahme ausgehen, dass das Gewahrsein ein wie auch immer geartetes Energiemuster nach Belieben verändern kann.

Evolution und Entropie: Mögen die beiden Kräfte uns auch vertraut vorkommen, sind sie uns dennoch rätselhaft. Zwar wird Darwins Evolutionsbegriff in der wissenschaftlichen Welt heutzutage allgemein akzeptiert, niemand vermag allerdings zu sagen, warum die Natur plötzlich schöpferische Sprünge vollzieht und wie sie dies tut. Wenn man sich Fossilien der kleinsten Dinosaurier anschaut, die am Boden herumgekrabbelt sind, während jeder Schritt ihrer gigantischen Artgenossen die Erde erbeben ließ – wer käme da wohl auf den Gedanken, dass letztlich ausgerechnet die Winzlinge jene Katastrophe überleben würden, die zur Auslöschung der Riesendinosaurier geführt hat und sie ein für alle Mal vom Angesicht unseres Planeten verschwinden ließ. Wir würden erst recht nicht vermutet haben, dass ihrer schuppigen Haut das Potenzial für das Entstehen von Behaarung, Fell und Federn innewohnte. Ohne diese im Verborgenen schlummernden Möglichkeiten hätten sich aber weder Säugetiere noch Vögel entwickeln können.

Die Evolution schickt uns weder ein Telegramm noch eine E-Mail, um uns anzukündigen, welchen schöpferischen Schritt sie als Nächstes zu vollziehen gedenkt. Insbesondere trifft das für die schöpferischen Sprünge im Bereich des Menschen zu. Unsere Vorfahren aus der Steinzeit verfügten über keine Rechenbegabung. (Ob die Neandertaler zählen konnten, bleibt strittig. Bestimmte Stammesgruppen unter Australiens Aborigines stützen sich heute immer noch auf ein Rechensystem, das mit nur drei Grundelementen operiert: eins, zwei und viele.[4]) Nichtsdestoweniger schlummerte da, in der Großhirnrinde verborgen, ein enormes Potenzial für die Durchführung höchst anspruchsvoller Rechenoperationen. Ebenso lässt sich unser gewöhnliches Erinnerungsvermögen, das ja ziemlich begrenzt zu sein scheint, nach Belieben erweitern. Mit entsprechender Übung könnten Sie oder ich jedes Wort der Bibel auswendig lernen. Und ein sehr kleiner Personenkreis verfügt über ein sogenanntes fotografisches Gedächtnis, das die Betreffenden in die Lage versetzt, sich an jeden Augenblick ihres Lebens zu erinnern.

Auch beim Erinnerungsvermögen deutet demnach nichts darauf hin, dass es evolutionär bedingt in seiner Entwicklung irgendwann bzw. irgendwo an Grenzen stößt. Es könnte sich endlos weiterentfalten. Das menschliche Gehirn scheint bereits dafür gerüstet zu sein. Eine Frau Mitte vierzig namens Jill Price, die im Alter von 14 Jahren quasi über Nacht eine lückenlose Erinnerung entwickelte, ist ein spektakuläres Beispiel für dieses Potenzial. Jill Price beschreibt, wie sie mit einem Teil ihres Geistes am Alltagsgeschehen teilhat und teilnimmt, während in einem anderen Teil von jedem x-beliebigen Tag, an den sie sich erinnern möchte, ein detailgetreuer Film abläuft. Dabei erinnert sie sich nicht nur an diejenigen Dinge, die sie an dem betreffenden Tag getan, an das Essen, das sie ihrer Familie aufgetischt hat, oder an die Nachrichten und Neuigkeiten, die damals in der Tageszeitung standen. Wenn Jill Price beispielsweise ein paar Takte aus einer TV-Titelmelodie hört, weiß sie sofort, um welche Sendung es sich handelt *und an welchem Tag sie die Melodie gehört hat*. Auch Titelmelodien von Serien, die nach ein paar Folgen gleich wieder aus dem Programm genommen wurden, kann sie genauestens benennen und einordnen.

Diese unvergleichliche Gabe ist zugleich eine unvergleichliche Bürde. Mit der Erinnerung einhergehend, stellen sich bei Jill Price nämlich auch all die damals durchlebten Emotionen wieder ein. Da sie ein wenig übergewichtig ist, entsinnt sie sich beispielsweise reumütig jeder einzelnen Gelegenheit, bei der sie um ihres Aussehens willen von ihrer Mutter Kritik und Tadel einstecken musste. Nicht von ungefähr trägt ihre Autobiografie den vielsagenden Titel: »Die Frau, die nicht vergessen kann« (*The Woman Who Can't Forget*). Als sich bei Jill Price abzeichnete, dass sie über eine lückenlose Erinnerung verfügt, unterlag es nicht ihrer Kontrolle, diese Fähigkeit zustande kommen zu lassen oder nicht. Trotzdem, ihre Erfahrung lehrt uns, wie unermesslich groß prinzipiell das menschliche Potenzial ist. (Erhielte jedes kleine Kind ein Gedächtnistraining, würden wir uns dann schon bald zu einer Gesellschaft mit lückenloser Erinnerung entwickeln?)

Entropie mutet im Vergleich dazu weniger geheimnisvoll an, bei oberflächlicher Betrachtung zumindest. Der Begriff bezeichnet einfach folgendes Phänomen: Energie neigt zu einer Streuung und hat zugleich die Tendenz, in steigendem Maß Unordnung – einen erhöhten »Unordnungsgrad«, so der Fachausdruck – hervorzubringen. Eine warme Mahlzeit wird kalt, wenn man sie stehen lässt. Das gesamte Universum durchläuft, während es sich in alle Richtungen ausdehnt und die durch den Urknall ursprünglich entstandene Energie sich im Raum verteilt, einen Abkühlungsprozess. Zu diesem scheinbar starren Prinzip steht das Leben freilich in einer Gegenposition: Alle Lebewesen nehmen fortlaufend Energie auf und werden immer komplexer. Warum aber hat sich die Natur nicht damit begnügt, einfach nur ihren Abkühlungsprozess zu durchlaufen? Für das ursprüngliche Universum bestand, so könnte man meinen, nicht unbedingt die Notwendigkeit, eine derart komplizierte Substanz wie die DNS zu bauen, die entlang ihrer Doppelhelix Milliarden Energieteilchen an sich bindet und, indem wir Nahrung essen und verdauen, stets aufs Neue Energie hinzugewinnt.

Das Leben repräsentiert eine kosmische Fähigkeit, die Zeit ebenso zu beeinflussen wie die Energie. Solange man mehr Energie aufnimmt, als man abgibt, hält man die Zeit an. Erschöpft sich hingegen die Energie, dann erschöpft sich auch die Zeit. Stellen Sie sich ein Holzscheit vor, das im Feuer eines offenen Kamins eine Stunde braucht, bis es komplett verbrannt ist. Diese eine Stunde steht für das Maß an Energie, die in dem Holzscheit verfügbar ist, ehe der »Hitzetod« eintritt. Im Unterschied dazu macht die DNS Energie für immer verfügbar. Oder nahezu für immer. Für ungefähr zwei Milliarden Jahre bislang. Und die Anzahl der Jahre nimmt weiterhin zu. Die DNS funktioniert so, als wäre sie unsterblich. Damit ist die Entropie zwar nicht gebannt – immer noch übt sie auf Ihre Gene Druck aus, versucht ihnen Probleme zu bereiten, sie in ihrer Funktion zu beeinträchtigen –, nichtsdestoweniger hat das Leben nach wie vor Bestand und entwickelt sich unablässig weiter. Aus Sicht eines Physikers ist Ihr Körper eine Insel »negativer Entropie«, denn solange dem Körper Leben innewohnt, ist er zur Abkühlung nicht bereit. Werden einer Zelle für eine Zeitspanne von nur drei Sekunden Nahrung und Sauerstoff vorenthalten, beginnt sie zu degenerieren. Erhält das Gehirn länger als zehn Minuten keinen Sauerstoff, beginnt es abzusterben. So etwas droht Ihnen freilich nicht, solange der Körper mit der Zeit umzugehen vermag.

Da Sie wissen, welcher Einsatz hier auf dem Spiel steht, liegt die Entscheidung bei Ihnen: Weiterentwicklung oder Niedergang? Denn Stillstand gehört nicht zu den Optionen, die wir haben. Wenn Sie im Sessel sitzen bleiben und von Ihren Muskeln keinen Gebrauch mehr machen, werden sie verkümmern. Das Gleiche gilt, wenn Sie aufhören, sich Ihres Gehirns zu bedienen. Für uns kann die Entscheidung also offenkundig nur dahingehend fallen, dass wir uns auf die Seite der Evolution stellen. Dadurch werden Ihnen Wachstum und Weiterentwicklung ermöglicht, hinein in neue, ungeahnte Bereiche. Und Ihr Körper wird in die Lage versetzt, sich auf immer neue Aufgaben und Herausforderungen einzulassen. Sie können Dinge schaffen, die durch den Lauf der Zeit nicht wieder ungeschehen gemacht werden können.

Die Zeit meistern

Mit der Fähigkeit, die Zeit zu meistern, sind Sie bereits ausgestattet. Ihre Körperfunktionen folgen ganz verschiedenen inneren Uhren mit jeweils eigener Geschwindigkeit. Als Sie ein Baby waren, sind Ihre Schädelknochen in einem Tempo miteinander verschmolzen, das unglaublich gering war im Vergleich zu den in einem wahren Wirbelsturm minütlich millionenfach neu erstellten neuronalen Verknüpfungen in Ihrem Gehirn. Sobald Sie eigene Antikörper entwickelt hatten, begannen die über die Nabelschnur aufgenommenen Immunzellen Ihrer Mutter, zum Zeitpunkt der Geburt noch Ihr einziger Schutz vor Krankheit, in Ihrem Körper abzusterben. Ihre Sexualorgane befanden sich damals noch in einer Art Dämmerzustand und Ihre zweiten Zähne, das Erwachsenengebiss, waren lediglich ansatzweise vorhanden.

Dutzende unterschiedlicher Zyklen wurden und werden von genau derjenigen DNS gesteuert, die ursprünglich in nur einer einzigen Zelle, der befruchteten Eizelle, enthalten war. Sie besitzen keine schnelle DNS für das Gehirn und langsame DNS für den Schädelknochen. Vielmehr vermag auf geheimnisvolle Weise derselbe genetische Code Prozesse miteinander zu koordinieren, deren Dauer von lediglich ein paar Tausendstel Sekunden (so lange währt beispielsweise ein neuronaler Impuls oder die Aufnahme von Sauerstoff durch ein rotes Blutkörperchen) über ein paar Jahre (das Verlieren der Milchzähne, die Entwicklung eines vollständig ausgebildeten Immunsystems) bis hin zu ganzen Jahrzehnten reicht (so lange braucht es, bis unser rationales Denk- und Urteilsvermögen voll entwickelt ist, das Haar ergraut oder die Wechseljahre eintreten).

Ihr Körper ist, mit anderen Worten, alles andere als ein Opfer der Zeit. Im Gegenteil: Er organisiert die Zeit zu Ihrem Nutzen. Sobald Sie ihm jedoch Ihre eigenen, von Angst und von negativen Überzeugungen bestimmten Vorstellungen von Zeit aufnötigen, gehen die Probleme los. Nehmen Sie zum Beispiel die einfache Überzeugung, man habe nie genügend Zeit. Auf sie gehen die Abgabetermine, die Stichtage, neudeutsch auch »Deadlines« zurück. *Deadline* ist ein überaus symbolträchtiges Wort mit starken Anklängen an Sterblichkeit und Tod: Wenn Ihnen »die Zeit davongelaufen ist«, bevor Sie die Ziellinie erreicht haben, sind Sie tot. Und vor dem Hintergrund dieser Überzeugung übernimmt der Körper die ihm darin zugewiesene Rolle. Befinden Sie sich in einer Situation, in der Sie sich nach Leibeskräften bemühen, eilends eine Deadline einzuhalten, wird angesichts all dessen, was Sie noch zu tun haben, Ihr Herz schneller zu schlagen beginnen, Ihre Blutgefäße verengen sich, Ihre Gedanken werden hektisch – lauter Störungen Ihrer Körperrhythmen und somit Störungen unseres wunderbaren, unglaublich geschickt arrangierten körperlichen Zeitmanagements. Noch nachteiliger wirkt sich aus, dass Sie mit der Zeit umgehen, als stünden Sie einem Widersacher gegenüber.

Dies geschieht auf vielfältige Weise. In der Stressforschung hat man festgestellt, dass Unsicherheit zu den Hauptverursachern von Stress gehört. Wenn Sie eine Maus auf eine metallene Unterlage setzen und ihr in regelmäßigen Intervallen leichte Stromstöße versetzen, wird die Maus darüber gewiss nicht glücklich sein. Dennoch wird sie sich letztlich darauf einstellen. Werden ihr dieselben harmlosen Stromstöße hingegen in willkürlichen, unregelmäßig bemessenen Intervallen verabreicht, gerät die Maus in einen derartigen Erschöpfungszustand, dass sie gegebenenfalls innerhalb von ein paar Tagen stirbt. Zu leben bedeutet aber, auf eine Vielzahl unkalkulierbarer Faktoren und unvorhersehbarer Ereignisse anzusprechen. Die Anpassung an sie zählt daher zu unseren großen Herausforderungen.

Paradoxerweise wird auf derjenigen Ebene, auf der die Zeitsteuerung erfolgt, die körperliche Funktionsfähigkeit gerade durch die vielen »zufällig« geschehenden kleinen Dinge beeinträchtigt. In dem Moment, in dem Sie bei der Alterungsprävention, beim Thema Anti-Aging, das Augenmerk auf die physische Ebene richten – auf Körpertraining, Vitamine, Antioxidantien, Gewichtsreduzierung, Kosmetik, plastische Chirurgie –, übergehen Sie die weitaus wichtigere unsichtbare Ebene. Was immer die körpereigene Zeitregulation beeinträchtigt, bewirkt Alterung. Allerdings sollten wir den Schwarzen Peter dafür nicht der Zeit zuschieben.

Schauen Sie sich bitte jene unsichtbaren Faktoren an, die den größten Schaden anrichten:

- *Unkalkulierbarkeit*: Wahllos eintretende Geschehnisse beeinträchtigen die Körperrhythmen.
- *Unordnung, Verwirrung*: Eine Störung der äußeren Ordnung führt zu innerer Unordnung.

- *Unfälle*: Fehler, die Sie in Ihrem Leben begehen, führen zu Fehlern in Ihrem Körper.
- *Trauma, Krankheit*: Infolge von Verletzungen und Wunden geht dem Körper das Zeitgefühl verloren.
- *Gewalt*: Wird der Körper angegriffen, dann wird seine Zeitregulation stark in Mitleidenschaft gezogen.
- *Chaos*: Wenn jeder Ordnungssinn auf der Strecke bleibt, kann der Körper sein kunstvoll orchestriertes Zeitmanagement nicht länger aufrechterhalten.

Diese schädlichen Einflussfaktoren stehen nicht umsonst in einer bestimmten Reihenfolge: die am wenigsten schädlichen am Anfang, die schlimmsten am Ende. In der entsprechenden Reihenfolge kommt nämlich auch der Körper mit ihnen zurecht. Auf Unkalkulierbarkeit kann er sich leichter einstellen als auf Unordnung, auf Unordnung wiederum leichter als auf Unfälle. Machen Sie sich bitte klar, wie unsere im Alltag getroffenen Entscheidungen auf die Zeitregulation des Körpers Einfluss nehmen.

Unkalkulierbarkeit: Sich für unregelmäßige Arbeitszeiten und einen ebensolchen Tagesablauf entscheiden, in der Nachtschicht arbeiten, nicht regelmäßig essen, sehr unterschiedlich bemessene Portionen zu sich nehmen. Dies sind ausnahmslos Entscheidungen, die bekanntermaßen die elementaren Stoffwechselrhythmen des Körpers aus dem Tritt bringen. Gesunde Körperrhythmen sind unerlässlich, denn so können Sie auf eine grundlegende Art und Weise dafür sorgen, dass die Dinge in Ihrem Leben jeweils zur rechten Zeit geschehen. Die Abläufe in jeder Zelle sind dann mit denjenigen in allen übrigen Zellen synchronisiert. Je unregelmäßiger Ihre Lebensweise, umso schwerer lässt sich diese ebenso feine wie komplexe Abstimmung aufrechterhalten. Eine gesunde Korrektur dieser Abstimmung setzt die Rückkehr zu geregelten Arbeits-, Essens- und Schlafenszeiten voraus. Mehr ist in den meisten Fällen gar nicht notwendig, damit der Körper wieder zu seinen natürlichen Rhythmen findet.

Unordnung, Verwirrung: Sich entscheiden, Dinge auf die lange Bank zu schieben, Ungewissheit und Zweifel, Unentschlossenheit, ein zu geringer Organisationsgrad, Impulsivität, Schlampigkeit oder nachlässige Hygiene, mangelnde Orientierung, Ruhelosigkeit, sich ziellos dahintreiben lassen. All diese Faktoren führen einen Zustand äußerer Unordnung herbei, mit dem der Körper dann irgendwie zurechtkommen muss. Das Gehirn sendet unklare Handlungsimpulse, daher fehlt es den Zellen an klarer Ausrichtung. Innen und außen sind stets miteinander verknüpft. Wenn Sie Ihre äußeren Lebensumstände in Ordnung bringen, übt dies daher einen wohltuenden Einfluss auf Ihr Innenleben aus. In umgekehrter Richtung gilt dasselbe: Wirken Sie der im Innern vorhandenen Unordnung und Verwirrung entgegen, dann finden Sie nach und nach auch Mittel und Wege, Ihre äußeren Angelegenheiten in Ordnung zu bringen.

Unfälle: Sich dazu entscheiden, unaufmerksam, abgelenkt, undiszipliniert, zerstreut und selbstzerstörerisch zu sein. Bisweilen kommt es zwar zu Unfällen, auf die wir keinerlei Einfluss haben, meistens sind sie allerdings das Resultat mangelnder Aufmerksamkeit. Mithin sind sie die Konsequenz einer Entscheidung. Zu den Gewohnheiten Ihrer Zellen gehört, nie etwas zu vergessen; Tausende Male pro Sekunde müssen ihre Funktionen präzise ablaufen. Wenn Ihre Aufmerksamkeit für äußere Dinge abschweift, Ihr Denken und Handeln unkoordiniert wird, dürfen Sie auch nicht erwarten, dass Ihr Gehirn eine perfekte körperliche Funktionsfähigkeit aufrechterhalten kann.

Trauma, Krankheit: Sich entscheiden, unnötige Risiken in Kauf zu nehmen und Gefahren einzugehen, die eigene Sicherheit aufs Spiel zu setzen, den Körper Ansteckungsgefahren und anderen Risiken preisgeben, zudem keine Bereitschaft aufbringen, auf Heilung zu achten. Die Überzeugung, Krankheit schlage wahllos zu, trifft nicht länger zu. Für Trauma und Erkrankung öffnen vielmehr *Sie* Tür und Tor, indem Sie sinnvollen Leitlinien für gesunde Lebensführung und Prävention keine Beachtung schenken. Auf einer subtileren Ebene erhält Ihr Immunsystem seine Auslösereize vom Gehirn. Dieses hat dadurch in hohem Maß unter Kontrolle, wann Sie erkranken und wann nicht. Sobald es zu einem schweren Trauma kommt, kann der betreffende Körperteil seine Aktivitäten nicht länger mit dem übrigen Körper koordinieren. Der Verlust einer Komponente bringt aber die Zeitregulation in allen Teilen des Körpers aus dem Tritt – bis Heilung wieder das gesamte System harmonisiert und alle Teile bzw. Aspekte des Körpers miteinander synchronisiert.

Gewalt: Sich für den Kontrollverlust entscheiden, der Wut und dem Zorn ihren Lauf lassen, bezüglich der latent vorhandenen Feindseligkeit uneinsichtig sein, Rache nehmen wollen, in Groll verharren. Jeder Gewaltausbruch verlangt Ihrem Körper eine Extremreaktion ab. Dabei wird jede Zelle in höchste Alarmbereitschaft versetzt. Adrenalin und weitere mit Auseinandersetzung, Kampf und einem Fluchtverhalten verbundene Hormone werden ausgeschüttet. Diese haben eine katabolische Wirkung, das heißt, sie bewirken zwecks Energiefreisetzung einen Um- und Abbau von Gewebe. Da dieser Abbau auf der physischen Ebene stattfindet, geht damit ein Abbau der regulativen Zeitsteuerung einher. Durch den unvermittelt einsetzenden Alarm werden die normalen Kommunikationsprozesse unterbrochen. Im äußeren Leben bedeuten Notfälle eine gravierende Störung der gewohnten Abläufe. Ihr Innenleben ist ein Spiegelbild solcher Störungen.

Chaos: In der totalen Unordnung von Krieg, Verbrechen, häuslicher Gewalt leben, auf alle Bewältigungsstrategien verzichten, gesellschaftlich oder mental Grenzüberschreitungen begehen. Im äußersten Extrem wird das Leben chaotisch; und von den Katastrophen des äußeren Lebens wird dann zugleich der Körper heimgesucht. Wenn Sie die Situation nicht länger bewältigen können, gerät Ihr Gehirn in einen völlig desorganisierten Zustand. Die an den Körper gesendeten Signale geraten derart durcheinander, dass solch grundlegende Prozesse wie Schlaf, Verdauung, Stoffwechsel und Heilung schwer in Mitleidenschaft gezogen werden. Kurzzeitig ausbrechendes Chaos ist beinahe ebenso verhängnisvoll, als würde man permanent im Chaos leben. In beiden Fällen läuft der Körper Gefahr, so stark aus dem Gleichgewicht zu geraten, dass ihm aus eigener Kraft die Rückkehr zu einem normalen Funktionieren nicht mehr möglich ist.

Glücklicherweise ist die Reihenfolge, wie der Körper Schaden nimmt, auch in Gegenrichtung gültig. Sprich, Sie können Entscheidungen treffen, die den Abbauprozessen entgegenwirken. Oder mit anderen Worten: Sie können den Körper wieder so einstimmen, dass er seine auf vielen Ebenen sich manifestierende Meisterung der Zeit zurückerlangt. Indem Sie mit dem einfachsten Schritt beginnen, legen

Sie ein Fundament. Dadurch wird es Ihnen anschließend leichter möglich, schwierige Entscheidungen zu treffen.

So machen Sie die Zeit zu Ihrem Verbündeten:
- Halten Sie sich an geregelte Arbeitszeiten, essen und schlafen Sie regelmäßig.
- Vermeiden Sie einschneidende Veränderungen im Speiseplan und in Ihren Aktivitäten.
- Schaffen Sie sich ein geordnetes Arbeitsumfeld. Halten Sie die Ablenkungen möglichst gering.
- Gönnen Sie sich ein- oder zweimal am Tag eine stille Ruhepause, damit der Körper Gelegenheit erhält, sich neu einzustimmen.
- Entfernen Sie sich aus stressreichen Situationen. Je eher, desto besser.
- Nehmen Sie sich Zeit. Meiden Sie Hast und Hetze.
- Treffen Sie Ihre Entscheidungen, wenn sie anstehen. Schieben Sie Dinge nicht auf die lange Bank. Lassen Sie sich nicht ablenken.
- Geben Sie auf das acht, was Sie unmittelbar vor sich haben. Konzentrieren Sie sich jeweils auf eine Sache.
- Vermeiden Sie Multitasking. Geteilte Aufmerksamkeit bewirkt Verwirrung und verminderte Konzentration.
- Schützen Sie sich. Begeben Sie sich nicht unnötigerweise in hochriskante Situationen.
- Bleiben Sie in Ihrer Wohlfühlzone.
- Bringen Sie Ihr Haus und Ihre Geldangelegenheiten in Ordnung.
- Beschäftigen Sie sich mit unterschwellig vorhandenen Gefühlen von Angst.
- Lassen Sie die unterschwellige Wut raus. Lernen Sie, wie Sie das tun können, ohne die Kontrolle zu verlieren oder andere in irgendeiner Weise zu verletzen.

- Sagen Sie sich in Gedanken und Worten von Gewalt los.
- Entwickeln Sie emotional eine größere Stabilität und Belastbarkeit.
- Entfernen Sie sowohl im Arbeitsbereich als auch in Ihrer primären Beziehung chaotische Einflüsse aus Ihrem Leben.
- Leben Sie wie jemand, dem alle Zeit der Welt zur Verfügung steht.

Das letztgenannte Ziel – so zu leben, als ob Sie alle Zeit der Welt hätten – ist gleichbedeutend mit funktionaler Unsterblichkeit. Und genau solch ein Dasein führt bereits jede Zelle Ihres Körpers. Unsterblichkeit stellt sich auf ganz natürliche Weise ein; Anstrengung wird hingegen dann erforderlich, wenn man sich der Zeit beugt. Dabei kommt mir ein Therapeut aus meinem Bekanntenkreis in den Sinn. Er arbeitet mit Menschen, deren Leben aus den Fugen geraten zu sein scheint. Zu ihrer Überraschung erklärt er seinen Patientinnen und Patienten zunächst einmal: »Gehen Sie nach Hause, räumen Sie auf, putzen Sie. Machen Sie jeden Morgen das Bett. Lassen Sie eine Woche lang keinen Tag das Frühstück ausfallen. Erscheinen Sie eine Viertelstunde früher als gewohnt am Arbeitsplatz. Melden Sie sich nach Ablauf dieser Woche wieder bei mir. Dann können wir darüber reden, was Ihnen zu schaffen macht.« Bevor er mit seinen Patienten auf tiefer gehende psychologische Fragen zu sprechen kommt, will er sehen, ob sie imstande sind, die einfachen Dinge anzupacken, die ein derartiges Durcheinander in ihrem Gewahrsein anrichten. Auch eine scheinbar nur geringfügige Veränderung kann den Körper wieder einstimmen. Deshalb beginnen wir mit den am leichtesten zu handhabenden Problemen und arbeiten uns von da aus zu den schlimmsten vor – Trauma, Gewalt, Chaos.

Wenn Ihr Körper viele Dutzende höchst unterschiedlicher Zeitpläne gleichzeitig einhalten kann, stets perfekt synchronisiert, dann stellt sich die Frage, wo denn eigentlich der oberste Zeitgeber sitzt. Das heißt auch: Es gibt einen Ort, der von der Zeit unberührt bleibt – einen Ort, an dem man gleichsam am Ufer sitzt, um den unablässig sich wandelnden Bewegungen des Flusses zuzuschauen. Dieser Ort muss sich außerhalb der Zeit befinden. Das bedeutet aber nichts anderes, als dass der Körper auf gewisse Weise weiß, was es heißt, zeitlos zu sein. Hier, in dem Bewusstsein, dass Zeit uns nicht berühren kann, hat die funktionale Unsterblichkeit das Licht der Welt erblickt.

Andreas Geschichte

Wenn Ihr Körper aber auf einer gewissen Ebene zeitlos ist, sollte dies für Sie erfahrbar sein. Die Annahme, nur einer Handvoll besonders hingebungsvoll nach Gott suchender Mystiker sei die Erfahrung von Zeitlosigkeit vorbehalten, ist schlichtweg falsch. Vielmehr erleben alle möglichen Menschen das Zeitlose, das Immerwährende. Dies geschieht spontan, meist in einem Augenblick, in dem sie es am allerwenigsten erwarten würden. Unversehens treten sie dann inmitten ihrer Alltagsaktivität aus dem gewöhnlichen Zeiterleben heraus. Auch Andrea, inzwischen jenseits der dreißig, ist es so ergangen, als sie seinerzeit in San Francisco ihr Aufbaustudium absolvierte.

»Ich lebte damals in einer Partnerschaft, mit der es zu Ende ging. Da wurde ich unerwartet schwanger. Von meinem Freund erhielt ich in dieser Situation überhaupt keine Unterstützung. Er hatte ohnehin schon alle Mühe, den Spagat zu schaffen zwischen einer Teilzeitbeschäftigung einerseits und dem Versuch, seine Doktorarbeit zu Ende zu schreiben, andererseits. Ich war damals 26. Mich überkam das Gefühl, ich würde mir mit einem Kind meine gesamte Zukunft zerstören.

Meine Eltern hatten strikte Moralvorstellungen. Daher war ich, als ich die Schwangerschaft abbrach, ganz auf mich allein gestellt. Die ganze Prozedur mutete kühl, klinisch, nüchtern und wertfrei an. Nichtsdestoweniger habe ich auf dem Heimweg geheult wie ein Schlosshund. Ich war so was von fix und fertig, dass ich mich zu Hause nur noch bei heruntergelassenen Jalousien im Schlafzimmer aufs Bett fallen lassen konnte. Was ich erlebte, würde man gemeinhin als akuten Angstzustand bezeichnen – pausenlos gingen mir alle möglichen Vorstellungen durch den Sinn, auf welch schreckliche Weise mein Leben scheitern könnte.

Offenbar war ich irgendwann eingeschlafen. Beim Erwachen nahm ich den Wohlgeruch einer Duftpelargonie wahr. Ich stand noch ein bisschen wackelig auf den Beinen, doch den Geruch erkannte ich. Im Lebensmittelladen hatte ich unlängst eine winzig kleine Duftpelargonie gekauft und sie in den Blumenkasten draußen vor dem Küchenfenster gesetzt. Aber wie war es möglich, sie bei geschlossener Tür über die ganze Distanz hinweg, die zwischen dem Fensterbrett vor dem Küchenfenster und dem Schlafzimmer liegt, riechen zu können? Ehe ich mir auf diese Frage eine Antwort geben konnte, wurde ich von einem tiefen inneren Frieden erfüllt – als sei er mit dem Duft in mich eingeströmt. Eine Stimme an der Peripherie meines Bewusstseins forderte mich auf, ruhig zu sein. In dem Moment wurde mein Geist ganz still. Keinerlei Gedanken waren mehr vorhanden. Es herrschte schlicht und einfach Totenstille in mir.«

»Ist Stille wirklich tot?«, fragte ich nach. »Geschieht da nicht weiterhin etwas?«

Andrea stimmte zu. »›Tot‹ ist das falsche Wort. Es war eine pulsierende Stille, sofern dieser Ausdruck Sinn macht. Sie funkelte geradezu. Nach ein paar Momenten verschwand das Pulsieren. Alles, was blieb, war eine noch tiefere Stille. Ich fühlte mich unglaublich sicher und getragen, falls dies das richtige Wort dafür ist – als sei ich im Erdgeschoss des Geistes angelangt. Ich hörte, wie draußen vor dem Fenster ein paar Kinder vorübergingen und über dieses oder jenes lachten. Augenblicklich verschmolz ich mit dem Klang ihres Lachens. Nun wurde mir ein wenig unheimlich zumute. Denn das Lachen kam auf einmal nicht mehr von draußen. Es kam aus meinem Innern. Da gab es keine Trennung. Zugleich war es mir, als würde ich ein Bad in der kindlichen Unschuld und Unbeschwertheit der draußen vorübergehenden Kinder nehmen, als würde ich davon umspült. Was ich gerade beschrieben habe, dauerte vielleicht eine Minute. Dann waren die Kinder außer Hörweite. Trotzdem wurde diese Erfahrung zum Wendepunkt in meinem Leben.«

»In welcher Weise?«, wollte ich wissen.

»Ich glaube, in jeder Hinsicht«, meinte Andrea. »Ich war einfach nicht mehr dieselbe. Ich war an einen Ort gelangt, von dem ich nicht gewusst hatte, dass er mir zugänglich ist. Ich habe von Menschen mit Nahtoderfahrungen gehört und davon, dass sie nach ihrer Rückkehr keine Angst mehr vor dem Sterben haben. Durchaus möglich, dass sie vor überhaupt nichts mehr Angst haben. Eine vergleichbare Veränderung habe ich damals durchlaufen.«

»Aber Sie sind nicht gestorben«, gab ich zu bedenken.

»Stimmt«, meinte Andrea. »Aber machen Sie sich bitte klar, wie sehr Ruhe und Stille in jeder Kultur als etwas Heiliges geachtet werden: ›Seid stille und erkennet, dass ich Gott bin‹, heißt es in der Bibel. Bin ich etwa mit Gott in Kontakt gekommen? Das weiß ich nicht. Aber da war etwas Unbeschreibliches an meiner Erfahrung. Als würde man alle Begrenzungen abstreifen. Doch statt sich aufzulösen, fühlt man sich anschließend realer als je zuvor. Damit soll nicht etwa gesagt sein, in meinem Leben sei von jenem Tag an alles reibungslos verlaufen – obwohl mich die Außenwelt nicht mehr so sehr überrollt, wie sie es früher getan hat. Noch heute, Jahre später, kann ich dorthin zurückkehren und den Frieden erfahren, der sich einstellt, wenn du weißt: Du hast an allem teil und alles hat teil an dir.«

Erlebt man solch einen Moment, fühlt sich das an, als sei man aus der Zeit herausgetreten. Aber wie kann das möglich sein? Die Antwort ist ganz einfach: Wir alle treten regelmäßig aus der Zeit heraus. Tausendfach pro Sekunde verschwinden die Atome, aus denen unser Körper besteht, aus dem physikalischen Universum, um gleich darauf erneut in ihm aufzutauchen. Manchmal erscheint ein Elementarteilchen, das an einer Stelle verschwindet, augenblicklich wieder an einer anderen. Oder es sendet ein Signal zu einem anderen – Lichtjahre entfernten – Teilchen (um ihm beispielsweise die Richtung mitzuteilen, in die es rotieren soll). Und die Botschaft legt in einem Moment, jenseits der Lichtgeschwindigkeit, Milliarden Kilometer zurück.

So merkwürdig es auch klingen mag: Aus solchen Partikeln besteht Ihr Körper. Anders ausgedrückt, ein elementarer Aspekt Ihres Daseins ist mit dem Zeitlosen ziemlich gut vertraut. Stellen Sie sich bitte einmal, damit das Ganze weniger exotisch anmutet, die Farbe Rot vor. Und dann stellen Sie sich als Nächstes, sobald die Farbe vor Ihrem geistigen Auge erscheint, eine schlichte Frage: Wo befindet sich eigentlich dieses Rot? Weder gibt es Gehirnzellen, die rot werden, wenn Sie sich diese Farbe vorstellen, noch begeben Sie sich an einen speziellen Ort auf Erden, eine Farbbank, wo

Rot eingelagert wird. Das Rote, oder jeder beliebige andere Farbton, existiert an einem geheimnisvollen, scheinbar außerhalb der gewöhnlichen Raumzeit gelegenen Ort. Wann immer Sie eine Farbe vor Ihrem geistigen Auge erscheinen lassen wollen, ist diese jederzeit für Sie abrufbar – auf der Stelle, weil keine Distanz überwunden und keine Zeit aufgewendet werden muss, um diese Reise zurückzulegen. Und nach dem gleichen Prinzip gelingt es Milliarden Zellen im Körper, bestens aufeinander abgestimmt zu sein. Nirgendwo in Ihrem Gehirn gibt es einen vor sich hin tickenden zentralen Zeitgeber, der den Takt vorgibt – das wissen wir, weil das Gehirn es schafft, Hunderte unterschiedlicher, ineinandergreifender Rhythmen miteinander zu koordinieren. Das Gehirn stimmt sich auf einen am äußersten Rand des Zeitlosen gelegenen Ort ein. Indem es dort verankert ist, wo Atome in erste Schwingung versetzt werden und dem gesamten Universum die Zeitregulation vorgegeben wird, hat Ihr Gehirn den einzigen Ort gefunden, von dem aus es sein anspruchsvolles Zeitmanagement bewältigen kann.

So befremdlich diese Vorstellung dem rationalen Verstand, der die Uhrzeit benötigt, um den Tag zu überstehen, auch erscheinen mag: Für Ihre Zellen ist das Zeitlose ein vertrauter Ort. Sie funktionieren, als seien sie unsterblich, einfach weil sie in jeder Sekunde vom Zeitlosen Gebrauch machen. Und für uns besteht die Herausforderung darin, funktionale Unsterblichkeit zur Grundlage der eigenen Lebensführung zu machen. Dazu müssen wir jenes Bindeglied zwischen der Zeit und dem Zeitlosen, das als die Seele bezeichnet wird, zu neuem Leben erwecken.

Heilung für Sie: Kommen Sie wieder in Fluss

Sobald Sie akzeptieren können, dass die Zeit niemals Ihr Widersacher gewesen ist, versetzt Sie das in die Lage, sich dem nagenden Zahn der Zeit zu entziehen. Ihr Geist hat Ihnen den Schlamassel eingebrockt, Ihr Körper wird Sie da wieder rausholen. Der Geist schneidet das Leben fein säuberlich in Scheiben – Tage, Wochen, Monate, Jahre –, in der Hoffnung, sich einen möglichst großen Batzen davon auf Vorrat sichern zu können. Zugleich sitzt ihm aber stets die Angst im Nacken, dass das Ende unweigerlich naht. Im Unterschied dazu lebt Ihr Körper im Augenblick. Und in einem kontinuierlichen Strom geht ein Augenblick in den nächsten über.

Diese Kontinuität abreißen zu lassen ist das eigentliche Problem. Wird der Fluss unterbrochen, geschehen mehrere Dinge: Energie wird verschwendet; die Kommunikationsabläufe im Körper geraten ins Stocken; die Körperintelligenz wird lückenhaft. Diese Vorgänge spielen sich zwar im Unsichtbaren ab, dennoch sind sie vollkommen real. Sobald Sie lernen, den Fluss wiederherzustellen, ist Ihr Körper indes in der Lage, den eingetretenen Schaden zu reparieren. Auf ganz natürliche Weise wird er zu einem dynamischen Gleichgewicht zurückkehren. Und in dem Moment stoppt der Alterungsprozess.

Niemand sollte erwarten, dem Alterungsprozess unverzüglich ein Ende setzen zu können. Trotzdem bedeutet es einen großen Unterschied, wenn Sie jetzt sofort damit beginnen. Sie streben das Ziel an, den Geist auf einen neuen Daseinsmodus auszurichten. Meditation, das haben wir bereits gesehen, spielt in diesem Zusammenhang eine besonders wichtige Rolle. Sie versetzt den Geist in einen Zustand geringerer Aktivität. Und indem Sie regelmäßig meditieren, stellt das Gehirn sich auf diesen Zustand der Ruhe und Stille ein. Dessen ungeachtet können Sie im Alltag leicht wieder der alten Überzeugung anheimfallen, dass die Zeit uns davonläuft. Dies Problem besteht nach wie vor. Wenn Sie alle Zeit der Welt haben wollen, können Sie sich mithilfe folgender einfacher Übungen Schritt für Schritt darin trainieren.

1. *Lassen Sie den inneren Dialog verstummen.* So können Sie auf eine einfache Art und Weise mit der Stille in Berührung kommen. Denn sie ist der Quell, dem das Gewahrsein entspringt. Sitzen Sie mit geschlossenen Augen ruhig da. Lassen Sie den Atem zur Ruhe kommen. Richten Sie die Aufmerksamkeit auf die Mitte des Brustkorbs. Lassen Sie beim Einatmen Ihr Bewusstsein auf der Silbe *So* ruhen, während das Ausatmen mit der Silbe *Hum* einhergeht. Achten Sie darauf, wie der kühle Luftstrom, sanft den Klang der Silbe tragend, in Ihren Körper eintritt. Spüren Sie anschließend, wie der kühle Luftstrom den Körper wieder verlässt: *So-Hum*, *So-Hum*. (Ein altehrwürdiges indisches Mantra. Stattdessen können Sie aber auch die beiden Worte *Ich bin* wählen, *Amen* oder *Om*. Das Resultat wird dasselbe sein.) Fahren Sie darin für zehn bis zwanzig Minuten fort. Mithilfe dieser einfachen Meditation befreien Sie den Geist von seinem unaufhörlichen Geplapper. Während des Meditierens können Sie mit drei Quellen der Ablenkung konfrontiert werden: Außengeräusche, Empfindungen im Körper und gedankliche Abschweifungen. Sobald Sie bemerken, dass Sie durch einen dieser drei Faktoren abgelenkt sind, bringen Sie die Aufmerksamkeit einfach wieder auf den Atmungsprozess und den damit verbundenen Klang zurück, *So-Hum*. Versuchen Sie nicht, in einen bestimmten Rhythmus hineinzufinden und diesen aufrechtzuerhalten, und versuchen Sie ebenso wenig, sich in einen hypnoseähnlichen

Zustand zu versetzen. Hier üben Sie sich vielmehr darin, den Geist zu seiner natürlichen Ruhe finden zu lassen und sich ganz und gar unangestrengt zu sammeln.

2. Lassen Sie Spannung raus. Gewahrsein sollte fließen wie Wasser, mit müheloser Leichtigkeit, ohne Unterbrechung. Wenn Gewahrsein sich staut, nicht weiterfließen kann, entsteht im Körper Anspannung. Verkrampfung, Schmerz, Beklemmung, Unbeweglichkeit sind die offensichtlichsten damit verbundenen Symptome. Darüber hinaus werden auf einer tiefer gelegenen Körperebene Erinnerungen an früheren Stress gespeichert. Yoga oder intensive Energiearbeit sind hervorragende Möglichkeiten, diese Körpererinnerungen aufzulösen und freizusetzen. Unabhängig davon setzt jeder Körper die Spannung auf eine natürliche, für ihn charakteristische Weise frei. Das können Sie sich sofort zunutze machen.

Legen Sie sich abends vor dem Schlafengehen erst einmal ohne Kissen flach auf den Rücken. Strecken Sie Arme und Beine zur Seite. Holen Sie langsam und bedächtig Luft, lassen Sie dann den Atem mit einem vernehmbaren Seufzer – so ungehindert und natürlich, wie Ihr Körper das will – durch den Mund entweichen. Manch ein Seufzer wird vielleicht nur kurz vernehmbar sein, fast so, als würden Sie nach Luft schnappen; andere kommen möglicherweise tief aus dem Innern, ähnlich wie ein Schluchzen. Unter Umständen empfinden Sie daraufhin Erleichterung, Traurigkeit, Kummer, ein Hochgefühl oder eine andere Emotion. Werden Sie der Emotionen gewahr, sobald sie aufsteigen. Auf diese Weise lassen Sie nicht nur die physische Anspannung heraus, vielmehr gewinnen Sie gleichzeitig Zugang zu körperlich gespeicherten Erinnerungen. Wenn Sie körperliche Anspannung freisetzen, taucht gleichzeitig ein ganzes Bündel von

Gedanken, Gefühlen und Empfindungen auf. Lassen Sie daher gleich alles auf einmal los. Widmen Sie sich dieser Übung höchstens zehn Minuten lang, da sie sehr intensiv sein kann. Falls der Körper danach verlangt einzuschlafen, sollten Sie das einfach zulassen. Dies macht einen weiteren Bestandteil des Entladungsprozesses aus.

3. *Das reinigende Licht.* Wenn man sich im Fluss befindet, geht damit ein bestimmtes Gefühl einher: ein lichtes, leichtes, frisches und offenes Gefühl. In diesem Gefühl zu verweilen bedeutet zugleich, ganz behutsam und sachte Negativität und Widerstand auszuleiten. Jene dunklen Flecken ins Licht zu rücken, die sich dem Blick zu entziehen versuchen und zu denen das Gewahrsein nur schwer Zugang erhält, ist eine Möglichkeit, diesen Reinigungsprozess zu unterstützen. Inneres Licht zu visualisieren ist der beste Weg, zumindest annäherungsweise einen Eindruck davon zu gewinnen, wie Gewahrsein in seiner reinen Form beschaffen ist. Denn in der Realität bleibt reines Gewahrsein unsichtbar. Aber wenn wir beispielsweise sagen, jemand sehe aus wie das strahlende Leben, verweisen wir damit auf die innige Verbundenheit zwischen Lebensenergie und Gewahrsein.

Hier nun die Übung: Setzen oder legen Sie sich hin, vorzugsweise nicht dann, wenn Sie so müde sind, dass Sie schon im nächsten Moment eingeschlafen sein könnten. Wenden Sie den Blick nach innen. Damit ist hier gemeint: Entwickeln Sie ein Gefühl für die innere Körperwahrnehmung. Visualisieren Sie nun einen Strom weißgoldenen Lichts, der sich in Ihren Körper ergießt. Das Licht beginnt den Körper vom Scheitelpunkt des Kopfes her auszufüllen. Von dort rinnt es allmählich in den Brustkorb, dann in die Arme, als Nächstes durch den Unterleib hinab, bis der Lichtstrom sich teilt und abwärtsfließend beide Beine ausfüllt. Sehen Sie, wie das weißgoldene Licht anschließend aus Ihren Füßen austritt und in den Boden fließt.

Holen Sie das Licht nun wieder in den Körper hinauf. Nehmen Sie diesmal blaues Licht. Sehen Sie, wie das blaue Licht den Körper allmählich auszufüllen beginnt, bis es ihn am Scheitelpunkt des Kopfes wieder verlässt. Sehen Sie es danach in Form eines Laserstrahls so hoch emporsteigen, wie Ihr Blick reicht: bis hinauf in den Weltraum und noch höher hinaus.

Der gesamte Zyklus sollte ungefähr eine Minute in Anspruch nehmen. Wiederholen Sie ihn zehnmal.

Bei einer einfachen Variante dieser Übung sitzen Sie still da, atmen das Licht ein und atmen es dann sachte wieder aus. Dabei können Sie ebenfalls abwechselnd blaues und weißgoldenes Licht visualisieren. Zum Schluss sollten Sie den ganzen Körper mit goldenem Licht füllen. Sehen Sie, wie es sich überallhin ausbreitet, auch über die Begrenzungen des Körpers hinaus in Form einer goldenen Aura. Bitten Sie darum, für den Rest des Tages in dieses Licht eingehüllt zu bleiben.

4. Intonieren. Auch Klänge können ein wirkungsvolles Hilfsmittel sein, wenn es darum geht, festgefahrene Energien zu lösen. Physische Empfindungen und Emotionen stehen in einer Verbindung zu Klängen. Traurigkeit bringt uns zum Weinen, Freude lässt uns lachen. Das sind zwei Beispiele für eine »Klangsignatur«, den klanglichen Ausdruck der zugrunde liegenden Energie. Gelingt es Ihnen, die Signatur zu bestimmen, können Sie zu der Energie in Verbindung treten. Auf diese Weise sind festsitzende alte Energien leichter aufzuspüren, als wenn wir versuchen, uns zu erinnern, wann und wo sich ein Geschehen in der Vergangenheit abgespielt hat.

Hier nun eine Übung, durch die Sie mittels Klang eine verborgene Energie lokalisieren und auflösen können:

Setzen oder legen Sie sich hin, am besten an einem privaten Ort, an dem Sie völlig unbekümmert Geräusche von sich geben können. Nehmen Sie sachte einen gleichmäßigen, tiefen Atemzug. Sehen Sie, wie der Atemstrom bis zum Zwerchfell hinab und danach noch weiter, so weit es überhaupt möglich ist, in den Unterleib fließt. (Versuchen Sie dabei aber nichts zu forcieren, folgen Sie vielmehr einfach der Atemempfindung.)

Stimmen Sie beim Ausatmen einen tiefen Ton an. Sie wollen, dass es ein lang anhaltender, stetiger Ton wird. Für den Anfang können Sie zunächst auch einen tiefen Ton summen, und zwar mit offenem Mund. Halten Sie den Ton so lange, wie Sie können – bis Ihnen die Puste ausgeht. Sehen Sie, wie der Ton vom Unterleib her aufsteigt und schließlich Ihren Mund verlässt. *Om* ist in diesem Zusammenhang ein wirkungsvoller Klang. Versuchen Sie jedoch nicht, zu singen oder ein Mantra zu rezitieren. Vielmehr wollen Sie, dass über den Klang tief sitzende Spannungen freigesetzt werden. Lassen Sie Ihren Körper denjenigen Ton hervorbringen, den er hervorbringen will. Darin besteht hier das ganze Geheimnis.

Das Intonieren erfordert Übung. Denn dabei gilt es, zwei Dinge gleichzeitig zu tun: einen Ton hervorzubringen und mit dem Gewahrsein im Körper zu verweilen. Dem Ton selbst sollten Sie weiter keine Beachtung schenken. Tiefes Seufzen ist ein gutes Beispiel dafür: Wenn Sie beim Seufzen zugleich ein Geräusch machen, haben Sie beides miteinander kombiniert. Und Sie spüren, wie viel physische Erleichterung das Seufzen Ihnen verschafft, wenn Sie gleichzeitig unbewusst ein natürliches Geräusch entstehen lassen.

Mit etwas Übung können Sie zahlreiche Klangsignaturen

ermitteln, die mit unterdrückten Gefühlen und verschütteten Erfahrungen verknüpft sind. Ihr Körper weiß, ob er ein Ächzen, Stöhnen, Jammern, Schreien, Kreischen oder Heulen hervorbringen will. Statt alles auf einmal herauskommen zu lassen, was bei Ihnen womöglich die Empfindung eines Missklangs bewirken würde, können Sie einen lang gezogenen Ton von sich geben. So könnten Sie diese tief sitzenden inneren Spannungen in einer etwas abgemilderten Form lösen. Ein tiefes Stöhnen beispielsweise hat Zugang zum gesamten Unterleibsbereich. Demgegenüber erreicht ein hochgezogenes »Iiii« den Kopf. Wenn Sie ein wenig experimentieren, werden Sie rasch herausfinden, welcher Ton welcher Energie entspricht. Sobald Sie den Dreh raushaben, wie Sie Ihren Körper Spannungen freisetzen lassen können, indem Sie festgefahrene Energie sanft und kontinuierlich mithilfe eines Klangs ausatmen, sind dem Intonieren keine Grenzen gesetzt.

Die Seele wieder erwecken

Die Seele ist Ihr geistiger Körper

Eine Seele zu haben könnte von höchstem Nutzen für Sie sein. Allerdings war Nützlichkeit bislang nicht das hervorstechende Attribut der Seele. Die Seele, heißt es, sei unsere Verbindung zu Gott. Unsichtbar, ebenso wie Gott, scheint sie allerdings ein Dasein weitab von unseren Alltagsangelegenheiten zu fristen. Hält die Seele Sie gesund? Hilft sie Ihnen, Entscheidungen zu treffen oder eine Krise zu bewältigen? Von der Seele sprechen wir in der Regel mit Ehrerbietung. Über unser Auto würden wir bestimmt nicht in einem derartigen Tonfall reden. In Wahrheit kommen die meisten Menschen mit dem Auto allerdings viel weiter als mit ihrer Seele.

Die Seele erfüllt für uns keine Funktion, weil es bisher niemandem gelungen ist, sie eindeutig zu definieren. Niemand erwartet von den Weltreligionen, dass sie sich untereinander darüber verständigen. Die Buddhisten scheinen da eine ganz pragmatische Position zu beziehen: Sie stellen die Existenz einer Seele einfach rundheraus in Abrede. Wenn sie sich nicht definieren lässt, so die Überlegung, kommt der Seele auch keine Realität zu – für Millionen von Menschen, die davon überzeugt sind, eine Seele zu haben, allerdings eine reichlich unbefriedigende Position. (Immerhin wissen wir ja auch, dass wir mit Geist ausgestattete Wesen sind, obgleich sich hier ebenso wenig zwei Philosophen auf eine gemeinsame Definition einigen könnten.)

Um die Seele aus ihrem Dämmerzustand zu erwecken, könnten wir den Spieß einfach umdrehen: Warum schauen wir uns – statt zuerst die Seele zu definieren und dann im zweiten Schritt zu fragen, was sie für uns zu leisten vermag – nicht als Erstes einmal an, welche Bedürfnisse und Erfordernisse sie erfüllt? Über eine genaue Definition können wir uns anschließend immer noch den Kopf zerbrechen.

Die wichtigste Funktion der Seele haben wir bereits kurz angesprochen: Ihre Seele verbindet Sie mit Gott. Was auch immer Gott sagen oder tun will, es durchläuft zuerst die Seele. In gewisser Weise gleicht die Seele einem Abspanntransformator.[5] Die über Hochspannungsleitungen transportierte Elektrizität ist um ein Vieltausendfaches zu stark, um gleich so, wie sie ist, bei uns zu Hause eingesetzt werden zu können. Als wäre ein Blitz eingeschlagen, würden die Leitungen augenblicklich durchbrennen. Ebenso wenig kann die höchste Geisteskraft unmittelbar in Sie und mich Eingang finden, ohne dass uns sofort alle Sicherungen durchbrennen würden. Vielmehr muss sie erst entsprechend transformiert, an unser menschliches Maß, die menschlichen Daseinsbedingungen angepasst werden. Zu diesem Zweck existiert die Seele.

Ich weiß, diese Darstellung geht offensichtlich von der Voraussetzung aus, dass Gott existiert. Aber wir müssen nicht zwangsläufig davon ausgehen. Wir wissen – und dabei greifen wir keineswegs auf einen religiösen Glauben zurück –, dass im Universum nahezu unendlich große Energiemengen vorhanden sind. Nichtsdestoweniger hat Mutter Natur eine Möglichkeit gefunden, die Millionen Celsiusgrade betragende Gluthitze des uns nächstgelegenen Sterns perfekt herunterzuregulieren: genau so weit, dass sie maßgeblich zur Aufrechterhaltung des Lebens auf unserem Planeten beiträgt. Die Gravitationskraft – im Zentrum eines schwarzen Lochs so groß, dass sie alles in sich aufsaugt, den Kollaps von Zeit und Raum bewirkt – hat sie bis zu einem Punkt reduziert, dass sie gerade stark genug ist, den Zusammenhalt des menschlichen Körpers zu gewährleisten. Und schließlich wurde jene elektromagnetische Energie, die sich in einem Blitzschlag entlädt (solche Blitzschläge sind in den Kindertagen unseres Planeten täglich millionenfach auf die Erdoberfläche niedergegangen), auf die unsäglich kleinen elektrischen Entladungen der Gehirnzellen reduziert. Die elektrischen Impulse des Gehirns sind derart schwach, dass man äußerst empfindliche Messgeräte benötigt, um sie überhaupt nachweisen zu können. (Das gesamte elektrische Potenzial des Gehirns entspricht in etwa dem einer 60-Watt-Glühbirne. Allerdings verteilt sich diese Ladung auf 100 Milliarden Neuronen. Der Anteil jeder Gehirnzelle ist daher verschwindend gering und liegt im Mikrovolt-Bereich.)

Wenn die physikalischen Kräfte des Universums derart dramatisch reduziert werden müssen, damit ihre Wirkung der menschlichen Daseinsebene zuträglich ist, könnte man sich vielleicht auch Gott wie eine universale Kraft vorstellen, die der Abschwächung bedarf, bevor sie mit uns in Kontakt kommt. *Kraft* ist allerdings ein materialistischer Begriff. Wenn wir an Gott denken, verwenden wir Worte wie *Liebe*, *Mitgefühl*, *Wahrheit*, *Intelligenz* und *Kreativität*. Alle spirituellen Überlieferungen, sosehr sich ihre Auffassungen ansonsten unterscheiden mögen, siedeln diese Qualitäten auf einer Skala von null bis unendlich an. Leblose Objekte legen weder Liebe noch Mitgefühl an den Tag noch verfügen sie erkennbar über Intelligenz. Hier wird der Nullpunkt der Skala gesetzt. Demgegenüber sind wir Menschen in hohem Maß mit Liebe, Mitgefühl und Intelligenz ausgestattet. Und wenn wir uns umschauen, meinen wir zu erkennen, dass diese Qualitäten auch bei anderen Lebewesen vorhanden sind. Dies entspricht dem mittleren Bereich der Skala. Darüber hinaus haben wir den Entwurf einer höheren Wirklichkeit vor Augen. Liebe und Mitgefühl sind in ihr bedingungslos, rückhaltlos, absolut; in ihr ist die Intelligenz so unermesslich groß, dass sie den Lauf der Welt lenken und durch ihre schöpferische Kraft die Welt entstehen lassen kann. Damit ist das oberste Ende der Skala erreicht – ihr umstrittenster Abschnitt.

Die Naturwissenschaft erkennt keine höhere Wirklichkeit an. Denn sobald unser Blick über das menschliche Gehirn hinausgeht, beginnt ein unsichtbarer Bereich. Ein Neuron kann man zwar sehen – und daraufhin erklären, dieses sei der Ausgangspunkt der Intelligenz. Doch ein Neuron setzt sich lediglich aus Atomen zusammen. Woraus genau bezieht dann aber ein Atom seine Intelligenz? Ganz zu schweigen von jenen Aspekten des Geistes, denen unsere besondere Wertschätzung gilt: von Liebe, Mitgefühl, Wahrhaftigkeit und all den anderen Qualitäten, die dem Leben Bedeutung verleihen und es mit Sinn erfüllen.

Die Seele trägt dazu bei, dass wir über die vom Materialismus errichteten Barrieren hinweg- und hinausgelangen. Zugleich führt sie uns allerdings auch, und das ist das Erstaunliche, über Dinge hinaus, an die zu glauben die Religion uns auferlegt. Die von den Naturwissenschaften errichtete Barriere besagt: Alles muss von materieller Beschaffenheit sein. Das von der Religion aufgestellte Hindernis besteht in der Forderung, an unsichtbare Kräfte zu glauben, auch wenn es nicht immer unmittelbare Beweise für ihre tatsächliche Existenz gibt. Für die Seele, obwohl unsichtbar, lässt sich, wie wir noch sehen werden, eine Kartografie entwickeln. Der menschliche Körper ist ein komplexes System aus Energie und Gewahrsein und die Seele kann als eine noch subtilere Fassung dieser beiden Bestandteile definiert werden. Indem die Seele als Ihr geistiger Körper fungiert, wird sie zum Ausgangspunkt und zum Organisator der Liebesenergie, der Mitgefühlsenergie, der Wahrheitskenntnis, des Gewahrseins von Kreativität und Intelligenz. Auf diese Weise erfüllt sie Bedürfnisse, die ebenso grundlegend sind wie jenes Bedürfnis nach Nahrung und nach Sauerstoff, dessen Befriedigung die Angelegenheit des physischen Körpers ist.

Eine vollständige Landkarte der Seele wäre mindestens so komplex wie das menschliche Gehirn. In allem, was unser Gehirn tut, bleibt es angewiesen auf ein unglaublich komplexes Geflecht aus Energie und chemischen Reaktionen, die in jeder Sekunde Milliarden von Impulsen aussenden. Wenn Ihre Seele all die Aktivität hervorbringt, muss sie noch komplexer sein. Eine einfache Karte, die sich als überaus nützlich erweisen wird, haben wir jedoch bereits.

Gott = *unendliche* Energie, Liebe, Kreativität, Intelligenz

Seele = *abschwächende Transformation von* Energie, Liebe, Kreativität, Intelligenz

Geist/Körper = *menschliche Ebene von* Energie, Liebe, Kreativität, Intelligenz

Schon ein kurzer Blick auf unsere Karte zeigt uns eine interessante Möglichkeit: Die Seele kann mehr von Gott, von der göttlichen Ebene in den menschlichen Daseinsbereich bringen. Für Millionen Menschen wurde Gottes unendliche Liebe zu sehr abgeschwächt. Sie erfahren nur einen Bruchteil jener Liebe, die sie eigentlich erfahren sollten. Und selbst diese wenige Liebe kommt und geht. Mitunter wird sie so schwach, dass es den Anschein hat, als sei im Leben der Betreffenden überhaupt keine Liebe vorhanden. Dasselbe gilt für Intelligenz und Kreativität.

Millionen Menschen funktionieren Tag für Tag, indem sie sich an die immer gleichen Routineabläufe halten, von den gleichen aus der Vergangenheit herrührenden Konditionierungen bestimmt werden, in ihrem Verhalten denselben starren Reaktionsmustern folgen. Doch es gibt keinen Grund zu glauben, dass Gottes unendlich große Qualitäten, wenn sie auf die menschliche Ebene gelangen, derart abgeschwächt werden müssen. Wenn wir uns umschauen, sehen wir unzählige Beispiele von Menschen, die über enorm viel Liebe, Kreativität und Intelligenz verfügen. Das menschliche Potenzial kann sich zu erstaunlichen Höhen aufschwingen. Allein schon die Tatsache, dass es Menschen wie einen Franz von Assisi, einen Albert Einstein oder einen Leonardo da Vinci gab, führt uns das vor Augen. Warum konnte ihre Seele die abschwächende Transformation der göttlichen Qualitäten in einer Weise vollziehen, dass ein derart gewaltiges Potenzial – ein scheinbar niemals versiegender Quell schöpferischer Genialität – zum Vorschein kommen konnte, während dieser Prozess bei anderen Menschen kaum mehr als ein tröpfelndes Rinnsal hergibt?

Die Antwort ist auf der Ebene der Seele zu finden. Genau wie sich eine körperliche Erkrankung auf gestörte Energiemuster auf einer subtilen, oder feinstofflichen, Ebene zurückführen lässt, so lässt sich auch jede Begrenzung und Beschränkung des Geistes auf energetische Beeinträchtigungen zurückführen – nur eben auf einer noch subtileren Ebene, nämlich der seelischen. Das heißt jetzt nicht, dass wir hier den Geist isoliert betrachten wollen. Die Energie des Körpers ist abhängig vom Geist; und sobald wir herausfinden, warum unsere Gedanken, Überzeugungen, Wünsche und Hoffnungen unerfüllt bleiben, wird die Beseitigung der entsprechenden Hindernisse zu einer nur noch weiter gehenden Befreiung des Körpers beitragen.

Persönlich empfinde ich es als große emotionale Erleichterung, wenn die Seele zu einem praktischen Aspekt des Alltags wird. »Wer bin ich und warum bin ich hier?« Beide Fragen gehen Hand in Hand. Um sie zu beantworten, sagt uns die Religion: »Du bist ein Kind Gottes und bist hier, damit sich in dir ein Abglanz von Gottes Herrlichkeit zeigen kann.« Und die Naturwissenschaft sagt: »Du bist eine komplexe Ansammlung von Molekülen und bist hier, um zu tun, was diese Moleküle diktieren.« Beide Antworten haben ebenso viel Kummer und Elend ausgelöst wie Erleichterung.

An der Religion irritiert, dass sie oberflächlich gesehen ein optimistisches Erscheinungsbild abgibt, sich darunter jedoch ein tiefer Pessimismus verbirgt. Was könnte verheißungsvoller sein, als wenn Sie sich als ein Kind Gottes ansehen? Auf diese Weise sind Sie Bestandteil eines göttlichen Plans, der bis zum Anbeginn der Schöpfung zurückreicht. Indem dieser Plan sich entfaltet, wird er (im Verständnis des christlichen Westens zumindest) jede Gott liebende Seele erlösen. In diesem Plan schwingt allerdings ein düster pessimistischer Unterton mit. Denn Gott wird uns womöglich hassen, weil wir sündigen. Und selbst wenn wir uns nach Kräften anstrengen, nicht gegen Gottes Gebote zu verstoßen, unterlaufen uns trotzdem unweigerlich Fehler. Noch schlimmer: Der göttliche Plan scheint Raum zu lassen für unermesslich viel Schmerz und Leid, ohne dass Gott etwas dagegen unternehmen kann oder will. Was unsere Daseinsbestimmung anbelangt, sind wir damit letztlich auf Mutmaßungen angewiesen und können einfach nur hoffen, nicht bei Gott in Ungnade zu fallen. Wie aber soll man zum Licht finden, wenn der Weg im Dunkeln liegt? Vielleicht ist der Plan für Gott allein erkennbar?

Die andere kategorische Antwort, unterbreitet von der Naturwissenschaft, wirkt aus dem entgegengesetzten Grund verstörend: An der Oberfläche pessimistisch, bleibt uns darunter gerade genug Optimismus, um nicht gleich ganz die Hoffnung aufgeben zu müssen. Das Dasein steckt hier in einer Art Zwickmühle zwischen starren Gesetzmäßigkeiten (Schwerkraft, Entropie, die schwachen Kräfte)[6] einerseits und dem schieren Zufall, der Beliebigkeit auf der anderen Seite. Die von uns besonders wertgeschätzten Daseinsaspekte – wie Liebe und Schönheit beispielsweise – werden auf den Status zufälliger elektrochemischer Entladungen im Gehirn reduziert. Und ein so hoch geschätztes Verhalten, wie zum Beispiel Selbstaufopferung und Altruismus, läuft aus dieser Perspektive letztlich auf nichts anderes hinaus als auf genetische Mutationen, die dem Überleben der Spezies dienen. Nähme man das für bare Münze, würde niemand ein Leben führen wollen, das solch einer starren, sinnentleerten Weltanschauung folgt. Und so legen die Naturwissenschaften, um uns zu besänftigen, in Gestalt des Fortschrittsglaubens noch einen Hauch Optimismus obendrauf: Wenn wir mit jedem Tag immer mehr dazulernen, uns also mit immer neuen technologischen Entwicklungen das Leben erleichtern, kann man die pessimistische Grundaussage der Naturwissenschaft getrost ignorieren. Schließlich kann man ja, wenn die Leere unerträglich zu werden droht, den iPod einschalten.

Wir verfügen sehr wohl über einen geeigneten Zugang zur Seele – allerdings bedarf es dafür, wie wir bereits beim Körper gesehen haben, eines von Grund auf neuen Denkens. Wir benötigen eine Reihe neuer Durchbrüche, jeder von ihnen in einer neuen Realität verwurzelt, die weder an den – viele Schwachstellen aufweisenden – Materialismus der Naturwissenschaft noch den ebenso sehr mit Mängeln behafteten Idealismus der Religion gebunden ist. Entspricht es Ihrer Bestimmung, liebevoller und schöpferischer, glücklicher und weiser zu werden? Manche Menschen werden glücklicher, je weiter ihr Leben sich entfaltet. Andere wiederum entwickeln sich in die entgegengesetzte Richtung. Manche Menschen werden weise, während andere an ignoranten Überzeugungen festhalten. Gegensätze prallen aufeinander. Weil uns scheinbar nichts anderes übrig bleibt, nehmen wir es, wie es kommt. Das zeigt, dass es im nicht physischen Daseinsbereich ebenso viele Zusammenbrüche gibt wie im physischen. Jeder Durchbruch wird uns über sie hinausführen. Zugleich werden wir uns wahre Seelenkenntnis aneignen, die an die Stelle bloßen Wunschdenkens tritt. Bei der Seele anzukommen bedeutet, dass wir uns die innigsten Herzenswünsche erfüllen.

Den Geist auf den Boden der Tatsachen zurückholen

Die Religion hat einen schrecklichen Fehler begangen, als sie den Leib der »niederen« physischen Welt zugeordnet, die Seele dagegen in die »höhere« geistige Sphäre erhoben hat. Eine gut funktionierende Seele unterscheidet sich gar nicht so sehr von einem gut funktionierenden Körper. Beide haben mit denselben das menschliche Dasein erst ermöglichenden Dingen zu tun – Gewahrsein und Energie. »Ich bin mein Körper« und »Ich bin meine Seele« sind zwei Seiten derselben Medaille, zwei Aspekte derselben Wahrheit. Bloß haben wir den Kontakt zur Seele verloren. Das ist unser Problem. Freilich ist sie nicht geschaffen worden, um ein nutzloses Dasein zu fristen. Wir haben das bewirkt.

Stellen Sie sich vor, Sie sitzen im Wartezimmer Ihres Arztes und müssten sich bis zu Ihrem Termin noch ein wenig gedulden. Ein Rosengärtchen draußen vor dem Haus oder ein einzelner Baum zieht Ihren Blick auf sich. Führen Sie sich vor Augen, wie diese Pflanzen leben. Ein Same beginnt zu keimen, zu sprießen und zu wachsen. Und in ihm ist bereits das ganze Pflanzenleben angelegt. Weder die Rose noch der Baum geraten während des Wachstums in Versuchung, von der für sie vorprogrammierten Existenz abzuweichen. In Einklang mit ihrer Umgebung bringt eine Rose mühelos ihre Schönheit zum Ausdruck und ein Baum seine Kraft und Stärke. Im Unterschied dazu ist der Mensch nicht an einen vorgegebenen Plan gebunden. Wir verfügen über einen größeren Spielraum, unser eigenes Geschick zu gestalten.

Irgendwo auf diesem Weg haben wir unsere Willensfreiheit dahingehend genutzt, uns für eine Trennung von Körper und Seele zu entscheiden. Der Leib wurde mit Sünde gleichgesetzt, die Seele mit Gott, der Leib mit der Erde, die Seele mit dem Himmel. Von einem rein funktionalen Ansatz her betrachtet, besteht dagegen keinerlei Notwendigkeit, eine derartige Aufteilung vorzunehmen. Bei einer Rose sagen wir ja auch nicht, sie habe einen Körper und eine Seele. Alles an ihr, von den subtilsten in den Genen enthaltenen Informationen bis zu den Spitzen ihrer Dornen, entfaltet sich als *ein* Leben. Die Vollkommenheit einer Rose – ihre üppige Fülle, ihre samtene Zartheit, ihr Wohlgeruch und ihre leuchtende Farbenpracht – ist hier und jetzt gegenwärtig. Dasselbe gilt für Sie, sofern es Ihnen gelingt, über jenen gravierenden Einschnitt hinauszugelangen, durch den Ihre Seele den Alltagsbezug verloren hat.

Wir haben keinen Grund, von einem verlorenen Paradies zu träumen, von einem Garten Eden, aus dem der erste Mann und die erste Frau vertrieben wurden. Das Paradies hat sich in unser Inneres verlagert, um zu einer Vision der unbegrenzten Möglichkeiten zu werden. Die Gelegenheit, sich zu entfalten, liegt in Ihrer Hand, hier, gleich jetzt in dieser Minute, in genau diesem Körper. Ihre Seele vermag weit mehr von Gottes Vollkommenheit in Ihr menschliches Dasein zu bringen, als Sie es sich überhaupt vorstellen können. Jene Liebe, Intelligenz und Kreativität, die Sie in Ihrem Leben in so begrenztem Maß erfahren, ist kaum mehr als ein kleiner Vorgeschmack auf die noch unerschlossenen Möglichkeiten.

Um Ihre Seele wieder zu erwecken, müssen Sie das Gegenteil von dem tun, was Ihre aus der Vergangenheit herrührenden Konditionierungen von Ihnen verlangen. Wenden Sie sich – anstatt an eine höhere Macht – sich selbst zu. Nehmen Sie Ihren Körper, anstatt sich von ihm abzukehren und ihn hinter sich lassen zu wollen, mit auf die spirituelle Reise. Statt das physische Verlangen und die Versuchung zu verdammen, folgen Sie dem Verlangen in jene unbekannte Region, in der die Seele beheimatet ist.

So seltsam es klingen mag – auch wenn Sie den Kontakt zu Ihrer Seele verloren haben, gilt das keineswegs für Ihren Körper. Seine Zellen haben ihr die Treue gehalten. Seit dem Tag Ihrer Geburt haben sie von »höherem« Gewahrsein Gebrauch gemacht. Hier ein praktisches Beispiel dafür: Mittlerweile ist es schon ein medizinischer Gemeinplatz geworden, dass wir unser Gehirn lediglich zu zehn Prozent nutzen. In gewisser Weise erinnert diese Aussage allerdings an einen Taschenspielertrick. Denn die ungenutzten 90 Prozent sind keineswegs für das Denken vorgesehen. Milliarden Zellen im Gehirn sind sogenannte Gliazellen (*glia*: griechisch »Leim«). Diese umgeben die eigentlichen Gehirnzellen, um sie an Ort und Stelle zu halten. Die Anzahl der Gliazellen ist rund zehnmal so groß wie diejenige der Neuronen. Lange Zeit galten sie als Bürger zweiter Klasse im Gehirn, die im Grunde nur für eines zu gebrauchen waren: als eine Art Stützkorsett, ähnlich den Baustahlmatten im Stahlbeton.

Niemand hätte noch vor einigen Jahrzehnten damit gerechnet, dass die Gliazellen in Wahrheit eine wesentliche – und wie sich herausstellen sollte, geradezu spektakuläre – Rolle spielen. Gliazellen erinnern ein wenig an einen Strahlenkranz oder einen Igel: Von ihrem Zentrum gehen Dutzende winziger Stränge aus.

Ist ein Embryo im Mutterleib so weit, dass sich das Gehirn entwickeln kann, bedeutet dies eine gewaltige Herausforderung: Wie können aus ein paar Hundert oder Tausend Stammzellen jene Milliarden spezialisierter Gehirnzellen werden, die für den Aufbau des Gehirns notwendig sind? Denn es reicht nicht aus, wenn die Stammzellen sich wie verrückt teilen, bis ihre Anzahl groß genug ist (wiewohl sie auch das tun). Das Gehirn setzt sich aus vielen Teilen zusammen. Die fürs Sehen und Hören zuständigen Neuronen beispielsweise müssen an ihren Bestimmungsort gelangen. Gleiches gilt für andere Neuronen, die für die Emotionen und das höhere Denken zuständig sind.

Zu diesem Zweck geht jede Stammzelle auf Wanderschaft. Ihre Reise ist oftmals so lang wie – im Verhältnis – der Flug der Küstenseeschwalbe, die nahezu von einem Pol zum anderen fliegt. Im Fall der Stammzelle kann die Reise praktisch von einem Ende des Embryos zum anderen führen. Die Reise der wandernden Stammzellen, die sich zu Millionen aneinanderreihen, verläuft entlang der Gliazellstränge. Unter einem entsprechend starken Mikroskop lässt sich genau verfolgen und darüber staunen, wie jene Stammzellen, die in eine bestimmte Hirnregion gelangen müssen, irgendwann die Hauptstrecke verlassen und genau demjenigen Gliazellstrang folgen, der sie an ihren endgültigen Bestimmungsort führt, während der nächste Haufen Stammzellen eine andere Richtung einschlägt. Jede Bewegung folgt einer präzisen Zielvorgabe. Das Gehirn wächst von innen nach außen. Die Reise der Neuankömmlinge führt also an den älteren Gehirnzellen vorbei. Eine Gewebeschicht nach der anderen bildet sich. Als die Forscher feststellten, dass die Gliazellen innerhalb dieses unglaublich komplizierten Prozesses als Lotsen fungieren, wurde ihnen augenblicklich ein wesentlich höheres Ansehen zuteil. Dieses wuchs noch weiter, als man herausfand, dass die Gliazellen, nachdem sie ihre Lotsenfunktion erfüllt haben, selbst zu Gehirnzellen werden können.

Wenn das keine spirituelle Reise ist! Den Stammzellen wird, geleitet von einer höheren Intelligenz, der Weg zu ihrem Bestimmungsort gewiesen und auf dem Weg dorthin eignen sie sich das dazugehörige Wissen an. Bei Ihnen sieht es da nicht anders aus. Ihr Leben hat sich an dasselbe verborgene Muster gehalten. Nur dass Sie, statt glitzernden Gliasträngen zu folgen, von der Seele geleitet werden. Sie verfügt, ähnlich wie ein auf Papier gezeichneter Entwurf die Intentionen des Architekten festhält, über die Blaupausen der göttlichen Absichten. Zu allem, wozu eine Zelle in der Lage ist, muss sie von irgendwoher befähigt werden. Es wäre töricht anzunehmen, die Gehirnzellen agierten wahllos, ihr Tun sei rein zufällig. Dann würden sie nur ziellos durch die Gegend treiben. Aber die Gehirnzellen sind gewahr und intelligent. Den besten Beweis dafür liefert die Tatsache, dass sie gewahr und intelligent *agieren*.

Doch die Seele bleibt keineswegs auf jene Stammzellreisen beschränkt, die sich im Verborgenen unter der Schädeldecke abspielen. Von innen wie von außen bietet die Seele uns Führung. Während Sie bequem im Sessel sitzen, können Sie zu einer Einsicht gelangen, die Ihr gesamtes Leben verändert. Oder ein großer Lehrer kann den Raum betreten, um sie Ihnen mitzuteilen. Der eine Vorgang findet in Ihnen statt, der andere außerhalb. Aber beides sind Geschehnisse, die Ihr Gewahrsein verändern. Sobald Sie sich wieder mit Ihrer Seele verbinden, bleiben Sie nicht länger nur auf ein paar Daseinsebenen beschränkt: Alle Daseinsebenen öffnen sich nun dem einen immer weiter werdenden Bewusstsein. Und auf jeder Ebene ist Führung vorhanden.

Die Gehirnverbindung

Am besten stellen wir uns die Seele als eine Art Bindeglied vor. Aber wenn das die Aufgabe der Seele ist, nämlich Sie mit den subtileren, den unsichtbaren Daseinsebenen zu verbinden, dann müssen Verknüpfungspunkte mit Ihrem Körper vorhanden sein, vor allem Verknüpfungen mit dem Gehirn. Tatsächlich ist das Gehirn, wie es aussieht, das größte Hindernis für die Seele.

Nach Ansicht der Neurologen braucht man für die Liebe keinerlei Erklärungen, die über den Bereich des Sichtbaren hinausgehen. Bei Liebenden, so können sie anhand der modernsten bildgebenden Verfahren zeigen, sind bestimmte Bereiche des Kortex und des limbischen Systems aktiviert, die bei allen anderen Menschen nicht aktiviert sind. Das Verliebtsein läuft demnach für sie auf eine Reihe elektrischer Entladungen und chemischer Reaktionen hinaus, so wie es für einen Genetiker auf ein Liebesgen hinausläuft (das man nach wie vor nicht entdeckt hat, doch die Suche geht weiter).

An uns ist es nun, den Beweis anzutreten, dass die Liebe von einem höheren Ort herrührt. Wenn wir nicht akzeptieren wollen, dass das Gehirn die Liebe aus einer elektrochemischen Suppe im Schädel fabriziert, wo ist der Beweis, dass sie woandersher kommt? Greifen wir also an dieser Stelle noch einmal auf das Beispiel der tibetischen Mönche zurück, die über Mitgefühl meditiert und infolgedessen ein »mitfühlendes Gehirn« entwickelt haben. Bei ihnen wurde eine spirituelle Qualität in eine physische Manifestation transformiert, die Zweiteilung – die Trennung zwischen Körper und Seele – beseitigt.

In Sanskrit wird dasselbe Wort, *Daya*, sowohl für Mitgefühl als auch für das ganz alltägliche Einfühlungsvermögen in unsere Mitmenschen verwendet. Und das Gehirn, so stellte sich heraus, ist äußerst variabel, wenn es um Einfühlungsvermögen geht. Funktionelle Magnetresonanztomografien, die in einem Gefängnis des US-Bundesstaats New Mexico durchgeführt wurden (die einzige Studie dieser Art), zeigten, dass Gefängnisinsassen, bei denen starke psychopathische Tendenzen diagnostiziert wurden, zugleich eine beeinträchtigte Gehirnfunktion aufweisen. Psychopathen verfügen über ein denkbar geringes Maß an Einfühlungsvermögen. Sie haben kein Gewissen und können Handlungen von entsetzlicher Grausamkeit verüben, ohne auch nur im Mindesten ein Gefühl dafür zu haben, welchen Schmerz sie ihrem Gegenüber zufügen. Wenn sie sehen, wie aus einer Stich- oder Schnittwunde Blut strömt, verfolgen sie diesen Vorgang mit der gleichen Teilnahmslosigkeit, als würden sie zuschauen, wie aus einem Steak Bratensaft austritt.

Lässt sich ein psychopathisches Gehirn in ein mitfühlendes Gehirn verwandeln? Niemand vermag das zu sagen. In der Psychiatrie hat man das Unterfangen, psychopathische Patienten durch Medikamente oder durch eine konventionelle Couch-Therapie ändern zu wollen, jedenfalls längst weitgehend aufgegeben. Wir wissen jedoch, dass das Gehirn formbar genug ist, um jede moralische Verfassung anzunehmen, und dass jede Änderung unseres Bewusstseinszustands notwendigerweise mit einer Veränderung im Gehirn einhergeht. Einfach nur zu denken, Sie seien mitfühlend, reicht dafür aber nicht aus, was mich zu der Schlussfolgerung veranlasst, dass es sich bei Mitgefühl weder um eine Stimmung noch um eine moralische Lehre, eine ethische Verpflichtung oder ein gesellschaftliches Ideal handelt. Vielmehr beinhaltet es eine subtile Aktivität des Gehirns. Und nur aufgrund dieser subtilen Aktivität kann es vorhanden sein. Von sich aus kann das Gehirn indes keine Veränderung herbeiführen. Es passt sich lediglich Ihrer Intention an. So gelangen wir zu einer etwas differenzierteren Kartierung dessen, was die Seele tut, während sie subtile Energie auf ein den menschlichen Daseinsbedingungen angemessenes Maß transformiert. Was immer Sie vom Leben wollen, Ihrer Seele wohnt das Potenzial inne, es wahr werden zu lassen. Ihr Geist holt dies Potenzial auf die Ebene des Wünschens, Träumens, Wollens und Begehrens. Ihr Gehirn bringt daraufhin das Ergebnis hervor. Und Sie lernen, wie Sie erreichen, was Sie wollen.

Hier noch einmal, auf eine einfache Formel reduziert, eine Übersicht über den ganzen Hergang:

Die **Seele** trägt das *Potenzial* in sich.
Dem **Geist** wohnt die *Intention* inne.
Das **Gehirn** bringt das *Ergebnis* hervor.

Diese einfache Formel führt uns in den Grundzügen den Ablaufplan unseres Lebens vor Augen. Und durch sie wird die in den Naturwissenschaften vertretene Auffassung, der zufolge alles vom Gehirn ausgeht, auf den Kopf gestellt. Aber für einen Primat der physischen Ebene gibt es keinen Grund. Das Gehirn erlernt neue Fertigkeiten, indem es neuronale Netzwerke entstehen lässt. Der eigentliche Wunsch zur Veränderung muss freilich von woandersher kommen. Wenn Sie sich Mitgefühl als eine Fertigkeit vorstellen, ähnlich wie das Geigenspiel, so kann es nur dadurch hervorgebracht werden, dass wir zunächst einmal den Wunsch haben, es zu entwickeln. Das macht für uns erkennbar, worin die nützlichste Rolle der Seele besteht: Sie motiviert uns, höher hinauszuwollen.

Eine nützliche Seele verhilft Ihnen zu einer Vision, zu dem Wunsch und dem Willen, sich zu entwickeln. Der Geist transferiert diese Vision in den Bereich des Denkens und Wollens. Ihr Gehirn empfängt die Botschaft und beginnt sie physisch auszugestalten. Jedem, der sich eine neue Fertigkeit angeeignet hat, ist dieser Prozess vertraut. Wenn wir jetzt eine bestimmte Fertigkeit erlernen, sind wir uns dennoch lediglich des Denkens und des Wollens bewusst. Das Gehirn bleibt uns unzugänglich. Schließlich tauchen wir ja nicht in das Gehirn ein und beginnen seine Verknüpfungen von Hand neu zu ordnen. Sobald wir zu denken beginnen, läuft auf der physischen Ebene alles selbsttätig ab. Die Ebene der Seele bleibt uns ebenfalls unzugänglich. Wir wenden uns nicht an Gott, um in Erfahrung zu bringen, wie man Fahrrad fährt. Nur in jener abgeschiedenen Abteilung, die wir als den spirituellen oder religiösen Bereich bezeichnen und in der das Gebet ins Spiel kommt, sagen wir, dass wir Gott um etwas bitten.

Aber es besteht keinerlei Notwendigkeit, die Dinge derart isoliert zu betrachten. Jede Fertigkeit, von der alltäglichsten bis zu einer so hehren wie dem Mitgefühl, folgt demselben Muster. Und dabei handelt es sich um einen geistigen Prozess, der gleichzeitig im Körper und in der Seele seinen Widerhall findet.

Dieser Prozess umfasst die folgenden Schritte:

1. Echtes Interesse entwickeln.
2. Dem Interesse spontan nachgehen.

3. Sich in der Ausübung der betreffenden Fertigkeit üben, bis Sie Fortschritte erkennen.
4. Mit der Übung so lange fortfahren, bis Sie die neue Fertigkeit beherrschen.

So einfach sich diese Schritte anhören mögen: Gewahrsein aufzubringen ist hier unerlässlich. Der ganze Prozess kann nicht durch das Gehirn allein ausgelöst werden.

Schritt eins (die Entwicklung echten Interesses) setzt Inspiration voraus. Sich für Mitgefühl zu interessieren ist heutzutage – selbst unter reifen, psychisch entwickelten Menschen – in einer von dem Wunsch nach Befriedigung der eigenen Bedürfnisse angetriebenen Gesellschaft ein nicht eben alltägliches Vorkommnis. Liest man freilich in den buddhistischen und christlichen Schriften und stößt dort auf die Bekundungen jenes Mitgefühls, von dem diese Überlieferungen durchdrungen sind, inspiriert einen das auf ganz natürliche Weise. Eine ähnliche Erfahrung macht man möglicherweise angesichts von Berichten über den mutigen Einsatz von Rettungskräften oder von Hilfskonvois an Orten, an denen Menschen großes Leid widerfährt.

Schritt zwei (Ihrem Interesse spontan nachgehen) setzt voraus, dass Sie sich nach innen wenden. Denn Schauplatz des Mitgefühls ist Ihre Innenwelt. Sobald Sie im Innern den Ort des Mitgefühls gefunden haben, will dieses sich ausdrücken. Möglicherweise ist Ihnen bei dem Gedanken an Mitgefühl ein wenig unbehaglich zumute (denn mit dem Leid eines Mitmenschen mitfühlen könnte auch bedeuten, »mit ihm zu leiden«). Daher gilt es zunächst einmal, die natürliche Tendenz zu überwinden, dem Kummer und Leid eines anderen den Rücken zuzukehren. Nichtsdestoweniger kann Mitgefühl bei manchen Menschen ein unvergleichliches Glücksgefühl auslösen, dem sie gerne folgen.

Schritt drei (sich darin üben, bis Fortschritte erkennbar sind) erfordert Disziplin. Denn angesichts der alten Konditionierungen, die Sie in Versuchung bringen, den unablässig sich meldenden Forderungen des Ego nachzugeben, statt sich mitfühlend zu verhalten, müssen Sie Ihr Engagement immer wieder mit neuem Leben erfüllen. Vergnügungen sind ihrer Natur nach selbstbezogen. Mitgefühl dagegen entwickelt sich bei niemandem ganz von allein, ohne jedes Bemühen.

Schritt vier (mit der Übung so lange fortfahren, bis Sie die neue Fertigkeit beherrschen) verlangt Geduld. Denn zahlreiche innere und äußere Kräfte stehen dem Mitgefühl entgegen. Höheres Gewahrsein erzwingt keinen Wandel. Vielmehr bewirkt es, dass die alten Muster sich auflösen und durch neue Muster ersetzt werden können. Das braucht Zeit. Fragen Sie Mitarbeiter von Hilfsorganisationen, die zu einem Katastropheneinsatz in Entwicklungsländer geflogen sind. Beim schockierenden Anblick realer Verwüstungen vergeht ihnen erst mal ihr Idealismus. Sie durchlaufen Phasen der Verzweiflung, der Frustration, des Betäubtseins. Doch unter der Oberfläche entwickelt sich eine neue Stärke. Und dieser verdanken sie nicht nur die Fähigkeit, mit den äußeren Leidensszenarien angemessen umgehen zu können, vielmehr erwächst aus ihr zugleich ein weit größeres Einfühlungsvermögen.

Diese erste Skizze verhilft uns zu weiter gehender Einsicht in das, was ich als »subtiles Handeln« bezeichnet habe. Sein Ausgangspunkt ist das Gewahrsein und von da erstreckt es sich auf den Körper. Subtiles Handeln hebt die Grenze zwischen einer mitfühlenden Person und einem mitfühlenden Gehirn auf. Beide sind aufeinander angewiesen und für sich allein genommen nicht genug.

Selbst auf die Gefahr hin, dass es ketzerisch klingt: Damit

es Buddha und Christus geben konnte, war subtiles Handeln notwendig. Denn beide haben, als sie unerschütterliches Mitgefühl entwickelten, die gleichen Schritte zurückgelegt wie jeder ganz gewöhnliche Mensch. Ihnen war vielleicht nicht klar, dass sie ihr Gehirn transformieren mussten. Ohne Frage stand aber für den Buddha ebenso wie für Christus fest, dass hier ein höheres Gewahrsein am Werk war. Ein Mitgefühl, das man empfindet, ohne dass das Gehirn Veränderungen durchläuft, ist jedenfalls nur eine vorübergehende Errungenschaft und wird schnell zum Spielball aller möglichen Einflüsse. Aber da wir alle mit der Fähigkeit, uns in andere Wesen einzufühlen, zur Welt gekommen sind, steht das Gehirn schon erwartungsvoll bereit, die nächsten Anweisungen zu erhalten und diese Fähigkeit auch auf die Ebene der Seele auszudehnen.

Garrys Geschichte

Die für die Anknüpfungen an die Seele zuständige subtile Geistesebene ist auf erste Signale, auf Anhaltspunkte, Fingerzeige, Omen, Vorzeichen und Weissagungen eingestimmt – auf die vielfältigen Manifestationen, durch die das Leben uns Führung zuteil werden lässt. Bewusstes Denken spielt dabei nicht unbedingt eine Rolle. Allerdings sind wir so sehr daran gewöhnt, das Denken für die höchste Funktion des Gehirns zu halten, dass die stillen, verborgenen Aspekte des Geistes leicht übersehen werden – bis sie schließlich auf sich aufmerksam machen und man sie nicht länger übersehen kann.

»Zu einem Suchenden wurde ich in dem Augenblick, als ich vor dem Scherbenhaufen meiner Karriere stand«, erinnert sich Garry, ein 45-jähriger Mann, bei dem kurz nach

Erreichen des 30. Lebensjahres ein schwerer Herzklappenfehler diagnostiziert worden war. »Ich musste einen heiklen chirurgischen Eingriff über mich ergehen lassen, der Komplikationen nach sich zog. Die Genesung dauerte sehr lange. Die andern Jungs, die meine Freunde gewesen waren, solange ich nach meiner Zeit an der Wirtschaftshochschule als Erfolgsmensch immer nur auf der Überholspur unterwegs war, wollten nun nichts mehr von mir wissen: als wäre ich aufgrund meiner Probleme irgendwie ein anderer geworden. Und sie hatten recht. Ich war nicht länger wie sie. Vieles in mir hatte sich zu verändern begonnen, die Dinge waren in Bewegung geraten.

Ich gewöhnte mir an, durch die Stadt zu streifen, in der Erwartung, dass etwas geschehen würde. Was dies sein würde, wusste ich freilich nicht. Eines Tages kam mir, während ich auf den Bus wartete, der Gedanke: *Mache ich eigentlich das Richtige aus meinem Leben?* Da drehte sich ein wildfremder Mann, der an der Haltestelle vor mir stand, zu mir um und sagte: ›Haben Sie Vertrauen.‹ Anschließend stieg er, als wäre nichts gewesen, in den Bus und verlor kein weiteres Wort mehr. Von da an ereignete sich eine Reihe eigentümlicher Vorfälle. Ich ging an einem Jungen vorüber, der einen Ghettoblaster bei sich hatte. In dem Moment kam mir die Frage in den Sinn, ob ich wohl an meinen alten Arbeitsplatz zurückkehren sollte. Mit einem Mal drehte der Junge die Musik lauter und mir schallte der Song ›No, no, no, Delilah‹ entgegen.

Unwillkürlich musste ich lachen, aber im Grunde fand ich das Ganze überhaupt nicht lustig. Da schien es eine gespenstische Verbindung zu etwas zu geben, das über mein Begriffsvermögen hinausging. Wenig später beschloss ich, eine Kartenlegerin aufzusuchen, um das Tarot zu befragen. Als ich von den Karten wissen wollte, ob ich mich auf einen spirituellen Weg begeben solle, erhielt ich daraufhin die beste Karte in dem Kartensatz: die ›Zehn der Kelche‹. Die Karte zeigte zehn goldene Kelche in Verbindung mit einem Regenbogen am Himmel und fröhlich tanzenden Menschen unten auf der Erde. Nach einer Weile gedieh das Ganze so weit, dass ich mir eine Frage stellen und den Fernseher einschalten konnte. Und ich wusste, durch die nächsten Worte, die ich aus dem Gerät vernehmen würde, erhielt ich die Antwort auf meine Frage.«

»Und das hat immer funktioniert?«, hakte ich nach.

Garry lächelte. »Nur dann nicht, wenn ich versuchte, es unter Kontrolle zu bekommen. Das ganze Phänomen hatte etwas ausgesprochen Unschuldiges an sich. Und stets war ein Überraschungsmoment mit im Spiel. Daher traf es mich in den meisten Fällen ganz unvorbereitet. Sobald ich versuchte, die Dinge zu forcieren oder auf den Ausgang Einfluss zu nehmen, tat sich nichts.«

»Handelte es sich um tiefgründige Antworten?«, wollte ich wissen.

Er schüttelte den Kopf. »Nicht immer. Doch jede war dem Augenblick angemessen, beinhaltete etwas ganz Persönliches, das unmittelbar auf meine Situation ansprach.«

Garry wusste noch von vielen weiteren Beispielen zu erzählen; wie alle Menschen, die den Eindruck haben, unter höherer Führung zu stehen. Für solch eine Führung ist niemand besonders auserkoren. Vielmehr ist sie einfach ein Aspekt des Lebens, der sich auf jeder Daseinsebene bekundet. Für jeden von uns. Wahrscheinlich sind die Instinkte, von denen sogenannte niedere Geschöpfe geleitet werden, eine profunde Form von Führung. Bei Lachsen, die jahrelang im offenen Meer gelebt haben, kann man zum Beispiel beobachten, dass sie zum Laichen genau in jenes Flüsschen zurückkehren, in dem sie selbst zur Welt gekommen sind. Die

Tatsache, dass sie mit untrüglicher Sicherheit dorthin zurückfinden, erklärt man sich durch ihre Geruchswahrnehmungen: Man nimmt an, dass sie selbst Hunderte Kilometer draußen auf hoher See noch solche Wassermoleküle wahrnehmen können, die der Süßwasserquelle ihres Geburtsortes entstammen. Doch auch ein eher in einem ganzheitlichen Kontext zu sehender Zusammenhang spielt da eine Rolle. Denn Lachse reagieren auf diesen Geruch erst nach Erreichen eines bestimmten Alters. Zu dem Zeitpunkt finden sie dann die richtige Richtung, wechseln die Farbe, nehmen keine Nahrung mehr zu sich und schütten immer größere Mengen des Hormons Cortisol aus bis zu dem Punkt kurz nach dem Ablaichen, wo die Fische daran sterben. Die zeitliche Abstimmung, die Stoffwechselchemie, der Sexualtrieb und die Lebenserwartung werden von einer – für uns im Verborgenen bleibenden – inneren Führung präzise koordiniert.

Die innere Führung, die ein Menschenleben gestaltet, wird im Sanskrit *Upaguru* genannt: »der Lehrer, der uns nahe ist«. Im Verlauf der letzten 40 Jahre hat es sich auch in der westlichen Welt weitgehend eingebürgert, einen spirituellen Lehrer mit dem Ausdruck »Guru« zu bezeichnen. Der Wortstamm von Guru hat die Bedeutung: »der die Finsternis vertreibt«. Mit anderen Worten, wer immer Sie dazu bringen kann, zu sehen, was zu sehen für Sie wichtig ist, dient Ihnen als Ihr Guru. Der spirituelle Weg nimmt für niemanden einen schematisch vorgegebenen Verlauf. Vielmehr setzt er sich aus individuellen Momenten zusammen, die *so* in der gesamten Geschichte des Universums nur ein einziges Mal aufeinandertreffen. Ihre Seele muss unendlich flexibel sein, um zu verstehen, was Sie im jeweiligen Augenblick benötigen. Aber jede Seele ist der Herausforderung gewachsen. Und aus diesem Grund birgt jeder Moment des Tages eine vielleicht kleine, nichtsdestoweniger einzigartige Enthüllung in sich. Im Zen-Buddhismus geht man davon aus, dass jede Frage die Antwort bereits in sich trägt. Von genau der gleichen Warte sieht das Ihre Seele auch.

Gewahrsein verfügt über die magische Fähigkeit, Frage und Antwort ineinander übergehen zu lassen. In Garrys Fall bedeutete das: Sobald er an einem Punkt stand, an dem er nicht recht weiterwusste, sobald er vor einem Dilemma stand, brachte ein »zufälliges« Geschehnis oder eine beiläufig aufgeschnappte Formulierung die Lösung. Ohne das entsprechende Gewahrsein hätte er beides allerdings niemals miteinander in Verbindung gebracht. Erst indem man einen Zusammenhang bemerkt, kann bloße Koinzidenz zu Synchronizität werden. Wer dessen nicht gewahr ist, dem fällt nicht auf, dass er geführt wird. Vermutlich werden Sie überrascht sein, wenn ein wildfremder Mensch Ihnen genau das sagt, was Sie wissen müssen, und daran zweifeln, dass die Aussage für Sie irgendeinen Sinn macht. Doch wer hat andererseits nicht schon einmal wahllos ein Buch aufgeschlagen, um im nächsten Moment festzustellen, dass die gesuchte Information sich auf ebendieser Seite befindet (siehe auch Mariels Geschichte auf Seite 134 ff.)?

Upaguru mutet nur dann wie ein mystisches Phänomen an, wenn Sie davon ausgehen, das Gewahrsein bleibe auf das Gehirn beschränkt; auf eine »hier drinnen« gestellte Frage kann dann nicht eine Antwort von »da draußen« kommen. Aber diese Trennwand, die wir da zwischen der inneren und der äußeren Realität errichtet haben, ist ein künstliches Gebilde, ein Konstrukt. Gewahrsein kann man überall in der Natur finden. Und wenn man sieht, wie Tiere geführt werden, fällt es schwer, in diesem Punkt skeptisch zu bleiben. Auf Wanderschaft befindliche Wale schnappen die Rufe ihrer Artgenossen über viele Hunderte Kilometer hinweg auf. Der Monarch, ein Wanderfalter, kehrt unfehlbar in denselben Teil der mexikanischen Bergwelt zurück, in dem seine Artgenossen seit jeher überwintern, selbst wenn er den Weg dorthin zum ersten Mal nach dem Ausschlüpfen zurücklegt.

Sobald Sie akzeptieren, dass Sie vom Gewahrsein geführt werden, kann ein Durchbruch erfolgen. Wenn Sie sich auf diese Möglichkeit einstimmen, treten Sie wieder zu Ihrer Seele in Verbindung, die nichts anderes ist als Gewahrsein in seiner offensten Form.

Sich auf die Seele verlassen

Gewahrsein rührt von der Seele her. Dennoch würden viele Menschen sagen, dass sie es niemals erlebt haben, geführt zu werden, von einer Transformation ganz zu schweigen. Seit Jahrhunderten beten die Menschen darum, Zeichen für das Vorhandensein einer höheren Macht zu erhalten. Tatsächlich sind solche Zeichen überall zu finden, wenngleich ein feiner Unterschied zwischen innerer und äußerer Führung besteht. Des einen Menschen Einsicht kann für den nächsten Gottes Botschaft sein, der innere Lichtblick des einen Menschen möglicherweise der Engel des anderen. Das Reich der Seele hat für beides genug Raum.

Äußere Führung wird Menschen zuteil, für die das Physische der beste Beweis für die geistige Welt ist. Es gibt unglaublich viele Fälle, in denen Menschen über Rettungsaufgebote von Engeln und Schutzgeistern berichten, die in Zeiten der Gefahr auf die Erde kommen. Oftmals handelt es sich bei diesen Schilderungen um zeitgenössische Augenzeugenberichte. Reisende haben beispielsweise auf einer völlig abgelegenen, von jeder Menschenseele verlassenen Straße inmitten eines tosenden Sturms eine Autopanne. Auf einmal sehen sie Scheinwerferkegel eines herannahenden Fahrzeugs. Ein freundlicher Fremder steigt aus und wechselt einen Reifen, bringt einen Vergaser in Ordnung oder gibt ihnen mit einem Überbrückungskabel Starthilfe. Dann verschwindet der Helfer hinter der nächsten Wegbiegung. Der dankbare Empfänger dieser Hilfe erzählt später, ihm sei ein Engel begegnet.

Einen besonders lebhaften Eindruck hinterließ bei mir ein kurzer Fernsehbeitrag, in dem eine Frau davon berichtete, wie Engel in ihr Leben eingegriffen hätten. Mitsamt zweier Kinder, die sie zu versorgen hatte, stand sie zu Weihnachten praktisch ohne einen Pfennig Geld ganz allein da und war der Verzweiflung nahe. Denn sie brachte es nicht übers Herz, den Kindern zu sagen, dass sie es sich nicht leisten könnte, ihnen Geschenke unter den Christbaum zu legen, und dass auch der Festtagsschmaus dieses Jahr leider ausfallen müsste. An Heiligabend hörte sie ein Klopfen an der Wohnungstür. Ein wohlmeinender Nachbar lud die ganze Familie ein, in seine Wohnung rüberzukommen. Dort hatte er ein fürstliches Festmahl zubereitet und Geschenke für die Kinder bereitgelegt. Die junge Mutter, die den Nachbarn noch nie zuvor gesehen hatte, war von seiner Freundlichkeit ganz überwältigt. Ein paar Tage später klopfte sie an seine Tür, um sich zu bedanken. Doch da stellte sie fest, dass die Wohnung leer stand. Als sie sich im Büro der Hausverwaltung erkundigte, wo der Nachbar abgeblieben sei, teilte man ihr mit, die Wohnung stehe bereits seit vielen Monaten unvermietet leer. Der Hausverwalter hatte den Mann, nach dem sie suchte, noch nie zu Gesicht bekommen.

Bei derartigen Schilderungen aus erster Hand wird, glaube ich, weder der Gutgläubige noch der Skeptiker der Sache gerecht. Weder in dem einen noch im anderen Sinn lässt sich ein eindeutiger Beweis erbringen. Skeptiker sind zu einem Negativbeweis gezwungen, müssen also beweisen, dass Engel gar nicht existieren. Und wer an Engel glaubt, müsste im Grunde einen Engel vor die Kamera holen, was bis heute noch niemandem in überzeugender Weise gelungen ist. Trotzdem hört man immer wieder von solchen Geschichten. Der entscheidende Punkt ist jedoch, dass man die spirituelle Welt auf Distanz hält, indem man sie als von Engeln abhängig betrachtet. Was passiert dann, wenn die Engel sich nicht zeigen? Daraus können wir ersehen, wie wertvoll innere Führung ist. Denn unsere Innenwelt ist nie weit von uns weg.

Ohne die vom eigenen Gewahrsein herrührende innere Unterstützung befinden Sie sich in einer ausgesprochen wackeligen Position. In einer psychiatrischen Fallstudie wird von einer gut situierten Frau mittleren Alters berichtet, die in einem äußerst aufgeregten und nervösen Zustand zur Therapie kam, weil sie unter Schlaflosigkeit und Angstvorstellungen litt. Noch ein paar Monate zuvor war sie fröhlich und guter Dinge gewesen. Doch als sie eines Abends allein aus einem Restaurant auf die Straße trat, kam ein Handtaschendieb herbeigesaust und entriss ihr die Tasche. Glücklicherweise hatte der Dieb sie selbst praktisch gar nicht berührt, daher trug sie keine körperlichen Verletzungen davon. Auch hatte die Handtasche kaum etwas von Bedeutung enthalten. Abgesehen von dem Bargeld, das in der Geldbörse gewesen war, hatte sie also im Grunde gar keinen nennenswerten Verlust erlitten.

Eigentlich könne sie sich ja glücklich schätzen, sagte sich die Frau, dass ihr ein rabiater körperlicher Übergriff erspart geblieben war. Dieses rationale Trostpflaster verlor allerdings im Verlauf der nächsten Wochen immer weiter an Wirkung. Zum ersten Mal in ihrem Leben begann sie, sich unsicher zu fühlen. Im Geiste durchlebte sie den Vorfall immer wieder aufs Neue. Und dabei jagten ihr die Bilder des Geschehens immer mehr Angst ein. Bei Überfallopfern bleibt meist ein Anflug von Angst zurück. So sicher wie zuvor fühlen sie sich nach dem Zwischenfall nie wieder. Diese Frau aber verfiel in schwere Angstzustände. In der Therapie fand sie heraus, dass sie viele Jahre lang eine tief sitzende Angst vor dem Tod überspielt hatte. Ihr Sicherheitsgefühl hatte sie daraus bezogen, dass sie sich selbst glauben machte, ein geborgenes Leben zu führen. Für diese Frau, die trotz ihres fortgeschrittenen Alters jenes Gefühl von Unsterblichkeit, das sie aus der Jugend zurückbehalten hatte, nie auf den Prüfstand gestellt hatte, reichte dieser eine Schock in Gestalt des Handtaschenraubs aus. Schon waren ihre Geborgenheitsfantasien zunichtegemacht. Und damit waren zugleich die Schleusen geöffnet für dunklere Energien, die sich nun aus unsichtbaren Quellen über sie ergossen.

Die Ironie der Geschichte besteht meines Erachtens darin, dass der Mensch unsterblich *ist*! Die Unsterblichkeitsfantasie hat in diesem Fall die Tatsache verschleiert, dass sie zutrifft. Die Seele reduziert Gott, die göttliche Energie, auf ein menschliches Maß. Dadurch wird der Eindruck erweckt, wir seien sterblich. Doch die Seele, das *sind* Sie. Die Tatsache, dass die Seele existiert, vermittelt uns einen Aspekt des Selbst, der über den Kreislauf von Geburt und Tod hinausreicht. Wir brauchen das Wissen von Engeln gar nicht vom Wissen der Seele zu trennen. Vielmehr gilt es, den Bann zu brechen – die Aura des Übernatürlichen zu beseitigen, mit der die Religion den Gehorsam, den Glauben und die theologischen Dogmen umgibt. Unter diesem Bann verlieren die Menschen die Fähigkeit, Zugang zu finden zu der ihnen innewohnenden Führung, die niemals schläft und stets bereit ist.

Um diesen Bann zu brechen, müssen Sie sich auf Ihre persönliche Erfahrung verlassen. Die Seele lässt sich auf die Probe stellen. Sie können Ihr eigenes Seelenexperiment durchführen und Ihre Seele auffordern, Resultate zu produzieren. Tatsächlich sind sämtliche Durchbrüche in diesem Teil des Buches Selbstexperimente, die beweisen sollen, dass man auf das höhere Gewahrsein vertrauen kann. Erbringt Ihr erstes Experiment positive Resultate, dann können Sie es gleich auf einen weiteren Versuch ankommen lassen und so weiter. Das ist eine ganz hervorragende Möglichkeit, die Seele wiederzuerwecken. Je nützlicher, desto realer wird die Seele – nicht im Sinn eines religiösen Dogmas, sondern als erlebbarer Teil Ihrer selbst.

Heilung für Sie: Lassen Sie sich von der Seele führen

Wenn Ihre innere Führung stets präsent ist, warum sind Sie dessen dann nicht gewahr? Im Grunde sind Sie es. Jeder Wunsch bewegt Sie in eine bestimmte Richtung. Mit jedem Gedanken werfen Sie einen Blick voraus oder einen Blick zurück. Jeder Mensch, der einen Lebensinhalt hat, selbst wenn dieser sich darauf beschränken sollte, bloß den Tag zu überstehen, folgt seiner inneren Führung. Aber wie klug, wie weise ist diese innere Führung? Das ist die entscheidende Frage. Und die Antwort lautet: Ihre Seele verfügt über das Potenzial, Sie in vollendeter Weise zu führen. Zunächst einmal gilt es, den Geist auf eine subtilere Ebene einzustimmen, dann wird sich Ihr Gehirn darauf einstellen – das ist der Fluss des Lebens, der jeden Wandel steuert. Geführt zu werden ist ein Prozess. Und jetzt, in diesem Augenblick, stehen Sie an irgendeinem Punkt dieses Prozesses: an seinem Anfang, in der Mitte oder an seinem Ende.

Am Anfang werden Sie lediglich lichtblickartig einige wenige kurze Momente subtiler Führung erhaschen. Gewöhnlich entsteht dann der Eindruck, hierbei handele es sich um Zufall bzw. um ein Zusammentreffen glücklicher Umstände. Beispielsweise stellen Sie fest, dass Sie eine für Sie günstige Entscheidung getroffen haben. Doch anders als bei Ihren gewöhnlichen Alltagsentscheidungen geht diese Entscheidung mit dem Gefühl, ja eher mit einer Art Gewissheit einher, die richtige Entscheidung getroffen zu haben – als hätte sie genau so fallen müssen und kein bisschen anders. Hin und wieder haben wir alle schon mal dieses Gefühl gehabt. Dann können Sie entweder sagen: »Ich hatte dieses ganz eigentümliche Gefühl, dass es so kommen sollte«, und anschließend die ganze Angelegenheit abhaken und komplett vergessen. Oder Sie können innehalten, um sich eingehender anzuschauen, was sich da eigentlich abgespielt hat. Von dieser Ihrer Entscheidung hängt ab, ob Sie daraufhin anfangen werden, mehr auf die innere Führung zu hören oder nicht.

In der Mitte des Prozesses haben die Fragen, die Sie stellen, an Dringlichkeit und Wichtigkeit gewonnen. Sie haben wiederholt festgestellt, dass Situationen zu Ihren Gunsten ausgegangen sind. Anstatt sich mit einem unbestimmten Gefühl im Sinn von: »Gott hat auf meiner Seite gestanden« oder: »Das Schicksal war mir für einen Moment gewogen« zufriedenzugeben, haben Sie eine aktivere Rolle übernommen und persönlichere Fragen gestellt: »Warum ist mir das passiert?« – »Wer oder was hat da über mich gewacht?« – »Habe ich das bewirkt?« Dabei müssen Sie keineswegs zu denselben Antworten gelangen wie die *Rishis*, die indischen Weisen. Die sind nämlich zu folgendem Schluss gekommen: Das höhere Selbst, das wir hier als Seele bezeichnen, ist die Quelle von allem, Gott und Geschick inbegriffen.

Heutzutage wollen sich die meisten Menschen diesbezüglich lieber nicht festlegen. Wenngleich einige die tief verwurzelte Überzeugung entwickeln, Gott habe sie belohnt und müsse deshalb verehrt werden, halten andere Gott für einen diffusen Glauben, der auf den Alltag ohne Auswirkung bleibt. Und letzten Endes ruft die Vorstellung von Gottes Lohn zugleich das Schreckgespenst eines strafenden Gottes auf den Plan. In einer säkularen Welt funktioniert das Zusammenspiel von Ursache und Wirkung freilich nicht auf der Grundlage solch übernatürlicher Voraussetzungen. Wer sich diesbezüglich nicht festlegen mag, wird sich vielleicht hin und wieder Sorgen machen, dass Gott ihm die eine oder andere üble Überraschung bereiten könnte, wird sich gleichzeitig aber ganz pragmatisch geeigneter Mittel und Wege bedienen, um insgesamt möglichst erfolgreich zu sein und Misserfolge abzuwenden.

Das Ende des Prozesses ist erreicht, wenn Sie nicht mehr unschlüssig sind. Nun glauben Sie nicht länger halbherzig an Gott und das Schicksal, sondern nehmen die Zügel selbst in die Hand. Führung wird für Sie an diesem Punkt anerkanntermaßen zu einem Teil Ihrer selbst und zu einem Teil jener Reise, auf die Sie sich bewusst begeben. Ihnen zeigt sich nun die wahre Bedeutung des Sanskrit-Worts *Upaguru*: Führung ist in jedem Moment vorhanden, weil der Guru Ihnen innewohnt. Er ist Ihnen so nah wie der nächste Atemzug. Wenn ich dies als das Ende des Prozesses bezeichne, will ich damit beileibe nicht sagen, der Prozess komme danach zum Stillstand. Vielmehr erreicht er eine Reifestufe und trägt Früchte. Jener Prozess, der Sie erleben lässt, wie Sie geführt werden, hat sich nun voll und ganz entfaltet – so weit, dass Sie ihn sich uneingeschränkt zunutze machen können.

Wie gelangen Sie an diesen Punkt?

1. Werden Sie sich darüber klar, dass Sie sich auf einer Reise zu höherer Bewusstheit befinden, und akzeptieren Sie das.
2. Öffnen Sie Ihr Gewahrsein: durch Meditation, durch Kontemplation oder auf andere Weise.
3. Bitten Sie einfach aufrichtig um Führung. Und warten Sie dann darauf, dass sie sich zeigt.
4. Vertrauen Sie Ihren edelsten Regungen. Führung zeigt sich nie in Form von Angst, schlimmen Vorahnungen, schlechten Omen, als Misstrauen oder selbstherrliche Anwandlung. All diese Dinge sind um uns herum reichlich vorhanden, sie trüben und verschleiern uns jedoch nur den Blick für wahre Führung, die stets einen Fingerzeig auf den nächsten Wachstumsschritt beinhaltet.

Der letzte Punkt ist von allergrößter Bedeutung, zugleich aber eine ziemlich verzwickte Angelegenheit. Wir alle haben schon auf ein unliebsames Vorkommnis reagiert, indem wir Dinge gesagt haben wie: »Ich wusste, dass es so kommen würde. Ich hatte sofort dieses ungute Gefühl.« Das allerdings ist keine Führung, sondern die Stimme der Angst, die sich mit einem »Hab ich's dir nicht gleich gesagt« zu Wort meldet. Wahre Führung hingegen ist niemals ängstlich. Darin besteht der entscheidende Unterschied. Ihre Seele sagt Ihnen nicht: »Gib acht, dir droht etwas Schlimmes!« Vielmehr lotst die Seele Sie aus solch einer Situation heraus, *bevor* diese sich zu Ihrem Nachteil wendet. Manchmal werden Sie aus der Gefahrenzone geleitet, ehe von der Gefahr auch nur die leiseste Andeutung erkennbar wird. Die Stimme der Angst tut das nie. Denn sie reagiert nur auf unmittelbare Bedrohung, sei diese nun real oder lediglich eingebildet.

Sich von der Stimme der Angst frei zu machen ist wichtig. Denn Angst ist ein Bestandteil jener Abschottung, die Sie von Ihrem inneren Selbst fernhält. Als Gegenbild zu der Fantasie des Geschützt- oder Geborgenseins beinhaltet Angst die Fantasie, unablässig in Gefahr zu schweben. Durch wahre Führung werden solche Fantasien aufgelöst und die Realität an ihre Stelle gesetzt: dass Ihnen im Innern diese Führung zur Verfügung steht und Sie ihr vertrauen können. Um diese Realität zu aktivieren, werden wir uns nun ein wenig eingehender mit der Frage befassen, in welcher Weise die Seele zu Ihrem Alltags-Selbst in Verbindung tritt.

Als Bindeglied fungiert der Geist. Vieles hängt davon ab, ob Ihr Geist für die Seele offen ist oder sich ihr verschließt. Im Zustand vollkommener Offenheit verfügt der Geist über unendlich vielfältige und große Möglichkeiten, die über Führung und Schutz weit hinausreichen. Im verschlossenen Zustand verfehlt der Geist hingegen die Wirklichkeit und schafft eine dem »Zufall« unterworfene, unpersönliche und unsichere Welt. Weil jene Welt unwillkürlich für jeden von uns den Ausgangspunkt der Reise darstellt, ist es unsere vordringlichste Aufgabe, das Schneckenhaus der Illusion aufzubrechen. Höheres Bewusstsein steht bereit, uns mit den Gaben zu versehen, die uns – als Gnade und Vorsehung – in jeder spirituellen Überlieferung in Aussicht gestellt werden. Sind Sie erst in den Lebensfluss eingetaucht, so stehen Ihnen diese Gaben zur Verfügung: mühelos und jederzeit.

Durchbruch Nr. 1
Das Leben kann so viel leichter sein

Dieser Durchbruch erfordert etwas, was uns bisher schwergefallen ist, obgleich es uns alles sehr viel leichter machen würde: Zu Ihrer Seele in Verbindung zu treten, mit ihr in Kontakt zu sein und zu bleiben ist so einfach wie das Atmen – und ebenso natürlich. Auf die Frage von Meinungsforschern: »Glauben Sie, dass Sie eine Seele haben?«, antworteten die Befragten zu fast 90 Prozent mit Ja. Diese Statistik führt jedoch insofern in die Irre, weil nur sehr wenige Menschen tatsächlich über *Erfahrung* mit der eigenen Seele verfügen. Sie vermeiden es, sich auf den spirituellen Weg zu begeben, weil sie befürchten, das werde kein Zuckerschlecken, sondern eine mühselige Angelegenheit, die ihnen viele Opfer abverlangt. Aber haben wir mit genau dieser Aussage nicht bereits in höchst zutreffender Weise unseren Alltag beschrieben? (Einer der großen Bestseller der Achtzigerjahre, *Der wunderbare Weg* von M. Scott Peck, konnte sich mit vier schlichten Worten Millionen Leser angeln: »Das Leben ist schwierig.«)

Mit Ihrer Seele in Verbindung zu treten ist einfacher als alles, was Sie derzeit tun. Mühe kostet es nur, die Seele auf Distanz zu halten. Sobald Sie aufhören, sich abzustrampeln, tut sich der Weg zur Seele ganz von allein auf. All das, was Sie erreichen wollen, wird sich dann auf natürliche Weise entfalten. Das hat Jesus gemeint, als er sagte: »Bittet, so wird euch gegeben; klopfet an, so wird euch aufgetan.«

Wenn Sie im Alltag auf Hindernisse stoßen, dann haben

Sie zuvor innere Hindernisse errichtet. Diese blockieren den Lebensfluss, der von der Seele über den Geist zum Körper strömt. Wäre der Fluss nicht blockiert, würde er Ihnen alles bringen, was die Seele zu bieten hat. Die Seele stellt Ihnen einen offenen Kanal zur Verfügung. Bitten Sie darum, die Wahrheit über etwas zu erfahren, dann wird Ihnen die Wahrheit eingegeben werden. Fragen Sie nach der Lösung für ein Problem, so wird sie sich Ihnen eröffnen. Darum heißt es im Buddhismus, dass jede Frage bereits im Augenblick der Fragestellung mit der ihr zugehörigen Antwort Hand in Hand geht.

Ist im Gewahrsein ein Kanal verschlossen, so wurde er vorübergehend blockiert. Das Gefährliche daran ist, dass wir einen Großteil dieser Blockaden gar nicht bemerken. Wir alle haben uns mit der Aussage »Das Leben ist schwierig« deshalb so lange abgefunden, weil wir keine Alternative gesehen haben. Wie bei den Ablagerungen, die sich auf den Innenwänden der Arterien immer weiter aufbauen, bis sie das gesamte Blutgefäß verstopft haben, bauen sich auch Anstrengungen und Belastungen in einem schleichenden, in winzigen Abstufungen verlaufenden, den Gewahrseinskanal verengenden und letztlich verschließenden Prozess ganz allmählich auf.

Eines Tages wurde mir das erneut bewusst, als ich zwischen zwei Flügen gerade mal wieder viel Zeit am Flughafen verbrachte. Der Vorfall liegt schon einige Jahre zurück. Meine Tochter Mallika war inzwischen Mutter geworden. Ihr Mädchen – Tara, mein erstes Enkelkind – war damals zwei Jahre alt. Während meiner Zwischenaufenthalte am Flughafen rief ich, um mir ein wenig Kurzweil zu verschaffen, Tara häufig übers Handy an. Sie in solchen Situationen anzurufen wurde schnell zu einem regelrechten Ritual, das uns beiden viel Freude bereitete: mir, weil Tara meine Stimme erkannte, und ihr, weil für eine Zweijährige ein Telefon einfach ein magisches Spielzeug ist.

Nachdem ich an jenem Tag das Telefonat beendet hatte, wurde ich auf eine junge Frau aufmerksam, die mit den Nerven völlig am Ende zu sein schien und in meine Richtung gehastet kam, um ihren Flug noch zu erwischen. Mit zwei Kleinkindern im Schlepptau, ohnehin spät dran, mühte sie sich, abgesehen vom Gepäck, auch noch mit einem Kinder-Sportwagen ab. Das war mehr, als die junge Mutter zu bewältigen vermochte; was wiederum die Kinder zum Weinen brachte. Ich sah, wie sie die beiden zum Check-in-Schalter hinter sich herzog. Aber die junge Frau hatte kein Glück. Alle Passagiere waren bereits abgefertigt und an Bord gegangen, der Flugsteig geschlossen. Sie musste sich bis zum nächsten Flug gedulden. Inständig bat sie darum, man möge sie doch noch an Bord lassen, weil sie dringend zu ihrer Familie zurückmüsse. Nach einem langen Tag war sie nun unübersehbar mit ihrem Latein am Ende.

Getreu der Devise: »Regeln sind dazu da, dass sie eingehalten werden«, beharrte die Mitarbeiterin am Schalter jedoch standhaft auf ihrer Position: Schließlich hätten die Passagiere sich allerspätestens 15 Minuten vor Abflug am Flugsteig einzufinden. Erschöpft und frustriert, die immer noch weinenden Kinder an der Hand, dreht sich die junge Mutter um und ging.

Als sie außer Hörweite war, drehte die Frau vom Check-in-Schalter sich zu ihrer Assistentin um und sagte: »Was hätte ich denn tun können? Mir sind die Hände gebunden.« Die Assistentin, die weiter der jungen Mutter hinterherschaute, meinte daraufhin: »Schätze, das ist alles verflixt schwierig.«

Das Leben ist eine verblüffende Mischung aus Taras unschuldiger Freude und Leichtigkeit – mitsamt der Freude, die sie dadurch in mir geweckt hat – und solch einem Sichabkämpfen wie im Fall der jungen Mutter. Wir haben keineswegs das Gefühl, uns für das eine statt des anderen zu entscheiden. Und doch tun wir genau das. Denn jede/r von uns war zu Beginn des Lebens wie Tara. Aber wir lernen frühzeitig, uns abzurackern. Das Tragische daran ist: Wir lernen es zu früh, um begreifen zu können, dass wir diese Unschuld und unkomplizierte Leichtigkeit eigentlich niemals preisgeben dürften. Nur in Unschuld können Sie die Gaben der Seele empfangen. Sobald Sie hingegen akzeptieren, dass Sie sich abrackern müssen, dass Sie zu kämpfen haben, um zu überleben, wird diese Vorstellung zu Ihrer Lebenswirklichkeit. Und die bekommt ihre eigene Energie, entwickelt eine Eigendynamik. Ihr Gehirn lernt schnell, sich darauf einzustellen, und sobald es entsprechend konditioniert ist, steht für Sie fest, wie Ihre Welt aussieht, wie sie sich anfühlt und anhört – bis Sie sich aus dieser Konditionierung wieder befreien können.

Sich auf die Seele einstimmen

Wir wissen bereits, dass der Körper gewahr ist. Indem Sie sich auf ihn einstimmen, können Sie Ihr Gewahrsein steigern. Durch Einstimmung erhalten Sie auch einen klaren Kanal zu Ihrer Seele. Auf die Seele stimmen Sie sich immer dann ein, wenn Sie die Entscheidung treffen, sich zu öffnen, um innerlich zu wachsen. Wenn Sie hingegen abschalten, ist die Verbindung zur Seele blockiert. Mit jeder im Sinn einer Verengung des Gewahrseins getroffenen Entscheidung verkleinern und verschließen Sie zugleich den Kanal zu Ihrer Seele. Jeder von uns erlebt beide Zustände. So mystifizierend wir auch über die Seele reden mögen, mit ihr verbunden zu sein ist im Grunde eine ganz alltägliche Erfahrung.

Auf die Seele eingestimmt sein heißt:
- Die Dinge laufen mühelos in meinem Sinn.
- Ich verspüre eine ruhige Gewissheit.
- Die Antwort ist klar.
- Alles passt zusammen.
- Ich erlebe mich in Einklang mit der Situation.
- Kein äußeres Hindernis steht mir im Weg.
- Gegensätze sind miteinander ausgesöhnt.
- Ich bin für jede Möglichkeit offen.
- Ich beurteile weder mich selbst noch andere.
- Ich bin ganz, ich bin heil.

Wann immer Sie aus diesem Zustand herausgerissen sind, stehen Sie nicht länger zu Ihrer Seele in Verbindung. Auch diesen Zustand erleben wir im Alltag immer wieder.

Nicht auf die Seele eingestimmt sein heißt:
- Die Dinge laufen nicht rund für mich.
- Ich bin verwirrt und unsicher.
- Die Antwort ist unklar. Ich schwanke hin und her.
- Vieles geht drunter und drüber.
- Ich erlebe mich nicht in Einklang mit der Situation.
- Zahlreiche Hindernisse sind vorhanden.
- Innerlich bin ich hin- und hergerissen.
- Es fällt mir schwer, einen Ausweg zu finden.
- Immer wieder mache ich mir und anderen Vorwürfe.
- Ich fühle mich unvollständig. Offenbar fehlt mir etwas.

Bitte missverstehen Sie diese beiden gegensätzlichen Zustände nicht als etwas Dauerhaftes oder Absolutes. Jeder von uns stimmt sich tagtäglich ein und blendet sich wieder aus. Unter Anspannung verengt sich unser Gewahrsein – ein ganz ähnlicher Vorgang wie bei der körperlichen Stressreaktion. Unser Ziel besteht hier darin, eine dauerhafte Verbindung zur Seele herzustellen, die nicht wieder unterbrochen werden kann. Aber auch Menschen, die dieses letzte Ziel noch nicht erreichen, können zumindest für einige Augenblicke eine sehr tief gehende Verbundenheit empfinden, durch die sich ihr ganzes Leben wandelt.

Ein Freund schilderte mir neulich eine Begebenheit, die das gut illustriert. Er beschrieb, wie sich in einem Moment auf einmal sein Gewahrsein öffnete.

»Ich habe damals ziemlich rumgefaulenzt und bin als Rucksacktourist durch Europa getrampt. Zu der Zeit war ich 26 Jahre alt und mein Leben eine einzige ausgedehnte Urlaubsreise. Mit Aushilfsjobs hielt ich mich finanziell über Wasser, aber ich arbeitete immer nur so lange, bis ich das nötige Kleingeld für den nächsten Reiseabschnitt aufgetrieben hatte.

Bei der Gelegenheit stieg ich eines Tages als letzter Passagier ins Flugzeug, weil ich als Billigflieger auf der Warteliste gestanden hatte und auf einen frei bleibenden Platz warten musste. Neben einem offenbar in sein Buch vertieften Mitreisenden ließ ich mich auf den mir zugewiesenen Sitz fallen. Mein Nachbar und ich wechselten keinen Blick. Die Maschine hob ab und ich saß einfach da. Aus irgendeinem Grund verspürte ich in mir dieses Empfinden von Leere, verbunden mit einer vagen Unzufriedenheit. Das erstaunte mich, denn diese Zeit des Müßiggangs in Europa war eigentlich eine besonders glückliche Phase in meinem Leben. Nichtsdestoweniger hörte ich, wie ich mir in diesem Augenblick selbst die Frage stellte: *Was tust du hier eigentlich? Das ist doch eine einzige Verschwendung.*

Da bemerkte ich plötzlich, dass der Mann auf dem Nebensitz das Buch beiseitegelegt hatte und in meine Richtung blickte. ›Stimmt irgendwas nicht?‹, fragte er. Ich war zwar etwas irritiert von seiner Frage, ließ ihn jedoch aus irgendeinem Grund nicht abblitzen. Der Typ machte eigentlich einen sympathischen Eindruck. Daher erzählte ich ihm, was in mir vorging. Er fragte mich, ob ich seine Meinung dazu hören wolle. ›Klar‹, antwortete ich. – ›Sie stehen an einem Punkt in Ihrem Leben, wo Sie eine Entscheidung treffen müssen‹, meinte er.

Das kam für mich völlig unerwartet. ›Was denn für eine Entscheidung?‹, wollte ich wissen.

›Sie tragen sich mit dem Gedanken, Ihrer Kindheit Lebewohl zu sagen.‹

Ein leichtes Lächeln umspielte seine Lippen, doch er meinte es ernst, das war mir klar. ›Woher wollen Sie das wissen‹, fragte ich ihn.

›Weil es mir ebenso ergangen ist‹, sagte er. ›Eines Tages dämmerte mir einfach: *Ich bin erwachsen*. Ich hatte eine Linie überschritten, hinter die es kein Zurück mehr gab. Dasselbe ist, glaube ich, Ihnen gerade widerfahren.‹«

Mein Freund schüttelte, immer noch ungläubig dreinschauend, den Kopf: »Mein Sitznachbar hatte recht. Da brauchte ich gar nicht lange hin und her zu überlegen. Die Jugendjahre waren für mich vorüber. Ich flog also zurück nach Hause, verstaute den Rucksack auf dem Dachboden, sagte meinen Aushilfsbeschäftigungen Adieu und machte im Berufsleben endlich Nägel mit Köpfen.«

»Eigentlich gar nichts so Ungewöhnliches«, hielt ich ihm entgegen.

»Ich weiß. Jeder muss irgendwann mal erwachsen werden. Aber ist es nicht eigenartig, dass es bei mir so holterdiepolter ablief und ich just in dem Moment neben jemandem saß, der wusste, was in mir vorging, und genau das Gleiche erlebt hatte?«

Das ist ein Beispiel dafür, wie höheres Bewusstsein in den

Alltag hineinwirkt. Oberflächlich ist der Geist bis zum Rand mit Gedanken und Gefühlen vollgepackt. Kaum machen Sie morgens die Augen auf, ergießt sich bereits ein wahrer Sturzbach von Empfindungen und Vorstellungen über Sie. Aber das Leben hat seine verborgenen Muster, die fast auf dieselbe Art und Weise wirksam werden, wie ein im Schlummerzustand befindliches Gen plötzlich aktiviert wird. Scheinbar aus heiterem Himmel kommt Ihnen eine Einsicht. Und von einem Augenblick zum andern kann sich Ihr ganzes Leben ändern.

Meist ändert sich der Lauf Ihres Lebens jedoch auf eine weniger dramatische Art und Weise. Dieser Prozess hat seine eigene Rhythmik und seine eigenen Zeitabläufe. Einsichten sind, ob sie sich nun langsam oder schnell einstellen, auf jeden Fall etwas Geheimnisvolles: Mit einem Mal bemerken Sie, dass Sie etwas wissen, was Sie bis dahin nicht wussten. Eine althergebrachte Sicht der Dinge macht plötzlich einer neuen Perspektive Platz.

Einschneidende Veränderungen in der persönlichen Entwicklung sind ein weites Feld. Psychologen haben viele umfangreiche Abhandlungen darüber verfasst: Beispielsweise über die »Identitätskrise«, die – meist nach dem 20. und vor dem 25. Lebensjahr einsetzende – Phase des Erwachsenwerdens von Teenagern. Oder über die »Krise in der Lebensmitte«, die Midlife-Crisis, wo Menschen in Panik geraten, weil die Zeit des jungen Erwachsenenalters vorüber ist und man einen starken Impuls erlebt, noch ein zweites Mal jung zu sein.

Das entscheidende Merkmal jedes Wendepunkts in unserer Entwicklung ist, dass das Leben dadurch eine neue Bedeutung gewinnt. Und wenn dies eintritt, kann die Veränderung durchaus dramatische Dimensionen annehmen. Wie bei Scrooge,[7] der an Heiligabend eine komplette Wandlung vom egoistischen Geizhals zum altruistischen Menschenfreund durchläuft. Wenn Sie sich plötzlich verlieben oder wenn eine Liebe zu Ende ist, wenn Sie nach Jahrzehnten des Unglaubens von einem Moment auf den anderen zur Religion finden oder wenn Sie zur Arbeit gehen und feststellen, dass das Gefühl, beruflich ein erfülltes Leben zu führen, der Empfindung von Leere gewichen ist, dann bedeutet dies jeweils eine einschneidende Veränderung des Gewahrseins. Gewinnt Ihr Dasein einen von Grund auf neuen Sinn, so hat höheres Gewahrsein von der Ebene der Seele aus in Ihr Leben hineingewirkt.

Nehmen wir die Erfahrung der Liebe als Beispiel: Liebe im Sinn jenes körperlichen und emotionalen Zustands, als den wir sie in der sichtbaren Welt erleben, kann uns voll und ganz überwältigen. Verliebt zu sein bedeutet, Sie sind erregt von dem sexuellen und romantischen Reiz eines anderen Menschen: Ihrer/Ihres Liebsten. Ihr Herz pocht und die Pulsfrequenz ist erhöht. Im Vergleich zu dem berauschenden Erlebnis des Verliebtseins verblassen die gewöhnlichen Alltagserfahrungen. In der Phase, in der dieser emotionale Sturzbach über Sie hereinbricht, hat ein Versuch, ihn zu kanalisieren, ihn zu läutern und zu verfeinern, keine reelle Chance. In ruhigeren Momenten ist Liebe indes stabiler und reiner, etwa in der Liebe zwischen Mutter und Kind. Wenn wir sie weiter läutern und verfeinern, wird diese Liebe zu einer in höherem Sinn *menschlichen* Liebe, sie wird humanistisch, wird philanthrop, wird zu Mitgefühl. Noch reiner ist die auf Abstraktion beruhende Liebe, wie wir sie in der Liebe zur Schönheit erleben oder in Form der Wahrheitsliebe. Und für die wenigen, die Zugang zur subtilsten Essenz finden, wird Liebe zu guter Letzt zu einem Aspekt Gottes oder des Göttlichen. Freilich erreicht nicht jede Liebe dieses erhabene Ziel. Das Wesentliche daran ist jedoch der Prozess:

die Läuterung und Verfeinerung des Gewahrseins, bis es empfindsamer, subtiler und reiner wird. Ihre/n Liebste/n werden Sie dann nach wie vor lieben. Der physische Aspekt der Liebe verschwindet nicht. Zugleich werden Sie allerdings Empfindungen haben, die sich auf die höheren Aspekte der Liebe beziehen – als würden Sie in Ihrem Körper leben und gleichzeitig durch ihn hindurchschauen.

Für eine Einstimmung auf Ihre Seele ist es unerlässlich, in diesen Prozess einbezogen zu sein. Allerdings haben viele von uns die entsprechende Fähigkeit eingebüßt. Da erscheint es nur naheliegend und natürlich, dass uns die Seele abstrakt, entrückt, ungreifbar und fern anmutet. Schließlich ist man gar dazu übergegangen, sie als den »Geist in der Maschine«[8] zu bezeichnen – mit einem Ausdruck also, der gleich zwei völlig unzutreffende Vorstellungen miteinander verbindet. Denn die Seele ist kein Geist und der Körper keine Maschine.

Solch ein Abgeschnittensein von der Seele hat nichts mit Sünde oder Ungehorsam zu tun. Sie haben sich keiner schrecklichen Vergehen schuldig gemacht, in deren Folge Sie dazu verdammt wurden, ein Dasein als verlorene Seele zu fristen. (Engagierte Christen, darüber bin ich mir sehr wohl im Klaren, werden mir in diesem Punkt wahrscheinlich heftig widersprechen. Dennoch bin ich überzeugt, dass in einer säkularen Gesellschaft die meisten Menschen keineswegs glauben, mit der auf Adam und Eva zurückgehenden Erbsünde belastet zu sein.)

Aber auch wenn Sie ein tiefgläubiger Christ sind, ist es faszinierend zu sehen, dass im Alten Testament Gott verspricht, einen Boten auf die Erde zu senden, der den Herrn mit folgenden Worten in den Tempel bringen wird: »*Wer aber wird den Tag seiner Zukunft erleiden können, und wer wird bestehen, wenn er wird erscheinen? Denn er ist wie das*

Feuer eines Goldschmieds und wie die Seife der Wäscher. Er wird sitzen und schmelzen und das Silber reinigen.« (Maleachi 3,2–3) Die Menschen müssen, mit anderen Worten, einen Läuterungsprozess durchlaufen, ehe Gott Realität werden kann in ihrem Leben.

Müheloser Wandel

Einen Geist zu haben, der vollkommen klar, im jeweils gegebenen Augenblick gegenwärtig und von Hindernissen und Blockaden frei ist, wäre ideal. Damit wir das erreichen können, muss sich das Gehirn verändern. Als ein Teil des Körpers durchläuft das Gehirn seine eigenen Heilungsprozesse. Allerdings sind alte Konditionierungen, sobald sie im Gehirn Fuß gefasst haben, zum Bestandteil seines neuronalen Netzwerks geworden. Aus dem Blickwinkel der Seele jedoch unterliegen all diese Prägungen der Veränderung. Momente der Einsicht kommen. Und dann passt sich, wie auch immer das neuronale Netzwerk gerade geschaltet sein mag, das Gehirn an. Unglücklicherweise geht die Hirnforschung in unseren Tagen von der – für sie völlig außer Frage stehenden – Voraussetzung aus, dass Veränderungen im Gehirn stets auf der physischen Ebene stattfinden. Können wir zeigen, dass das Gehirn in Wahrheit ein drahtloses Netzwerk ist? Gelingt uns dies, ist der Weg frei für das Gewahrsein als Schlüssel zur persönlichen Transformation.

Diese Möglichkeit schien schlagartig um vieles wahrscheinlicher, nachdem seit den Achtzigerjahren ein italienisches Forscherteam mit eingehenden Untersuchungen am Gehirn von Makaken begonnen hatte. Die Wissenschaftler beobachteten, wie im prämotorischen Kortex (einer für Handlungen zuständigen Hirnregion) eines Makaken ein bestimmtes Neuron aktiviert wurde, sobald der Affe nach einer Frucht griff, beispielsweise nach einer Banane. Das war an sich beileibe kein ungewöhnlicher Befund. Muskeln setzen sich in Bewegung, weil Gehirnzellen sie dazu veranlassen. Allerdings wurde dasselbe Neuron aktiviert, wenn der Affe nur sah, wie ein Artgenosse nach der Frucht griff. Mit anderen Worten: *Der Akt des Beobachtens einer Handlung durch einen Artgenossen aktivierte das Gehirn des ersten Affen in der gleichen Weise, als hätte er diese Handlung selbst vollzogen.*

Der Begriff »Spiegelneuron« war geboren. Mit ihm bezeichnet man ein Neuron, das eine in einem anderen, von ihm getrennten Gehirn stattfindende Handlung imitiert. Bei einem Affen, der einem Techniker des Untersuchungslabors zuschaut, wie er nach einer Banane greift, werden die Spiegelneuronen auf die gleiche Weise aktiviert, als würde er einen anderen Affen dabei beobachten. Dieser Vorgang beruht keineswegs auf einem rein mechanischen Ansprechverhalten. Ein Spiegelneuron erkennt sehr wohl den Unterschied zwischen einer Handlung, die für das Neuron von Interesse, und einer solchen, die ihm gleichgültig ist. Wenn zum Beispiel ein Makak einem der am Experiment beteiligten Menschen dabei zusieht, wie dieser ein Stück Obst in den Mund steckt, werden gleich eine ganze Reihe von Neuronen aktiviert. Legt die betreffende Person die Frucht hingegen lediglich in eine Obstschale – eine Handlung, die für einen Affen eher uninteressant ist –, wird kaum ein Neuron aktiviert.

Das heißt, dass die Neuronenverbindungen im Gehirn nicht durch unmittelbare physische Erfahrung ausgestaltet werden müssen. Der gleiche Vorgang kann auf indirektem Weg ablaufen. Lernen auch wir in erster Linie auf diese Art und Weise? Es scheint ein intuitiver Vorgang zu sein, wenn etwa ein Affenbaby lernt, Dinge zu greifen, indem es die Hand danach ausstreckt. Es handelt sich in diesem Fall jedoch nicht um Intuition, da ein Affenbaby zunächst einmal noch nicht über die nötigen neuronalen Verknüpfungen verfügt, um die Handlung zum ersten Mal ausführen zu können. Genau an dem Punkt kommen nun die Spiegelneuronen ins Spiel: Sie haben die Aufgabe, diese Verknüpfungen herzustellen, einfach durch Zuschauen – oder, genauer gesagt, durch Achtgeben und interessierte Anteilnahme. Diese Worte sollten bei Ihnen ein Glöckchen klingeln lassen. Denn die tibetischen Mönche, deren Gehirn über ein neuronales Netzwerk für Mitgefühl verfügt, haben dieses auf die gleiche Weise aufgebaut.

Das Gehirn benötigt nicht einmal Anleitung, um neue Bahnen zu schaffen. Affenbabys, die noch gestillt werden, beobachten ihre Mutter beim Verzehr fester Nahrung. Daraufhin werden die Spiegelneuronen in ihrem Gehirn so aktiviert, als würden sie selbst feste Nahrung zu sich nehmen. Kommt dann die Zeit der Entwöhnung, ist das Gehirn darauf vorbereitet. Eine unbekannte Welt wird also schlicht durch Hinsehen vertraut. Möglicherweise lernen wir Menschen auf die gleiche Weise. Doch das ist noch nicht bewiesen. Aus ethischen Gründen verbietet es sich, bei Kleinkindern Gehirnzellen an Elektroden anzuschließen. Schaut man sich jedoch die Augenbewegungen an, scheint es freilich so zu sein, als entwickelten die Babys im ersten Lebensjahr ein Spiegelneuronensystem einfach dadurch, dass sie wichtige Vorkommnisse in ihrem Umfeld aufmerksam verfolgen.

Lernen wir so auch von der Seele? Zumindest *ein* starkes Indiz spricht dafür. Rufen Sie sich das Phänomen des *Darshan* in Erinnerung – das Phänomen der Segensübertragung, während jemand in der Nähe eines Heiligen verweilt.

Die Weisen glauben, wir bräuchten lediglich den Blick auf einem Heiligen ruhen zu lassen, um seines Segens teilhaftig zu werden. Und jetzt wird für uns auch verständlich, wie das geschehen kann: Durch den Akt des Sehens verändert sich das Gehirn des ehrerbietigen Betrachters. Das Wort »Sehen« ist ein zu schwacher Ausdruck dafür. Denn in seiner höchsten Form, *Atman Darshan*, vollzieht sich eine direkte Übertragung von einer Seele (oder *Atman*) zur anderen. Aber wie hätte man je von selbst darauf kommen sollen, dass hier Spiegelneuronen am Werk sind? Als ich in meiner Kindheit mit meinem Onkel die ortsansässigen Heiligen aufsuchte, war mir der Begriff unbekannt. Doch für die Wirkungen, die ich verspürte – die Beschwingtheit, das Hochgefühl, den inneren Frieden –, brauchte es kein Verstehen: Mühelos hatte eines anderen Menschen Seele mein Gehirn zu verwandeln vermocht.

Warum aber sollte meine Seele nicht dasselbe bewirken können?

Die Seele braucht nichts anderes zu tun, als durch ihre Ausstrahlung zu wirken. Wenn es ausreicht, sich einfach nur in der Nähe eines Heiligen aufzuhalten – wie viel näher sind Sie und ich doch der eigenen Seele? Höheres Bewusstsein ist ein Feld, ähnlich wie Elektrizität oder Magnetismus und wenn ein Mensch mit diesem Feld in Berührung kommt, wird das vom Gehirn widergespiegelt. Das Wort *Darshan* leitet sich von dem Sanskrit-Tätigkeitswort für »sehen« her. Ihre Augen müssen dabei freilich nicht geöffnet sein: Allein die Nähe zu dem Feld ruft schon die Wirkung hervor.

Geht man den Dingen weiter auf den Grund, stellt man fest, dass Bewusstsein nichts Statisches ist. Ein Heiliger kann eine spezifische Energie übertragen, eine Heilenergie beispielsweise, und diese kann auf eine bestimmte Person gerichtet sein. Denken Sie an jene Passagen im Neuen Testament, in denen Jesus angefleht wird, die Kranken zu heilen. Meist reagiert er da ausgesprochen zurückhaltend. Denn er will, dass seine Zuhörer in sich gehen, um das Himmelreich zu entdecken. Im Wesentlichen sagt er ihnen, das Feld sei Teil von ihnen. Äußere Wundertaten lenken demnach die Aufmerksamkeit in die falsche Richtung. Wenn Jesus die Lahmen, die Krummen und die Blinden schließlich doch heilt, schreibt er das Wunder demjenigen zu, der geheilt wurde, nicht sich selbst.

Der Abschnitt Markus 10,46–52 liefert ein eindrucksvolles Beispiel dafür. Im Mittelpunkt steht hier ein blinder Bettler, der am Straßenrand sitzt, als Jesus vorüberkommt.

Und als er hörte, dass es Jesus von Nazareth war, fing er an zu schreien und zu sagen: »Jesus, du Sohn Davids, erbarme dich meiner!« Und viele bedrohten ihn, er sollte stillschweigen. Er aber schrie noch viel mehr: »Du Sohn Davids, erbarme dich mein!« Und Jesus stand still und sprach: »Rufet ihn her!« Und sie riefen den Blinden und sprachen zu ihm: »Sei getrost, stehe auf! Er ruft dich!« Und er warf seinen Mantel von sich, sprang auf und kam zu Jesus. Und Jesus antwortete und sprach zu ihm: »Was willst du, dass ich dir tun soll?« Der Blinde sprach zu ihm: »Rabbuni, dass ich wieder sehen kann.« Jesus aber sprach zu ihm: »Gehe hin, dein Glaube hat dir geholfen.« Und alsbald konnte er wieder sehen und folgte ihm nach auf dem Wege.

Der Blinde, das fällt an dieser Textpassage auf, scheint eher beharrlich zu sein als gläubig. In der Tradition des *Darshan* macht dieses Geschehen jedoch Sinn: Heilung hängt davon ab, dass ein höheres Bewusstsein zu einem weniger hoch entwickelten in Verbindung tritt, eine vollkommene Seele einem unvollkommenen Körper Energie sendet. (Eigentlich müsste es gar nicht sein, dass Jesus eingreift. Es sei denn, »der Geist ist willig, doch das Fleisch ist schwach«, wie er es mit dem Ausdruck des Bedauerns seinen Schülern gegenüber formuliert. Mit anderen Worten: Der Körper seiner Schüler ist, anders als der Körper Jesu, noch keineswegs in vollkommener Weise auf die Seele eingestimmt.) Ganz so wie einem Magneten keine Wahl bleibt – er muss einfach nach Norden weisen –, bleibt dem Körper dann gar nichts anderes übrig, als sich zu verändern. Was könnte müheloser sein?

Paulines Geschichte

»Wer mich kennt, der weiß, dass mein Leben unter einem glücklichen Stern steht«, erklärte Pauline, eine jetzt 40-jährige berufstätige Frau. »Manche Menschen schütteln den Kopf und sagen dies in einem neidischen Tonfall oder mit einem ungläubigen Ausdruck. Aber kaum jemand kennt die Wahrheit. Es gibt einen Grund dafür, dass in meinem Leben alles rund, in meinem Sinn läuft.«

Fragend runzelte ich die Stirn: »Alles?«

Pauline nickte. »In 20 Jahren habe ich keinen einzigen Rückschlag erlebt. Manchmal geschehen Dinge, in denen andere Menschen ein Problem sehen, doch dann nimmt es stets ein gutes Ende. Egal, was es ist.« Sie klang durchaus nicht selbstgefällig, auch lag kein verschmitztes Lächeln auf ihrem Gesicht, als hüte sie da irgendwo im Innern doch ein Geheimnis. Pauline war es Ernst mit dem, was sie sagte.

»Angefangen hat alles in einer sehr anstrengenden Zeit meines Lebens. Nachdem ich das College abgeschlossen hatte, wusste ich nicht recht, wie es weitergehen sollte. Mit 25 Jahren war ich auf einer Stelle im öffentlichen Dienst gelandet, die mir Sicherheit bot, nicht mehr und nicht weniger. Ich hatte des Öfteren Verabredungen mit Männern, doch ein ernsthafter Kandidat war nicht darunter. Das klingt wahrscheinlich nach dem üblichen Gejammere und vermittelt keinen Eindruck davon, wie rastlos und unzufrieden ich mich damals tatsächlich fühlte. Manchmal wachte ich mitten in der Nacht auf und schnappte wie eine Ertrinkende nach Luft.

Niemand wusste, wie mir zumute war. Was hätte ich auch sagen sollen? Niemand konnte mir erklären, was eigentlich mit mir los war. Niemand, den ich kannte, jedenfalls.«

»Wissen Sie es jetzt?«, fragte ich.

Pauline nickte. »Ich stand im Begriff, innerlich zu zerbrechen. Nein, das dramatisiert es zu sehr. Ich stand in einem Umgestaltungsprozess. Das muss schon eine ganze Weile so gegangen sein, vielleicht seit meiner Kindheit. Mit zehn war ich sehr religiös, pflegte schwarze Kleidung zu tragen und mich nach oben in die Mansarde zurückzuziehen, um die Bibel zu lesen. Jedenfalls wusste ich nicht, wie ich mit meiner Ruhelosigkeit, die an einem Samstagnachmittag einen Höhepunkt erreichte, umgehen sollte. Ich saß in einem alten Sessel am Fenster. Ich erinnere mich nicht mehr, worum sich meine Gedanken in dem Moment gerade drehten. Aber ich erinnere mich, dass ich überlegte, ob man so den Verstand verliert.«

»Hatten Sie das Gefühl, verrückt zu sein oder zu werden?«, fragte ich sie.

Sie schüttelte den Kopf. »Das war ja das Merkwürdige daran. Ich spürte nicht die leiseste emotionale Erregung. Eine eigentümliche Ruhe war über mich gekommen. Mir war so, als würde ich jemand anderem dabei zusehen, wie seine Gedanken mit einem Affenzahn hin und her sausen. Und mit einem Mal hörte alles auf. Ich schaute hinaus in die helle Sommersonne und wusste: *Alles, was du willst, wird zu dir kommen. Es gibt nichts zu tun.* Einfach so. Ich konnte es nicht glauben.«

»Haben Sie in Ihrem Kopf eine Stimme gehört?«, fragte ich.

»Nein. Allerdings hatte ich ein Gefühl, als würde jemand mit mir kommunizieren. Gott? Mein höheres Selbst? Diese innere Stimme möchte ich eigentlich nicht mit einem Namen versehen, aber mein Körper wurde ganz entspannt. Ich habe geglaubt, gleich würde ich losheulen. Doch stattdessen war da ein großer, großer Seufzer zu vernehmen. Eine gewaltige Last wurde von mir genommen, von der ich vorher nicht einmal gewusst hatte, dass ich sie mit mir schleppe.«

»*Eine* Offenbarung und Sie sind zu einem Glückspilz geworden?«, meinte ich.

»Ja.« Pauline war vollkommen ruhig.

»Auf der Stelle?«

»Nicht ganz. Zuerst bin ich in einem euphorischen Zustand durch die Welt gelaufen. Ich habe dem, was die innere Stimme mir mitgeteilt hatte, vollkommen vertraut und alles nur noch durch rosarote Brillengläser betrachtet. Wissen Sie, ich hatte überhaupt keine Angst mehr. Die meisten Menschen sind sich nicht im Klaren darüber, aber die Angst lauert immer irgendwo im Hintergrund, wie Termiten im Gebälk. Ist sie fort, hellt sich die ganze Welt auf.

Diese Phase dauerte allerdings nur ein paar Wochen. Dann kam ich runter von meinem Hochgefühl und war wieder mehr ich selbst. Das war's also gewesen, hätte man meinen können. Tatsächlich aber war die Veränderung ganz real. Danach ist mir nichts Schlimmes mehr widerfahren. Ich fing an, die richtigen Entscheidungen zu treffen. Mein Dasein war nicht länger eine Aneinanderreihung von Krisen und Dramen. Andere Leute wurden zunehmend darauf aufmerksam, dass mein Leben unter einem glücklichen Stern stand.«

Paulines ruhiger Gewissheit war anzumerken, dass es sie nicht kümmerte, ob ihr jemand Glauben schenkte. Ich beglückwünschte sie. Wir plauderten noch ein bisschen länger über die guten Dinge, die ihr widerfahren waren. Dann verabschiedete sie sich.

Selten habe ich jemanden kennengelernt, der ein besseres Beispiel für den Feldeffekt der Seele abgibt. Die Stimme, die sie damals vernommen hat, war niemand anderes als sie selbst. Sie hat die Stimme ihrer Seele gehört, könnte man sagen. Allerdings ist die Seele stumm. So hat sie wohl eher den eigenen Geist gehört, der seinen Bewusstseinswandel in Worte fasste.

Solche Wendepunkte kann man nicht vorhersehen. Nie weiß man im Voraus, dass man einen Quantensprung erleben wird. (Eine Phase inneren Aufruhrs zu durchlaufen, wie Pauline es getan hat, ist indes nichts Ungewöhnliches.) Offenbarungen gibt es in allen möglichen Formen. Sie alle als religiös einzustufen wäre unangebracht. Eines haben freilich sämtliche Offenbarungen miteinander gemein: Das Gewahrsein öffnet sich und reicht über die gewohnten Grenzen hinaus.

Im Kern geht es meines Erachtens in der eben beschriebenen Offenbarung um Hingabe. Stellen Sie sich vor, Sie stehen im Spannungsfeld zweier widerstreitender Kräfte. Eine von beiden, die Konditionierung, zieht und zerrt Sie in Richtung eines Lebens voller Mühe und Anstrengung. Die andere, die Kraft der Seele, zieht Sie zu einem durch Mühelosigkeit gekennzeichneten Leben. Das sieht nach einer hochgradig unfairen Auseinandersetzung aus, da hinter der ersten Kraft ein mächtiger Verbündeter steht: So gut wie alle Menschen, die Sie kennen, akzeptieren, dass das Leben schwierig und mühevoll ist. Daher fordert die Gesellschaft von Ihnen, dass Sie sich dieser Einschätzung anschließen: nicht nur in Wort und Tat, sondern auch mit den Gedanken, die Ihnen durch den Kopf gehen. Denn Ihre Gedanken sind genau genommen nicht die Ihren. Hunderte Stimmen aus Ihrem weiteren Umfeld – von Familienangehörigen, Freunden, Massenmedien und der Gesellschaft ganz allgemein – haben Sie sich so zu eigen gemacht, dass sie jetzt aus Ihnen sprechen.

Anders als diese mächtige Allianz verfügt die Seele über keine sichtbare Macht. In dem vielstimmigen Chor in Ihrem Kopf hat die Seele keine eigene Stimme. Und sie ist etwas viel zu Persönliches, als dass andere Menschen sie Ihnen erläutern könnten. Gewahrsein vermag, wie wir gesehen haben, Energie in Bewegung zu setzen. Doch das Gewahrsein der Seele ist derart verfeinert, dass die von ihr bewegte Energie unglaublich subtil ist. Wenn ihr so vieles entgegenwirkt, wie kann dann aber die Seele überhaupt eine Kraft ausüben? Auf diese Frage gibt es eine erstaunlich simple Antwort. Ihre Seele sind Sie. Äußere Kräfte üben unentwegt Druck aus. Kurzfristig gesehen werden die Signale Ihrer Seele dadurch blockiert. Letzten Endes können Sie sich selbst jedoch nicht ignorieren. Da die Seele Ihnen ohnehin nie von der Seite weicht, kann sie so lange warten wie nötig.

Sie können ein einfaches Experiment durchführen, um sich davon zu überzeugen. Schauen Sie sich etwas anderes an, das ebenfalls jederzeit gegenwärtig ist: die Atmung. Stundenlang schenken Sie ihr keine Beachtung. Dennoch atmen Sie unablässig, ohne dass die Atmung Ihre Aufmerksamkeit auf sich zieht. Versuchen Sie nun, während Sie still dasitzen, dem Atem keine Beachtung zu schenken. Unternehmen Sie bewusst den Versuch, ihn von Ihrer Wahrnehmung auszuschließen. Es gelingt Ihnen nicht. Sobald der Atem Ihre Aufmerksamkeit auf sich gezogen hat, ist schon eine Veränderung eingetreten. Irgendwann wird der Geist dann aber natürlich erneut abschweifen. Sie vergessen die Atmung wieder. Doch das macht keinen Unterschied. Wie die Seele kann auch Ihr Atem es sich leisten zu warten, denn er ist immer bei Ihnen, solange Sie leben.

Was in Paulines Fall geschah, war keine Erscheinung im gewöhnlichen Sinn. Es war nicht so, dass Gott im Himmel sie auf einmal bemerkt und ihr ein persönliches Telegramm geschickt hat. Vielmehr ist sie auf ihre Seele in der gleichen Weise aufmerksam geworden, wie jemand plötzlich auf seinen Atem aufmerksam wird: an sich gar nicht unbedingt so etwas Außergewöhnliches. Jeder von uns erlebt flüchtige Momente, in denen er ungewollt in einen höheren Bewusstseinszustand eintritt. Der knifflige Punkt ist, den Geist nicht wieder abschweifen zu lassen. Pauline ist etwas Seltenes gelungen: Sie hat ihre Seele bemerkt und ihre Aufmerksamkeit dann nicht wieder auf etwas anderes gerichtet. Die Präsenz der Seele blieb ihr erhalten. Deshalb führt sie ein Leben unter einem glücklichen Stern.

Das mag für Sie nach einem Sonderfall aussehen. Doch das Prinzip ist allgemein gültig. Gelingt es Ihnen, die Aufmerksamkeit auf die Ebene der Seele zu bringen, müssen Sie sich nicht länger abstrampeln. Als Erstes braucht es dazu einen Perspektivwechsel. Doch auch in der Art und Weise, wie das Leben mit Ihnen umgeht, treten Veränderungen ein. Diese sind freilich ein wenig geheimnisvoller. Unsere Gesellschaft akzeptiert nicht, dass der – unsichtbaren, ewigen, abgeklärten, unsterblichen, unbewegten – Seele die Macht innewohnt, die so hartnäckige Welt der konkreten Objekte und im Materiellen sich manifestierenden Geschehnisse zu transformieren. Soll das Leben aber einfacher werden, muss die Seele die Macht dazu haben. Weitere Ebenen des Geheimnisses wollen noch erkundet werden.

Heilung für Sie: Werden Sie zum Schöpfer Ihrer Offenbarung

Das Wort *Offenbarung* oder *Epiphanie* ist gewöhnlich auf einen religiösen Kontext beschränkt. Wie schade! Die Menschen gehen im Allgemeinen davon aus, dass Offenbarungen mit Gott zu tun haben und nur Heilige sie erleben. Eigentlich aber ist eine Offenbarung ein Mini-Durchbruch. Ein kleines Stück weit werden die Fesseln unserer Konditionierung gesprengt. Statt Opfer einer starren Überzeugung zu bleiben, fühlen Sie sich befreit. Wie kommt so ein Mini-Durchbruch zustande? Dazu müssen Sie Ihre Aufmerksamkeit der Seele zuwenden. Denn sie ist dasjenige an Ihnen, das keiner Konditionierung unterliegt. In diesem Sinn repräsentiert die Seele höheres Gewahrsein – sie ist frei von aller Konditionierung. Einfacher ausgedrückt: Die Seele sagt niemals Nein. Alles ist möglich. Was immer man sich vorstellen kann, wird wahr. Wenn Sie die Aufmerksamkeit auf die Seele gerichtet halten können, werden Sie jeden Tag eine Offenbarung erleben. Anstelle eines Neins werden Sie ein unumschränktes Ja erfahren.

Über den Macht- und Einflussbereich des Neins hinauszugelangen ist von allergrößter Bedeutung. Dieses Nein wirkt sehr überzeugend. Menschen weisen alle möglichen Erfahrungen zurück, weil sie der Meinung sind, damit das Richtige zu tun. Und sie widersetzen sich ihnen, weil sie sich nicht dazu aufraffen können, es nicht zu tun. Sie stehen so sehr unter dem Bann des Neins, dass kaum noch etwas anderes ins Gewicht fällt. Ein paar konkrete Beispiele zur Veranschaulichung werden hier hilfreich sein. Anschließend werden wir sehen, wie sich die innere Einstellung in jedem dieser Fälle revidieren lässt.

Über das Nein *hinausgelangen*
Den Bann des Neins gilt es immer dann zu brechen, wenn Ihr Geist

- Ihnen sagt, dass die Menschen sich nicht ändern;
- Sie in starren Gewohnheiten festhalten will;
- zwanghafte Denkmuster aufrechtzuerhalten sucht;
- Begierden entfacht, die sich nicht stillen lassen;
- Ihnen bei Ihrem Bestreben, sich zu befreien, Angst einzujagen und Sie einzuschüchtern versucht;
- Ihnen untersagen will, bestimmte Gedanken zu haben;
- den Eindruck erweckt, dass Sie etwas Verbotenes oder Gefährliches tun, wenn Sie einem natürlichen Drang folgen.

So manch ein Mini-Durchbruch ist notwendig, um aus dem Macht- und Einflussbereich des Neins herauszukommen, weil es in zahlreichen Bereichen derart viel Negativität zu überwinden gilt. Doch in jedem Bereich herrscht das gleiche Prinzip: Um sich das Leben leichter zu machen, müssen Sie aufhören zu tun, was Sie gerade tun. Das klingt entsetzlich verallgemeinernd, ich weiß. Aber würden Sie tatsächlich bereits das Richtige tun, dann wären Sie in Kontakt mit Ihrer Seele, dann würde sich Ihr Leben, Tag für Tag, gemäß dem bejahenden Prinzip entfalten. Darum gilt es aufzuhören mit dem, was Sie tun, und die Dinge umzukrempeln.

Wir wollen nun sehen, in welchen Bereichen es besonders notwendig ist, dem Einfluss des Neins die Grundlage zu entziehen.

Negative Überzeugung Nr. 1: Die Menschen ändern sich nicht. Im Augenblick der Entmutigung und Frustration klingt diese bestens bekannte Behauptung durchaus vernünftig. Bei genauerer Betrachtung zeigt sich jedoch Folgendes: Diese Behauptung bewirkt, dass *Sie* sich der Veränderung verschließen. Falls nämlich andere Menschen sich nicht ändern können oder wollen, heißt das im Kern: Wir sind alle dazu verurteilt, weiter im Status quo zu leben. Wenn Sie davon ausgehen, dass sich ohnehin niemand ändern wird, haben Sie die Kiste zugemacht und Ihre Mitmenschen darin eingesperrt. Allerdings werden Sie dabei gleich mit eingesperrt. Das übersehen wir leicht, weil wir im Grunde unseres Herzens insgeheim glauben, *wir* könnten uns ändern. Nur die andern bringen das nicht fertig. Tatsächlich denken die andern jedoch das Gleiche von Ihnen. Und schon haben Sie mit vereinten Kräften ein System der wechselseitigen Entmutigung installiert. Im Handumdrehen stellt dann im nächsten Schritt jeder, der sagt: »Wir müssen uns ändern«, eine Gefährdung dar. Er gefährdet den Status quo. Und wer all das abschüttelt und sich tatsächlich wandelt, wird voller Misstrauen, wenn nicht gar mit unverblümter Feindseligkeit beäugt.

Aus Sicht Ihrer Seele ist dagegen nichts von alledem real. Die Menschen ändern sich unablässig. Wie könnte man das übersehen? Wir lechzen nach Neuigkeiten; wir dramatisieren und stilisieren Alltägliches zu Krisenszenarien. Das gilt im Großen wie im Kleinen. Unsere Stimmungen unterliegen der Veränderung. Genau wie jede Zelle unseres Körpers. Die Aussage, Menschen änderten sich nicht, ist eine willkürliche Behauptung – und ein sicherer Standpunkt, so hat es den Anschein. Freilich handelt es sich dabei um eine Form von Resignation. Man schickt sich in das »Unausweichliche«.

Wenn Sie Ihre Seele erreichen wollen, müssen Sie dagegen aufhören, den Einfluss des Neins immer weiter zu stärken.

- Betrachten Sie sich als Verkörperung unablässigen Wandels.
- Ermutigen Sie andere, sich zu ändern.
- Halten Sie inne, sobald Sie darauf aufmerksam werden, dass Sie im Begriff sind, eine starre Auffassung zu äußern.
- Vertritt jemand eine Gegenposition zu der Ihren, setzen Sie sich nicht zur Wehr.
- Argumentieren Sie hin und wieder aus einer der Ihren entgegengesetzten Perspektive.
- Ersticken Sie nicht die zarten ersten Ansätze zur Veränderung, weder bei sich selbst noch bei anderen.
- Geben Sie jeden Absolutheitsanspruch auf. Gestatten Sie sich eine flexiblere und nicht festgelegte Haltung.
- Seien Sie nicht stolz darauf, recht zu haben.
- Sobald Sie einen Impuls verspüren, zu wachsen und sich zu entwickeln, folgen Sie diesem Impuls ohne Rücksicht auf die Meinung anderer!

Negative Überzeugung Nr. 2: Unsere Gewohnheiten werden wir nicht los. Jeder weiß, was es heißt, in gewohnheitsmäßigen Verhaltensmustern gefangen zu sein. Kennzeichnend für jene Alltagssituationen, in denen wir uns mit irgendwelchen Problemen herumschlagen, ist unser Unvermögen, zu neuen Denk- und Handlungsansätzen zu finden. Gewohnheit steckt dahinter, wenn Ehepaare sich jahrelang über dieselben Dinge streiten. Gewohnheit bringt uns dazu, es uns auf der Couch gemütlich zu machen, statt etwas zu tun, damit sich endlich etwas verändert. Durch Gewohnheit verfestigen sich Dinge wie schlechte Ernährungsgepflogenheiten und Bewegungsmangel. Auf einen allgemeinen Nenner gebracht: Gewohnheit macht es der Trägheit leicht, Veränderung und Wandel dagegen schwer. Der Einfluss des

Neins liegt hier auf der Hand. Oder etwa nicht? Aus einer völlig neutralen Perspektive betrachtet, ist Gewohnheit nichts weiter als eine nützliche Abkürzung, eine automatische Verknüpfung, die sich im Gehirn ausgeprägt hat. Ein kunstfertiger Pianist hat die Fähigkeit entwickelt, seine Finger auf eine bestimmte Art und Weise zu bewegen, um sich nicht jedes Mal, wenn er sich ans Klavier setzt, seine Technik neu aneignen zu müssen. Und bei einem Koch im Schnellrestaurant, der sechs Omeletts gleichzeitig zubereiten kann, beruht diese Fähigkeit auf der Prägung seines Gehirns auf eine Reihe automatisierter Bewegungsabläufe mit präzisem Timing.

Aus der Perspektive Ihrer Seele ist eine Gewohnheit eine Entscheidung, die Ihnen aus praktischen Gründen einfach in Fleisch und Blut übergegangen ist. Dabei geht es nicht um die Frage von Gut oder Schlecht, Richtig oder Falsch. Und jederzeit verfügen Sie über die Option, die entsprechende Prägung durch eine neue zu ersetzen. Wie ein Pianist die Finger über die Tasten zu bewegen gewohnt ist, stellt für ihn, falls er beschließen sollte, Geige spielen zu lernen, kein Handicap dar. Und ein Schnellrestaurantkoch, der bei sich zu Hause nur ein einziges Omelett zubereitet, muss das nicht unbedingt mit Lichtgeschwindigkeit tun. Die Falle, in die wir bei solchen Dingen meist tappen, ist der Bann des Neins. Solange wir diesem Bann erliegen, finden wir Gründe, in unseren gewohnheitsmäßigen Denk- und Verhaltensweisen auch dann weiter zu verharren, wenn diese uns längst keine guten Dienste mehr leisten. Aus freien Stücken verzichten wir auf die Möglichkeit, uns zu verändern, und schieben zugleich unseren schlechten Gewohnheiten die Schuld dafür zu, als verfügten sie über einen eigenen Willen. (Momentan ist es gerade in Mode, dem Gehirn die Schuld zuzuschreiben, als seien seine Prägungen allmächtig, beständig und dauerhaft.) Um sich von einer Gewohnheit frei zu machen, müssen Sie wieder von Ihrer Entscheidungsfähigkeit Gebrauch machen.

- Kämpfen Sie nicht gegen eine schlechte Gewohnheit an. Betrachten Sie sie objektiv, so als handele es sich um die Gewohnheit eines anderen Menschen.
- Stellen Sie sich die Frage, warum Sie sich für diese Gewohnheit entschieden haben.
- Untersuchen Sie, welchen Nutzen diese Gewohnheit Ihnen bringt. Gewöhnlich zeigt der Nutzen sich auf einer verborgenen Ebene.
- Seien Sie aufrichtig in Bezug auf Ihre Entscheidung. Sagen Sie nicht: »So bin ich halt.« Geben Sie vielmehr zu, dass Sie es vorgezogen haben, träge zu sein, statt sich zu ändern, weil Sie Veränderung als beängstigend oder bedrohlich empfinden.
- Falls Sie das Gefühl haben, Sie seien einer schlechten Gewohnheit zum Opfer gefallen, sollten Sie sich fragen, warum Sie es nötig haben, sich als Opfer zu fühlen. Ist das für Sie vielleicht eine bequeme Möglichkeit, keine Verantwortung übernehmen zu müssen?
- Finden Sie einen Grund, sich anstelle einer schlechten Gewohnheit eine gute zu eigen zu machen. Verleihen Sie der Begründung die notwendige Überzeugungskraft und führen Sie sich diese Begründung jedes Mal, wenn die alte Gewohnheit wieder auftauchen sollte, vor Augen.

Ihr Ziel ist es, jenen Bann zu brechen, der Ihnen suggeriert, Sie hätten keine Wahl. Tatsächlich gibt es für Sie immer eine Alternative.

Negative Überzeugung Nr. 3: Zwanghafte Gedanken haben uns unter Kontrolle. Die meisten Menschen sind keineswegs der Meinung, zwanghafte Züge aufzuweisen. Denn sie setzen Obsessionen mit Geistesstörungen gleich, obwohl eine Zwangsstörung lediglich die extreme Variante einer durchgängig anzutreffenden Verfassung ist. In der Tat sind zwanghafte Züge allerdings ein weiterer Ansatzpunkt, über den der Einfluss des Neins Ihnen die Entscheidungsfähigkeit nehmen kann. Obsessive Gedanken können jederzeit und in jeder Situation auftauchen. Sie können die persönliche Sicherheit betreffen, die Vermeidung von krank machenden Keimen, Wutausbrüche im Straßenverkehr, das Geldausgeben, die Disziplinierung der eigenen Kinder, den Kampf gegen den Terrorismus – die Möglichkeiten sind unerschöpflich.

Glauben Sie nicht, ein Gedanke könne nur dann obsessiv werden, wenn er unmoralisch, falsch oder irrational ist. Man kann ebenso von Dingen besessen sein, die gesellschaftlich geschätzt und honoriert werden. Wir alle kennen Menschen, die unter dem Zwang leiden, unbedingt auf der Gewinnerseite zu stehen; oder unter dem Zwang sich an jemand zu rächen, der ihnen unrecht getan hat; oder von dem Gedanken an Geld und Gewinn oder vom Erfolg besessen sind. Ein zwanghafter Gedanke ist dadurch definiert, dass er stärker ist als Sie. Und genau an der Stelle verrichtet der Einfluss des Neins sein verhängnisvolles Werk.

Aus der Perspektive der Seele ist Denken Ausdruck von Freiheit. Der Geist ist nicht gezwungen, einem Gedanken den Vorzug gegenüber einem anderen zu geben. Erst recht nicht ist der Geist wie eine Maschine darauf programmiert, ein und denselben Gedanken immer wieder aufs Neue zu wiederholen. Was uns in die Falle der Wiederholung tappen lässt, ist der Gedanke: »So *muss* ich denken.« Alternativoptionen werden aus Angst, aufgrund von Vorurteilen, Eigeninteressen und Schuldgefühlen ausgeschlossen. Um den Bann des zwanghaften Denkens brechen zu können, kommt es entscheidend darauf an, diese tiefer liegende Ebene zu untersuchen, auf der »ich muss« das Sagen hat.

- Hören Sie auf, gegen notorisch sich wiederholende Gedanken anzukämpfen.
- Wenn man Ihnen sagt, es sei immer dasselbe, was Sie tun, sollten Sie diesen Worten Glauben schenken.
- Glauben Sie nicht, es sei produktiv, immer gewinnen zu wollen, immer auf Platz eins stehen zu wollen oder immer irgendwas zu tun.
- Seien Sie nicht stolz auf Konsequenz um der Konsequenz willen.
- Wenn Sie das Gefühl haben, von zwanghaften Mustern nicht loszukommen, sollten Sie sich fragen, wovor Sie Angst haben. Wiederholung ist die Maske der Angst.
- Rationalisieren Sie nicht. Richten Sie Ihre Aufmerksamkeit nicht auf den Aussagegehalt Ihrer Gedanken, sondern auf das mit ihnen einhergehende Gefühl.
- Geben Sie klipp und klar zu, wie frustrierend Sie es finden, dass Ihnen immer wieder ein und dieselben Gedanken durch den Kopf gehen.
- Verteidigen und rechtfertigen Sie Ihre Vorurteile nicht.
- Ergreifen Sie aktiv die nötigen Schritte, Anspannung und Stress zu reduzieren. Stress zählt zu den Hauptursachen zwanghaften Handelns. Unter Stress wiederholt der Geist immer wieder dieselben Dinge, weil er nicht entspannt bzw. offen genug ist, nach einer Alternative Ausschau zu halten.
- Suchen Sie in der Meditation diejenige Geistesebene auf, die weder zwanghafte Muster noch starre Vorstellungen kennt.

Negative Überzeugung Nr. 4: Verlangen kann niemals zufriedengestellt werden. Wenn ein Verlangen in dieser oder jener Form immer wieder auftritt, sind Sie gezwungen, ihm entweder nachzugeben oder ihm zu widerstehen. (Wie fruchtlos solch ein Bemühen ist, darüber haben wir bereits an anderer Stelle gesprochen.) Dazu gebe es keine Alternative, behauptet die Kraft des Neins beharrlich. Einmal mehr setzt ein sich wiederholendes Muster, eine Prägung des Gehirns, die Fähigkeit zur freien Entscheidung außer Kraft. Ihr Verlangen gewinnt ein Eigenleben, wird im Extremfall zur Sucht. Den entscheidenden Unterschied dabei macht, wie stark dieser Drang Sie einschränkt. Wer einen starken Drang nach Schokolade hat, kommt nicht dagegen an, welche zu essen. Wer süchtig nach ihr ist, würde im Unterschied dazu nichts anderes essen wollen. Doch selbst in einer milderen Form kann Verlangen Ihnen das Gefühl vermitteln, keine Wahl zu haben.

Aus der Seelenperspektive ist Verlangen ein weiteres Beispiel für eine Prägung des Gehirns im Sinn einer Abkürzung. Wenn jemand stets Schokolade isst, liegt diesem Verhalten unausgesprochen eine Entscheidung zugrunde – die Entscheidung, dass Schokolade die beste Süßigkeit ist. Folglich braucht die oder der Betreffende nicht mehr jedes Mal zu überlegen, auf welche Süßigkeit die Wahl fällt. Schokolade zu essen wird zum Selbstläufer, ein automatisierter Vorgang. Wenn Sie den Geist auf Autopilot geschaltet haben, schließt das freilich die Möglichkeit der Veränderung nicht aus. Die Option, anders zu handeln, sich anders zu entscheiden, bleibt Ihnen stets erhalten. Unter dem Bann des Neins haben Sie sich aus freien Stücken entschieden, diese Option ungenutzt zu lassen. Aber eine Entscheidungsmöglichkeit, auf die Sie bislang verzichtet haben, können Sie jederzeit auch wieder in Anspruch nehmen.

- Wenn sich ein Verlangen regt, machen Sie daraus keine Frage des Entweder-oder.
- Probieren Sie, statt einem sich regenden Verlangen entweder nachzugeben oder ihm zu widerstehen, eine der folgenden Möglichkeiten aus: Gehen Sie fort; schieben Sie die Entscheidung hinaus; suchen Sie sich eine Ablenkung; legen Sie eine Pause ein und beobachten Sie sich; bereiten Sie sich stattdessen eine andere Freude.
- Vermeiden Sie den Gedanken, das Verlangen bezwingen zu wollen. Stellen Sie sich vielmehr vor, dass Sie nach und nach eine Prägung auflösen.
- Wenn Sie sich entmutigt fühlen, weil Sie dem Verlangen nachgegeben haben, verweilen Sie bei diesen Gefühlen, statt sie beiseitezuschieben.
- Machen Sie sich klar, warum der Versuch, ein Verlangen zu stillen, niemals Aussicht auf Erfolg hat: Genug zu bekommen von etwas, was Sie eigentlich gar nicht haben wollen, ist ein Ding der Unmöglichkeit.
- Finden Sie heraus, was Sie wirklich wollen; zum Beispiel Liebe, Annehmlichkeiten, Bestätigung oder Sicherheit. Das sind die Grundbedürfnisse, als deren Stellvertreter die Begierden zu fungieren versuchen.
- Kommen Sie Ihrem wirklichen Bedürfnis nach, dann wird Sie – ganz von allein – das Verlangen nicht mehr so im Griff haben und mit der Zeit komplett verschwinden.
- Falls Sie, egal aus welchem Grund, Ihrem Verlangen den Rücken kehren können, ergreifen Sie die Gelegenheit sofort beim Schopf, auch wenn es bald wieder zurückkehren sollte. Bereits ein kleines Erfolgserlebnis prägt im Gehirn ein neues Muster. Betrachten Sie diesen Erfolg nicht als einen zeitweiligen Sieg. Nehmen Sie ihn vielmehr als Zeichen, dass es Ihnen möglich ist, den Schalter zum Abschalten des Verlangens zu finden.

Negative Überzeugung Nr. 5: Angst hindert mich daran, frei zu sein. Indem die Macht des Neins sich der Angst bedient, verschafft sie sich besonderen Nachdruck. Denn Angst stellt, einem gedungenen Mörder ähnlich, eine gnadenlose und eiskalte Bedrohung dar. Unter dem Bann des Neins findet der Geist jeden erdenklichen Grund, Angst zu haben. Die einfachsten Dinge können dafür als Auslöser dienen. Selbst ein noch so unwahrscheinlich geringes Risiko kann dann zu einer Gefahr werden, die jederzeit auf Sie lauert. Wenn Sie feststellen, dass Sie sich in einer Abwehrhaltung befinden, haben Sie sich die elementarste Freiheit selbst versagt: sicher zu sein in der Welt. Diese Situation wird keineswegs durch eine äußere Bedrohung herbeigeführt. Vielmehr projizieren wir unsere festgefügten Vorstellungen auf jede Situation. Ob wir uns sicher fühlen oder nicht, wird so zu einer persönlichen Entscheidung.

Aus der Seelenperspektive betrachtet, sind Sie stets sicher. Das Universum begegnet Ihrem Dasein mit großer Wertschätzung. Die Natur ist darauf angelegt, Ihr Wohlbefinden aufrechtzuerhalten. Sollten Sie tatsächlich in eine bedrohliche Situation geraten, dann kann es selbstverständlich ein realitätsgerechtes Verhalten sein, die Gefahr richtig einzuschätzen und sich ihr zu entziehen. Sind Sie hingegen von Angst gelähmt, werden Sie unweigerlich bedrohliche Situationen heraufbeschwören. Jemand mit Höhenangst zum Beispiel empfindet es als ein Ding der Unmöglichkeit, auf eine Stehleiter zu steigen. Andere Menschen hält die Angst vor dem Herunterfallen dagegen nicht davon ab, auf die Leiter zu steigen. Denn ihnen bleibt es freigestellt, das Risiko als gering einzuschätzen.

Eine Phobie raubt Ihnen die Freiheit zu einer realistischen Gefahreneinschätzung. Die Angst gewinnt absolute Macht, die Macht des Neins. Um sich von der Phobie befreien zu können, müssen Sie durchschauen, dass Sie von ihr an der Nase herumgeführt werden, und wieder geltend machen, dass Sie sicher sind.

- Kämpfen Sie, wenn Sie tatsächlich Angst haben, nicht gegen Ihre Angst an.
- Wenn Sie sich wieder beruhigt haben und sich sicher fühlen, dann rufen Sie sich die Angst in Erinnerung, um sie eingehend zu untersuchen.
- Angst besitzt große Überzeugungskraft. Das muss aber nicht heißen, dass sie gerechtfertigt ist. Stellen Sie sicher, dass Sie sich über diesen Unterschied im Klaren sind.
- Die Angst neigt dazu, sich zwanghaft mit Dingen zu beschäftigen, die Angst auslösen könnten, und somit selbst das Feuer zu schüren. Fallen Sie nicht auf diese Art von Wiederholung herein. Eine Situation wird nicht dadurch gefährlicher, dass Sie meinen, sie sei gefährlich.
- Unterscheiden Sie zwischen der Angstenergie und dem Gehalt Ihrer Erfahrung. Gehen Sie, statt sich über die Sache, die Ihnen Angst macht, den Kopf zu zerbrechen, direkt zum Angstgefühl und bringen Sie die Energie ebenso in Bewegung, wie Sie jede andere Energie in Bewegung bringen: indem Sie sie mithilfe körperlicher Entspannung, durch Intonieren, durch Meditation oder mittels anderer Methoden freisetzen.
- Machen Sie sich klar, dass Sie nicht Ihrem Wesen nach ängstlich sind. Angst ist eine vorübergehende Emotion, die man freisetzen kann.
- Erkennen Sie, dass Sie die Wahl haben, an Ihrer Angst festzuhalten oder sie loszulassen. Ergreifen Sie, falls Sie Angst verspüren, gleich die nötigen Schritte, um loszulassen. Reiten Sie nicht auf der Angst herum und versuchen Sie nicht, mit ihr zu diskutieren.

- Vermeiden Sie es, sich Vorwürfe zu machen. Angst ist ein allgemein menschlicher Zug. Auch die stärksten und tapfersten Menschen verspüren Angst. Angst zu haben bedeutet nicht, dass Sie schwach sind. Vielmehr heißt es, dass Sie noch nicht losgelassen haben.
- Haben Sie Geduld mit sich. Angst und Besorgnis sind für jeden von uns die größten Hindernisse. Jedes Mal, wenn Sie die Angst überwinden, haben Sie allen Grund, dankbar zu sein und sich zu beglückwünschen.
- Betrachten Sie es nicht als Niederlage, wenn die Angst zurückkehrt. Bald wird die Zeit kommen, da Sie ruhig dasitzen und die Angstenergie in Bewegung bringen können. Schließlich sind Sie ja derjenige, der die Fäden in der Hand hält.

Negative Überzeugung Nr. 6: »Schlechte« Gedanken sind verboten und gefährlich. Die Menschen wenden viel subtile Energie dafür auf, Gedanken zu unterdrücken, denen sie sich nicht stellen wollen. Leugnen und Verdrängen scheint, aus einer kurzfristigen Perspektive gesehen, eine verlockende Lösung zu sein. Vielleicht wird ja das, woran man nicht denkt, irgendwie verschwinden. Aber »schlechte« Gedanken – all jene Gedanken, die bei Ihnen Schuldgefühle hervorrufen oder Sie beschämen, durch die Sie sich gedemütigt oder von denen Sie sich gequält fühlen – scheint man irgendwie nicht loswerden zu können. Und so zu tun, als seien sie gar nicht da, scheint mit der Zeit alles nur noch schlimmer zu machen. Solche Gedanken auf die lange Bank zu schieben macht es nur umso schwerer, festgefahrene alte Energien zu lösen, wenn Sie zu guter Letzt doch beschließen, dass es notwendig ist, sich mit ihnen auseinanderzusetzen.

Wenn Sie üble Gedanken lieber aus Ihrem Blickfeld verbannen wollen, ist das Ihre Entscheidung. Gefährlich wird es, wenn Sie zu glauben beginnen, bestimmte Gedanken seien verboten – wie durch ein Gesetz, das von einer äußeren Macht erlassen wurde. Sollte dieser Fall eintreten, hat die Macht des Neins Sie davon überzeugt, der eigene Geist sei Ihr Feind.

Viele Menschen, darunter auch ausgebildete Psychotherapeuten, sind vom »Schatten« bedroht. So wird jene verbotene Zone des Geistes bezeichnet, in der die gefährlichen Triebe lauern. Unter dem Bann des Neins fürchten Sie Ihren Schatten und glauben, dass Sie ihm niemals zu nahe kommen sollten.

Aus Sicht der Seele kennt der Geist keine Grenzen. Falls Sie das Gefühl haben, es sei verboten, sich Ihre Wut, Angst, Eifersucht, Verzweiflung und Rachegefühle anzusehen, ziehen Sie sich auf ein falsches Selbstverständnis zurück. Insbesondere unterscheiden Sie bei sich gute und schlechte Impulse. Jedoch kann Ihre gute Seite, das ist das Paradoxe daran, letztlich nie die Oberhand gewinnen, weil die schlechte Seite ständig darum ringen wird, freigesetzt zu werden. Dies führt zu einem inneren Konflikt. Letztlich finden Sie sich so in einer Situation wieder, in der unter der Oberfläche eine Art Guerilla-Krieg brodelt. Statt den Versuch zu unternehmen, immer nur gut zu sein, versuchen Sie lieber, Ihre Freiheit zu gewinnen. Ist der Geist frei, kommen und gehen die Gedanken spontan. Ob gut oder schlecht, Sie halten nicht an ihnen fest. Solange Sie zulassen, dass der Geist in Fluss bleibt, ist kein Gedanke gefährlich und daher nichts verboten.

- Einen »schlechten« Gedanken zu haben ist etwas anderes, als ihm entsprechend zu handeln. Erkennen Sie diesen Unterschied!
- Identifizieren Sie sich nicht mit Ihren Gedanken. Die Ge-

danken sind nicht Sie, sondern nur ein vorübergehendes Geschehen im Geist.
- Widerstehen Sie dem Drang, Gedanken zu dämonisieren. Indem Sie sie be- oder verurteilen, sorgen Sie dafür, dass verpönte Impulse Ihnen nicht mehr von der Seite weichen.
- Lernen Sie, wie wertvoll es ist, akzeptieren zu können.
- Verdammen Sie andere Menschen nicht um ihrer Gedanken willen.
- Errichten Sie kein falsches Selbstideal. Sehen Sie in aller Klarheit, dass in Ihrer Persönlichkeit Gedanken, Stimmungen und Empfindungen jeder Art vorhanden sind.
- Erfreuen Sie sich daran, wie vielfältig und vielschichtig Ihr Geist ist. Einen Geist, der frei ist, zu denken, was und wie er will, sollte man wertschätzen, nicht unterdrücken.
- Falls man Ihnen beigebracht hat, dass Gott Sie hassen wird, wenn Sie sündige Gedanken haben, versuchen Sie, sich von dieser Sicht der Dinge zu lösen. Zu meinen, ein urteilender Gott sei dafür verantwortlich, dass Sie sich verurteilen, ist Selbsttäuschung.
- Seien Sie nicht darauf fixiert, immer recht zu haben. Recht haben zu wollen ist nur ein Vorwand, um andere Menschen ins Unrecht setzen zu können. In den Schatten verbirgt sich insgeheim die Furcht, mit Ihnen sei etwas nicht in Ordnung. Deshalb ringen Sie so sehr darum, den Eindruck von Unfehlbarkeit zu erwecken – Sie meinen, das mache Sie gut.
- Wenn Sie versucht sind, den Geist unter Kontrolle bekommen zu wollen, treten Sie einen Schritt zurück! Machen Sie sich klar, dass das von vornherein ein aussichtsloses, zum Scheitern verurteiltes Unterfangen ist. Selbst der diszipliniertste Geist findet Mittel und Wege, die Ketten zu sprengen.

Negative Überzeugung Nr. 7: Natürliche Triebe sind etwas Verbotenes oder Gefährliches. Da es so etwas wie einen künstlichen Drang oder Trieb nicht gibt, sind alle Triebe natürlich. Entweder rühren sie von einem Verlangen oder von einem Bedürfnis her. Sobald der Geist sich einzumischen beginnt, kann freilich jeder Drang zur Gefahr werden. Eine Zuckerstange zu essen mutet gefährlich an, wenn sich in Ihren Gedanken alles um das eigene Körpergewicht dreht. Sobald man Angst hat, zurückgewiesen zu werden, scheint es riskant, jemanden zu lieben. Zwischen dem, was wir fühlen, und dem, wovon wir glauben, wir sollten es fühlen, entspinnt sich ein verschlungenes Netz aus Wechselwirkungen. Jeder von uns verstrickt sich in dieses Netz. Aus diesem Grund kann beispielsweise eine Diskussion über gesellschaftliche Werte im Handumdrehen in Gewalt ausarten. Den Menschen liegt viel daran, Richtig und Falsch voneinander zu unterscheiden und Gott oder höhere moralische Grundsätze ins Feld zu führen, um ihr Schuld- oder Schamgefühl zu rechtfertigen.

Die Macht des Neins pocht darauf, Richtig und Falsch seien absolute Kategorien. Unter ihrem Bann beginnen Menschen, sich vor dem zu fürchten, was sie tatsächlich fühlen. Zu einer Einschätzung ihrer Gefühle in einem positiven Licht außerstande, lassen sie zu, dass daraus gestörte Gefühle werden. Infolgedessen muss immer mehr Energie aufgewendet werden, um Weiß gegen Schwarz zu verteidigen. Dabei verliert man aus dem Blick, dass der Einsatz von Gewalt auch und gerade dann verfehlt ist, wenn es darum geht, etwas Richtiges zu verteidigen.

Aus Sicht Ihrer Seele beruhen all Ihre Triebe auf legitimen Bedürfnissen. Wird das Bedürfnis wahrgenommen und erfüllt, verschwindet der triebhafte Drang von allein, so wie der Hunger verschwindet, sobald Sie gegessen haben. Wird ein Bedürfnis hingegen verleugnet oder verurteilt, kann es nur dringlicher werden. Es hat keine andere Wahl. Triebe bauen sich auf und stoßen unweigerlich auf den Widerstand, der sie im Zaum zu halten versucht. Ab einem bestimmten Punkt wird dieses Ringen zwischen Trieb und Widerstand so heftig, dass Sie darüber das ursprüngliche Bedürfnis aus dem Blick verlieren.

Wenn beispielsweise jemand unzulässige sexuelle Neigungen verspürt, verbirgt sich darin nahezu mit Sicherheit – wenn auch tief verschüttet – ein schlichtes Bedürfnis: nach Liebe, Freude, Selbstwertgefühl oder Anerkennung. Sichtbar ist allerdings nichts weiter als der verbotene Drang und der Kampf, den dieser sich mit den Scham- und Schuldgefühlen liefert. Falls es sich hingegen bei dem verpönten Drang um Zorn und Feindseligkeit handelt, liegt ihm letztlich fast immer das Bedürfnis nach Sicherheit und Angstfreiheit zugrunde.

Daher lautet die entscheidende Frage weniger, ob Sie den Kampf gegen unsere »schlechten« Triebe gewinnen, sondern ob es Ihnen gelingt herauszufinden, wodurch diese genährt und aufrechterhalten werden. Schaffen Sie es, ein dahinter sich verbergendes Grundbedürfnis zufriedenzustellen, bereitet es Ihnen anschließend keinerlei Probleme mehr, den Impuls zu kontrollieren.

Hören Sie auf, natürliche Bedürfnisse als eine Frage der Selbstkontrolle zu betrachten. Bei jedem Menschen herrscht ein reges Kommen und Gehen aller möglichen Triebe.

- Seien Sie gewillt, sich nicht länger selbst zu verurteilen. »Schlechte« Triebe machen Sie nicht zu einem schlechten Menschen.
- Verstehen Sie, dass keine der beiden Seiten eine innere Auseinandersetzung jemals für sich entscheiden kann.

- Betrachten Sie das nicht als Feuerprobe für Ihre Willenskraft. Wenn Sie einem Drang nachgeben, liefert dieses Nachgeben keineswegs den Beweis, dass Sie sich nur umso mehr disziplinieren müssen.
- Freizügigkeit ist ebenso wenig eine gangbare Lösung wie das entgegengesetzte Extrem, starre Selbstdisziplin. Wenn Sie Ihre Triebe ausleben, verhilft Ihnen das lediglich vorübergehend zu einer Freisetzung von Energie, als würden Sie ein Überdruckventil öffnen. Aber es wird immer wieder neuer Dampf vorhanden sein.
- Ihre persönlichen Dämonen werden nur noch schlimmer wüten, wenn Sie sich ihrer weiterhin schämen.
- Schuldgefühl ist eine Wahrnehmung. Sämtliche Wahrnehmungen stehen der Veränderung offen. Ein Schuldgefühl können Sie nicht von einem Moment auf den anderen in Anerkennung umwandeln. Aber Sie können Schuld als etwas ansehen, was sich bewältigen lässt. Wenn Sie diejenige Energie auflösen, die sich darunter verbirgt und Sie nötigt, sich schuldig zu fühlen, kann eine neue Wahrnehmung entstehen.
- Machen Sie sich klar, dass Ihre Seele Sie niemals bewertet, nie be- oder verurteilt. Dies stets vor Augen, besteht Ihr Ziel darin, Ihr Leben von der Ebene der Seele aus zu führen. Das ist letztlich die Antwort auf den Widerstreit zwischen Gut und Böse.

Durchbruch Nr. 2
Liebe erweckt die Seele

Ein Durchbruch auf der Ebene der Seele erweitert unsere Liebesfähigkeit, bringt aber auch so manche Herausforderung mit sich. Die Seele nimmt Gottes unendliche Liebe und transformiert sie auf menschliches Maß herunter. In welcher Intensität Sie Liebe aufzunehmen vermögen, hängt von vielen Faktoren ab. Die meisten Menschen sehnen sich nach mehr Liebe in ihrem Leben. Tatsächlich wird Ihnen jetzt in ihrem Leben jedoch genau jenes Maß an Liebe zuteil, an das sie sich angepasst haben. Außerdem stellt sich die Frage, inwieweit es akzeptiert wird, wenn man starke Liebe zeigt. Nicht jeder von uns würde sich wohlfühlen, wenn Sie ihn oder sie mit einem wahren Ansturm bedingungsloser Liebe konfrontieren würden. Viele Menschen würden sich fragen, ob man jener neuen Art von Liebe denn überhaupt trauen könne, und hätten Zweifel, dass diese tatsächlich wahrhaft bzw. von Dauer ist. Und in ihrem tiefsten Herzen würden sie sich außerdem vielleicht Sorgen machen, eine derart offene und umfassende Liebe gar nicht verdient zu haben.

Viele Menschen sind schon einmal mit der intensiveren, reineren Liebe der Seele kurzzeitig in Berührung gekommen. Tritt dieser Fall ein, dann erlebt man ein wunderbares Gefühl des Erwachens. Liebe erweckt die Seele. Das geschieht deshalb, weil Gleich und Gleich sich zueinander hingezogen fühlt. Die Seele ist keineswegs passiv. Wann immer Sie versuchen, sich von Beschränkungen frei zu machen, schwingt sie in Sympathie mit Ihnen mit. Sie spüren, wie Sie sich innerlich öffnen und weiten, verspüren eine ähnliche Befreiung wie im Erleben des Schönen oder Wahren. Sie setzen Seelenenergie frei und lassen sie strömen. Der elektrische Strom bei Ihnen zu Hause liefert erst dann Licht und Wärme, wenn Sie einen Schalter betätigen. Etwas ganz Ähnliches geschieht, wenn Sie die Energie der Seele erwecken.

Wenn sie solch eine Steigerung der Seelenenergie erleben, wissen die meisten Menschen nicht genau, wie sie das eigentlich bewerkstelligt haben. Ohne jede Vorwarnung erhaschen sie einen Abglanz, einen Schimmer von Gottes bedingungsloser Liebe oder spüren Gottes Gegenwart. Dann herrscht Glückseligkeit und das Empfinden, keinerlei Beschränkung mehr zu unterliegen. Plötzlich fühlt es sich ganz real an, jedwede Beschränkung hinter sich zurückzulassen. Warum aber holt der Alltag sie dann wieder runter? Fast immer sind diese Reisen in ein erweitertes Gewahrsein nur von kurzer Dauer – eine Angelegenheit von wenigen Momenten, vielleicht dauern sie ein paar Tage, selten jedoch länger als ein paar Monate.

Jahr um Jahr hat das Gehirn sich an eine Lebensweise angepasst, bei der es normal ist, viel weniger zu sein als liebe- und freudvoll. Da Sie sich nicht dazu zwingen können, etwas Neues zu akzeptieren und es in Ihr Leben zu integrieren, was kann den Wandel dann herbeiführen? Das Verlangen, so lautet, glaube ich, die Antwort. Das Verlangen, zu lieben und geliebt zu werden, treibt jeden Menschen unablässig an. Wenn dieses Verlangen sich am stärksten regt, wollen wir besonders viel vom Leben. Verlischt dieses Verlangen, wird das Leben statisch.

Nichtsdestoweniger führen unzählige Menschen lieber ein Dasein ohne Liebe, weil sie ängstlich darauf bedacht sind, die Behaglichkeit, in der sie sich eingerichtet haben, nicht aufs Spiel zu setzen. Andere haben erlebt, wie ihre Liebe gescheitert ist, und fühlen sich verletzt. Oder sie langweilen sich inzwischen mit einem Menschen, den sie einst geliebt haben. Bei all diesen Menschen ist die Liebe zum Erliegen gekommen. Das bedeutet, ein Teil ihrer Seele ist gleichsam erstarrt und wie betäubt. Jemandem in dieser Verfassung zu sagen, Liebe sei unendlich, mag zwar inspirierend sein, allerdings bleibt die Inspiration leer, ohne Gehalt. Das ändert sich erst, wenn die oder der Betreffende – vielleicht nicht gleich unendliche Liebe, aber zumindest – den ersten Schritt vollziehen und Liebe erleben kann. Und der erste Schritt ist immer derselbe: Er besteht darin, die Seele zu erwecken. Da jeder Mensch anders ist, gibt es keine Standardmethode, um dies zu erreichen. Empfiehlt man beispielsweise einem einsamen Menschen, öfters mal auszugehen und neue Menschen kennenzulernen, sich zu einem Rendezvous zu verabreden oder Mitglied einer Internet-Partnerbörse zu werden, dann kann das durchaus funktionieren. Es kann aber auch auf einen totalen Fehlschlag hinauslaufen.

Das Geheimnis des Verlangens

Warum ist die Liebe für die eine durstige Seele wie Wasser, das ihren Durst löscht, während sie von der anderen zurückgewiesen wird? Diese Frage ruft mir eine berührende Geschichte in Erinnerung, die mir eine Frau aus dem Südwesten der USA erzählte. Die Frau hatte einen lukrativen Medienjob an den Nagel gehängt, um Bauherrin zu werden. Sie beschloss, sich in dem heruntergekommensten spanischsprachigen Teil ihrer Heimatstadt ein Stück Land zu kaufen. Dort wollte sie eine Reihe Lehmziegelhäuser instand setzen. »Mit der Entscheidung, in diesem Umfeld zu bauen, habe ich es mir wahrhaftig nicht leicht gemacht«, erinnerte sie sich. »Ich habe Bauarbeiter aus der Gegend eingestellt, aber von der Baustelle wurde jede Menge Material gestohlen. Zwar waren viele Männer dort arbeitslos, aber eine Frau als Boss zu haben ging ihnen trotzdem völlig gegen den Strich. Die Kinder, die in der Straße wohnten, versammelten sich jeden Tag am Rand des Grundstücks und schauten mir mit großen Augen dabei zu, wie ich an der Dachstuhlkonstruktion arbeitete oder eine Wand verputzte. Ich glaube, keins der Kinder hatte je mit eigenen Augen gesehen, wie ein Haus gebaut oder renoviert wird.

Zwei Kinder zogen meine Aufmerksamkeit in besonderer Weise auf sich. Antonio war älter als die übrigen Kinder, vielleicht 15. Er hatte eine Drogenvorgeschichte und bereits diverse Festnahmen hinter sich. Eines Tages bemerkte ich, als ich zur Baustelle kam, ein frisch gemaltes Bildnis der Jungfrau Maria an der Wand. Als ich mich umhörte und immer wieder beharrlich nachfragte, bekannte Antonio, er habe das Bild gemalt. Daraufhin traf ich mit Antonio, ohne vor den anderen darüber zu sprechen, eine Vereinbarung. Ich kaufte ihm das nötige Malzubehör, wie es auch die anderen Maler in der Gegend verwendeten, um traditionelle *Retablos* anzufertigen, auf Holztäfelchen oder Blechgrund gemalte Votivbilder. Voller Eifer begab Antonio sich an die Arbeit. Nach kurzer Zeit war sein Mini-Unternehmen gut in Schwung gekommen. Über meine kleine Hilfestellung verlor niemand ein Wort. Aber man wusste Bescheid.

Das zweite Kind war ein kleines Mädchen, Carla, acht oder neun Jahre alt, ein ausgesprochen helles und wissbegieriges Wesen. Als wir uns anfreundeten, lernte ich ihre Mutter kennen. Ich war ganz gerührt zu erleben, wie liebenswürdig sie zu mir waren – Menschen, die so gut wie nichts besaßen –, sodass ich der besten Privatschule der Stadt einen Besuch abstattete und den Schulleiter dazu bringen konnte,

Carla auf Grundlage eines Vollstipendiums den Besuch der Schule zu ermöglichen.

An Carlas erstem Schultag nahm ich mir frei, um ihrer Mutter morgens bei den Vorbereitungen zur Hand zu gehen. Danach ging ich wieder an meine Arbeit. Als ich mich gegen ein Uhr mittags umschaute, sah ich Carla an dem Platz stehen, an dem sie sich auch sonst immer aufzuhalten pflegte. Zusammen mit den anderen Kindern stand sie da und schaute den Bauarbeitern zu. Ihre Schulkleidung trug sie nicht mehr. Ich geriet innerlich richtig in Wallung. Im Laufschritt begab ich mich zu dem Wohnwagen, in dem die Familie lebte.

Ich fragte Carlas Mutter, was schiefgegangen war. Hatte Carla sich danebenbenommen? Hatten die anderen Kinder sie gemobbt? Sie schaute zur Seite, um mir nicht in die Augen sehen zu müssen. ›Zu Mittag bin ich zur Schule gegangen und habe Carla heimgeholt‹, meinte sie zu mir. ›Ganz bestimmt haben Sie es wirklich gut gemeint, aber sie gehört da einfach nicht hin und wird dort immer fehl am Platz sein.‹ Ich gab mir alle Mühe, meinen Unmut im Zaum zu halten, versuchte es mit gutem Zureden, mit Betteln und mit Bitten. Aber die Mutter blieb standhaft und das kleine Mädchen hat nie wieder einen Fuß in die Schule gesetzt.«

Was können wir aus dieser Geschichte lernen? Dass Liebe und Verlangen zusammenpassen müssen. Der spirituelle Weg entfaltet sich, wenn Sie den Wünschen Ihres Herzens folgen. Jeder von uns verfügt tief in seinem Innern über einen ganz persönlichen Ort, der lebendig und von Sehnsucht erfüllt ist – Sehnsucht nicht nach Gott, nach Erlösung oder bedingungsloser Liebe, sondern einfach nach der nächsten Sache, nach der die betreffende Person ein Verlangen, einen tiefen Wunsch verspürt. Ist dieses Verlangen erfüllt, wird es ein weiteres geben und dann noch eins und so weiter. In den religiösen Überlieferungen fehlt dieser ganz pragmatische Punkt. Denn sie stellen Menschen, die im Grunde nicht einmal wissen, wie sie sich die nächste kleine Belohnung verschaffen sollen, die abschließende, alles krönende große Belohnung in Aussicht. Aber keine Religion hat das Recht, Ihnen da von außen etwas zu diktieren. Nur Sie, niemand sonst, steht in Tuchfühlung mit dem lebendigen Impuls jenes Verlangens, das den nächsten Schritt weiter vorangehen will.

Was aber, wenn Schokotorte essen das Nächste ist, was Sie tun wollen? Was, wenn Ihr tiefstes Verlangen das nach einem zweiten Eigenheim oder einer dritten Frau ist? Die Seele bewertet und beurteilt Ihre Wünsche nicht. So, wie Sie sind, und dort, wo Sie stehen, arbeitet sie mit Ihnen. Der Kunstgriff besteht darin, dem Weg des Verlangens, der bei den meisten Menschen auf weltliche Dinge ausgerichtet ist, eine andere Wendung zu geben und ihn auf eine höhere Ebene zusteuern zu lassen.

Das Problem mit den Grenzen

Sosehr Sie Schokolade lieben mögen, so liebend gern Sie vielleicht ein zweites Haus haben würden – die Freude, die materielle Dinge uns bereiten können, hat dennoch gewisse Grenzen: Wiederholung ist der Todfeind der Freude. Darin liegt der große Nachteil des Verlangens nach äußeren Dingen. Ehepaare sind mit diesem Problem konfrontiert. Denn das tägliche Zusammenleben mit ein und derselben Person, mögen Sie diese auch noch so sehr lieben, beinhaltet jede Menge Wiederholung. Die gängigen Ratschläge lauten hier normalerweise: Bringen Sie Würze in Ihr Leben, indem Sie sich etwas Neues einfallen lassen. Überraschen Sie Ihren

Ehemann mit verführerischer neuer Unterwäsche. Überraschen Sie Ihre Frau mit einem Urlaub auf den Bermudas. Auf kurze Sicht mag solch ein Ratschlag zwar für Abhilfe sorgen, doch kann er nur vorübergehend Abwechslung verschaffen. Eine tiefer gehende Antwort findet hingegen ihre Grundlagen in der Seele.

Aus Sicht Ihrer Seele hat Verlangen kein Interesse an Wiederholung. Es will mehr Tiefe erreichen, will höhere Intensität, will mehr Bedeutung, Offenheit und Weite. Was eine Ehe lebendig erhält ist die Tatsache, dass Sie mit der Zeit mehr Liebenswertes an Ihrem Partner entdecken, die Möglichkeiten wachsen. Intimität mit einem Menschen ist eine unglaubliche Entdeckung, für die es keinen Ersatz gibt. Wenn Sie zu solch intimer Nähe finden, wollen Sie naturgemäß mehr davon, wollen noch mehr Nähe. Demgegenüber ist ein Verlangen, das sich nach dem immer gleichen Muster nur um sich selbst dreht, gewissermaßen vom natürlichen Gang der Dinge abgewichen.

Sollte das soeben Beschriebene bei Ihnen Bilder heraufbeschwören wie das von dem Hund, der dem eigenen Schwanz nachjagt, oder von endlos ihre Runden drehenden Rennwagen, haben Sie ganz genau erfasst, worum es hier geht. Verlangen, das seinem Objekt nachjagt, ohne je weiter voranzukommen, steckt fest, stößt an eine Grenze. Eine Grenze wirkt wie eine unsichtbare Absperrung oder eine unsichtbare Linie, die nicht übertreten werden soll. Warum aber setzen wir unseren Begierden eigentlich überhaupt Grenzen? Zunächst einmal, um uns Erfahrungen vom Leib zu halten, bei denen uns nicht wohl zumute ist. Denken Sie in diesem Zusammenhang an die vielen Gelegenheiten, wo Sie auf der Straße an einem Bettler oder Schnorrer vorübergegangen sind – oder an einem Weihnachtsmann, der zum Fest Spenden für die Bedürftigen sammelt. Entscheiden Sie sich, den

Betreffenden die kalte Schulter zu zeigen, errichten Sie eine unsichtbare Barriere. Da es sich um eine psychische Barriere handelt, kann sie sich auf denjenigen auswirken, der sie errichtet. Stellen Sie sich vor, Sie wären in der Position des Schnorrers. Wenn Sie sagen: »Etwas Kleingeld übrig?«, werden manche Leute Sie einfach ignorieren; andere werden, weil sie Schuldgefühle haben, ihre Schritte beschleunigen; viele andere werden irritiert oder verärgert sein. Einige wenige werden Ihnen vielleicht mit spöttischem Gesichtsausdruck einen Cent in die Hand drücken oder zutiefst beleidigt reagieren.

Ihre Komfortzone zu wahren ist der zweite Grund, weshalb Sie Grenzen ziehen. Innerhalb dieser Zone empfinden Sie Zufriedenheit, fühlen sich zugleich sicher und geschützt. Es gibt vielerlei Arten von Komfortzonen. Auf jeden Menschen, der sich nur sicher fühlt, wenn er allein ist, kommt ein anderer, der sich nur in Gegenwart anderer Menschen sicher fühlt. Egal welche Art von Zone Sie für sich geschaffen haben – es erschwert Ihnen, in Ihrem Leben Wandel zuzulassen. Während ich als Arzt im Praktikum abwechselnd auf unterschiedlichen Stationen eingesetzt wurde, erhielt ich bezüglich der Frage, warum Menschen sich nicht ändern, ein paar eindringliche Lektionen. Besonders lebhaft ist mir bis heute in Erinnerung geblieben, wie ich einmal während meiner Tätigkeit in einer Klinik für Veteranen außerhalb von Boston, aus dem Fenster der Cafeteria gelehnt, die Patienten unten vor dem Haus beobachtete.

Jeder der Patienten war im Rollstuhl vor den Eingang des Krankenhauses geschoben worden. Dort standen sie dann auf und gingen zu Fuß weiter. Was für ein ermutigender Anblick, werden Sie jetzt vielleicht denken. Eines Tages aber sah ich mit an, wie ein von mir betreuter Lungenkrebspatient die Straße überquerte und einen Laden betrat. Zwei

Minuten später verließ er den Laden mit einer Stange Zigaretten unterm Arm. Eine Packung hatte er bereits aufgerissen und sich die erste Zigarette angezündet. Als ich einen Kollegen, der seit zwei Jahren auf der Onkologie-Station arbeitete, darauf ansprach, zuckte der nur die Schultern. Wenn er aus dem Fenster sähe, so meinte er, würde er beobachten können, dass die Hälfte seiner Patienten genau das Gleiche tat. Er hatte gelernt, nicht hinzusehen.

Das war vor 30 Jahren. Glücklicherweise hat das Rauchen inzwischen Gegenwind bekommen. Im Grunde will ich hier aber natürlich auf etwas anderes hinaus. Wenn es darum geht, ihre – wie auch immer beschaffene – Komfortzone zu schützen und eine schmerzliche Realität von ihrem umfriedeten Bereich fernzuhalten, schrecken die Menschen vor kaum etwas zurück.

In dem Zusammenhang kommt mir noch eine weitere Erinnerung aus jenen Tagen in den Sinn. Diesmal hatte das Rotationsprinzip mich in die Psychiatrie geführt. Eine Frau war zwecks Untersuchung und Diagnosestellung zu uns auf die Station gekommen. Als ich mit der Anamnese begann, erzählte sie, dass sie daheim vier kleine Kinder habe, außerdem einen Ehemann, der seinen Arbeitsplatz verloren und daraufhin zu trinken begonnen hatte. Sie selbst war Diabetikerin und stark übergewichtig. Als ich mir klarmachte, was für ein Leben diese Frau führte, fühlte ich mich regelrecht erdrückt von der Vorstellung. Aber als ich sie fragte, was sie dazu gebracht habe, die Klinik aufzusuchen, antwortete sie mir: »Ich fühle mich deprimiert, habe aber keinerlei Vorstellung, warum das so ist.«

Damals ging ich davon aus, jeder Mensch würde es als heilsam und zuträglich empfinden, wenn ihm Güte, Fürsorglichkeit und Verständnis entgegengebracht werden. Dabei unterschätzte ich vollkommen, wie bewahrend und wie wehrhaft Grenzen tatsächlich sind. Stattdessen glaubte ich, sie wären leicht zu überwinden.

Grenzen sind das Resultat erstarrten Gewahrseins, auch wenn das für uns vielleicht zunächst nicht ganz leicht nachvollziehbar ist. Bei meinem Abstecher in die Psychiatrie hatte ich damals einen sehr warmherzigen Mentor. Er galt als der einfühlsamste Arzt der gesamten Klinik. Sogar Menschen, die völlig erstarrt und unerreichbar zu sein schienen, konnte er dazu bringen, sich zu öffnen. Er selbst war ein Mensch von herzerfrischender Offenheit und Unbekümmertheit und mit seinem natürlichen Charme gelang es ihm, die Patienten zu entwaffnen.

Nichtsdestoweniger besaß er ein tiefes Verständnis dafür, warum diese Menschen unerreichbar waren. Es sei eine Sache, sich ungeliebt zu fühlen, meinte er zu mir. Bei manchen Patienten jedoch habe sich die Überzeugung: »Ich bin nicht liebenswert« derart tief eingeprägt, dass sie sich schon so anfühlt, als sei sie ein Teil dessen, was die Person ausmacht. Wenn man ihnen dann Liebe und Fürsorglichkeit zuteil werden lässt, ergreifen sie die Flucht. Wie könnte es auch anders sein? Droht ihnen doch durch diese Liebe der Verlust eines Teils ihrer Identität. Das aber würde jeder Mensch als Bedrohung empfinden. Probieren Sie's aus: Fahren Sie nächstes Mal zu Weihnachten oder einem ähnlichen Feiertag nach Hause und seien Sie zu demjenigen Verwandten, mit dem Sie persönlich normalerweise die größten Schwierigkeiten haben, freundlich und liebenswürdig. Wenn Sie dort Liebe ausstrahlen, wo Sie vorher Abneigung ausgestrahlt haben, werden die Betreffenden wahrscheinlich misstrauisch reagieren. Falls Sie sich davon jedoch nicht weiter beirren lassen, bekommt Ihr Gegenüber es womöglich mit der Angst zu tun oder reagiert wütend.

Kurzum, unsere Grenzen sind Teil unserer Identität. Allerdings kann die Seele diese Identität verändern. Eingeleitet wird der Prozess, indem Ihre Grenzen neu ausgehandelt werden. Denn tief im Herzen wissen Sie, dass Sie bisher weder wirklich sicher noch geschützt noch innerlich erfüllt sind. Damit all diese Dinge aber für Sie Wirklichkeit werden können, müssen neue Voraussetzungen ins Spiel kommen:

• Sie haben keine so große Angst mehr vor Risiken.
• Sie müssen nicht immerzu recht haben.
• Sie vertrauen darauf, dass die Liebe Ihnen gilt.
• Sie begrüßen freudig die Möglichkeit, sich zu öffnen.
• Sie betrachten Überfluss als ein natürliches Attribut des Lebens.
• Sie haben keine Erwartungen.

Das sind kraftvolle Überzeugungen mit einer entgrenzenden Wirkung. Lassen Sie uns eingehender betrachten, wie sich diese Wirkung entfaltet.

Sie haben keine so große Angst mehr vor Risiken. Ein Risiko einzugehen bedeutet das Gleiche, wie über Ihre Grenzen hinauszugehen. Wir alle wollen frei sein. Doch unsere Besorgnis hält uns zurück.

Jede Mutter kennt den Gesichtsausdruck eines Kleinkindes, das seinen ersten selbstständigen Gehversuch unternimmt: eine Mischung aus Neugierde, Zielstrebigkeit, Besorgnis und hellwacher Verwunderung. »Was tue ich hier eigentlich? Ich weiß genau, ich will das ausprobieren. Aber es fühlt sich total abenteuerlich an!« Das spiegelt der Gesichtsausdruck eines Menschen, der ein Risiko eingeht. Darin kommen die gemischten Gefühle zum Ausdruck, die sich unweigerlich einstellen, sobald Sie vertrautes Terrain verlassen, um in unbekannte Bereiche vorzudringen. Grenzen versuchen uns davon zu überzeugen, dass Risiken mit zu großer Gefahr verbunden sind. In Wahrheit ist Risiko ein Verlangen, das Sie dazu bringen möchte, sich in neue Bereiche vorzuwagen.

Menschen, die jedem Risiko aus dem Weg zu gehen versuchen, schließen einen Pakt mit dem Teufel. Für die eingeschränkte persönliche Erfüllung, die sie in Kauf nehmen, handeln sie sich Sicherheit ein. Diese Sicherheit ist jedoch eine Illusion. In Wahrheit sind sie festgefahren, kommen nicht vom Fleck. Vergegenwärtigen Sie sich die Situation eines Menschen, der an Agoraphobie – der Angst, nach draußen zu gehen und große offene Plätze zu betreten – leidet. Bleibt er zu Hause, fühlt er sich zunächst sicher, denn die Außenwelt bleibt ausgeschlossen. Mit der Zeit allerdings bröckelt auch das Gefühl der Sicherheit im Haus. Erst fühlt sich der an Agoraphobie leidende Mensch in dem einen Zimmer sicher, dann in einem kleineren Zimmer, bis ihm schließlich nur noch der kleinste Raum im Haus ein gewisses Gefühl von Sicherheit vermittelt. Warum aber schreitet die Phobie in dieser Weise weiter voran? Weil Ihr Verlangen, draußen zu sein, sich nicht unterdrücken lässt und zunehmend an Kraft gewinnt. Im Gegenzug steckt die Phobie die Grenzen immer enger. Zu lernen, dass Risiken etwas Positives sind und Ihnen Wachstum ermöglichen, ist ein wichtiger Schritt.

Sie müssen nicht immerzu recht haben. Innerhalb einer einschränkenden Grenze zu bleiben ist so ähnlich, wie der Herrscher einer kleinen Insel zu sein: In Ihrem kleinen Reich halten Sie die Zügel in der Hand, sprich: Sie haben immer recht. Ich kannte einmal einen sehr willensstarken Mann, der in einem großen Unternehmen eine Führungsposition bekleidete. Er hatte die überaus störende Angewohnheit, jedem zu widersprechen, der mit ihm reden wollte. Seine automatische Reaktion auf jedwede verbale Äußerung, mochte sie noch so unstrittig oder von noch so unschuldiger Natur sein, lautete: »Das stimmt nicht.« (Oder: »Das kann man aber auch mit ganz anderen Augen sehen.« Oder: »Da bin ich mir gar nicht so sicher.« Oder: »Dieses Argument wird sich aber schwerlich aufrechterhalten lassen.« Und dergleichen mehr.) Offenkundig war er sich nicht im Klaren über sein Verhalten. Jedenfalls hatte er es sich zur Gewohnheit gemacht, alle anderen ins Unrecht zu setzen, sodass er stets recht behalten konnte. Ein Kollege im Unternehmen wollte, dass ich mir ein Bild davon mache, was da vor sich geht. Ich saß also da und hörte mir an, wie dieser Mann eine Stunde lang jedem Menschen widersprach, der mit ihm in Berührung kam. Ich beschloss, den direkten Ansatz zu wählen, und wies ihn darauf hin, dass er den ganzen Morgen mindestens zweimal pro Minute gesagt hatte: »Das stimmt nicht.« Ohne auch nur einen Moment zu zögern, drehte er sich zu mir um und meinte: »Das stimmt nicht.«

Beachten Sie, wie viel in diesen wenigen Worten enthalten ist. Die Aussage »Das stimmt nicht« erlaubt es jemandem, jeden außen vor zu lassen, der nicht einer Meinung mit ihm ist, und ein Warnschild hochzuhalten, auf dem zu lesen steht: »Draußen bleiben. Mein Geist ist schon zu!« Grenzen, so stellt sich heraus, dienen ziemlich verwickelten Zwecken. Sie lassen sich nicht als rein psychologische Verteidigungslinien definieren. Wenn Sie lernen, dass Sie nicht unbedingt recht haben müssen, heißt das in diesem Fall: Sie lernen, Vertrauen zu haben. Denn das in solchen Grenzziehungen zum Ausdruck kommende Grundbedürfnis ist das nach Kontrolle. Durch jede Infragestellung wird die Grenze nur weiter untermauert und verstärkt. Einer auf Kontrolle fixierten Persönlichkeit beweisen zu wollen, sie sei im Unrecht, führt zu nichts. Stattdessen gilt es, immer und immer wieder deutlich zu machen, dass auf Ihre Liebe Verlass ist.

Falls es sich bei der Grenze um Ihre eigene handeln sollte, gehen Sie am besten so vor, dass Sie einem anderen Menschen jeden Tag ein kleines Stückchen Vertrauen schenken. Soll heißen: Sagen Sie der betreffenden Person nicht schon im Voraus, wie sie Dinge anpacken soll, seien Sie nicht kleinlich, schwelgen Sie nicht in Perfektionismus, widersprechen Sie nicht, pochen Sie nicht darauf, dass nur Sie wissen, was richtig ist. Wenn wir unsere Gewohnheit, recht zu haben, revidieren wollen, wird uns dabei häufig unwohl zumute sein. Das liegt in der Natur der Sache. Aber jedes Mal, wenn sich Ihr Vertrauen auszahlt, haben Sie einen Grund weniger, Ihren alten Schutzwall wieder aufzubauen.

Sie vertrauen darauf, dass die Liebe Ihnen gilt. Hinter Grenzen verbirgt sich in vielen Fällen eine Form von Selbstbeurteilung. Menschen, die innige Nähe nicht zulassen können, haben das Gefühl, Liebe nicht zu verdienen. Sie haben Angst, bloßgestellt zu werden, wollen nicht, dass andere Menschen sehen, wie wenig liebenswert sie sind. Die Grenzziehung ermöglicht ihnen außerdem, sich nicht näher anschauen zu müssen, warum sie eigentlich das Gefühl haben, keine Liebe zu verdienen. (Anstelle von Liebe können Sie hier auch Respekt, Bewunderung, Anerkennung, Wertschätzung einsetzen – sie alle sind Abkömmlinge der Liebe.) Die Glücklichsten unter uns sind von Geburt an geliebt worden. Das kommt jedoch selten vor. Die meisten Menschen haben eine Kombination aus Liebe und Ablehnung erlebt, schon als sie noch ganz klein waren. Sie waren negativen Situationen ausgesetzt, in denen ihr Wert in Zweifel gezogen wurde.

Geliebt zu werden ist die einzige Möglichkeit, diesen Zweifel zu kurieren. Aber das wird nicht geschehen, wenn Sie sich abkapseln. Unglückseligerweise isolieren Sie sich umso stärker, je mehr Sie das Gefühl haben, keine Liebe zu verdienen, und dadurch wird die Gewissheit, dass Sie keine Liebe verdienen, nur noch weiter untermauert. Im Grunde können Sie Liebe nur in dem Maß erhalten und behalten, wie Sie diese auch für sich selbst empfinden. Besonders deutlich zeigt sich dieser Zusammenhang – aufseiten der Frauen – in Aussagen wie: »Man könnte meinen, ich würde mich immer wieder mit dem gleichen Mann verabreden.« Oder: »Ich lerne nur Männer kennen, die mich letztlich zurückweisen.« Bei Männern hört man im Prinzip dieselbe Klage, nur mit umgekehrter Geschlechterrollenverteilung: »Ich lerne zwar viele Frauen kennen, aber nie eine, die ich heiraten würde.« Oder: »Ich liebe Frauen. Aber ich mag mich nicht unter Druck setzen lassen, eine Familie zu gründen.« Die Gesellschaft stellt uns alle möglichen vorgefertigten Antworten zur Verfügung, hinter denen sich die eigene Selbstbeurteilung und die eigene Voreingenommenheit verstecken lassen.

Diese einschränkende Grenze kann abgebaut werden, indem Sie darauf vertrauen, dass Sie ein liebenswerter Mensch sind. Sie müssen sie nicht ganz und gar abbauen (das wäre zu viel verlangt), sondern nur so weit, dass Sie am äußeren Rand Ihrer Komfortzone bleiben können. Sie können ein bedürftiges Kind unterstützen, sich für die Armen engagieren, einem Hochschulabbrecher als Mentor zur Seite stehen – solche liebevollen Handlungen bringen uns ebenso viel Anerkennung, als würden wir uns zu einem Rendezvous verabreden, gewöhnlich sogar mehr. Wenn Sie dann Liebe erfahren, wird sie Teil Ihrer Identität werden. Liebe will wachsen. Dazu reicht es schon aus, wenn Sie nur den Samen setzen.

Sie begrüßen freudig die Möglichkeit, sich zu öffnen. Menschen, die hinter Grenzabsperrungen leben, begegnen dem Gedanken, sich zu öffnen, mit Argwohn. Wenn wir uns öffnen, geschieht das im Gewahrsein. Darin liegt eine menschliche Besonderheit. Zum Beispiel hat es eine öffnende Wirkung, wenn Sie freigebig sind und mit anderen teilen. Doch die Sache ist ein wenig kompliziert: Der physische Akt des Gebens allein reicht noch nicht aus. Es ist möglich, Millionen wegzugeben und dabei im Grunde seines Herzens immer noch gierig und selbstsüchtig zu sein. Da scheint es so etwas Ähnliches wie einen eingebauten Mechanismus zu geben, der es manchen Menschen regelrecht zu einer körperlichen Notwendigkeit macht, sich zusammenzurollen, sich zurückzuziehen und zu verbergen.

Im Rahmen einer unlängst durchgeführten sozialwissenschaftlichen Studie zeigte man einer Gruppe von Menschen eine Reihe von Dias, auf denen grausige Geschehnisse abgebildet waren, Kriegsszenen und Autounfälle beispielsweise. Die physiologischen Reaktionen wie Blutdruck, Herzschlagfrequenz und der galvanische Hautwiderstand jedes Versuchsteilnehmers wurden aufgezeichnet. Jede/r in der Gruppe empfand es als belastend, die grauenhaften Fotoszenen zu betrachten. Ab einem gewissen Punkt aber gewöhnten sich einige der Versuchsteilnehmer/innen an den Anblick. Ihre Stressreaktion klang ab. Bei anderen Beteiligten trat dieser Fall hingegen nicht ein – das letzte Foto, das ihnen gezeigt wurde, erschütterte sie ebenso sehr wie das erste. Oberflächlich gesehen zeigt das Experiment, wie schnell manche von uns gegen Erfahrungen, die sie als beängstigend empfinden, Barrieren errichten. Aber die Studie erbrachte noch einen weiteren, völlig unerwarteten Befund.

Die Teilnehmer/innen waren vorab nach ihren politischen Vorlieben befragt worden. Und wer sich selbst als liberal bezeichnet hatte, so stellte sich dann im Experiment heraus, kam über die anfängliche Schockreaktion rasch hinweg und konnte sich an die grässlichen Bilder gewöhnen. Demgegenüber nahm der Anblick der Fotoszenen die nach eigener

Einschätzung konservativ ausgerichteten Menschen weiterhin schwer mit. Den Wissenschaftlern, die das Experiment durchführten, bereitete es erhebliche Mühe, für dieses Resultat eine Erklärung zu finden. Denn das Klischee von dem vergleichsweise sentimentalen oder auch mitfühlenden Liberalen hätte sie eigentlich eher vermuten lassen, dass diese sich als besonders empfindsame Menschen erweisen würden. Aber vielleicht verlangt es eine stark ausgeprägte Fähigkeit, die Existenz von Schmerz und Leid zu akzeptieren, damit man den Versuch unternehmen kann, Abhilfe zu schaffen, während Menschen, bei denen angesichts von Schmerz und Leid die Schockwirkung anhält, bloß wollen, dass ihnen der Anblick erspart bleibt. Bevor man etwas dazu beitragen kann, Schmerz und Leid zu verringern, muss man zunächst einmal damit zurechtkommen, dass es diesen Aspekt des Lebens tatsächlich gibt.

Wenn es darum geht, uns selbst zu helfen, gilt das Gleiche. Erst müssen wir bereit sein, uns den dunklen Seiten in uns zu stellen. Erst dann, unter dieser Voraussetzung, kann das Licht in Sie hineingelangen. Mit unseren Grenzen geht die Seele äußerst behutsam um. Niemals verlangt sie von uns, dass wir einen Heilungsprozess in Gang bringen. Nie überfährt sie uns mit irgendetwas, fällt niemals mit der Tür ins Haus – auch da nicht, wo es um Liebe geht. Hier übernimmt, glaube ich, der Geist die Führungsrolle gegenüber den Emotionen. Der Öffnungsprozess vollzieht sich von allein. Erst muss freilich der Geist die Erlaubnis dazu erteilen. Verengung beruht stets auf Angst; und der Würgegriff der Angst ist ein ganz und gar emotionales Phänomen. Wie ein Elternteil, der ein ängstliches Kind dazu zu bewegen versucht, doch ins Wasser zu gehen, können Sie mit Ihrem ängstlichen, verengten Selbst verhandeln. Das erfordert Geschicklichkeit.

Der entscheidende Schritt besteht in der Einsicht, dass selbst derjenige Teil Ihrer Persönlichkeit, der die meiste Anspannung aufweist, sich besonders stark verengt und verschlossen hat, frei sein will. Vor diesem Hintergrund können Sie sich die Frage stellen: »Was will ich?« Die Antwort darauf braucht nichts Großartiges zu beinhalten. Sie müssen nicht unbedingt gleich vollkommene Erfüllung, Freude und Liebe wollen. Suchen Sie sich einen realistischen, gut umsetzbaren Wunsch: Der nächste wie auch immer beschaffene Anlass zu Freude bringt Sie Ihrer Seele näher. Vielleicht wird auch Unbehagen mit im Spiel sein. Doch wenn Sie sich zu einer tatsächlich öffnend wirkenden Erfahrung verhelfen können, wird sich die Neigung zu Verschlossenheit immer weniger bemerkbar machen. Je mehr Sie sich öffnen und für Freude empfänglich werden, desto weniger benötigen Sie noch Grenzen.

Sie betrachten Überfluss als ein natürliches Attribut des Lebens. Falls Sie überzeugt sind, es herrsche Mangel, können Sie gar nicht anders, als in Angst zu leben. Viele von uns glauben, ihre berufliche Position, ihr Eigenheim, ihr Bankkonto oder sonstiges Hab und Gut schütze sie gegen den Mangel. Die eigentliche Bedrohung stellt jedoch der innere Mangel dar. Ihr Körper ist ganz offenkundig ein Beispiel für den Überfluss der Natur. Hunderte Milliarden Zellen stehen ihm zur Verfügung. Ihr Blut strömt wie eine Flutwelle durch die Arterien. Ebenso ist auch Ihre Seele ein Reservoir unendlich großer Energie, Schöpfungskraft und Intelligenz. Diese Quelle kann niemals versiegen. Das hat allerdings nicht viel zu bedeuten, wenn Sie glauben, in einem Zustand des Mangels zu leben.

Wenn sich diese Überzeugung in Ihnen festsetzt, müssen Sie sich unglaublich abstrampeln, um dem Leben wenigstens so viel abzuringen, dass es zum Überleben reicht. Paradoxerweise ist eine solche Überzeugung gerade unter ausgesprochen reichen Leuten sehr verbreitet. Ihr Wohlstand stellt sicher, dass sie äußerlich gesättigt sind. Doch innerlich fühlen sie sich ausgehungert. Deshalb gieren sie nach immer mehr von dem, was sie ohnehin noch nie zufriedengestellt hat.

Demnach besteht eine gewaltige Diskrepanz zwischen dem, was die Seele uns zur Verfügung stellt, und dem, was wir empfangen. Für jemanden, der sich innerlich arm fühlt, finde ich die folgende Übung sehr hilfreich. Nehmen Sie ein Stück Papier, schreiben Sie das Wort *Überfluss* darauf und ziehen Sie dann einen Kreis um das Wort. Notieren Sie nun im Umfeld des Kreises fünf Worte, von denen jedes für einen Bereich steht, der Ihrem Leben das Gefühl größeren Überflusses vermitteln würde. (Wenn ich diese Übung mit anderen Menschen durchführe, bitte ich sie, keine materiellen Dinge wie Geld, Häuser oder sonstiges Hab und Gut aufzuschreiben. Karriere, Arbeit und Erfolg bieten sich, weil ihnen Bedeutung innewohnt, als guter Ersatz dafür an.) Nehmen wir einfach mal an, Sie würden auf dem Blatt die folgenden fünf Worte festhalten:

- Frieden
- Vergnügen
- Mitgefühl
- Wohlergehen
- Familie

Ein Mann führte einmal tatsächlich genau diese fünf Punkte auf. Könnte er sich in all diesen Bereichen besser verwirklichen, dann würde er aus seiner Sicht ein erfüllteres Leben führen. Schreiben Sie nun als Nächstes für jeden einzelnen der fünf Punkte drei Dinge auf, die Sie von heute an tun können, damit Sie in diesen Bereichen größere Erfüllung erleben. Als Beispiel führe ich für Sie auf, was der oben erwähnte Mann zu drei der fünf Punkte notierte:

Vergnügen: Mehr Zeit draußen in der freien Natur verbringen
Mit den Kindern spielen
Lernen, wieder Freude zu empfinden
Mitgefühl: Diesen Obdachlosen in unserer Straße unterstützen
Meinem deprimierten Arbeitskollegen Hilfe anbieten
Ehrenamtlich im örtlichen Tierheim mitarbeiten
Familie: Meiner Frau häufiger sagen, dass ich sie liebe
Sich beim Abendessen darüber unterhalten, wie es jedem Familienmitglied geht
Auf Anzeichen von Traurigkeit und Unzufriedenheit achten

Es reicht nicht aus, nach mehr im Leben Sehnsucht zu haben. Ihr Wunsch muss genauer bestimmt sein. Er muss von dem Punkt, an dem Sie jetzt stehen, nach dort weisen, wo Sie hinwollen. Solch ein Wunsch ist nicht ungeordnet oder unkontrolliert. Vielmehr wirkt er mit sanftem Nachdruck auf Veränderung hin.

Sie haben keine Erwartungen. Nichts verursacht mehr Unglück als enttäuschte Erwartungen. Die Beförderung am Arbeitsplatz, aus der dann doch nichts wird; der Heiratsantrag, der einmal mehr verschoben wird; die Vorstellung von einer idealen Familie, die niemals greifbare Wirklichkeit wird. Erwartungen sind ein Versuch, die eigene Zukunft unter Kontrolle zu bringen. Eine Erwartung besagt: »Glücklich sein werde ich erst, wenn dies oder das geschieht.« An dieser Stelle müssen wir allerdings sehr genau aufpassen.

Denn vielfach will uns jemand, der sagt, er habe keine Erwartungen an das Leben, damit schlicht und einfach nur beiläufig zu verstehen geben, dass sein Leben leer und ohne Hoffnung ist. Darum geht es hier aber selbstverständlich nicht. Es geht vielmehr um eine gewisse Offenheit, in der alles geschehen und alles willkommen geheißen werden kann.

Neulich erfuhr ich das auf sehr lebhafte Weise. Eine Lesereise hatte mich innerhalb von zehn Tagen in ebenso viele Städte geführt. Um die Schinderei solchen Reisens von Flughafen zu Flughafen und von Hotel zu Hotel besser zu überstehen, hatte ich eine bestimmte Routine entwickelt. An jenem Tag aber lief mit dieser Routine von vorne bis hinten alles schief. Um körperlich in Schwung zu kommen, stand ich früh auf. Doch der Fitnessraum im Hotel war geschlossen. Dann wollte ich mir zum Frühstück Saft und Toast holen. Aber da es Samstag war, hatte man lediglich ein reichhaltiges Brunch-Büfett aufgebaut. Das Hotelpersonal hatte vergessen, die von mir gewünschte Morgenzeitung bereitzulegen. Das Auto für den Transfer zum nächsten Ort, an dem ich angekündigt war, traf verspätet ein. Dadurch waren wir gezwungen, uns in Windeseile einen Weg durch das Verkehrsgetümmel zu bahnen. Trotzdem mussten all die Menschen im Auditorium letztlich ungebührlich lange auf mich warten.

Ich hockte also auf dem Rücksitz des Wagens, war unzufrieden und wusste auch, warum. Dabei ging es nicht einfach nur um eine unliebsame Abweichung von der Routine, sondern um enttäuschte Erwartungen. Im Geist hatte ich mir einen Plan zurechtgezimmert, mit dessen Hilfe ich für einen guten Tagesablauf sorgen wollte. Und nun schlug dieser Plan fehl. Stück für Stück wurden meine Erwartungen enttäuscht. Meine Wünsche waren nicht in Erfüllung gegangen. Das passiert jedem von uns immer wieder. Erwartungen erfüllen sich nicht, Enttäuschung ist die Folge. Hinterher wurde mir klar, dass ich an dem, was der Tag mir brachte, mehr Freude hätte haben können, wenn ich ihn nur frei von Erwartungen angegangen wäre.

1. Ich hätte stärker in der eigenen Mitte sein können. Wenn Sie in sich zentriert sind, sind Sie nicht so abhängig von den Umständen. Das Auf und Ab des Alltags wirft Sie dann nicht aus der Bahn.
2. Es bestand überhaupt keine Notwendigkeit für mich, bereits im Voraus festzulegen, wie ein guter Tag für mich auszusehen hätte. Den Gesamtüberblick kann man ohnehin nicht haben und sollte daher stets Raum lassen für das Unvorhergesehene. Wenn dann etwas Unerwartetes geschieht, wirft es nicht gleich alles über den Haufen.
3. Ich hätte mich von diesem ergebnisorientierten Denken lösen können. Die eigenen Handlungen sind das Einzige, was wir unter Kontrolle haben. Ihre Resultate entziehen sich hingegen unserer Kontrolle.
4. Ich hätte die Dinge nicht so persönlich zu nehmen brauchen. Das Leben kommt und geht. Das Universum ist ein einziges Geben und Nehmen.

Diese Einstellungen zu pflegen hilft Ihnen, keine Erwartungen aufzubauen. Damit will ich nicht sagen, Enttäuschungen seien für Sie komplett vermeidbar. In unserem Geist stapeln wir, wie in einem Lagerhaus, Vorstellungen von Dingen, die wir mit Glück gleichsetzen. Indem wir diese Dinge erwarten, handeln wir uns die Gefahr ein, enttäuscht und frustriert zu werden. Zugleich weiß jedoch jeder von uns, dass es eine andere, eine bessere Art von Glück gibt. Was würde Sie nächstes Mal zu Weihnachten mehr beglücken: ein Geschenk aus einer Wunschliste, die Sie geschrieben haben, oder ein Geschenk, das eine gelungene Überraschung für Sie darstellt? Ihre Seele jedenfalls ist nicht dazu da, Wünsche von einer Liste zu erfüllen, die der Geist sich in der Vergangenheit ausgedacht hat. Die Geschenke der Seele kommen unerwartet. Die Freude, die sie uns bescheren, ist frisch, weil sie unseren Erwartungshorizont übersteigt.

Die Magie des Wünschens steht mit der Frische des unablässig sich erneuernden Lebens in Zusammenhang. Die Seele gleicht nicht einem Verehrer, der Ihnen »Ich liebe dich« ins Ohr flüstert. Die Seele hat keine Worte, keine Stimme. Liebe bringt sie handelnd zum Ausdruck, indem sie das bereitstellt, was Ihnen als Nächstes Freude bereiten wird. Die betreffende Erfahrung mag unbedeutend erscheinen. Oder sie kann weltbewegend sein. Sicher ist nur eins: Durch Liebe erwecken wir die Seele; und im Gegenzug bringt sie uns ihre Liebe. Diese Erfahrung werden Sie machen, sobald Ihre Grenzen allmählich weicher werden. Letztlich eröffnet sich uns so die Möglichkeit, ein Leben ohne alle Begrenzung zu führen. Und diese Möglichkeit wollen wir als Nächstes erkunden.

Heilung für Sie: Lassen Sie Ihre Seele zum Vorschein kommen

Der Einfluss des höheren Gewahrseins ist unablässig vorhanden und stets heilsam – so wie es bei einer Lichtquelle, die durch ihre Wärme eine Eisskulptur dahinschmelzen lässt, keine Rolle spielt, ob der Eisblock zuvor von einem Bildhauer zu einem Furcht einflößenden Monster gestaltet wurde. Entscheidend ist allein, dass der Eisblock schmilzt. Sollten Sie die Wärme der durch den Eisblock hindurchscheinenden Seele nicht spüren können, ist diese blockiert.

Widerstand kann stets auf den Geist zurückgeführt werden. Solche Hindernisse sind, da unsichtbar, nur schwer auszumachen. Wenn es darum geht, sich vor sich selbst zu verbergen, ist Ihr Geist ein absoluter Experte. Und Ihr Ego beharrt darauf, zu seinen wichtigsten Aufgaben zähle es, Grenzen zu ziehen.

Am besten können Sie all das, was Sie machen, daher an Ihrem Körper ablesen. Ihr Körper ist außerstande, sich in der Weise selbst zu täuschen, wie es der Geist kann. Sich der Realität zu verschließen ist dem Körper unmöglich. Angst und Wut sind seine Reaktionen auf die schlimmsten Bedrohungen. Spiegelt Ihr Körper eine dieser beiden Emotionen wider, dann bedrängt eine äußere Kraft Ihre Grenzen und übt Druck auf sie aus.

Angst zehrt physisch an Ihren Kräften. In noch gesteigerter Form, als Schrecken, lähmt sie. Körperliche Ausdrucksformen von Angst sind: Anspannung in der Magengegend, Krämpfe, Frieren und Frösteln, Blutleere im Kopf, Benommenheit, Schwindel- oder Schwächegefühl und ein Gefühl der Enge in der Brust. Wut kommt durch Wärme und Hautrötung zum Ausdruck, durch angespannte oder verkrampfte Muskeln, zusammengepresste Kiefer, eine schnelle und unregelmäßige oder laute Atmung, einen beschleunigten Herzschlag und ein Pochen in den Ohren.

Dies sind unverkennbare Signale. Nichtsdestoweniger ist es dem Geist möglich, sie zu ignorieren. Achten Sie einmal darauf, wie häufig Menschen sagen: »Bei mir ist alles in Ordnung, kein Problem«, während ihr Körper in einem schreienden Missverhältnis zu dieser Aussage steht. Vertrauen Sie den Hinweisen, die Ihnen Ihr Körper gibt, auch wenn der Geist Ihnen etwas anderes erzählt. Solches Vertrauen beginnt damit, dass Sie die Signatur jeder Emotion erkennen. Jede dieser Emotionen zeugt davon, dass Sie Widerstand leisten. Eine Erfahrung ruft Anspannung hervor – und zwar deshalb, weil sie auf eine Barriere gestoßen ist, statt durch Sie hindurchzufließen. Vielleicht können Sie nicht erkennen, was da vor sich geht, Ihr Körper aber kann es fühlen. Indem man fühlt, unternimmt man den ersten Schritt, die Barrieren niederzureißen und sie überflüssig zu machen.

Dementsprechend hilfreich ist es für uns, diesen physischen Hinweisen weiter nachzugehen. Bei den Fällen, in denen zwei Gefühle miteinander in Verbindung stehen, Wut und Feindseligkeit zum Beispiel, oder Trauer und Niedergeschlagenheit, gebe ich Ihnen zu der primären Emotion eine ausführlichere Erläuterung.

Demütigung gleicht der Angst insoweit, als Ihr Körper sich ebenfalls schwach fühlt. Aber in diesem Fall ist er nicht kalt, sondern Ihre Wangen röten und Ihre Haut erwärmt sich. Dabei schrumpfen Sie und fühlen sich kleiner. Extreme Angst bewirkt, dass Sie fortlaufen wollen. Demütigung bewirkt, dass Sie sich am liebsten in Luft auflösen oder im Erdboden versinken würden. Demütigung verbleibt im Körper und kann durch die leiseste Erinnerung an vergangene demütigende Geschehnisse wieder ausgelöst werden. Wer schwer gedemütigt worden ist, zumal in der Kindheit, wird in der Folge ohne Elan, teilnahmslos und verschlossen sein. Der Körper fühlt sich chronisch schwach und hilflos.

Verlegenheit kommt einer abgeschwächten Demütigung gleich. Ihre physischen Anzeichen sind die gleichen, allerdings geht sie schneller vorüber.

Frustration gleicht der Wut, staut sich jedoch stärker auf. Frustration fühlt sich an, als wolle der Körper wütend sein, könne jedoch den Schalter nicht finden. Die Bewegungen werden starr, ein weiteres Anzeichen dafür, dass das Auslassventil verstopft ist. Frustration kann auch darauf beruhen, dass man wütend ist, ohne es wahrhaben zu wollen. In dem Fall wird Ihr Körper Anzeichen von Verleugnung aufweisen – abgewendeter Blick, schnelles, geringschätziges Sprechen, Achselzucken, angespannte Kiefermuskeln, mühsames Atmen. Mit anderen Worten: Die wahren Gefühle der oder des Betreffenden werden zurückgehalten. Bei manchen Menschen finden sich dann subtile Hinweise auf Verärgerung, zum Beispiel sind sie zu unruhig, um still sitzen bleiben zu können. Nicht jede Frustration steht mit Wut in Verbindung. Aber wenn sich etwa jemand beklagt, sexuell frustriert zu sein, sind Reizbarkeit und Wut meist nicht fern.

Schuld ruft ein Gefühl von Ruhelosigkeit hervor, als stecke man in der Falle und wolle ihr mit aller Macht entkommen. Sie fühlen sich eingeschränkt, als müssten Sie ersticken. Das Atmen scheint schwerzufallen. Es bilden sich Verspannungen im Bereich des Brustkorbs, der den Eindruck macht, er wolle explodieren, um unterdrückte Schuldgefühle herauszulassen, als seien diese physisch dort eingesperrt. Wir sprechen von »nagenden« Schuldgefühlen, was sich körperlich in Form eines chronischen Drucks auf das Herz manifestieren kann.

Scham ist ein weiteres hitziges Gefühl, das rote Wangen und warme Haut hervorruft. Zugleich spürt man im Innern, das sich kalt und leer anfühlen kann, eine Art Taubheit. Ebenso wie Demütigung bewirkt Scham, dass Sie sich kleiner fühlen – Sie schrumpfen regelrecht und würden am liebsten in den Boden versinken. Scham steht in Beziehung zu Schuld, fühlt sich allerdings eher wie eine schwere Bürde an, während Schuldgefühle einer Bestie gleichen, die aus Ihnen herausbrechen möchte.

Besorgnis ist notorische Angst, eine Emotion, die den Körper schwächt. Die akuteren Kennzeichen von Angst sind möglicherweise nicht vorhanden, weil Sie sich an sie gewöhnt haben. Ihr Körper hat sich angepasst. Eine vollständige Anpassung ist ihm indes nicht möglich. Daher zeigt die Angst sich unterschwellig, beispielsweise in Reizbarkeit, Verstimmtheit, Benommenheit und Schlaflosigkeit. Der Körper kann antriebslos oder ruhelos sein. Das klingt scheinbar widersprüchlich, aber wenn Besorgnis wochen- und monatelang andauert, haben die Symptome Zeit, sich zu verändern und sich den persönlichen Gegebenheiten anzupassen. Doch stets gilt: Wenn Sie still daliegen und sich nach innen wenden, wird gleich unter der Oberfläche die Angst spürbar vorhanden sein.

Niedergeschlagenheit fühlt sich kalt, schwer und lethargisch an. Jeglicher Elan ist abhanden gekommen. Es gibt viele Arten von Niedergeschlagenheit, denn wie chronische Besorgnis kann sich dieser Zustand über Wochen, Monate, selbst Jahre hinziehen. Ihr Körper hat Zeit, seine unverwechselbar eigenen Abwehrszenarien zu arrangieren. Zum Beispiel fühlt sich jemand, der deprimiert oder niedergeschlagen ist, üblicherweise müde. Allerdings trifft das nicht immer zu. Besonders dynamische Menschen können weitgehend wie gewohnt funktionieren, indem sie sich ungeachtet ihrer Niedergeschlagenheit dazu zwingen, nach außen hin voller Energie zu sein.

In Verbindung mit einem Gefühl von Hoffnungslosigkeit kann Niedergeschlagenheit Sie lustlos und stumpfsinnig machen. Warum überhaupt noch einen Schritt tun, wenn die Situation sowieso von vorneherein hoffnungslos ist? Niedergeschlagene Menschen klagen möglicherweise über ein permanent vorhandenes Kältegefühl. Mit Herausforderungen konfrontiert, geraten sie physisch ins Schwimmen, als seien sie verwirrt oder hilflos. Viele Menschen versuchen, wenn sie niedergeschlagen sind, sich allen möglichen Situationen zu entziehen, und verweigern eine Reaktion. Anderen geht jegliche Motivation verloren. Ihr Körper signalisiert diese Einstellungen durch langsame, starre oder zögerliche Bewegungen.

Kummer gleicht der Niedergeschlagenheit, ist allerdings noch kälter und betäubender. Der Körper kann sich derart schwer und antriebslos fühlen, dass die betreffende Person wie tot anmutet, obwohl sie nach wie vor am Leben ist.

Feindseligkeit gleicht der Wut, braucht indes einen Auslöser, der sie in Gang setzt. Unentwegt tauchen Hinweise auf Wut und Verärgerung auf, verbunden mit einer gleichsam auf Sparflamme vor sich hin köchelnden Wachsamkeit: stets auf dem Sprung, sich beim leisesten Anlass zu einem veritablen Wutausbruch auszuwachsen. Der Körper fühlt sich angespannt, verkrampft und steht in Bereitschaft, jederzeit in Aktion zu treten.

Überheblichkeit ist, wie Feindseligkeit, verkappte Wut – und ebenfalls chronisch. Anzeichen von Überheblichkeit sind jederzeit offensichtlich. Die betreffende Person braucht nur den geringsten Auslöser, schon legt sie Stolz an den Tag, zeigt Geringschätzung oder geht auf Distanz. Überheblichkeit vergräbt die ihr zugrunde liegende Wut jedoch tiefer, als es die Feindseligkeit tut; so tief, dass diese normalerweise hitzige Emotion erkaltet. Da die Wut angestaut und unter Kontrolle ist, platzt sie aus überheblichen Menschen nicht heraus. Stattdessen geben sie eine kühle Wut ab: genau dosiert, charakterisiert durch zusammengepresste Kiefer, einen kalten Blick und einen starren Gesichtsausdruck.

Wenn Sie diese physischen Signale am eigenen Körper entdecken, trauen Sie ihnen! Das ist der erste Schritt. Untersuchen Sie dann im zweiten Schritt die zugrunde liegende Motivation. Grenzen und Beschränkungen bringen Sie dazu, auf eine Art und Weise zu handeln, über die Sie sich nicht voll und ganz im Klaren sind. Häufig verfolgt das Ego eigene Absichten. Und die versucht es dann durchzudrücken, auch wenn Ihr Körper nicht darauf einsteigt. Hier ein paar Beispiele für Ego-Prioritäten:

Selbstgefälligkeit ist eine Allroundstrategie, die den Eindruck erwecken soll, man sei größer und stärker, hätte mehr zu sagen und die Zügel fester in der Hand, als es tatsächlich der Fall ist. Die physischen Symptome gehen in Richtung der Überheblichkeit und anderer Anzeichen von kontrollierter Wut. Anzeichen von Frustration verweisen darauf, dass nichts je gut genug ist. Der Körper wirkt häufig starr, mit steifem Nacken und hoch erhobenem Kopf. Die betreffende Person könnte »mit breiter Brust« oder vorgestrecktem Brustkorb durch die Welt gehen. Von diesen Anzeichen einmal abgesehen legen selbstgefällige Menschen typischerweise Ungeduld, Streitlust, Distanziertheit und abweisende Kälte an den Tag. Werden sie in ein Streitgespräch verwickelt, beginnen sie zu dozieren. Wenn sie den Kürzeren zu ziehen drohen, geben sie auf und treten den Rückzug an.

Widerborstig, leicht gekränkt und beleidigt sein ist die Ego-Strategie für den Umgang mit Angst und Unsicherheit. Die betreffende Person versucht nach außen ein Selbstbild zu präsentieren, das stärker erscheint, als sie sich tatsächlich fühlt. Daher empfindet sie bereits den Hauch einer Herabsetzung als bedrohlich oder verletzend. Bei dieser Strategie gibt es, wie bei allem, was das Ego tut, unterschiedliche Abstufungen. Griesgrämige Menschen sind notorisch widerborstig und benötigen keinerlei Auslöser; sie sind ständig wütend und sauer. Geltungsbedürfnis, eine seiner selbst unsichere Form der Selbstbezogenheit, geht stets mit dem Gefühl einher, eigentlich eine Mogelpackung zu sein. Verletzt oder beleidigt zu reagieren ist daher eine Möglichkeit, selbst als Erste/r zum Angriff überzugehen, um den Schwindel ja nicht auffliegen zu lassen.

Kritiksucht und Perfektionismus sind eine weitere Spielart des Prinzips »Angriff ist die beste Verteidigung«. In diesem Fall hat der betont kritikfreudige Mensch Angst, dass man ihn in seiner Unvollkommenheit wahrnehmen könnte. Dem liegt unterschwellig das Gefühl zugrunde, mit Fehlern oder Defiziten behaftet zu sein. Das Gefühl, selbst nie gut genug zu sein, wird nach außen projiziert nach der Devise: »Wenn ich nicht okay bin, kann bei dir auch nichts okay sein.« Wenn das Ego sich dieser Strategie bedient, meint es, Sie damit vor Besorgnis und Demütigung schützen zu können. Perfektionisten legen Maßstäbe an, denen man unmöglich gerecht werden kann, sodass nichts jemals gut genug sein kann. Hier ist offenkundig ebenfalls ein Element von Wut mit im Spiel, da der Überkritische wie auch der Perfektionist ihre Opfer attackieren, egal wie oft sie sagen: »Nimm's nicht persönlich!« Es ist immer persönlich – für sie.

Abhängigkeit schützt Hilflosigkeit vor. Mit dieser Methode will das Ego vermeiden, sich der eigenen Angst stellen zu müssen. Abhängige Menschen legen Hilfsbedürftigkeit an den Tag, klammern sich an. Sie weigern sich, Verantwortung zu übernehmen. Sie idealisieren stärkere Menschen und versuchen, sich an ihnen aufzurichten (und sei es auch nur in der Fantasie, als Heldenverehrung). Die physischen Symptome gehen hier in die gleiche Richtung wie bei Angst, Niedergeschlagenheit und Demütigung. Wenn abhängige Menschen sich glücklich fühlen, erwärmen sie sich. Sie wollen schrecklich gern geliebt werden. Haben sie hingegen niemanden, an den sie sich anlehnen können, werden sie kühl, verschlossen, sind niedergeschlagen. Oft bleiben die Dinge bei ihnen unbestimmt und vage, weil sie nicht wissen, wie sie bekommen können, was sie haben wollen. Wie Kinder sind sie darauf angewiesen, dass jemand anderes es ihnen verschafft. Vielfach weist ihr Körper Züge von Kindlichkeit und Unreife auf, was sich in Form von Schwäche, Ungeschicklichkeit, mangelnder Koordination, Krankheits- und Verletzungsanfälligkeit äußert.

Konkurrenzdenken, stets die Nase vorn haben wollen und anmaßendes Auftreten sind Teil einer übergreifenden Ego-Strategie, welche die Erfüllung nach außen projiziert und davon abhängig macht, dass man gewinnt. Das dahinterstehende Gefühl ist unter Umständen schwer fassbar. Es könnte sich um Wut oder Angst handeln. Im Grunde genommen könnte es alles sein, da die oder der Betreffende derart auf äußere Errungenschaften fixiert ist, dass es überhaupt keine Fenster nach innen gibt. Die physischen Symptome sind ebenfalls nur schwer zu deuten, weil stark konkurrenzbezogene Menschen unablässig bemüht sind, dynamisch zu wirken, obenauf und voll einsatzbereit zu sein. Dafür sind sie aber in dem Moment, in dem sie Fehlschläge einstecken müssen, wie ein offenes Buch. Denn Fehlschläge führen zu Wut, Frustration und Niedergeschlagenheit. Doch statt diese Gefühle eingehender zu untersuchen, wartet der geborene Gewinner lieber ab, bis er seine Akkus wieder aufgeladen hat und erneut obenauf ist. Mögen übermäßig konkurrenzbezogene Menschen nach außen hin auch schwungvoll und dynamisch erscheinen, insgeheim wissen sie, welchen Preis sie für den Platz an der Spitze bezahlen müssen. So aufregend sie den Aufstieg dorthin finden – ganz vorn angekommen, fühlen sie sich erschöpft, unsicher und sind in Sorge, was ihnen wohl der nächste Tag bringen wird. Denn eines steht fest: Er bringt Mitbewerber, die so sind wie sie, bloß unverbrauchter und jünger.

Daher kann es sein, dass Gewinner im Laufe der Zeit ratlos und verwirrt dastehen. Innerlich haben sie unzählige Barrieren errichtet, um ihre »schwachen« Gefühle – wie sie diese bezeichnen würden – zu schützen. Wenn sie dann zu guter Letzt doch einmal beschließen, den Blick nach innen zu wenden, haben sie im Grunde keine Idee, wie sie das anstellen sollen.

Scheitern, weit hinter den eigenen Möglichkeiten zurückbleiben und das Feld räumen ist das Gegenmodell zur Gewinnerstrategie. Das Ego lässt sich auf kein Kräftemessen ein und geht nie mit vollem Engagement zur Sache. Lieber hockt es unbeteiligt am Rand und schaut dem Geschehen tatenlos zu. Während es so rumhängt, lässt es das Leben verstreichen. Die physischen Hinweise auf diese Einstellung sind im Allgemeinen unschwer zu erkennen. Da sie antriebslos sind, zeigen solche Menschen Anzeichen von Besorgnis, leiden notorisch unter einer verborgenen Angst und wirken dadurch kalt, schlapp, ungeschützt und verletzlich. Ihr Körper sieht aus, als sei er in sich zusammengesackt, als habe er eine Niederlage erlitten. Die Brust ist eingesunken, die Haltung gebeugt. Die Augen sind abgewendet oder schauen zu Boden.

Alles in allem vermitteln sie den Eindruck, als wollten sie lieber gar nicht gesehen oder zur Kenntnis genommen werden. Vom körperlichen Erscheinungsbild her wirken sie oftmals wie geschrumpft. Es ist durchaus möglich, dass die betreffende Person einem Beruf nachgeht und für den Familienunterhalt sorgt. Innerlich hat sie oder er jedoch chronisch das Gefühl, zu scheitern und zu versagen. Damit einher geht das Gefühl, klein, schwach und unreif zu sein – als hätten sie es auf eine geheimnisvolle Art und Weise versäumt, erwachsen zu werden.

Damit Ihr Gewahrsein sich öffnen und ausweiten kann, müssen Sie durchschauen, wo und wie das Ego hier die Kontrolle zu übernehmen versucht, und lernen, sich aufrichtig über die eigenen Motivationen Rechenschaft abzulegen.

Zwischen Ihrem Ego und Ihrem Körper werden die Dinge gewissermaßen ständig neu ausgehandelt. Sobald Sie dessen gewahr werden, was Ihr Körper Ihnen mitzuteilen versucht, hat das Ego keine Möglichkeit mehr, weiterhin seine Prioritäten durchzudrücken. Denn in dem Moment haben Sie den physischen Beweis dafür, dass Sie den Erfahrungsfluss, der leicht, spontan und unbekümmert sein sollte, blockieren. Wenn Sie also bemerken, dass Sie wieder in eine alte, starre Ego-Strategie verfallen, dann nehmen Sie diese als das wahr, was sie ist, und halten Sie inne. Sie müssen sich genau in dem Moment erwischen, in dem Sie beginnen, selbstgefällig, abhängig oder anmaßend zu handeln. Ihr Ego wird sonst automatisch in sein eingeschliffenes Verhaltensmuster verfallen. Ähnlich wie Muskeln haben auch Verhaltensweisen ein Gedächtnis. Einmal ausgelöst – und sei es durch einen noch so geringfügigen Reiz – treten sie schlagartig in Aktion.

Um zu erkennen, was in Ihrem Körper vorgeht, brauchen Sie einfach nur gewahr zu sein. Stets werden Hinweise auf eine unterschwellig vorhandene Emotion vorhanden sein. Spüren Sie, um welche Emotion es sich handelt! Verweilen Sie bei ihr. Indem Sie mit der physischen Empfindung in Kontakt treten, kann diese sich auf ganz natürliche Weise auflösen. Ihr Unwohlsein lässt nach, sobald Ihr Körper die gestörte oder feststeckende Energie loslässt, die Sie lange festgehalten haben. Nur so können Sie Ihre Abwehrmechanismen außer Kraft setzen. Ohne entsprechendes Gewahrsein können keine Veränderungen eintreten. Sobald Sie jedoch Körpergewahrsein entwickeln, können Sie auf Ihre Schutzvorkehrungen verzichten. Allmählich lernen Sie nun, die Wirklichkeit besser zu akzeptieren: so, wie sie ist – nicht so, wie Sie sie sich zurechtzubiegen versuchen.

Beglückwünschen Sie sich zu Ihrer Veränderungsbereitschaft. Seien die Grenzen noch so eng gesteckt, die Einschränkungen noch so rigoros: Das Gewahrsein vermag sie zu überwinden. Denn jedwede Grenze ist ihrerseits nichts weiter als Gewahrsein, das beschlossen hat, sich zu verengen, anstatt sich zu öffnen und zu weiten. Entwickeln Sie zugleich Wertschätzung für die Aufrichtigkeit Ihres Körpers. Er hat Ihre Seele zum Vorschein kommen lassen, als Ihr Geist dazu nicht bereit war. Sie treten zu Ihrem Körper in Verbindung; und jede Verbindung, so zaghaft sie zunächst auch ist, bringt Sie Ihrer Seele näher – der Daseinsebene, auf der Sie ständig verweilen können, vollkommen mühelos und ungezwungen.

Durchbruch Nr. 3
Seien Sie so grenzenlos wie Ihre Seele

Über sämtliche Grenzen hinauszugelangen erfordert einen Durchbruch. So sehr sind wir daran gewöhnt, in begrenzten Begriffen und Kategorien zu denken, dass wir sogar die Seele begrenzt, zu einer Sache, einem Objekt, gemacht haben – wenngleich zu einem unsichtbaren Objekt. Umfragen zufolge glaubt die überwiegende Mehrheit der US-Amerikaner, eine Seele zu haben. Aber schauen Sie sich diesen Satz bitte einmal genau an: »Ich habe eine Seele.« Was bedeutet »haben« in diesem Satz? Es scheint das Gleiche zu besagen wie in: »ein Haus haben« oder in: »einen Arbeitsplatz haben«. Es bringt ein Besitzverhältnis zum Ausdruck, so als gehöre Ihnen Ihre Seele. Würden Sie in der Weise Ihre Seele besitzen, müsste auch Folgendes gelten:

- Sie könnten Ihre Seele verlieren.
- Sie könnten sie weggeben.
- Sie könnten sie mit einem Preisschild versehen.
- Sie wüssten, wo genau sie sich befindet.
- Sie könnten sie mit derjenigen eines anderen Menschen vergleichen.

Damit habe ich Ihnen bloß eine Handvoll der besorgniserregenden Konsequenzen jener Vorstellung genannt, der zufolge die Seele ein unsichtbares Objekt ist. Bestimmt könnten Sie jemanden finden, der glaubt, jeder der fünf oben aufgeführten Punkte sei zutreffend. In den meisten Kulturen kennt man Geschichten vom Verlust der Seele – sei es, dass man sie an den Teufel verschachert oder Dämonen sie rauben. Bis auf den heutigen Tag stellt für strenggläubige Christen der Verlust der Seele eine ganz real empfundene Bedrohung dar. Für uns dagegen gilt es, eine Alternativvorstellung zu finden. Denn sobald Seelen verloren gehen, gerettet, in den Stand der Seligkeit erhoben werden oder der Verdammnis anheimfallen können, werden sie zum Objekt. Die Zeit ist reif für einen Durchbruch, reif dafür, die Seele als das zu behandeln, was sie tatsächlich ist.

Anstelle einer Seele, die man *besitzt* – eine lediglich mythologische Vorstellung –, haben wir eine durch nichts begrenzte Seele, die folglich überall existiert. In erster Linie stellt die Seele eine Verbindung zum Unendlichen dar. Sie besteht aus reinem Gewahrsein: aus demselben Rohstoff, aus dem all Ihre Gedanken, Empfindungen, Wünsche, Träume und Visionen bestehen. Denken Sie an Weiß, die reinste Farbe. Unserem Auge erscheint Weiß nicht so, als könnten darin sämtliche Farben enthalten sein. Eher würden wir vom Gegenteil ausgehen – dass keine anderen Farben darin enthalten seien, weil Weiß selbst keinerlei Farbtönung aufweist. Reines Gewahrsein geht da noch weiter. Es ist kein Gedanke und doch gehen sämtliche Gedanken aus ihm hervor. Es ist keine Empfindung und doch rühren alle Sinne von ihm her.

Mehr noch: Reines Gewahrsein liegt jenseits jedweder raumzeitlichen Erfahrung, hat weder Anfang noch Ende. Nichts kann es binden oder es eingrenzen und umschließen, ebenso wenig wie man die gesamte im Moment des Urknalls zum Ausbruch gekommene Energie eingrenzen oder umschließen könnte. Dessen ungeachtet übt die Seele einen alles durchdringenden Einfluss aus. Sie durchdringt die gesamte Schöpfung. Die grenzenlose Seele fließt in Ihnen, sie umfließt Sie, sie fließt durch Sie hindurch. Tatsächlich ist die

Seele dasjenige, was Sie wirklich ausmacht. Denn sie ist Ihr Ursprung, Ihr Quell.

Ich glaube, die Religionen sind deshalb in eine Personalisierung der Seele als »meine« oder »deine« Seele verfallen, weil die grenzenlose Seele ebenso sehr unsere Vorstellungskraft übersteigt wie ein unendlicher Gott. Man brauchte etwas leichter zu Handhabendes. Daher kennen wir nun einen persönlichen Gott, über den Wolken thronend und auf seine Kinder hinabblickend, die er mit einer persönlichen, fein säuberlich ins Herz hineinpassenden Seele ausgestattet hat. Die Reduzierung der Seele auf ein Stück Privatbesitz erleichtert zwar den Umgang mit ihr, entstellt jedoch die Wirklichkeit. Lassen Sie uns aus diesem Grund versuchen, zur Wirklichkeit zurückzukehren. Können Sie und ich so grenzenlos sein wie unsere Seele? Ja, meine ich, genau dahin führt uns unsere Reise. Wenn ein Leben innerhalb von Grenzen Beschränkung und Leid bewirkt, dann ist ein Leben außerhalb von ihnen die einzige Alternative. Dort liegt Freiheit von Leid und wahre Erfüllung. Die grenzenlose Seele kann weder verloren gehen noch gerettet werden. Und ebenso wenig kann sie von Gott zurückgewiesen oder aus den himmlischen Gefilden vertrieben werden, da Gott aus demselben reinen Gewahrsein besteht wie sie.

Wenn Sie die Vorstellung von »meine Seele« aufgeben, können Sie an einer grenzenlosen Schöpfung teilhaben. Unzählige Menschen sind sich nicht darüber im Klaren, dass sie solch eine Entscheidung treffen können. Viele andere wiederum würden sich auch dann nicht für ein grenzenloses Leben entscheiden, wenn Ihnen die Möglichkeit dazu geboten würde. Denn in Grenzen zu leben vermittelt ein gewisses Sicherheitsgefühl. Die Entscheidung erweist sich allerdings als eine Frage von entweder/oder. Mit dem folgenden Beispiel möchte ich Ihnen das veranschaulichen.

Um Wasser zu finden, bedienen sich Berichten zufolge die Buschmänner im südlichen Afrika, mutmaßlich die älteste heute noch existierende Linie der Menschheit, einer klugen Strategie. Wasser ist in der von ihnen seit Langem bewohnten Wüstenregion während der Dürreperiode rar und nur schwer zu finden. Ein Lebewesen allerdings vermag selbst die verborgensten Quellen und Wasserlöcher ausfindig zu machen: der Pavian. Mit einem raffinierten Trick bringen die Buschmänner einen Pavian dazu, ihnen zu zeigen, wo man Wasser finden kann. Zu diesem Zweck legen sie speziell ausgewählte Nüsse in einen hohlen Baumstamm. Die zu diesem Depot führende Öffnung ist gerade so groß, dass ein Pavian die Pfote hineinstecken kann. Wenn das Tier dann nach den Nüssen greift und sich eine Handvoll nimmt, kann es seine Pfote nicht wieder herausziehen. Der Pavian ist aber zu gierig, die Nüsse wieder loszulassen. Infolgedessen sitzt er nun in der Falle. Stunden vergehen. Am Ende ist der Pavian zu durstig, um noch länger auszuharren. Daher lässt er die Nüsse schließlich doch los und sucht auf dem schnellsten Weg die nächste Wasserstelle auf. Die auf der Lauer liegenden Buschmänner folgen ihm. Ungewollt führt der Pavian sie so zur nächsten Wasserstelle.

Daraus können wir etwas über die Seele lernen. Solange der Pavian an dem festhält, was er haben will, sitzt er in der Falle. Sobald er hingegen loslässt, gewinnt er die Freiheit. Solange Sie an etwas festhalten, indem Sie »mein« sagen, können Sie nicht frei sein. Die Seele ist eben kein Ding, an das man sich klammern und das man in Besitz nehmen kann. In der Buschmann-Falle gefangen, können Sie Ihre Freiheit nur gewinnen, indem Sie loslassen. Das Geheimnis der grenzenlosen Seele ist daher mit diesen beiden Fragen verknüpft: Wie stark ausgeprägt ist Ihr Wille, frei zu sein? Wie können Sie loslassen?

Richtig loslassen

Faktisch sind die Menschen zwischen Festhalten und Loslassen hin- und hergerissen. In unserer Gesellschaft wird das Festhalten positiv bewertet: Wir halten an unseren Träumen fest, an unseren Hoffnungen, unserem Lebensunterhalt, unserem Glauben. Unübersehbar weist all das eine verdächtige Prise Ego auf. Das Ego hält aber nicht nur zu lange fest, sondern auch aus den falschen Gründen. Es hat ein persönliches Interesse daran, recht zu haben.

Ist es aber überhaupt richtig, innerhalb von Grenzen zu leben? Das werden Sie nur dann erfahren, wenn Sie die Gewissheit Ihres Ego in Zweifel ziehen. Genau aus diesem Grund fällt uns das Loslassen selten leicht. Denken Sie nur daran, wie viele schlecht funktionierende Paarbeziehungen fortbestehen, weil sie oder er unbedingt beweisen will, im Recht zu sein. Schmerz und Leid sind nicht stark genug, um den Wunsch, recht haben zu wollen, zu überwiegen. Die nicht enden wollenden, regelmäßig in Kreuzzügen, Dschihads und anderen Formen religiöser Gewalt sich entladenden Streitigkeiten zwischen Weltreligionen sind ein weiterer Beleg dafür. Alle Religionen predigen den Frieden. Wenn man um des Friedens willen Krieg führt, zerstört man also genau den Wert, der eigentlich verteidigt werden soll. In jeder Religion wird geglaubt, göttliche Liebe sei das Modell, an dem wir uns auf Erden orientieren sollten, allerdings verpufft die Liebe inmitten eines Konflikts.

Es ist jedoch unmöglich, ein Leben von der Ebene der Seele aus zu führen, ohne loszulassen. An dieser Entscheidung kommt man letztlich nicht vorbei. Im Alltag ist diese Entweder-oder-Entscheidung klar definiert. Und die beiden Seiten stellen sich folgendermaßen dar.

Seele	Ego
akzeptierend	zurückweisend
anerkennend	kritisierend
kooperationsbereit	unaufgeschlossen
gelöst	anhaftend
ruhig	aufgewühlt
versöhnlich	ärgerlich und nachtragend
selbstlos	selbstsüchtig
vorurteilsfrei	voreingenommen
im Einklang mit sich selbst	in Widerstreit mit sich und der Welt

Die Seele ist ebenso sehr Teil von Ihnen wie das Ego. Vor eine einfache, leichte Entscheidung gestellt, würden wir alle den Weg der Seele wählen. Wir würden lieber akzeptieren als zurückweisen. Wir würden lieber in einem friedvollen und ruhigen als in einem erregten Zustand sein wollen. Aber das Leben konfrontiert uns mit Schwierigkeiten. Und um diese Schwierigkeiten zu bewältigen, kommen wir nicht umhin, Entscheidungen zu treffen, die uns nicht leichtfallen. Was, wenn Ihr Zuhause von Dieben heimgesucht wird und die Polizei anschließend ein paar Teenager mit dem gestohlenen Flachbildfernseher schnappen würde? Sie bekommen Ihr Eigentum zurück. Würden Sie dann lieber keine Strafanzeige erstatten? Und wie sähe es aus, wenn man zwar die Teenager gefasst hätte, der Fernseher jedoch bereits an einen Hehler weiterverkauft worden wäre? Würde sich Ihre Bereitschaft, Strafanzeige zu erstatten, dadurch erhöhen? Diese Entscheidung zwischen Bestrafung und Mitleid steht sinnbildlich für die innere Weggabelung, vor der wir immer dann stehen, wenn das Ego die eine, die Seele hingegen lieber die andere Richtung einschlagen möchte.

Ganz gewöhnliche Alltagshandlungen können Sie von Ihrer Seele entfernen. So könnte es heute oder morgen geschehen, dass Sie:

- eine Erfahrung schon von vornherein unbesehen *zurückweisen*,
- jemand anderen oder sich selbst *kritisieren*,
- einer neuen Idee gegenüber *unaufgeschlossen* sind und sich ihr *widersetzen*,
- an Ihrer Sicht der Dinge *festhalten*,
- sich innerlich *aufgewühlt* fühlen,
- über die Ihnen zugewiesene Position *verärgert* sind,
- in einer Situation den *Konflikt* schüren und ihn eskalieren lassen,
- *selbstsüchtige* Eigeninteressen über alles andere stellen,
- ein *Urteil* fällen und anderen die Schuld zuweisen.

In jeder dieser Situationen wird das Ego bestärkt. Selbstverständlich hat jeder die Tendenz, gedankenlos wieder in solche Reaktionsmuster zu verfallen oder sich, nach kurzem Überlegen, dazu berechtigt zu fühlen, sich für die Ego-Position zu entscheiden. Doch die starre und störrische Einstellung, die sich daraus ergibt, ist ausgesprochen schädlich. Wir alle haben uns wahrscheinlich schon über Menschen aufgeregt, die ihr Ego-Gebaren auf die Spitze getrieben haben und in ihrem Verhalten so vorhersehbar sind wie der nächste Glockenschlag der Turmuhr, weil sich – ganz egal, was Sie sagen oder tun – an ihrer Widerspruchshaltung, ihrem Starrsinn und ihrer Selbstbezogenheit nichts ändert. Dieselben Tendenzen halten allerdings auch Sie davon ab, einfach loszulassen.

Andererseits ist es ja keineswegs so, dass Ihr Ego nur Übles im Schilde führt. Unter normalen Voraussetzungen tut es das jedenfalls nicht. Das Hauptmotiv seines Handelns ist

Selbstschutz. Manche Menschen – einige wenige – haben bewusst gelernt, mit der Welt zurechtzukommen, ohne sich zu schützen. Sie vertrauen darauf, dass sie von einer höheren Macht beschützt werden. Und auch für Sie und mich gilt es, genau das zu lernen. Denn ansonsten werden wir unsere Ego-Bastionen niemals verlassen. Niemand verlangt von uns, dass wir zu Heiligen werden. Der springende Punkt ist hier nicht die Frage, ob Sie ein guter Mensch sind. Ihnen braucht nur bewusst zu werden, dass Ihnen das Loslassen den Zugang zu allem eröffnet.

Warum ist es eigentlich so schwierig loszulassen? Denken Sie an die letzte Gelegenheit zurück, bei der Sie jemanden zurückgewiesen haben, weil die betreffende Person nicht Ihrer Meinung war. Oder versetzen Sie sich gefühlsmäßig in die folgende Situation: Sie verweigern die Mitarbeit an einem Projekt, weil Sie den starken Drang haben, dagegen zu opponieren. Solch ein Drang regt sich Tag für Tag hundertfach in uns, in großen wie in kleinen Dingen. Immer wieder bekräftigt das Ego ein und dasselbe Argument: *Sieh zu, dass du die Nase vorn hast. Niemand sonst wird sich für dich einsetzen. Du kannst es dir einfach nicht leisten, auf das zu verzichten, was du willst.*

Psychologisch gesehen geht es bei diesen Reaktionen nicht um die Gegenwart, sondern um die Vergangenheit. Ihr Ego drängt Sie, zu denken und zu handeln wie ein geschundenes und dadurch in seiner Entwicklung gestörtes Kind. Solch ein Kind hat nichts anderes im Sinn, als seinen Kopf durchzusetzen. Es vermag kein bisschen über den Augenblick hinauszusehen. Und bekommt es nicht, was es will, dann schmollt es, ist trotzig und verstockt. Ich weiß, es gibt den Ausdruck »inneres Kind« zur Bezeichnung eines romantisierenden Unschulds- und Liebesideals. Dieses Kind existiert ebenfalls in jedem von uns. Jedes Mal, wenn Ihre

Seele zum Vorschein kommt, werden Sie es erblicken. Doch Ihr inneres Kind hat ein Schatten-Selbst; und dieses verkörpert das Verhalten eines wütenden, verletzten, selbstsüchtigen Kleinkinds. Sobald Ihr Ego Sie dazu bringen kann, in diese Schattenenergien abzutauchen, verhalten Sie sich ausgesprochen regressiv.

Als eher ausgeglichenem Erwachsenen dürfte es Ihnen schwerfallen, der Tatsache ins Auge zu sehen, dass Sie einen Schatten in sich beherbergen, der nicht nur zerstörerisch, sondern zugleich überaus kindisch und irrational ist. Aber haben Sie den Schatten erst einmal abgelegt, können Sie gleich auf etwas Positives zurückgreifen. Denn jede spirituelle Überlieferung beruft sich auf unser sogenanntes höheres Selbst, auf diejenige Seite der menschlichen Natur, die durch die Seele repräsentiert wird. Wir erkennen uns in der Liebe, die Jesus verkündet hat, genauso wieder wie in dem Mitgefühl, das der Buddha verkörpert. Ebenso macht jede spirituelle Überlieferung deutlich, dass es unsere – mit Sünde oder Unwissenheit gleichgesetzte – sogenannte niedere Natur zu transformieren gilt.

Unglücklicherweise ist die Art und Weise, wie wir hier vor die Wahl gestellt werden, ganz und gar nicht hilfreich. Wie können Sie zu einem liebevollen Menschen werden, wenn man Ihnen zugleich sagt, Ihre niedere Natur sei sündig? Die Verdammung des niederen Selbst beinhaltet das Gegenteil von Liebe. Wie können Sie Frieden finden, wenn Sie gleichzeitig aufgefordert werden, gegen die Versuchung anzukämpfen? So bleiben Sie letztlich in der Dualität der eigenen Natur gefangen, statt diese zu heilen.

Der Teil Ihrer Natur, den Sie verurteilen, wird sich nicht wandeln. Warum sollte er auch mit Ihnen kooperieren wollen? Das Gegenteil ist der Fall. Alles, wogegen Sie ankämpfen, gräbt sich nur umso tiefer ein. Immerhin geht es um sein

Überleben. Lassen Sie mich das, da die Außenwelt für die meisten von uns leichter verständlich ist als das Selbst in uns, an einem Beispiel aus der Politik verdeutlichen. In den USA hat sich lange Zeit zwischen den Befürwortern des zweiten Irakkriegs und seinen Gegnern eine kaum überbrückbare Kluft aufgetan – bis zu guter Letzt die Argumente gegen den Krieg restlos überzeugend, wenn nicht gar überwältigend waren. Im Rahmen eines Experiments hat man eine Gruppe von Menschen, die sich für den Krieg aussprachen, in einen Raum gebracht und sie gebeten, ihre Kriegsunterstützung auf einer von eins bis zehn reichenden Skala einzustufen. Dann folgte ein Vortrag, in dem vielerlei Gründe genannt wurden, die für eine Antikriegsposition sprachen. Durchgeführt wurde das Experiment im Jahr 2008, also fünf Jahre nach Beginn des Kriegs im Irak. Dementsprechend gab es zu besonders strittigen Themen wie Massenvernichtungswaffen, Terrorismusbedrohung, zivile Todesopfer usw. mittlerweile stapelweise objektive Berichte.

Die mit der Durchführung des Experiments betrauten Wissenschaftler präsentierten die Antikriegsposition auf eine möglichst sachliche, bewusst leidenschaftslose Art und Weise. Am Ende des Vortrags wurde die Gruppe gebeten, ihre den Krieg befürwortende Position ein zweites Mal auf der Skala von eins bis zehn einzustufen. Die Resultate werden Sie vielleicht erschrecken, tatsächlich aber befürwortete die Gruppe den Krieg inzwischen noch stärker als zuvor. Das muss nicht unbedingt heißen, dass sie den gegen den Krieg sprechenden Fakten nicht traute. Vielmehr wollte sie einfach nicht mit der Nase auf ihre eigenen Fehler gestoßen werden.

Ebenso werden auch bei Ihnen diejenigen Anteile, die spüren, dass Sie gegen sie sind, nicht klein beigeben. Im Gegenteil, sie werden Sie erst recht davon zu überzeugen versuchen, dass Sie noch selbstsüchtiger, voreingenommener und nachtragender als bisher sein sollten, wann immer Sie auf äußeren Widerstand stoßen. Die spirituellen Überlieferungen lassen weitgehend außer Acht, dass man das Ego nur in einem allmählich fortschreitenden Prozess seiner untauglichen Mittel und Wege entwöhnen kann. Der vom Christentum gewählte Ansatz, dieses Thema unter den Vorzeichen von Moral, Sünde und des drohenden göttlichen Zorns anzugehen, ist alles andere als wirkungsvoll. Demgegenüber neigt der Buddhismus weniger zum Moralismus und verfügt obendrein über ein höchst subtiles psychologisches System. Ein wenig versimplifiziert lässt sich die buddhistische Praxis allerdings auf den »Tod des Ego« reduzieren, einen direkten Angriff auf das Ego als Quelle von Unwissenheit und Illusion.

Der ganze Versuch, ein niederes von einem höheren Selbst scharf zu trennen, ist von vorneherein fruchtlos. Es existiert kein eigenständiger, ganz und gar guter, ganz und gar kluger und einsichtsfähiger Teil Ihrer selbst, der gegen einen ganz und gar schlechten entweder gewinnen oder verlieren muss. Das Leben ist *ein* Gewahrseinsstrom. Kein einziger Aspekt an Ihnen ist aus etwas anderem entstanden. Angst und Wut bestehen in der Tat aus demselben reinen Gewahrsein wie Liebe und Mitgefühl. Wer zwischen Ego und Seele eine Barriere errichtet, verkennt diese schlichte Tatsache. Das Ziel – loslassen – lässt sich letztlich nicht dadurch erreichen, dass Sie alles Schlechte bei sich verdammen und es »wegwerfen«, sondern durch einen Prozess, der Gegensätze miteinander versöhnt. Ihr Ego muss erkennen, dass es derselben Realität angehört wie Ihre Seele. Es muss so viele Gemeinsamkeiten mit der Seele feststellen, dass es einem besseren Lebensstil zuliebe seine eigennützigen Absichten aufgibt.

Jordans Geschichte

Loszulassen ist oft der letzte Ausweg. Dann aber kann etwas Magisches geschehen. Unsichtbare Kräfte, mit denen Sie nie gerechnet hätten, können Ihnen zu Hilfe kommen.

Jordan ist eine erfolgreiche Karrierefrau Ende dreißig und hat gerade ihre Ehe gerettet, die sie beinahe schon aufgegeben hatte. »Zwischen Mike und mir herrschte nicht gerade eine Seelenverwandtschaft. Es war keine Liebe auf den ersten Blick«, meinte Jordan. »Wir haben uns am Arbeitsplatz kennengelernt. Er musste mich einige Male um eine Verabredung bitten, bis ich schließlich mit ihm ausging. Ich musste lernen, ihn zu lieben. Sobald ich das tat, fühlte es sich für mich allerdings überaus real an.

Ein Jahr später haben wir den Sprung gewagt. Mike war 29, ich 26 Jahre alt. Wir waren verliebt, wir saßen aber auch zusammen und diskutierten darüber, was wir von der Ehe erwarteten. Als der ganze Ärger losging, traf es mich daher völlig unvorbereitet.«

»Wie ging er denn los?«, wollte ich wissen.

»Ganz genau könnte ich Ihnen das gar nicht sagen«, meinte Jordan. »Aber Mike fing an, sich mir gegenüber wie mein Vater zu verhalten – wie ein Mann, der niemals zuhört und niemals einlenkt. Ich hatte Mike geheiratet, weil er genau das Gegenteil davon zu sein schien. Er war sanft und offen, er hörte zu. Doch dann veränderte er sich. Es gab jede Menge Streit. Ich war sehr gekränkt.«

»Hat er *Ihnen* vorgeworfen, dass Sie sich verändert hätten?«, fragte ich.

»Darüber war er sehr verbittert. Nie würde ich ihm genügend Raum lassen, sagte er mir. Aber ›Raum‹ bedeutet doch nicht, stundenlang über der Arbeit zu brüten und mich auf die Seite zu schieben, wenn ich mich nach einer Auseinandersetzung mit ihm versöhnen will. Mike hielt mich dann für eine Minute oder vielleicht für zwei im Arm. Ich merkte aber, dass er lieber allein sein und wieder zu seinem Computer oder seinen Videospielen zurückwollte.«

»Und wie haben Sie sich daraufhin verhalten?«, fragte ich.

»Nun, ich bin nicht der Verzweiflung anheimgefallen. Wenn wir einander liebten, sagte ich zu Mike, sollten wir auch imstande sein, die Frage zu klären, welche Wünsche wir in emotionaler Hinsicht haben. Besonders viel Unterstützung brauche ich wirklich nicht. Aber wenn mir, Herrgott noch mal, zum Heulen zumute war oder ich in den Arm genommen werden wollte, dann reagierte er kaum.«

»Vielleicht hat er in Ihren Emotionen eine Schwäche gesehen oder eine Bedrohung«, gab ich zu bedenken.

Jordan pflichtete mir bei. »Emotionen machen Mike Angst. Schwäche ist ihm ein Gräuel. Von mir erwartete er, dass ich ihm das Gefühl vermittelte, ein Gewinner zu sein. Alles Übrige war Augenwischerei. Das hätte mir eigentlich schon vorher klar werden können. Mike entstammte einer sehr strengen Familie, in der es als negativ galt, Gefühle zu zeigen.«

»Haben Sie schließlich daran gedacht, ihn zu verlassen?«, fragte ich.

»Eines Abends war es so weit. Ich aß zu Abend, während im Fernsehen Football lief. Was ich auch sagte, er reagierte kaum mit einem Kopfnicken. Ich erhob mich und forderte ihn auf, den verdammten Fernseher auszuschalten. Da kam von ihm lediglich dieses geringschätzige Lachen. Ich sagte mir: Ich werde mich nicht in ein Klischee verwandeln. Mein ganzes Leben liegt noch vor mir.

Es hat lange gedauert, bis ich aufgehört habe, mich selbst zu bemitleiden. Ich hatte viel über Selbstentfaltung gelesen. Und etwas von all dem Gelesenen war mir nachhaltig in Erinnerung geblieben: Übernimm höchstpersönlich die volle Verantwortung für dein Leben.«

»Was genau hat das für Sie bedeutet?«

»Jedenfalls hat es nicht bedeutet«, meinte Jordan mit einem Kopfschütteln, »dass alles mein Fehler war. Vielmehr hat es mich ermutigt, die Dinge positiver zu betrachten. Ich war der Schöpfer meines Lebens. Wenn es mein Wunsch war, dass mein Leben sich ändern sollte, trug ich die Mittel dazu in mir. Sobald ich aufgehört habe, mich selbst zu bemitleiden, wurde mir klar, dass dies eine Bewährungsprobe war. Mike verharrte in totaler Verweigerung. War ich imstande, die Ehe im Alleingang zu retten? Welch ein Triumph wäre das doch. Ich sprach weder mit Mike noch mit irgendjemandem sonst darüber. Es war mein ganz persönliches Geheimprojekt, das ich allein in Angriff nahm.«

»Was haben Sie gemacht?«

»Ich hatte einen neuen Ausdruck gelernt: reaktiver Geist. In diesem Modus befindet man sich, wenn man auf die andere Person ständig nur reagiert, wodurch man ihr eine Machtposition einräumt. Wenn Mike bei mir die entsprechenden Schalter betätigte, indem er mit mir darüber stritt, wer recht hatte, konnte ich einfach nicht anders, als darauf anzuspringen. Als ich aufwuchs, hatte meine Mutter nur zwei Methoden, mit einer unliebsamen Situation umzugehen. Entweder sie versuchte, die Situation in Ordnung zu bringen, oder sie fand sich mit ihr ab. Tatsächlich gibt es jedoch eine dritte Möglichkeit: Man kann sich aus der Situation so lange entfernen, bis man in der Lage ist, mit ihr zurechtzukommen. Statt über Mike wütend zu werden oder eingeschnappt zu sein oder mich zu beklagen, bewahrte ich die Ruhe. Und sobald ich konnte, ging ich fort, um eine Weile für mich zu sein.«

»Was haben Sie dann gemacht?«

»Ich habe meine Gefühle im Alleingang aufgearbeitet. Der reaktive Geist ist immer schnell bei der Hand mit einer Antwort. Sobald aber die erste Reaktion abklingt, entsteht der nötige Raum, damit sich auch andere Antworten zu erkennen geben können. Ich habe meine Wut auf den Prüfstand gestellt und sie als meine eigene Angelegenheit angesehen, statt Mike die Verantwortung dafür zu geben. Mein Selbstmitleid war meine persönliche Geschichte und betraf nichts, was Mike mir angetan hatte. Hatten Mike und ich unsere Auseinandersetzungen, dann drehte sich für mich alles darum, mich zu verteidigen und zu rechtfertigen. Denn er erträgt es nicht, wenn nicht er das letzte Wort hat. Das ist das Tolle daran, wenn man lernt, dass man den Blick auch nach innen wenden kann: Man kann endlich mit dieser defensiven Haltung Schluss machen!«

»Wie hat Ihr Mann darauf reagiert?«, fragte ich.

»Anfangs passte es Mike gar nicht, dass ich mich so zurückhielt. Denn er meinte, dadurch, dass ich ihm nicht Paroli bot, wolle ich eine Überlegenheit ihm gegenüber zum Ausdruck bringen. Nachdem ich mich mit meinen Emotionen auseinandergesetzt hatte, gesellte ich mich freilich wieder zu ihm, um mit ihm zusammen zu sein. Und es gefiel ihm, dass ich ihm nicht mehr böse war oder aufgestaute Emotionen mit mir rumschleppte.«

»Sobald Sie aufgehört hatten, an Ihrem Ende des Taus zu ziehen«, meinte ich, »gab es kein Tauziehen mehr.«

»Das zu lernen war eine schwierige Lektion, aber es ist so, wie Sie sagen. Außerdem hassen wir bei anderen, was wir in uns selbst verleugnen. Ich habe es gehasst, wenn Mike nach Hause kam und sich sofort mokierte, er wolle gefälligst ein warmes Essen auf dem Tisch stehen haben und von einer liebevollen Ehefrau empfangen werden – zwei Dinge, die ich ihm gewöhnlich nicht geboten habe. Dadurch fühlte ich mich sofort angegriffen. Doch dann begann ich mir die Frage zu stellen, ob die Tatsache, dass ich ihm diese Dinge vorenthielt, nicht tatsächlich eine verkappte Aggression meinerseits beinhaltete. Denn so bot ich ihm die Stirn. Dadurch fühlte ich mich zwar besser, letztlich brachte es uns jedoch nur dazu, dass wir uns in feindseliger Zurückhaltung gegenüberstanden.«

»Demnach meinen Sie nicht, die Lösung sei darauf hinausgelaufen, dass Sie sich Mike gebeugt haben, oder?«, gab ich zu bedenken.

»Doch, in gewisser Weise schon, das meine ich durchaus«, erwiderte Jordan. »Ich habe mich geschlagen gegeben, habe mich hingegeben. Das wurde allerdings dadurch zu etwas Positivem, dass ich mich zuvor an jenen Ort in meinem Innern begeben hatte, an dem es keineswegs falsch ist, sich zu beugen. Sich beugen kann bedeuten, dass man die Schlacht verliert. Es kann allerdings auch bedeuten, dass man sich anstelle des Hasses der Liebe beugt.« Sie lachte. »Na klar, die ersten paar Male, als ich Mike an der Tür empfing, mit einem Kuss, im Hintergrund den Duft von frisch gebackenem Brot, da musste ich schon die Zähne zusammenbeißen. Aber Sie dürfen mir glauben: Nach kurzer Zeit habe ich mich damit ausgesprochen wohl gefühlt.«

Jordans Eherettungsaktion fand noch in vielerlei anderer Hinsicht ihren Niederschlag. Doch auf den entscheidenden Teil waren wir inzwischen ja zu sprechen gekommen: lernen, wie man loslässt. Und wenn man das tut, erlernt man mehr als nur eine Strategie zur Lösung von Partnerschaftsproblemen. Ein tief greifender persönlicher Wandel geht damit einher. Denn Sie befreien sich von den egogebundenen Reaktionsmustern – von dem, was manche Leute als eine reaktive Geisteshaltung bezeichnen – und lassen zu, dass die

Dinge sich ohne ein vorgegebenes Programm entfalten können. Damit sind zugleich Risiken verbunden, die durchaus beängstigend sein können. Jeder kennt diese innere Stimme, die uns warnend zuredet, es sei ein Zeichen von Schwäche, wenn wir einlenken und uns geschlagen geben.

Jordan hatte die in solchen Situationen aufkommende Angst heruntergespielt. Daher fragte ich sie, ob ihr die Dinge in irgendeiner Weise Angst gemacht hätten.

»Deshalb ist es ja so wundervoll, auf der anderen Seite anzukommen. Denn niemand macht sich eine Vorstellung davon, welche Angst und welche Schrecken du durchlebst. Du musst stark genug sein, deinen Stolz aufs Spiel zu setzen, dein Selbstverständnis als Frau, die sich nicht auf der Nase herumtanzen lässt. Wie schwer das fällt, weiß nur, wer es selbst durchgemacht hat.«

Ich stimmte ihr zu. Die negativen Konnotationen von Aufgeben, Unterwerfung wurden uns von klein auf eingetrichtert. Wir setzen es nicht nur mit einer verlorenen Schlacht gleich, sondern zugleich mit Schwäche und mangelndem Selbstrespekt. Im vorliegenden Fall lässt insbesondere die Unterwerfung des Weiblichen unter das Männliche alle nur erdenklichen Alarmglocken läuten.

»Waren Sie sich dessen bewusst?«, fragte ich Jordan.

»O ja. Ich hatte sehr viel mit mir selbst auszufechten, jede Menge Selbstzweifel. Aber im Endeffekt habe ich mich nicht Mike geschlagen gegeben, sondern der Wahrheit. Und die lautet: Ich will lieben und geliebt werden. Ich habe die Verantwortung für meine Wahrheit übernommen. Dazu in der Lage zu sein verschafft unglaubliche persönliche Kraft.«

Jordan erfüllt es mit Stolz, dass sie all ihre inneren Widerstände überwinden konnte. Ein ganz und gar gerechtfertigter Stolz! Ihre Ehe ist nun intakt und neu aufgeblüht – zu einer verlässlicheren Liebe als je zuvor.

Und der Teil, den niemand sonst kennt, ihr eigentliches Geheimnis: Als sie sich damals wandelte, da verwandelte sich gleichzeitig alles. Ihr Mann hörte auf, all die Dinge zu tun, die sie verabscheute. Er betrachtete sie nun mit anderen Augen. Als hätte er die Frau wiederentdeckt, in die er sich verliebt hatte.

Jordan brauchte ihn darum nicht zu bitten. Es geschah einfach. Aber wie? Zunächst einmal besteht, wenn zwei Menschen einander lieben, eine tiefgründige Verbindung zwischen ihnen. Intuitiv wissen wir, ob diese Verbindung in Ordnung oder ob sie zerbrochen ist. Wiederhergestellt werden muss die Verbindung jedenfalls auf einer tief gelegenen Ebene, an einem Ort, der dem Ego unerreichbar bleibt. An der Seele führt hier kein Weg vorbei.

Weshalb aber sollte ein anderer Mensch oder eine komplette Lebenssituation sich ändern, nur weil Sie sich ändern? Hätte jeder von uns in der Weise eine Seele, als wäre sie sein Privatbesitz, dann könnte solch ein Wandel jeweils nur eine einzige Person betreffen. Doch die grenzenlose Seele verbindet uns alle miteinander. Ihr Einfluss wird überall spürbar. Wenn Sie also Ihr Verhalten auf der Ebene der Seele ändern, so ändert sich zugleich das gesamte Gefüge, in dem Sie leben.

Heilung für Sie: »Du bist nicht ich«

Das Leben bringt uns viele Situationen, in denen das Loslassen nicht leichtfällt. *Eine* Strategie funktioniert zum Glück immer. Anstatt sich im gegebenen Moment auf Ihre Reaktion zu konzentrieren, sollten Sie einen Schritt zurücktreten und geltend machen, wer Sie wirklich sind. Ihr wahres Selbst verfolgt keine Absichten. Es lebt in der Gegenwart und spricht offen auf das Leben an. Die Haltung, die Sie jeder vorprogrammierten Reaktion gegenüber – nichts anderes nämlich hat Ihr Ego anzubieten – einnehmen sollten, ist immer dieselbe: »Du bist nicht ich.« Lassen Sie Angst, Wut, Eifersucht, Groll, das Gefühl, Opfer zu sein, oder jede beliebige andere konditionierte Reaktion aufsteigen. Sperren Sie sich nicht dagegen. Aber sagen Sie in dem Moment, in dem Sie der Situation gewahr werden: »Du bist nicht ich.«

Damit erreichen Sie auf einen Streich zweierlei: Sie lassen das Ego wissen, dass Sie sein Spiel durchschaut haben, und Sie können Ihr wahres Selbst aufrufen, Ihnen zur Seite zu stehen. Wenn die Seele Ihr wahres Selbst ist, dann verfügt Sie über die Kraft, Sie zu transformieren, sobald Sie sich ihr öffnen. Sie werden immer dann wissen, dass Sie von der Seelenebene aus auf die Situation ansprechen, wenn Sie das Folgende tun:

- die vorgefundene Erfahrung *akzeptieren,*
- andere Menschen und sich selbst *bejahen,*
- am Zustandekommen der verfügbaren Lösung *mitwirken,*
- sich von negativen Einflüssen *lösen,*
- unter Belastung *gelassen* bleiben,
- denjenigen, die Ihnen zu nahe treten oder Ihnen unrecht tun, *vergeben,*
- an die Situation *selbstlos* und allen Beteiligten gegenüber fair herangehen,
- einen *friedfertigen* Einfluss ausüben,
- eine *nicht wertende* Haltung einnehmen, die niemandem das Gefühl gibt, ins Unrecht gesetzt worden zu sein.

Diese Reaktionen lassen sich weder erzwingen noch vorausplanen – nicht wenn Sie einen echten Wandlungsprozess durchlaufen wollen. Der Versuch, sie sich anzueignen, weil Sie meinen, dadurch einen guten Eindruck zu machen, wäre aussichtslos. So schwer erträglich der Umgang mit unbeirrbar kleinlichen und selbstsüchtigen Menschen sein mag, Scheinheiligkeit kann einem ebenso sehr auf die Nerven gehen. Das Problem bei Letzterer: Was hier eigentlich ansteht – loslassen –, hat nicht stattgefunden. Wer öffentlich zur Schau stellt, wie makellos er (oder sie) ist, hat lediglich ein neues Ego-Programm aufgelegt, um Eindruck zu schinden.

Wenn Sie feststellen, dass Sie vom Ego aus reagieren, sollten Sie unbedingt innehalten und sagen: »Du bist nicht ich.« Und dann? Vier Schritte ermöglichen es Ihrer Seele, neue Reaktionsalternativen einzubringen.

1. Bleiben Sie in Ihrer Mitte.
2. Seien Sie klar.
3. Erwarten Sie das Beste.
4. Seien Sie aufmerksam und warten Sie ab.

1. Bleiben Sie in Ihrer Mitte. Inzwischen wissen die meisten Menschen, wie wertvoll es ist, in der eigenen Mitte zu verweilen, in einem Zustand der Ruhe und Stabilität. Geraten Sie aus Ihrer Mitte, fühlen Sie sich wirr und unausgeglichen. Ihre Gefühle treten in Widerstreit zueinander, Ihren Reaktionen fehlt es an Stabilität. Denn was immer als Nächstes geschieht, kann Sie in diese oder jene Richtung ziehen. Im Extrem zeigt uns die Panik, was es heißt, nicht in der eigenen Mitte zu sein, wenngleich es auch mildere Zustände gibt wie Abgelenktheit, Unruhe, Verwirrung, Angst und Desorientierung. Doch zu wissen, dass man gut daran tut, in der eigenen Mitte zu verweilen, bedeutet ja leider nicht, dort auch schon angekommen zu sein.

Wo aber befindet sich diese Mitte? Für manche liegt sie mitten in der Brust oder ist mit dem Herzen gleichzusetzen. Für andere entspricht sie dem Sonnengeflecht (Solarplexus) oder bedeutet einfach in einem ganz allgemeinen Sinn: »nach innen gehen«. Ich möchte Ihnen allerdings gerne den Gedanken nahebringen, dass die Mitte keineswegs ein physisch greifbarer Ort ist.

Ihr Herz kann, wenn es rast oder wenn es schmerzt, nicht Ihre Mitte sein. Und Ihr Solarplexus kann nicht Ihre Mitte sein, wenn sich Ihnen in der Magengegend alles zusammenzieht. Da Ihr Körper stets das Bewusstsein widerspiegelt, liegt Ihre Mitte im Gewahrsein. Das verweist uns zwar in die richtige Richtung, das Gewahrsein ist jedoch ständig in Veränderung begriffen. Somit stellt sich die Frage: Wo können Sie eine Ruhe und einen Frieden finden, die sich durch nichts erschüttern lassen?

Es wird Sie nicht überraschen zu erfahren, dessen bin ich mir sicher, dass absolute Ruhe und absoluter Frieden auf der Ebene der Seele beheimatet sind. Und auf diese Ebene gelangt man durch Meditation. Wir haben das bereits angesprochen, doch man muss es einfach wiederholen: Gleichgültig, wer und wo Sie sind oder welche Krise Sie gerade durchlaufen, dieser Ort der Ruhe und des Friedens wird dadurch nie erschüttert. Auch nur in seine Nähe zu gelangen bedeutet bereits, in seinen Wirkungskreis einzutreten. Wollen Sie Ihre Mitte ausfindig machen, so suchen Sie sich einen ruhigen Platz, an dem Sie nicht gestört werden können. Schließen Sie die Augen, um zu spüren, in welchem Teil des Körpers Sie Anspannung registrieren. Setzen Sie die gestörte Energie in der betreffenden Körperpartie frei, indem Sie leicht und ruhig atmen.

In Ihrem Geist werden ziemlich häufig angestrengte Gedanken vorhanden sein. Gewöhnlich verschwinden diese

Gedanken allerdings, sobald Sie den Körper zur Ruhe kommen lassen. Sollte das nicht so sein, dann atmen Sie die hinter den Gedanken steckende Energie aus; mit anderen Worten: die Energie von Angst und Besorgnis. Das lässt sich auf mehr als nur eine Art und Weise tun.

Durch das Kronenchakra: Im Yoga betrachtet man den Scheitelpunkt des Kopfes als ein Energiezentrum, ein *Chakra*. An dieser Stelle kann man sehr wirkungsvoll Energie freisetzen: Schließen Sie die Augen. Sehen Sie, wie in Ihrem Kopf ein Lichtstrahl aufsteigt und ihn durch eine winzig kleine Öffnung am Scheitelpunkt verlässt. Der Lichtstrahl ist hauchdünn. Dennoch fasst er all die Gedanken, die Ihnen durch den Kopf wirbeln, in sich zusammen und projiziert sie in Form eines einzigen Lichtstroms durch das Kronenchakra nach draußen. Dabei können Sie sich Ihre Gedanken als wirbelnde und sich kringelnde Rauchfahne vorstellen, die von dem Lichtstrahl erfasst und fortgeschafft wird.

Atmen: Atmen Sie in einem einzigen stetigen Zug aus – als würden Sie eine Geburtstagskerze auspusten, nur langsamer. Sehen Sie sich an, wie das weiße Licht, das Sie ausgeatmet haben, emporströmt und dabei all Ihre Stressgedanken mit sich nimmt. Schauen Sie zu, wie das Licht, auch außerhalb des Raums, immer weiter in die Höhe steigt, bis es vollständig aus Ihrem Blickfeld verschwunden ist.

Intonieren. Ebenfalls sehr hilfreich ist es, gleichzeitig mit dem Ausatmen einen hohen Ton, ein weich klingendes »Iiiii«, anzustimmen. Die ersten ein bis zwei Mal wird Ihnen diese Übung vielleicht ein wenig befremdlich vorkommen. Aber auch wenn es mit dem Atmen und/oder dem Intonieren nicht gleich beim ersten Versuch klappt, ist die Verwendung des Lichtstrahls zum Abtransport von Energie aus dem Körper für sich allein schon sehr wirkungsvoll.

2. Seien Sie klar. Um loslassen zu können, benötigen Sie geistige Klarheit. Sie müssen Wahr und Unwahr, Richtig und Falsch voneinander unterscheiden können, um zu wissen, was Sie tatsächlich loslassen wollen. Wenn Sie Angst vor etwas haben, *sind* Sie scheinbar die Angst. Wenn Sie wütend sind, ergreift die Wut von Ihnen Besitz. Gleich hinter dem ganzen Drama und all dem emotionalen Aufruhr jedoch befindet sich Ihr wahres Selbst und wartet darauf, dass Sie sich mit ihm verbinden.

Zur Veranschaulichung erzähle ich Ihnen am besten die Geschichte von Jakob. Er suchte mich auf, nachdem er seit dem Eintritt ins Erwachsenenalter unter Depressionen gelitten hatte. Inzwischen ist er 50 Jahre alt. Jakob ersuchte nicht um eine Therapie. Er wollte einen Ansatzpunkt erhalten, von dem aus er eine wirkliche Veränderung würde in Gang bringen können. Depression, so erklärte ich ihm, lässt sich durch Loslassen überwinden. Dazu müsse er ein paar grundlegende Dinge klären.

»Schauen wir uns doch einmal an, welche Empfindungen du in Bezug auf die Depression hast«, hob ich an. »Stell dir vor, die Depression habe die Gestalt einer Person angenommen, die zur Tür hereinkommt und sich, mit dem Gesicht zu dir gewandt, auf einen Stuhl setzt.«

Jakob schloss die Augen und begann zu visualisieren. Nach ein paar Minuten erzählte er mir, er sehe seine Depression als einen mürrischen, vornübergebeugten alten Mann, der mit schlurfenden Schritten ins Zimmer gekommen war. Der alte Mann roch unangenehm und trug verdreckte olivgrüne Arbeitskleidung.

»Gut«, sagte ich. »Da du ihn nun vor dir siehst, welche Gefühle hast du ihm gegenüber?« Bei seinem Anblick fühle er sich miserabel, meinte Jakob. »Sag das nicht mir«, entgegnete ich. »Erzähl es ihm!«

Anfangs scheute Jakob sich. Nachdem ich ihm ein wenig gut zugeredet hatte, sagte er jedoch zu dem alten Mann: »Du jagst mir Todesangst ein und raubst mir meine Kraft. Angsterfüllte Gedanken schießen mir durch den Kopf. Und während andere in mir einen lustlosen und passiven Menschen sehen, habe ich das Gefühl, jeden Augenblick des Tages mit einem Dämon zu ringen.« Nachdem er in Fahrt gekommen war, gewannen Jakobs Vorwürfe an Schärfe. Er ließ nun den feindseligen Empfindungen, die ihn schon so lange quälten, freien Lauf. Er sei außerstande, meinte er voll Bitterkeit, seinen Schmerz auszudrücken, so sehr vermittle der mürrische alte Mann ihm das Gefühl, hilflos zu sein.

Ich wartete, bis Jakob alles herausgelassen und sich verausgabt hatte. »Dir wird es erst besser gehen, wenn du den alten Mann loslässt«, sagte ich. »Solange du ihn wegschiebst und über ihn schimpfst, wird er bleiben, wie er ist. Das Problem ist zu einem Teil von dir geworden, doch es macht nicht den Menschen aus, der du eigentlich bist.«

Jakob wurde still. Wir waren alte Freunde. Daher konnte ich in einem vertraulichen Ton mit ihm sprechen. Ich erklärte ihm, dass ich nicht glaubte, er halte an seiner Depression fest. Aber dieser alte Mann sei ein Aspekt seiner Person. Er sei sein Geschöpf, hervorgegangen aus einem gestörten Selbstbild. Und mit den Jahren habe er so viel Energie in sich vereint, dass es nun den Anschein hatte, als führe er ein Eigenleben.

»Deine Depression vermittelt dir deshalb ein Gefühl von Hilflosigkeit, weil du glaubst, du hättest keine Wahl. Du kannst dich gar nicht entsinnen, nicht deprimiert gewesen zu sein. In Wirklichkeit *hast* du aber die Wahl. Du kannst mit dem alten Mann in Verhandlungen treten und ihm erklären, dass es für ihn an der Zeit ist, seiner Wege zu gehen. Du kannst die Depressionsenergie auflösen. Du kannst meditieren und zu derjenigen Ebene deines Gewahrseins finden, die keine Depression kennt. Falls du hingegen denkst, deprimiert zu sein sei auf Dauer ein Teil von dir, so ist das ebenfalls eine Entscheidung. Du selbst trägst die Verantwortung.« Ich gab mir Mühe, Jakob zu genügend Klarheit zu verhelfen, sodass er sich seiner Depression würde stellen und ihr sagen können: »Du bist nicht ich.«

Dieses Gespräch war lediglich der Anfang. Immer wieder mal hatten wir Kontakt, dann war Jakob für eine Weile aus meinem Blickfeld verschwunden. Neulich tauchte er wieder auf. Unübersehbar war er nicht länger deprimiert. Er hatte eine stärkere und positivere Energie. »Hat unser damaliges Gespräch die Gezeitenwende herbeigeführt?«, wollte ich von ihm wissen.

»Ich denke schon«, meinte Jakob mit ruhiger Überzeugung. »Offenbar war es genau der richtige Zeitpunkt, denn ich gab mich geschlagen. Der Konflikt in mir kam daraufhin zum Erliegen. Mit der Überzeugung, eines Tages würde ich meine Depression bezwingen, hatte ich mich selbst zum Narren gehalten. Du hattest recht, meine Depression zu hassen hat mir überhaupt nicht gutgetan.«

In der Zwischenzeit, seit sich unsere Wege zum letzten Mal gekreuzt hatten, hatte Jakob wieder mehr Harmonie in sein Leben gebracht: Er hatte eine ernsthafte Partnerbeziehung aufgenommen und sich in wachsendem Maß für eine spirituelle Aufgabe engagiert, von deren Wert er überzeugt war. Er hatte beschlossen, seiner Depression keine große Beachtung mehr zu schenken und sich von ihr nicht mehr so stark kontrollieren zu lassen. Das Entscheidende jedoch war ein Wandel seiner Einstellung: Er hatte begonnen, sich anzunehmen und zu erkennen, dass die Depression nicht sein wahres Selbst war.

»Ich bin mir über eine Reihe von Dingen klar geworden,

habe angefangen, sanfter und lockerer mit mir umzugehen, und aufgehört, mich selbst zu drängen, zu bewerten und zu verurteilen. Als ich Raum in mir entstehen ließ, kam ein ganz neues Element ins Spiel: Ich gestattete mir, zur Ruhe zu kommen, und habe nicht mehr alles mit solch einem Affenzahn erledigt. Meine Verzweiflung legte sich. Als ich mehr Ruhe verspürte, wachte ich langsam wieder auf. Die Welt ist für mich zu einem helleren und freundlicheren Ort geworden. Nach und nach wurde es mir möglich, froh und glücklich zu sein. Besser kann ich das alles nicht beschreiben.«

Da Klarheit eine innere Verfassung ist, gestattet sie Ihnen, jene Wahrheit zu erkennen, die Ihnen unzugänglich bleibt, solange Sie verwirrt oder aufgewühlt sind: Was Sie an sich selbst hassen, so begreifen Sie nun, das können Sie unmöglich ändern. Viele leidende Menschen haben eigene Erfahrung damit gesammelt, wie fruchtlos es ist, mit sich selbst in Zwietracht zu leben. Zum großen Durchbruch kommt es, wenn sie anerkennen, dass dasjenige, was sie hassen, kein wirklich eigenständiges Dasein hat. *Das bin nicht ich. So bin ich nur vorübergehend. Diese Energie habe ich nur so lange, bis ich sie loslasse.*

Wenn Sie Alkoholiker sind und sagen: »Das Trinken, das bin ich. Damit musst du klarkommen«, befinden Sie sich mit Sicherheit nicht auf dem Weg zur Heilung. Ihre Abwehrhaltung ist im Grunde eine Form von Hilflosigkeit. Tief im Innern glauben Sie, jede Veränderung sei zum Scheitern verurteilt. Was Sie brauchen, ist eine andere Einstellung oder besser gesagt: keine Einstellung. Dann werden Sie sich darüber klar, dass Sie ein Bündel aus Energie, Emotionen, Gewohnheiten und Gefühlen sind, die es loszulassen gilt. Nicht mehr und nicht weniger. Ein Augenblick der Klarheit verändert selbstverständlich nicht alles. Was sich im Laufe vieler Jahre aufgebaut hat, braucht auch für den Abbau ein wenig

Zeit. Mit der Klarheit stellt sich aber zugleich die Bereitschaft ein zu akzeptieren und schon ein kleiner Schritt in diese Richtung öffnet einen Kanal zur Seele.

3. Erwarten Sie das Beste. Sie lassen nicht los, damit nach Möglichkeit etwas Gutes geschieht. Vielmehr lassen Sie los, damit das Beste in Ihnen, Ihre Seele, mit Ihnen verschmelzen kann. Auf den ersten Blick mag es wie eine banale Kleinigkeit erscheinen, ein bisschen Wut, ein bisschen Angst, ein bisschen Groll loszulassen. Daher lassen Sie es mich anders formulieren: Stellen Sie sich vor, Sie seien es gewohnt, in einem kleinen, vollgepackten Häuschen zu leben. An diesen klaustrophobisch anmutenden Lebensraum haben Sie sich derart gewöhnt, dass Sie fast nie nach draußen gehen. Dennoch gibt es den einen oder anderen unbeschwerten Moment, in dem Sie denken, eigentlich wäre es schon schöner, mehr Raum zu haben und mehr Weite zu erfahren. Daraufhin öffnen Sie die Tür und sehen, während Sie nach draußen vor die Tür gehen, eine weite, in Licht getauchte Landschaft vor sich, die sich in jeder Richtung ins Unendliche erstreckt.

»Ah«, denken Sie aufatmend, »hier ist Freude und Liebe, hier ist wahre Erfüllung.« Und so begeben Sie sich hinaus und wollen am liebsten für immer in diesem Land des Lichts verweilen. Nach einer Weile wird Ihnen jedoch all diese Liebe und Freude zu viel. Der Raum da draußen ist so weit, zu weit irgendwie, und der Horizont zu endlos. Sie vermissen das Haus, mit dem Sie so eng vertraut sind, und verspüren den Drang, wieder hineinzugehen. Also tun Sie's. Wieder zurück zu sein vermittelt Ihnen ein Gefühl von Sicherheit. Sie nehmen das Ihnen vertraute Dasein wieder auf. Eine Zeit lang sind Sie zufrieden. Zugleich ist jedoch die Erinnerung an diesen weiten, grenzenlosen Raum da draußen gegenwärtig. Erneut gehen Sie hinaus. Und jetzt bleiben Sie länger dort. All die Liebe und Freude empfinden Sie diesmal als weniger ermüdend. Die Weite dort draußen ist immer noch unendlich, jedoch ängstigt Sie das nun nicht mehr so sehr. Das strahlend helle Licht, das überallhin scheint, blendet Sie inzwischen weniger. Daher beschließen Sie, dass Sie diesmal für immer hierbleiben werden.

Dies ist ein Gleichnis für das Ego und die Seele. Das Ego: Ihr sicheres Haus. Die Seele: der grenzenlose Raum draußen vor dem Haus. Jedes Mal, wenn Sie einen Moment der Liebe und Freude, der Freiheit und Glückseligkeit erleben, haben Sie sich ins Land des Lichts hinausbegeben. Sie fühlen sich so wunderbar, dass Sie es am liebsten hätten, wenn diese Erfahrung für immer andauern würde, so wie zwei ineinander vernarrte Verliebte nie mehr voneinander getrennt sein wollen. Aber Ihr Ego, Ihre sichere Behausung, bringt sich Ihnen in Erinnerung.

Dieses Muster von Kommen und Gehen führt uns vor Augen, wie das Loslassen funktioniert. Sie müssen wiederholt mit der grenzenlosen Seele in Berührung kommen, damit Sie wissen, dass sie real ist. Nichtsdestoweniger wird Ihre alte Konditionierung Sie wieder einholen. Mit der Zeit werden Ihre Ausflüge nach draußen länger dauern und Ihnen zunehmend angenehmer sein. Ihre Seele wird Ihnen allmählich immer stärker bewusst. Im Verlauf dieses Verschmelzungsprozesses beginnen Sie zu begreifen, dass Sie dauerhaft im Grenzenlosen leben können. Das Grenzenlose wird für Sie natürlicher als Ihre sichere Behausung, weil Sie darin wirklich Sie selbst sind.

Das Beste zu erwarten hat daher weder etwas mit Wunschdenken zu tun noch mit Optimismus. Vielmehr erkennen Sie dadurch bereits im Voraus an, dass Ihr Ziel erreichbar ist. Dies tritt der heutzutage in der Psychologie vorherrschenden Auffassung entgegen, Glück sei ein vorübergehender Zustand, auf den man per Zufall stößt. Eine erbärmliche Auffassung, finde ich. Zu erklären, Liebe und Freude, die beiden Hauptbestandteile des Glücks, seien etwas Zufälliges, ist eine aus Verzweiflung geborene Lehre. Behalten Sie das Bild von dem sicheren Haus und dem Land des Lichts, das es umgibt, im Sinn. Nie wird jemand Sie zwingen, den eng umgrenzten Raum, den Sie bewohnen, aufzugeben. Doch Sie haben jederzeit die Wahl, das Unendliche aufzusuchen. Denn das sind Sie.

4. Seien Sie aufmerksam und warten Sie ab. Sich in der Schlacht geschlagen zu geben, das kommt nur einmal vor: ganz zum Schluss. Sich auf dem spirituellen Weg geschlagen zu geben, kommt immer wieder vor und nimmt nie ein Ende. Aufmerksam sein und abwarten ist daher kein passiver Akt, ebenso wenig eine Geduldsübung oder eine Art Ruhepause, bevor es richtig zur Sache geht. Im selben Moment, in dem Sie alte Gewohnheiten oder Konditionierungen loslassen, in dem Augenblick, in dem Sie sich bei einer vorprogrammierten Reaktion ertappen, verändert sich das Selbst. So salopp wir das Wort »Selbst« auch verwenden – es ist keine simple Sache, sondern ein komplexes dynamisches System. Ihr Selbst ist ein Mikrouniversum, ein Spiegelbild des Makrouniversums. Unzählige Kräfte sind in ihm in Bewegung. Ebenso beweglich wie Luft, verändert sich das Selbst mit jeder Veränderung des Gewahrseins.

Wann immer Sie loslassen, entfernen Sie daher etwas Altes aus diesem Universum und fügen etwas Neues hinzu. Das Alte beinhaltet dunkle Energie und gestörte Muster aus der Vergangenheit: tote Teile, die im System des Selbst feststecken. Da Sie keine Möglichkeit hatten, sie zu entfernen, haben Sie eine Umgehungslösung gewählt. Sie haben sich auf die negativen Elemente bei sich eingestellt – gewöhnlich durch Verleugnung oder Verdrängung dieser Elemente aus Ihrem Blickfeld –, weil Sie glaubten, dies tun zu müssen. Loslassen ist für Sie erst dann eine Option, wenn Sie lernen, es zu einer Option zu machen. Sobald Sie die negativen Energien tatsächlich loslassen, verschwinden sie dauerhaft.

Dadurch erhält etwas anderes die Möglichkeit, in das dynamische System Eingang zu finden. Worin dieses andere Neue besteht, wird sich durch das Aufmerksamsein und Abwarten erweisen. Bedenken Sie, was beim Einatmen geschieht. Neue Sauerstoffatome gelangen in den Blutstrom. Wohin genau sie gelangen, lässt sich dabei nicht vorherbestimmen. Ausschlaggebend für ihren Bestimmungsort ist, welche Zellen den Sauerstoff besonders dringend benötigen. Dasselbe gilt für Sie. Wenn Sie der Seele Raum verschaffen, indem Sie alte Energien loslassen, wird derjenige Teil in Ihnen davon profitieren, der besonders eifrig darauf aus ist, zu wachsen und sich zu entfalten oder zu heilen.

Nehmen wir ein Beispiel im größeren Maßstab. Oft habe ich gedacht, Jesus ist deshalb zum größten Lehrer der Liebe geworden, weil seine Zuhörer/innen genau dieser am meisten bedurften. Es verlangte sie nicht brennend nach göttlicher Weisheit, geistiger Disziplin oder gar Erleuchtung – nach Dingen also, die in anderen Überlieferungen wie etwa dem Buddhismus eine vorrangige Rolle spielen. Den Zuhörern Jesu ging es, auf einer menschlicheren Ebene, um Gottes Liebe. Und deshalb konnten sie diese in sich aufnehmen. Ohne Frage war Jesus ein ebenso vollendeter Lehrer wie der Buddha. Er hat den Weg zu einem höheren Bewusstsein gelehrt, ja auch zur Erleuchtung. Doch diesen Teil muss man in den Ecken und Winkeln seiner Lehre ausfindig machen. Im Vordergrund steht bei ihm Liebe in jedweder Form.

Um zu wissen, was Ihre Seele ist, müssen Sie dem Weg folgen, den sie einschlägt, wenn sie Eingang in Sie findet.

Werden Sie daraufhin liebevoller und gütiger werden? Werden Sie hingebungsvoller glauben können und ehrfürchtiger sein? Von der Seele kann Ihnen jede Qualität zuteil werden – Stärke, Wahrhaftigkeit, Schönheit oder Vertrauen. Diese Eigenschaften werden freilich nicht wie eine Farbschicht von außen aufgetragen. Eher gelangen sie in ähnlicher Weise in Sie hinein, wie Sauerstoff in den Körper hineingelangt. Und Sie finden heraus, was Sie am dringlichsten nötig haben. Wir sprechen davon, man sei »von Geist erfüllt«, als müsse man einen Menschen quasi nur so mit Geist vollpumpen, wie man einen Fahrradreifen mit Luft aufpumpt. Tatsächlich ist Geist aber Gewahrsein, das dorthin wandert, wo es an Gewahrsein mangelt. Ihr Wachstumsprozess wird enorm beschleunigt, wenn Sie präsent sind, um Heilung in dem Moment, in dem sie zu Ihnen kommt, anzunehmen und willkommen zu heißen.

Allzu oft sind Menschen nicht aufmerksam und warten auch nicht ab. Dann verpassen sie, was wirklich in ihnen vorgeht. Sie fixieren sich auf Wünsche und Fantasien. Und während sie dadurch abgelenkt sind, entgeht ihnen, was sich wirklich abspielt. Ich liebe die Geschichte von Harold Arlen, einem berühmten Hollywood-Komponisten aus der goldenen Ära des Kinos. Er sollte die Filmmusik für *Das zauberhafte Land* (*The Wizard of Oz*) schreiben. Arlen arbeitete ununterbrochen daran. Und er war der Meinung, gute Arbeit geleistet zu haben. Ein Song fehlte ihm jedoch noch, dieser ganz spezielle, den der Streifen unbedingt brauchte, die Krönung des ganzen Soundtracks. Doch ihm wollte nichts einfallen. Also nahm Arlen sich einen Tag Auszeit und lud seine Frau zum Abendessen ein. Auf dem Weg zum Sunset Boulevard forderte er seine Frau, die am Steuer saß, plötzlich auf, an den Straßenrand zu fahren. Arlen kritzelte ein paar Noten auf einen Fetzen Papier: Sie entpuppten sich als genau der Song, der dem Film noch gefehlt hatte. Er hieß: »Somewhere Over the Rainbow«.

In vielerlei Hinsicht wissen Künstler und andere Kreative am besten, wie man die Seele in Empfang nimmt und sie willkommen heißt, weil sie es gewohnt sind, sich auf Inspiration einzustimmen. Inspiration stellt sich nicht per Zufall ein. Es ist immer ein Wechselspiel: Man ruft nach Inspiration – und erhält eine Antwort. Das Bedürfnis taucht auf, dann zeigt sich die Lösung.

Legen Sie also Ihrem inneren Wachstum gegenüber eine schöpferische Haltung an den Tag. Nehmen Sie wahr, was Sie benötigen. Dann geben Sie acht, wie die Antwort ausfällt. Auf die Frage, wie er auf solch eine tolle Musik gekommen sei, meinte Harold Arlen: »Ich lasse mich treiben, warte und folge dem, was auftaucht.« Dieses einfache, aber tiefgründige Credo zu beherzigen würde sicher keinem von uns schaden.

Durchbruch Nr. 4
Die Frucht vollständigen Loslassens

Ein Durchbruch kann Sie zur höchsten Hingabe führen. Da das Loslassen ein Prozess ist, gelangt es schließlich an ein Ende. Dieses Ende ist freilich ganz anders beschaffen als alles, was Sie erwarten würden. Sie werden dann nicht mehr diejenige Person sein, die Sie heute im Spiegel sehen. Diese Person hat alle möglichen Bedürfnisse. Höchste Hingabe hingegen bedeutet, dass Sie alle Bedürfnisse aufgeben. Zum ersten Mal werden Sie sagen können: »Ich bin genug.« Sie werden sich in einer Welt wiederfinden, in der alles zusammenpasst – so wie es soll.

Ein völlig neues Selbst kann man sich nicht im Voraus ausmalen. Doch das ist auch gar nicht nötig. Ein kleines Kind hat keine Vorstellung davon, dass es einmal all die einschneidenden Veränderungen durchlaufen wird, die durch die Pubertät ausgelöst werden. Jeder Versuch, das zu verstehen, bevor diese Stufe der Entwicklung real erlebbar wird, würde lediglich Verwirrung stiften (und sobald der entsprechende Moment eintritt, gibt es davon ohnehin genug). Was das Loslassen der Kindheit angeht, zeigt sich mit etwas Glück, dass dieser Vorgang mit großer Selbstverständlichkeit abläuft. Ihre Erwachsenenidentität loszulassen fällt demgegenüber ungleich schwerer. Eine Art Landkarte, die als Orientierungshilfe dienen könnte, steht uns für diesen Fall leider nicht zur Verfügung, obwohl die großen spirituellen Lehrer der Welt uns aufrufen, diesen Schritt zu wagen. Paulus vergleicht diesen Prozess mit jenem des Erwachsenwerdens. »Als ich ein Kind war, da redete ich wie ein Kind, dachte wie ein Kind und urteilte wie ein Kind. Als ich ein Mann wurde, legte ich ab, was Kind an mir war.«

Vom Kind zum Erwachsenen zu werden ist gleichbedeutend mit einem Identitätswechsel. Tatsächlich verweist Paulus hier jedoch auf eine Transformation ganz anderer Tragweite. Er sagt: »Strebet nach Liebe, aber auch nach den Geistesgaben«, und führt uns dann vor Augen, was geschehen wird, wenn jemand den Aufruf beherzigt.

Die Liebe ist langmütig, die Liebe ist gütig. Sie eifert sich nicht, sie prahlt nicht, sie bläht sich nicht auf. Sie handelt nicht ungehörig, sucht nicht ihren Vorteil, lässt sich nicht zum Zorn reizen, trägt das Böse nicht nach. Sie freut sich nicht über das Unrecht, sondern freut sich an der Wahrheit. Sie erträgt alles, glaubt alles, hofft alles, hält allem stand. (Erster Brief an die Korinther 13,4–7)

Paulus war sehr wohl gewahr, dass er damit zu einem Wandel ins Übernatürliche aufrief. Die gesamte menschliche Natur würde so transformiert werden. Und nur *eine* Kraft vermochte das zu vollbringen: Gnade.

Wenn Sie in der Bibel das Wort »Gnade« finden, brauchen Sie nach den dazugehörigen Konnotationen – Fülle, Unschuld, bedingungslose Liebe, ein reichlich gewährtes Geschenk – nie lange zu suchen. Hier kommt etwas von universaler Gültigkeit zum Tragen; etwas, was weit über den jüdisch-christlichen Kulturkreis hinaus Gültigkeit hat: Durch vollständiges Loslassen kann der Mensch eine neue Identität verwirklichen. Die Frucht der Hingabe ist Gnade, die allumfassende Macht Gottes.

Gnade bezeichnet den unsichtbaren Einfluss des Göttlichen. Sobald sie Eingang in das Leben eines Menschen findet, können wir auf die alten Hilfsmittel, mit denen wir unser Leben bis dahin geführt haben – Ratio, Logik, Bemühung, Planung, Voraussicht, Disziplin –, verzichten, so wie man die Stützrädchen eines Kinderfahrrads abmontiert, sobald das Kind sie nicht mehr benötigt. Wie der eigentliche Prozess verläuft, das deutet sich bei Paulus freilich nur schemenhaft an und gewinnt keine klare Kontur. Im Allgemeinen wird Gnade mit Erbarmen und mit Vergebung assoziiert. Im Wesentlichen, wenn man auf alle religiösen Untertöne verzichtet, ist sie indes grenzenloses Gewahrsein.

Gnade hebt die Begrenzungen unseres Daseins auf. Da gibt es dann nichts, wovor man sich fürchten, nichts, dessen man sich schuldig fühlen müsste. Das gesamte Thema »Gut gegen Böse« verschwindet vollständig von der Bildfläche. Frieden ist nicht länger ein Traum, dem man nachjagt, sondern eine natürliche Herzensqualität. All das resultiert keineswegs aus einer Einwirkung des Übernatürlichen, vielmehr kommen hier die Früchte eines zum Abschluss gelangenden Prozesses zum Tragen. Im Alten Testament taucht das Wort *Gnade* knapp 100 Mal auf. Jesus hingegen verwendet es bemerkenswerterweise gar nicht, kein einziges Mal. Eine mögliche Erklärung dafür: Im Neuen Testament begegnen wir Jesus, nachdem er den Endpunkt jenes Prozesses erreicht hat, in dessen Verlauf er zu seinem grenzenlosen Selbst findet. Das macht ihn einzigartig.

Gnade führt, wie die Seele selbst, Gottes unendliche Kraft auf ein menschliches Maß zurück. Ihr wohnt mehr als nur ein Hauch Magie inne – ganz so, wie es einer vollständigen Transformation gebührt. Bereits die Metamorphose einer Raupe in einen Schmetterling ist für den menschlichen Geist kaum fassbar; um wie viel weniger erst die Transformation des Menschen durch Gnade. Doch eigentlich braucht es dafür nichts weiter als Hingabe.

Den Prozess des Wiedergeborenwerdens kennt man in jeder Kultur. Wir wollen darum versuchen, uns einem Verständnis dieses Vorgangs anzunähern.

Selbsttransformation

Bevor sie von Gnade berührt wird, ist die menschliche Natur gefallen, verdorben, sündig, unrein, unwissend, schuldig und blind – so die überkommenen Begriffe im jüdisch-christlichen Kulturkreis. Sie sind allerdings wenig hilfreich, weil es bei ihnen um moralische Kategorien geht. Im Unterschied dazu ist das Wort *Grenze* neutral. Es verweist schlicht und einfach auf einen begrenzten oder eingeschränkten Zustand. Falls man einen Menschen zwingt, unter gravierenden Einschränkungen zu leben – nehmen wir einmal an, in einem Kerkerverlies –, wird er alle erdenklichen Probleme entwickeln, von krankhaftem Misstrauen bis hin zu anderen wahnhaften Vorstellungen. Die Probleme resultieren allerdings nicht aus moralischen Defiziten des Gefangenen, vielmehr sind sie das Ergebnis seiner Daseinsbedingungen in Form des Gefangen- und Gefesseltseins. Der Unterschied zwischen solch einem Gefangenen, den man in seine Zelle eingesperrt hat, und Ihnen oder mir besteht darin, dass wir uns aus freien Stücken entscheiden, innerhalb unserer Beschränkungen zu leben. Derjenige Teil in uns, der diese Entscheidung getroffen hat, ist das Ego: das Ihnen vertraute Selbst, das »Ich«, das durch die Welt geht und sich mit den Geschehnissen des Alltags befasst.

Solange dieses Selbst ein Gefühl der Zufriedenheit verspürt, gibt es für uns keinen vordringlichen Grund, uns um die Seele zu bemühen. Aber sieht so ein befriedigendes Leben aus? Alle großen spirituellen Lehrer gehen davon aus, dass solch ein Leben keineswegs befriedigend und erfüllt ist. Jesus und Buddha standen einer Welt gegenüber, in der gewöhnliche Menschen von Krankheit und Armut geplagt wurden. Allein schon die Geburt zu überleben und ein Alter von 30 Jahren zu erreichen stellte eine große Herausforderung dar. Die Menschen der damaligen Zeit davon zu überzeugen, dass ihr Alltag von Leid durchdrungen war, fiel also nicht sonderlich schwer. Vor dem gleichen Problem stehen wir – ungeachtet der Tatsache, dass unsere moderne Gesellschaft in Bezug auf Krankheit, Armut und Hunger beachtliche Fortschritte erzielt hat – heutzutage immer noch.

Buddha und Jesus ging es nicht um die materiellen Ursachen des Leids. Vielmehr sind sie seiner eigentlichen Ursache auf den Grund gegangen und so bei jenem »Ich« angelangt, das unseren Alltag zu bewältigen versucht. Dieses »Ich« stehe, so haben sie gesagt, für eine falsche Identität. Es verschleiere das wahre Selbst, das nur auf der Ebene der Seele gefunden werden könne. Diese Diagnose führte indes keineswegs zu einer schnellen Heilung. Schließlich ist das Selbst kein Auto oder dergleichen – etwas, was man in seine Einzelteile zerlegen kann, um aus diesen anschließend ein verbessertes Modell zusammenzubauen. Das »Ich« verfolgt eigene Absichten und hat eigene Prioritäten. Es glaubt zu wissen, wie man den Alltag bewältigt. Und droht ihm die Demontage, dann schlägt es zurück – immerhin geht es um sein Überleben.

Aus diesem Grund wurde das Ego zum großen Widersacher des inneren Wandels (im Osten mehr als im Westen; im Westen haben, abermals aus Gründen der Moral, die Sünde und das Böse diese Rolle übernommen). Das Ego, so wurde offenkundig, war ein subtiler Widersacher, weil es diesen alles durchdringenden Charakter angenommen hatte. Die persönliche Identität kann man nicht einfach ablegen wie einen Mantel. Eine Transformation der eigenen Identität gleicht eher einem chirurgischen Eingriff, den man an sich selbst vornimmt. Dabei ist man gleichzeitig Arzt und Patient. In der Welt des Physischen wäre das eine praktisch undurchführbare Aufgabe. Im Gewahrsein hingegen ist dies durchaus machbar.

Das Gewahrsein betrachtet sich selbst und indem es das tut, kann es Mängel und Defizite ausfindig machen und sie beheben. Es vermag sich deshalb selbst in Ordnung zu bringen, weil einzig und allein Gewahrsein von dieser Operation betroffen ist, nichts und niemand sonst. Weder muss man dazu den Bereich des Selbst verlassen noch muss man, um keinen Schmerz zu spüren, in Vollnarkose versetzt werden oder dem Körper in irgendeiner Form Gewalt antun.

Zu einem chirurgischen Eingriff entscheidet man sich normalerweise nur, wenn ein entsprechender Defekt bzw. eine entsprechende Erkrankung vorliegt. Ungeachtet all der Fähigkeiten und Kompetenzen zur Bewältigung des Alltags, die das Ego für sich in Anspruch nimmt, hat es eine himmelschreiende Schwäche: Seine Sicht des Lebens erweist sich als unbrauchbar. Jenes vollkommen erfüllte Leben, das es uns in Aussicht stellt, ist eine Illusion, eine Schimäre, der wir ein Leben lang nachjagen können und die wir dennoch nie zu fassen bekommen werden. Wenn Sie auf diesen Defekt aufmerksam werden, hat das fatale Folgen für das Ego. Mit jener Art von Erfüllung, auf die sich der Blick der Seele richtet, kann es einfach nicht mithalten. Nichtsdestoweniger sind wir alle dahingehend konditioniert, dass wir meinen, die Strategien unseres Ego zur Bewältigung des Lebens seien praxisbezogen und realistisch, die Seele dagegen sei lebensfern, den Dingen des Alltags unzugänglich. Das freilich ist eine komplette Verdrehung und Verkehrung der Wirklichkeit. Lassen Sie mich Ihnen das verdeutlichen:

Zweierlei Vorstellungen von Erfüllung

Die Ego-Perspektive:
- Ich habe alles, was ich brauche, um mich wohlzufühlen.
- Ich bin ruhig und gelassen, weil üble Dinge mir nichts anhaben können.
- Durch harte Arbeit lässt sich alles erreichen.
- Ich messe mich an meinen Leistungen.
- Ich lande häufiger auf der Gewinner- als auf der Verliererseite.
- Ich habe ein starkes Selbstbild.
- Weil ich attraktiv bin, bekomme ich die Aufmerksamkeit des anderen Geschlechts.
- Wenn ich die vollkommene Liebe finde, wird dies zu meinen Bedingungen geschehen.

Die Perspektive der Seele:
- Ich bin alles, was ich brauche.
- Ich bin sicher, denn in mir gibt es nichts, was ich zu fürchten habe.
- Die mir zufließende Lebensfülle verschafft mir alles.
- Ich messe mich an keinem äußeren Maßstab.
- Geben ist wichtiger als Gewinnen.
- Ich habe kein Selbstbild, ich bin jenseits von Bildern.
- Andere Menschen fühlen sich – von Seele zu Seele – von mir angezogen.
- Ich kann die vollkommene Liebe finden, weil ich sie zuerst in mir entdeckt habe.

Fairerweise sollte man dazusagen, dass die zweite Perspektive ein Leben in einem Zustand der Gnade beschreibt, für ein transformiertes, nicht vom Ego bestimmtes Leben steht. Dennoch würden, vor die Wahl gestellt, die meisten Menschen die Ego-Variante vernünftiger finden. Zum einen haben sie sich an diese schon sehr gewöhnt. Und Vertrautheit gepaart mit Trägheit bringt die meisten von uns dazu, Tag für Tag dieselben Dinge zu tun. Aber abgesehen davon bewirkt noch etwas anderes, dass der Weg des Ego zur Erfüllung scheinbar so leicht zu gehen ist: Er beruht auf einer Schritt für Schritt sich vollziehenden Verbesserung der Lebensbedingungen. Wenn Sie in Ihrem Beruf heute einen bescheidenen Posten bekleiden, wird es morgen ein bedeutenderer sein. Anstelle eines kleinen Eigenheims werden Sie eines Tages ein größeres Haus haben. Falls Sie entlang dem Weg auf Probleme oder Hindernisse stoßen, können diese überwunden werden. Mit vereinten Kräften werden harte Arbeit, Fleiß, Loyalität und Fortschrittsglaube dazu beitragen, dass Ihr Leben morgen besser sein wird als heute.

So sieht persönliches Wachstum aus der Ego-Perspektive aus. Ihr Leben mag noch so eingeschränkt sein, es wird im Lauf der Zeit stetig besser werden. Diese stark auf Äußerlichkeiten gerichtete Sicht der Dinge lässt allerdings außer Acht, was sich eigentlich im Innern der betreffenden Person abspielt. Denn zwischen Erfüllung und äußerem Fortschritt besteht keine Korrelation. Nimmt man das Kriterium Glück und Zufriedenheit zum Maßstab, bekleidet im gesellschaftlichen Ländervergleich eine materiell so verarmte Nation wie Nigeria einen höheren Rang als etwa die USA (jedenfalls den Umfragen zufolge, bei denen die Menschen danach gefragt werden, wie glücklich sie sind). Soweit es um Geld geht, werden die Menschen glücklicher, wenn sie über die Stufe der Armut hinausgelangen. Sobald jedoch die Erfüllung der elementaren Bedürfnisse und Wünsche im Leben sichergestellt ist, *verringern* sich tatsächlich durch mehr Geld die Chancen, glücklich zu sein. Bei Lottogewinnern durchgeführte Untersuchungen kommen zu dem Schluss, dass die Betreffenden nicht nur nach spätestens ein oder zwei Jahren schlechter gestellt waren als vor ihrem großen Gewinn, sondern sich in der Mehrzahl wünschten, sie hätten gar nicht erst im Lotto gewonnen. (Muss ich erwähnen, dass die entsprechenden Forschungsergebnisse von den Lottogesellschaften nicht an die große Glocke gehängt werden?)

Wir bemessen an äußeren Dingen, wer wir sind. Und zahlen ziemlich bereitwillig unseren Preis dafür. Jeder wirtschaftliche Abschwung verbreitet allenthalben Angst und Schrecken. In persönlichen Beziehungen gerät die Liebe auf den absteigenden Ast, wenn die Partnerin bzw. der Partner ihrem/seinem Gegenüber nicht genügend emotionale Zuwendung oder Aufmerksamkeit schenkt – jene äußeren Stützen, ohne die das Ego zusammenklappt. Und kommt es zu Konflikten, leiden die Menschen entweder still und leise vor sich hin; oder sie strampeln sich ab in dem vergeblichen Bemühen, ihr Gegenüber dazu zu bringen, sich doch bitte sehr endlich zu ändern. Ein besserer Ehepartner, ein größeres Haus oder mehr Geld, behauptet ihr Ego beharrlich, wird ihnen jene Zufriedenheit verschaffen, nach der es sie so sehr verlangt. Vielleicht liegt es jedoch – diese Möglichkeit kommt den Menschen im Allgemeinen nicht in den Sinn – *weder* an ihnen *noch* an den Umständen, dass sich keine Zufriedenheit einstellen will. Schließlich könnte es ja sein, dass sie von vornehrein den falschen Weg eingeschlagen haben.

Der Ego-Entwurf von Zufriedenheit und Erfüllung kann letztlich deshalb nicht in die Tat umgesetzt werden, weil jedes isolierte »Ich« für sich bleibt – abgeschnitten vom Quell des Lebens. Die stetige Verbesserung, die es in Aussicht stellt, kann nur äußerer Natur sein, da im Innern keinerlei Sicherheit gegeben ist. Wie könnte es auch anders sein? Denn mit der Unordnung und Unzufriedenheit der Psyche kennt das Ego nur *einen* Umgang: sie abzutrennen und abzuschotten. Das Ich weist eine Vielzahl von Geheimfächern auf, in denen Angst und Wut, Reue und Eifersucht, Unsicherheit und Hilflosigkeit notgedrungen ihr verborgenes Dasein fristen. So kommt es, dass wir in unserer Gesellschaft in beispiellos hohem Maß Angst und Depression zu verzeichnen haben. Diese Zustände werden dann im nächsten Schritt mit pharmazeutischen Wirkstoffen behandelt, die das Problem nur durch einen noch massiveren Schutzwall eindämmen sollen. Und in dem Moment, in dem das einlullend wirkende Medikament abgesetzt wird, kehren Niedergeschlagenheit und Angst zurück.

Erfüllung aus der Warte der Seele ist, so hat es den Anschein, weit schwerer zu erreichen. Jedoch entfaltet sie sich ganz von allein, sobald Sie die Ebene der Seele erreichen. Erfüllung besteht nicht darin, dass man sich selbst verbessert. Vielmehr besteht sie in einer Abkehr von den Prioritäten des Ego, in einer Akzentverschiebung – fort von den Äußerlichkeiten, hin zur Innenwelt. Die Seele hält eine Art von Glück für uns bereit, die nicht davon abhängt, ob die äußeren Voraussetzungen vorteilhaft oder unvorteilhaft sind. Der Weg der Seele führt an einen Ort, an dem Sie Erfüllung als ein angeborenes Recht erleben, als einen integralen Bestandteil all dessen, was Sie ausmacht. Daher müssen Sie sich keineswegs ins Zeug legen, um Erfüllung zu erlangen; Sie brauchen nur zu sein.

Und aus der klaren Einsicht, wer Sie wirklich sind, erwächst Gnade.

Annettes Geschichte

Zu wissen, wer Sie wirklich sind, ist die einzige Möglichkeit, vollkommen glücklich zu sein. Eine gegenwärtig weit verbreitete Glücksvorstellung läuft unter dem Motto »Ins Glück stolpern«. So lautet der Titel eines 2006 von dem Harvard-Professor Daniel Gilbert veröffentlichten Buches.[9] Glück, das besagt diese Vorstellung im Kern, stellt sich beinahe per Zufall ein – als würden wir im Dunkeln darüber stolpern –, weil die Menschen im Grunde gar nicht wissen, was sie glücklich machen wird. Denn dazu, erklärt uns Gilbert, mangele es ihnen an Weitblick. Beispielsweise glauben wir, unsere erste Million werde uns glücklich machen. Doch an dem Tag, an dem wir dann die erste Million beisammenhaben, stellt sich heraus, dass alles ganz anders aussieht, als wir uns das vorgestellt haben. Die Sonne strahlt nicht doppelt so hell, das Leben nervt uns weiterhin mit seinen Unzulänglichkeiten. Unter Umständen ist der Tag, an dem Sie die erste Million machen, sogar unerfreulicher als ein ganz gewöhnlicher Tag, weil er eben, anders als erwartet, so gar nichts Außergewöhnliches zu bieten hat.

Mit Gilberts Beobachtung, dass die Menschen nicht die richtigen Mittel und Wege kennen, um sich selbst glücklich zu machen, habe ich überhaupt kein Problem; ebenso wenig mit der Vorstellung, wir sähen kaum je voraus, was tatsächlich bewirken wird, dass wir glücklich sind. Das sentimental anmutende Bild von dem zu Tode betrübten Millionär ist real genug. Die denkwürdigsten Momente strahlenden Glücks stellen sich ganz unvermutet ein. Mit der Behauptung, dies sei ein unausweichlicher Mangel des menschlichen Daseins, befindet er sich aus meiner Sicht allerdings komplett auf dem Holzweg.

Die tiefere, hinter dem Motto »Ins Glück stolpern« sich

verbergende Wahrheit lautet: Wir stolpern in unsere Identität hinein. Denn unsere Identität basteln wir uns anhand der völlig unzureichenden und unvollständigen Ego-Entwürfe zusammen. Und was motiviert uns dabei? Die verletzenden ebenso wie die angenehmen und wohltuenden Erfahrungen der Vergangenheit. Diese Erfahrungen veranlassen uns, die Dinge wiederholen zu wollen, die uns gefallen, und das vermeiden zu wollen, was uns missfallen und nicht gutgetan hat. Infolgedessen ist das »Ich« ein Produkt aus zufälligen und launischen Vorlieben und Abneigungen, aus alten Konditionierungen und aus den unzähligen Stimmen anderer Leute, die uns gesagt haben, was wir tun und wie wir, bitte sehr, sein sollten.

Unterm Strich ist das ganze Gebäude höchst wackelig, unzuverlässig und in jedem Sinn des Wortes unwirklich. Haben Sie dieses zusammengepfuschte Selbst erst durchschaut, sollten Sie es vollständig loslassen. Für die Überfahrt ans ferne Ufer der Erfüllung ist dieses Schiff völlig untauglich – und das war es von Anfang an.

»Seit Jahren hatte ich in Beziehungen ein Problem. Im Grunde hatte ich nie das Gefühl, dass ich genügend geliebt werde«, erklärte Annette, eine erfolgreiche, unabhängige Frau. Ich kannte sie aus einer Gruppe, in der ich Meditationsunterweisungen gab. »Der letzte Mann, mit dem ich zusammen war, hat sich nur deshalb für mich entschieden, weil die Frau, die er heiraten wollte, sich mit einem anderen verlobt hatte. Ich begann zu spüren, dass ich ihm eigentlich nie etwas bedeutet hatte. Nach der Trennung suchte ich deshalb eine Therapeutin auf.

Eine ihrer ersten Fragen lautete, was ich durch die Therapie erreichen wolle. Keine einfache Frage. Aber immerhin wusste ich ja, dass ich mich ungeliebt fühlte. Also habe ich ihr gesagt, es sei mein Wunsch, über dieses Gefühl hinwegzukommen. Daraufhin wollte die Therapeutin von mir wissen, was denn dieses ›geliebt werden‹ für mich bedeute. Wollte ich beschützt, umsorgt oder verwöhnt werden? Nichts von alldem, entgegnete ich: ›Geliebt werden‹ heißt für mich so viel wie ›verstanden werden‹.

Wie von allein kamen mir die Worte über die Lippen. Da jedoch das, was sie besagten, zu stimmen schien, fühlte ich mich dennoch wohl dabei. Als ich aufwuchs, hat mich niemand verstanden. Meine Eltern waren liebe Menschen, die taten, was sie konnten. All ihre Liebe hat es ihnen jedoch nicht ermöglicht zu verstehen, wer ich war. Zu sehr ging es ihnen darum, dass ich den richtigen Mann finden, eine Familie gründen und Nachwuchs haben sollte.«

»Also haben Sie eine Reise nach innen angetreten?«, meinte ich.

Annette nickte. »Wie sich herausstellte, war meine Therapeutin großartig. All meine verborgenen Themen haben wir ans Licht geholt – nichts habe ich zurückgehalten. Ihr habe ich wirklich vertraut. Im Verlauf vieler Monate durchlebte ich meine gesamte Vergangenheit noch einmal. Viele Dinge sind zutage gefördert worden, es gab Tränen im Überfluss.«

»Aber Sie hatten den Eindruck, etwas zu erreichen?«, wollte ich wissen.

»Als ich mich von all dem alten Ballast befreit hatte, war das Gefühl der Erleichterung riesengroß«, meinte Annette. »Bevor ich es eigentlich recht bemerkte, waren fünf Jahre mit Hunderten von Sitzungen vergangen. Eines Nachmittags saß ich im Sprechzimmer meiner Therapeutin, da fiel es mir wie Schuppen von den Augen: ›Sie verstehen mich vollkommen‹, sagte ich zu ihr. ›Ich habe keine Geheimnisse mehr zu berichten, da gibt es keine verschämt verborgen gehaltenen Gedanken und verbotenen Begierden mehr.‹ In dem Moment wusste ich nicht, ob ich lachen oder weinen sollte.«

»Warum das?«, fragte ich.

»Mein Gedanke war: ›Diese Frau hier versteht mich voll und ganz‹«, sagte Annette. »›Jetzt habe ich, was ich immer haben wollte. Und dennoch, was hat es mir eigentlich gebracht?‹ Ich war keineswegs plötzlich glücklicher oder zufriedener. Deshalb war ich den Tränen nahe. Was mich zum Lachen brachte, war weniger leicht zu erklären.«

»Sie waren an einem Endpunkt angelangt«, stellte ich in den Raum. »Das bedeutet zugleich, am Ausgangspunkt eines neuen Lebens zu stehen.«

»Ich glaube, ja. Es dauerte eine Weile, bis das tatsächlich bei mir angekommen war. Dann aber fiel mir etwas auf: Wenn ich in eine Situation geriet, die mich gewöhnlich wütend gemacht hatte, fuhr ich nicht länger aus der Haut. Vielmehr hörte ich eine innere Stimme, die mir sagte: ›Warum tust du das schon wieder? Du weißt doch jetzt, woher es kommt.‹ Die Stimme hatte recht. Ich kannte mich inzwischen zu gut. In meine alten Reaktionsmuster zurückzuverfallen war mir nicht mehr möglich.«

Das erwies sich als ein entscheidender Wendepunkt. Annette war das seltene Privileg zuteil geworden, sich einer gründlichen Generalinventur unterziehen zu können. Allem, was das Ego-Selbst über die Jahre aufgebaut hatte, war sie auf den Grund gegangen und hatte ihm die Grundlage entzogen. Sobald sie es als das erkannte, was es war – ein willkürliches, fadenscheiniges Gebilde ohne Bezug zu ihrem wirklichen Selbst –, konnte sie zu neuen Ufern aufbrechen. Ihr Geist war nicht länger an die Vergangenheit gefesselt.

Der Geist kann für viele Dinge genutzt werden, die meisten Menschen nutzen ihn allerdings in erster Linie als eine Art Lagerhaus. Sie füllen ihn mit Erinnerungen und Erfahrungen, mit all den Dingen, die sie mögen oder nicht mögen. Was bringt uns dazu, manche Teile unserer Vergangenheit zu bewahren, während wir uns um andere nicht mehr kümmern? Es ist durchaus nicht so, dass wir an angenehmen und freudvollen Erfahrungen festhalten, uns der schmerzlichen hingegen entledigen. In beiden Fällen ist ein persönliches Anhaften mit im Spiel. Ohne Anhaften würde die Vergangenheit einfach vergehen. Damit will ich nicht sagen, Sie würden dann in einen Zustand von Amnesie verfallen. Anhaften ist etwas Psychologisches. Jene leidvollen Erfahrungen, die immer noch schmerzen, bewahrt es ebenso wie die freudvollen, von denen man sich wünscht, sie könnten sich wiederholen. Da Sie sich hier jedoch in der Vergangenheit aufhalten, ist Ihr geistiges Lagerhaus mit einem wirren Sammelsurium von Dingen angefüllt, die Ihnen keinerlei Nutzen mehr bringen.

Etwas Ähnliches sagte ich zu Annette und sie stimmte dem voll zu. »Es war meine Fantasie gewesen, dass das wirkliche Ich sich irgendwo dort in meiner Vergangenheit verbarg. Ich bräuchte nur einem klügeren und stärkeren Menschen all die Teilstücke in die Hand drücken, schon würde ich eine komplette Person zurückerhalten.«

Über das Ego-Selbst hinauszugelangen bedeutet, die abgegriffenen Illusionen hinter sich zu lassen, um sich einer frischen und unverbrauchten Realität stellen zu können. Wir alle halten an Selbstbildnissen fest, die wir im Laufe der Jahre zusammengetragen haben. Manche Bilder lassen uns gut dastehen, andere lassen uns schlecht aussehen. Bilder sind aber kein Ersatz für die Realität der lebendigen Erfahrung. Dasjenige, was Sie wirklich ausmacht, ist vital und sprüht nur so vor lauter Leben; in jedem Augenblick verändert und wandelt es sich.

Annette, darin bestand die Faszination, die sie auf mich

ausübte, hat als eine der wenigen Personen, die ich je kennengelernt habe, ihrem Ego-Selbst ein Ende bereiten können. Alles, was das Ego-Selbst aufzubieten vermochte, hat sie gemeinsam mit ihrer Therapeutin erschöpfend aufgearbeitet. Im Leben jedes Menschen versucht das Ego, sich möglichst lange einzunisten, indem es sagt: »Mach weiter, halte durch, bleib am Ball – ich weiß, wo's langgeht!« Aber treten Sie einmal einen Schritt zurück und führen sich vor Augen, auf was diese Strategie hinausläuft:

- Hat all Ihre harte Arbeit Ihnen noch nicht das gebracht, was Sie wollen, dann müssen Sie halt härter arbeiten.
- Haben Sie nicht genug, dann verschaffen Sie sich mehr davon.
- Scheitert Ihr Traum, dann lassen Sie nicht locker, bemühen Sie sich weiterhin darum, ihn zu verwirklichen.
- Wenn Sie unsicher werden, müssen Sie bloß stärker an sich selbst glauben.
- Räumen Sie nie einen Fehlschlag ein. Für Sie kommt nur Erfolg infrage.

Diese Art von Ego-Motivation, ist – in Form von Schlagworten, Werbeslogans und dergleichen mehr – in unserer Populärkultur tief verwurzelt. Den eigenen Traum in die Tat umzusetzen und niemals aufzugeben ist zum vielfach wiederholten Credo der Reichen, Berühmten und Erfolgreichen geworden. Doch bei einem Schönheitswettbewerb, einem Autorennen, einem großen Turnier, einer Weltmeisterschaft oder einem Film-Casting kommt auf jede Gewinnerin bzw. jeden Gewinner eine nicht genau bezifferbare Anzahl von Menschen, deren Traum nicht in Erfüllung gegangen ist. Die Betreffenden haben ihren Traum indes genauso eifrig zu verwirklichen versucht und genauso sehr an ihre Chance geglaubt. Aus ihrer Sicht ist die Strategie des Ego mithin ganz und gar nicht aufgegangen. Glücklicherweise gibt es aber eine alternative Vorgehensweise, die genau auf das Gegenteil der Ego-Strategie hinausläuft:

- Hat all Ihre harte Arbeit Ihnen nicht das gebracht, was Sie haben wollen, dann suchen Sie sich neue Inspiration.
- Haben Sie nicht genug, dann finden Sie es in sich selbst.
- Scheitert Ihr Traum und Sie sehen, dass er ein Fantasiegebilde war, dann finden Sie einen Ihrer Realität angemessenen Traum.
- Wenn Unsicherheit Sie überkommt, entfernen Sie sich aus der Situation, bis Sie wieder in Ihre Mitte gefunden haben.
- Weder Erfolge noch Misserfolge erschüttern Sie. Der Fluss des Lebens bringt, im Sinn eines vorübergehenden Zustands, beides mit sich.

Das wirkliche Selbst, ein veränderliches, höchst flüchtiges Phantom, ist uns immer einen Schritt voraus. Im selben Moment, in dem Sie meinen, Sie würden es gleich zu fassen bekommen, entschwindet es. (Ich habe eine entsprechende Beschreibung von Gott gehört. Er sei jemand, den wir unablässig zu finden versuchen, nur um festzustellen: Wo er – oder sie – gerade noch gesehen wurde, da ist er schon längst nicht mehr.)

Noch nicht einmal, wer Sie wirklich sind, lässt sich auf den Punkt bringen. Ihr wahres Selbst können Sie nur verstehen, indem Sie all die Veränderungen mitvollziehen, die es durchläuft, und mit ihm Schritt halten, während es weiter voranschreitet und sich wandelt. Feststellen, wer Sie tatsächlich sind, können Sie nur, indem Sie unablässig dabeibleiben. Für Gnade gilt das Gleiche, denn sie ist Teil dessen, was Sie wahrhaft ausmacht.

Vertrauen entwickeln

Hier sind wir an einem Punkt angelangt, an dem viele Menschen ein ausgesprochen unbehagliches Gefühl beschleicht. Gegenüber dem festgeschriebenen, »gesicherten« Selbst, das uns das Ego zu liefern verspricht, bedeutet ein in Fluss befindliches, unablässig sich veränderndes Selbst einen radikalen Wechsel. Zu merken, dass Sie auf einmal keinen festen Boden mehr unter den Füßen haben, verursacht ein ausgesprochen irritierendes, wenn nicht gar verstörendes Gefühl. Nichtsdestoweniger bringt uns der Prozess des Loslassens an diesen Punkt. Wir kommen gar nicht umhin, unsere Loyalität zu verlagern und sie neu zu definieren. Vollständiges Loslassen bewirkt, dass uns Gnade zuteil wird – jedoch nicht von einem Moment auf den anderen. Gnade bezeichnet eine Lebensweise, die sich auf keines der alten Ego-Requisiten stützt. Jesus hat dies kurz und prägnant in Worte gefasst:

Sammelt euch nicht Schätze hier auf der Erde, wo Motte und Wurm sie zerstören und wo Diebe einbrechen und sie stehlen, sondern sammelt euch Schätze im Himmel, wo weder Motte noch Wurm sie zerstören und keine Diebe einbrechen und sie stehlen. (Matthäus 6,19–20)

Unser alter Lebensstil war darauf ausgerichtet, zu bewahren, zu planen, vorauszuschauen, für Sicherheit zu sorgen und uns auf materielle Güter zu verlassen. Er sollte nun einem neuen Stil Platz machen, der auf anderen Grundlagen beruht: auf Vertrauen in die Vorsehung – statt auf Planung oder Voraussicht – sowie auf nicht materiellen Schätzen, auf nicht materiellem Reichtum. In der Bergpredigt wird dieses Thema ein weiteres Mal aufgegriffen. Paulus gibt uns jedoch, wie bereits an anderer Stelle erwähnt, keine Methode an die Hand, die uns bereit macht, der Gnade teilhaftig zu werden. Dasselbe gilt für Jesus, soweit wir ihn aus den Evangelien kennen. Eine umfassende Transformation ist zwar unerlässlich. Welcher Schritte es im Einzelnen bedarf, damit ein Mensch von hier nach da gelangt, wird allerdings nicht gesagt. Für Jesus und Paulus stehen vielmehr Vertrauen und Glaube im Vordergrund.

Vertrauen beinhaltet hier die innere Gewissheit, dass solch ein grundlegender Wandel eintreten kann und wird. Vertrauen muss indes nicht heißen, dass man blind vertraut. Ebenso wenig muss Vertrauen sich jedoch auf etwas zur äußeren Welt Gehörendes stützen. Während Sie den Prozess des Loslassens durchlaufen, werden Sie feststellen, dass es gute Gründe gibt, hier und jetzt Vertrauen zu haben.

Vertrauen in die eigene Erfahrung. Indem Sie loslassen, erleben Sie, dass Sie auf Ihre Seele eingestimmt sind. Infolgedessen beginnt die Seele in Ihrem Leben eine größere Rolle zu spielen. Nach und nach machen Sie die eine oder andere der folgenden Erfahrungen:

- Ich fühle mich inspiriert.
- Ich erkenne die in der spirituellen Weisung enthaltene Wahrheit.
- Ich spüre, dass ich ein höheres Selbst habe.
- Eine tiefere Realität kommt mir zu Bewusstsein.
- Mein Innenleben bringt mir Zufriedenheit.
- Ich gelange zu einem neuen Verständnis der Dinge.
- Jeden Tag heiße ich mit frischer Energie willkommen.
- In meinem Leben gibt es ein stärker werdendes Ganzheitsgefühl.

Manchen Menschen lege ich nahe, diese Aussagen, auf einem Stück Papier notiert, bei sich zu tragen. Wenn sie dann die Liste herausnehmen und sich auch nur auf einen der aufgeführten Punkte innerlich einstellen können, sind sie eingestimmt. Und falls sie dies nicht sein sollten, dann ist es an der Zeit, mit der Einstimmung zu beginnen. Der Lebensfluss erneuert sich immerzu selbst. Jeden Tag bringt er uns frische Energie, damit wir neue Herausforderungen angehen können. Solange die Verbindung zur Seele jedoch nicht hergestellt ist, entsteht diese Energie nicht so, wie es der Fall sein sollte.

Und welche Rolle spielt hier das Vertrauen? Wenn Sie auf Ihre Seele ausgerichtet sind, schenkt das Leben Ihnen das Gefühl, dass Sie keinerlei Begrenzung unterliegen, und Ihr Gewahrsein verströmt unbeschwerte Freude und Zuversicht. Stehen Sie hingegen nicht in Einklang mit Ihrer Seele, dann verschwinden diese Qualitäten. In solchen Momenten sollten Sie Vertrauen in die eigene Erfahrung haben. Denn sie sagt Ihnen aus erster Hand, dass die Empfindung von Grenzenlosigkeit die Wirklichkeit widerspiegelt. Zu diesem Gewahrseinszustand können Sie immer wieder zurückkehren. Nach meinem Empfinden gleicht das Ego-Selbst einer behaglichen kleinen Hütte, wohingegen die Seele eine weithin offene Landschaft mit einem endlosen Horizont darstellt. Wir alle ziehen uns von Zeit zu Zeit in unsere Hütte zurück, manchmal aufgrund von Anspannung und Stress, manchmal aus bloßer Gewohnheit. Die Psyche ist so unkalkulierbar, dass Sie sich mitunter ohne ersichtlichen Grund verunsichert fühlen können.

Glücklicherweise hat der Grund hier auch keine große Bedeutung. Sobald Sie die Erfahrung von Freiheit gemacht haben, werden Sie den Drang dorthin erneut verspüren. Wenn Sie sich öffnen können, werden Sie sich wohler fühlen. Und mit der Zeit wird die Versuchung, sich in Ihre Hütte zurückzuziehen, geringer werden. Es besteht also überhaupt kein Grund, sich selbst unter Druck zu setzen. Freiheit spricht für sich. Der Impuls, sie erfahren zu wollen, wohnt Ihnen inne und wird niemals erlöschen. Dies ist der erste und wichtigste Sachverhalt, in den Sie Vertrauen haben sollten.

Vertrauen in Ihr Wissen. Wer stolz darauf ist, ein rationales Wesen zu sein, lehnt Spiritualität vielfach deshalb ab, weil sie nicht durch harte Fakten abgesichert ist. Die Argumentation der Betreffenden weist allerdings einen blinden Flecken auf: Nicht alle Fakten lassen sich durch Zahlen untermauern. Es mag ein Faktum sein, dass der Nordpol auf 90 Grad nördlicher Breite liegt. Ebenso ist es freilich ein Faktum, dass jeder von uns denkt, fühlt, Wünsche hat und träumt – und dass sämtliche äußeren Fakten von dieser unsichtbaren Realität abhängen. Der Nordpol wäre nicht zu lokalisieren, gäbe es keinen Geist, der seine Position misst.

Indem Sie auf dem Weg vorangehen, eignen Sie sich ein verlässliches Wissen an. Ein wenig Grundlagenwissen ist Ihnen auf den vorangegangenen Seiten vermittelt worden. Doch nun bleibt es Ihnen überlassen, dieses zu verifizieren. Welche Art von Wissen habe ich dabei im Sinn?

- Gewahrsein kann den Körper verwandeln.
- Subtiles Handeln kann Ihnen mehr Liebe und Mitgefühl bringen.
- Gestörte Energiemuster können geheilt werden.
- Der Lebensfluss verschafft Ihnen unbegrenzt viel Energie, Schöpferkraft und Intelligenz.
- In jedem Problem ist bereits seine Lösung verborgen.
- Gewahrsein kann entweder verengt sein oder offen und weit.

- Es gibt eine andere Art zu leben, von der Ihr Ego nichts weiß.

Mittlerweile dürfte für Sie eigentlich keine dieser Aussagen mehr geheimnisvoll oder rätselhaft klingen. Sollten Sie, die eine oder andere Aussage betreffend, noch unschlüssig sein, dann haben Sie einfach Vertrauen, dass im Reich des Gewahrseins wahres Wissen existiert. Jenes Gewahrsein, mit dem Sie als Kind ausgestattet waren, hat im Lauf der Jahre an Weite gewonnen. Ihrem Gehirn haben Sie neue Fertigkeiten und neue neuronale Verbindungen hinzugefügt. Neurologen haben bestätigt, dass solchen spirituellen Praxisformen wie etwa der Meditation eine physische Realität entspricht. Gleiches gilt für eine spirituelle Qualität wie das Mitgefühl.

Der Erweckungsprozess der Seele erfordert daher im Grunde keine große Extraportion Vertrauen. Vielmehr beinhaltet er die natürliche Fortführung und Umsetzung von Erkenntnissen, die auf einer naturwissenschaftlich gesicherten Grundlage beruhen. Womit ich nicht sagen will, dass Sie darin den für Sie letztgültigen Beweis sehen sollen.

Schon vor langer Zeit haben mich einige wenige Worte des französischen Philosophen Jean-Jacques Rousseau sehr inspiriert. Jeder Mensch, so Rousseau, sei geboren worden, um eine »Seelenhypothese« zu überprüfen. Anders ausgedrückt: Sie und ich sind ein groß angelegtes Experiment, das – als Nachweis für die Existenz der Seele – in uns durchgeführt wird. In jeder Epoche ergibt sich eine neue Versuchsanordnung für dieses Experiment. Einst waren der Glaube an Gott und die Schriften sein Ausgangspunkt. Heutzutage geht es um die Wachstums- und Entfaltungsmöglichkeiten des Bewusstseins: ein anderer Bezugspunkt zwar, doch die Herausforderung bleibt die gleiche.

Auf sich selbst vertrauen. Wer das entsprechende Selbstvertrauen habe, könne noch die allerhöchsten und allerverwegensten Ziele verwirklichen, so trichtert die Populärkultur uns unablässig ein. Mit jenem Selbst, auf das dabei angespielt wird, ist allerdings das Ego gemeint – das Ego mit seinem unersättlichen Bestreben, den Sieg davonzutragen, zu besitzen, zu konsumieren und auch in puncto Vergnügen auf seine Kosten zu kommen. Das Ego ist aber wirklich das Allerletzte, worauf Sie vertrauen sollten. Besser, Sie suchen sich dafür einen anderen Bezugsrahmen: ein Selbst, das es erst noch kennenzulernen gilt. In das Ego-Selbst, das immer das Gleiche von uns verlangt, braucht niemand sein Vertrauen zu setzen. Dasjenige Selbst hingegen, das Sie noch nicht kennengelernt haben, benötigt und verdient wahrhaftig Ihr Vertrauen. Denn es ist der Endpunkt der Transformation. Bis Sie diese vollzogen haben, gleichen Sie der Raupe, die davon träumt, zum Schmetterling zu werden.

Wie aber können Sie in ein Selbst Vertrauen setzen, das Sie noch nicht einmal kennengelernt haben? Das ist eine derart persönliche Frage, dass die Antwort für jeden Menschen anders ausfällt. Lassen Sie mich die Frage daher ein wenig umformulieren: Was würde Sie davon überzeugen, dass Sie sich in tief greifender und dauerhafter Weise verändert haben? Hier ein paar Antworten, von denen ich glaube, dass die meisten Menschen sie stichhaltig finden:

- Mein Leben hat nichts Quälendes mehr.
- Innerlich bin ich nicht mehr hin- und hergerissen.
- Ich habe eine Schwäche überwunden und bin dadurch stärker geworden.
- Schuld- und Schamgefühle sind verschwunden.
- Meine Stimmung ist nicht mehr von Besorgnis geprägt.
- Ich bin nicht mehr niedergeschlagen.

- Ich habe zu einer für mich überzeugenden Sicht der Dinge gefunden.
- Anstelle von Verwirrung erlebe ich Klarheit.

Ausgangspunkt all dieser Veränderungen ist das Selbst. Denn diejenigen Daseinsbedingungen, die der tiefgreifendsten Veränderung bedürfen – Niedergeschlagenheit, Besorgnis, innere Zerrissenheit, Verwirrung –, vermitteln den Eindruck, als seien sie ein Teil von »mir«. Man bekommt diese Daseinsbedingungen nicht so, wie man einen Schnupfen bekommt. Mag sein, dass man zwischenzeitlich durch andere Dinge von ihnen abgelenkt wird. Anschließend leidet man jedoch erneut unter ihnen. Freud hat die Besorgnis als einen ungebetenen Gast bezeichnet, der sich weigert, wieder zu gehen. Jeder Schritt, den Sie unternehmen, um einen ungebetenen Gast zum Gehen zu veranlassen, ist ein Schritt zu mehr Selbstvertrauen. Es gelingt Ihnen loszulassen. Ja, mehr als das: Ganz allmählich tritt ein neues »Ich« zutage. Denn das verwandelte Selbst, so stellt sich heraus, gleicht keineswegs einem Fahrgast, der darauf wartet, dass der Zug einrollt und er endlich einsteigen kann. Vielmehr kommt von dem neuen Selbst jeweils nur *ein* Aspekt zum Vorschein.

Den spirituellen Überlieferungen zufolge verfügt die Seele über sämtliche positiven Qualitäten. Sie ist schön, wahrhaftig, stark, liebevoll, weise, verständnisvoll und von Gottes Gegenwart durchdrungen. Diese Qualitäten kann man ihr nicht wegnehmen. Ihr Ego hingegen kann sich die entsprechenden Qualitäten weder kaufen noch auf andere Art und Weise aneignen, es sei denn vorübergehend. Selbst bei einem besonders liebevollen Menschen kann Hass an die Stelle von Liebe treten. Und auch wer ganz stark ist, kann vernichtend geschlagen werden.

Tritt Ihr wahres Selbst zutage, dann erhalten jedoch all

diese Qualitäten den Charakter des Unbedingten. Dabei werden Sie allerdings im Allgemeinen nicht einmal gewahr werden, dass Ihnen diese Qualitäten zuteil geworden sind. Gnade ist etwas anderes, als wenn sich kaltes Wasser über Sie ergießt oder Sie in weißes Licht getaucht werden. Das Wirken der Gnade lässt Sie einfach nur Sie selbst sein. Wenn Liebe vonnöten ist, wird diese Liebe in Ihnen vorhanden sein; und sie wird bereit sein, sich auszudrücken. Wenn Stärke gefordert ist, wird Stärke vorhanden sein. Ansonsten werden Sie nichts Besonderes merken. Das Leben geht für Sie weiter seinen Gang wie für alle anderen Menschen. Nichtsdestoweniger sind Sie auf eine kaum zu beschreibende Weise innerlich vollkommen sicher. Sie wissen, dass Ihnen alles zur Verfügung steht, was Sie benötigen, um den Schwierigkeiten des Lebens zu begegnen.

Der zeitgenössische Sufi-Lehrer A. H. Almass fasst das in einer Abhandlung mit dem Titel *Locker bleiben (Hanging Loose)* sehr schön in Worte:

Ist der Geist frei, unbekümmert, unbesorgt, auf nichts Bestimmtes gerichtet, greift das Herz nach nichts und haftet es an nichts, dann ist man frei. ... Was immer da ist, das ist einfach da. Der Geist sagt nicht: »Ich will dieses.« Oder: »Ich will das sehen.« Oder: »So muss es sein.« Der Geist bleibt locker, ist gelöst. Der Ausdruck »locker sein« führt uns sprachlich vor Augen, was es heißt, befreit zu sein.

Hingabe, der Prozess des vollständigen Loslassens, bringt Sie an einen Punkt, an dem Sie locker und gelöst sein können, an dem Sie nicht den Drang verspüren, nach den Dingen zu greifen oder sich ihretwegen den Kopf zu zerbrechen. Die Planspiele des Ego entfallen. Es braucht zwar seine Zeit, doch zu guter Letzt gedeiht alles bis zu diesem Punkt. Schon lange vorher lernt Ihr Geist allerdings, was es heißt, ruhig zu sein, locker zu sein und sich wohlzufühlen. Sie werden Ihre helle Freude an diesem Zustand haben – und so mühelos und unbeschwert Ihren Weg gehen. Da die Gnade weiterhin ihre Wirkung entfaltet, kommt währenddessen Ihr wahres Selbst zum Tragen. Es kann nun den Raum ausfüllen, den einst der aufgewühlte Geist in Anspruch genommen hat.

Kommen Sie in eine Situation, in der Liebe gefragt ist, dann wird, zu Ihrer eigenen Überraschung, diese Liebe da sein – sie ist Teil von Ihnen (so wie Sie es im Innersten vermutet hatten). Auf dieselbe unerklärliche Weise ist Mut ein Teil von Ihnen geworden; Wahrheit und Wahrhaftigkeit ebenso. Die Verheißungen jener großen spirituellen Lehrer, die Ihnen in Aussicht gestellt haben, dass Ihnen Gnade reichlich zuteil werde, gehen in Erfüllung. Dadurch wissen Sie nun ein für alle Mal: Es war vollauf gerechtfertigt, dass Sie auf sich selbst vertraut haben. Ebenso sehr muss es daher, wo immer Sie sich auf Ihrem Weg befinden mögen, auch hier und jetzt, im gegenwärtigen Augenblick, gerechtfertigt sein.

Heilung für Sie: Begegnen Sie der Gnade auf halbem Weg

Gnade führt die persönliche Transformation herbei. Das geschieht allerdings so still und leise, dass selbst besonders begnadete Menschen dies möglicherweise nicht registrieren oder es, falls es ihnen auffällt, gleich wieder vergessen. Jegliche Gnade ihr Werk verrichten zu lassen ist heilsam. Auf diese Weise wird sie zu einem Teil von Ihnen, der sich auf die Welt auswirkt. Gnade kommt in Ihren Handlungen zum Ausdruck, sie ist kein Privatbesitz, der hinter verschlossenen Türen bewundernde Blicke auf sich zieht.

Wenn Sie Gnade zeigen wollen, ist es an Ihnen, die Qualitäten der Gnade an den Tag zu legen. Die im Neuen Testament mit Gnade assoziierten Stichworte können Ihnen dabei als Leitfaden dienen:

- barmherzig, mitleidsvoll
- reichlich fließend
- allen zugänglich
- großzügig
- versöhnlich, zur Vergebung bereit

Ich sehe darin weder moralische Tugenden noch eine Pflicht, vielmehr eine Art Test: Wie viel Gnade Eingang in Ihr Leben gefunden hat, können Sie an der Leichtigkeit ermessen, mit der Sie solche Handlungen auszuführen vermögen. Wenn man zum Beispiel gibt, macht es einen großen Unterschied, ob diese Gabe vom Ego oder von der Seele kommt, ob man Mitleid oder die Bereitschaft zur Versöhnung zeigt. Den Unterschied kann man im Innern spüren. Er ist unverkennbar.

Mitleid zeigen. Die meisten Menschen zeigen Mitleid, weil das weniger Ärger bereitet oder weil es ihnen das Gefühl gibt, großmütig zu sein. So oder so zieht jedenfalls das Ego seinen Gewinn daraus. Das Bild eines Verurteilten vor Gericht kommt mir da in den Sinn. Er lässt den Kopf hängen. An dem Punkt hält der Richter alle Macht in den Händen. Und diese Macht, gleichgültig ob er nun Strenge oder Mitleid an den Tag legt, gewinnt Rechtskraft. Das aus Gnade hervorgehende Mitleid, die Barmherzigkeit, ist im Unterschied zum Mitleid des Ego selbstlos. Sie versetzen sich in den Missetäter hinein, sehen seine Verletzlichkeit und Verzweiflung. Sie begreifen, dass durch einen Gnadenakt mehr Menschen verändert werden können als durch jahrelange

Strafen. Kurzum, in Ihrem Gegenüber sehen Sie den Mitmenschen – und dazu braucht man die Augen der Seele.

Damit will ich nicht sagen, Mitleid solle sich an dem orientieren, was sich im Gerichtssaal abspielt. Mitleid bzw. Mitgefühl zeigen Sie vielmehr, wenn Sie nicht die Fehler und Defizite eines anderen Menschen hervorheben; wenn Sie sich jedes Vorwurfs enthalten, obwohl man sich auf den Standpunkt stellen könnte, Vorwürfe seien berechtigt; wenn Sie auf jegliches Getratsche verzichten und jemanden nicht hinterrücks niedermachen. Mitleid zeigen Sie, wenn Sie die besten Motive eines Menschen sehen, die Dinge im Zweifel zugunsten der oder des Betreffenden auslegen; wenn Sie darauf schauen, wo sich jemand zum Vorteil verändert. In all diesen Fällen machen Sie sich eine unvoreingenommene Sicht zu eigen. »Behandelt jeden Menschen nach seinem Verdienst«, sagt Hamlet, »und wer ist vor Schlägen sicher?« Jeden Menschen nicht so, wie er es verdient, sondern im Sinn der Barmherzigkeit zu behandeln ist ein Geschenk der Gnade.

Reichlich geben. Das Ego hat eine Welt der Tauschgeschäfte vor Augen, in der alles seinen Preis hat und Gegenleistungen an der Tagesordnung sind. Für die Gnade gilt das nicht. Sie fließt reichlich, wird großzügig gegeben. Dabei wird kein Gedanke an eine mögliche Gegenleistung verschwendet. Unglücklicherweise gehen die Ausführungen des Neuen Testaments von der sündhaften Natur des Menschen aus. Paulus vertritt die Auffassung, wir alle seien derart verdorben, dass wir eigentlich Gottes Rache und Bestrafung verdienten. Der vergibt uns jedoch, wie ein liebender Vater seinen fehlgeleiteten Kindern vergibt. Solch ein moralisches Schema spricht viele Menschen an, die das Gefühl haben, die Bürde ihrer Fehler und Missetaten laste schwer auf ihnen. Gott wird nur umso liebenswerter, wenn er über all ihre

Sünden hinwegsieht und sie kraft seiner Gnade von ihnen nimmt.

Moralismus braucht hier indes nicht ins Spiel zu kommen. In der Natur der Seele liegt es, ihre Qualitäten so freigebig zur Verfügung zu stellen, wie ein Fluss Wasser spendet. Sorgen Sie für einen Kanal, schon fließt das Wasser. Das Ego dagegen verheddert sich in solche Fragen wie: »Wer hat was verdient?« Oder: »Wie viel soll ich geben und wie viel nehmen?« Gnade geht mit ihren Geschenken großzügig um. Sie hilft Ihnen, sich in Erinnerung zu rufen, dass das Universum Sie mit allem versorgt. Ob Ihr Ego meint, Sie hätten genug oder nicht, spielt keine Rolle. Seit dem Tag Ihrer Empfängnis ist Ihr Körper mit Energie, Intelligenz und Nahrung reichlich versorgt worden. Ursache für den Mangel und die Entbehrungen, die der Körper erleidet, sind letztlich wir selbst bzw. die von uns hervorgebrachten Lebensumstände. In der Selbstorganisation des Lebens, das sich bereits Milliarden Jahre bevor der Mensch auf der Bildfläche erschien, entfaltet hat, ist das so nicht angelegt. Genauso frei und ungehindert, wie ein Atemzug auf den anderen folgt, können Sie aus Gnade handeln, indem Sie geben, ohne anzuhaften!

Allen zugänglich. Gnade ist die große Gleichmacherin. Sie macht keinen Unterschied, sondern schenkt sich jedem, der sich hingibt und vollständig loslässt. (In einem christlichen Bild gesprochen: Der Regen kommt über Gerechte und Ungerechte.) Demgegenüber legt unser Ego allergrößten Wert darauf, besonders zu sein. Wir wollen, dass uns jemand mehr liebt als alle anderen Menschen auf der Welt. Wir sind ganz versessen auf gesellschaftlichen Status, auf Anerkennung, auf das Gefühl der Einzigartigkeit. Aus der Seelenperspektive ist Einzigartigkeit indes ein universales Merkmal. Sie *sind* eine einzigartige Schöpfung, egal, was Sie tun. Das brauchen Sie niemandem zu beweisen.

Wenn Sie einer anderen Person das Gefühl vermitteln, Ihnen ebenbürtig zu sein, legen Sie diese Gnadenqualität an den Tag. Das gilt unabhängig von der gesellschaftlichen Stellung Ihres Gegenübers. Es geht dabei auch nicht um eine Art »Adel verpflichtet« oder darum, den Armen etwas abzugeben, weil Sie so viel mehr zur Verfügung haben. Aus der Seelenperspektive ist Gleichheit schlicht und einfach eine Tatsache; und diese Tatsache erkennen Sie an. Unter der Dominanz des Ego schätzen wir alle in jeder Situation automatisch unseren – hohen oder niedrigen – sozialen Status ein. Wir fühlen uns zu Menschen hingezogen, die unser Selbstbild widerspiegeln. Und anderen weisen wir auf subtile Weise ihren Platz zu.

Unter dem Einfluss von Gnade wandelt sich dieses Verhalten, weil Sie sich wirklich und wahrhaftig nicht höher oder niedriger fühlen als jemand anderes. Diese Einsicht ist mit großer Erleichterung verbunden. Wir haben bis dahin derart viel Energie verschwendet, um unsere Würde, unseren Status, unseren Stolz, unsere Errungenschaften zu schützen. Wenn es für Sie keinen Sinn mehr ergibt, sich vor einem möglichen gesellschaftlichen Niedergang zu schützen, haben Sie einen gewaltigen Schritt in Richtung Befreiung vollzogen.

Großzügig. Großzügig zu sein bedeutet, den geistigen Überfluss zuzulassen. Auf jeder Daseinsebene können Sie großzügig sein. Jemandem Ihre Freude zuteil werden zu lassen ist nicht weniger wert, als wenn Sie der oder dem Betreffenden Geld, Zeit oder Gehör schenken. Jedes Mal, wenn Sie großzügig sind, versetzen Sie dem Mangel einen Schlag. Ihr Ego fürchtet insgeheim den Ruin. Denn nach seiner Überzeugung mangelt es an etwas. Grund dafür könnten knappe Ressourcen sein, ein ungerechter Gott, ein widriges Geschick oder ein persönlicher Fehler. Kaum jemals findet man jemanden, der sich nicht, dann und wann, über eines dieser Defizite – oder über sie alle – den Kopf zerbricht. Gnade erbringt den lebendigen Beweis, dass es an nichts fehlt, weder in Ihnen noch in der Welt, die Sie umgibt.

Zwischen dem Ego und der Seele gibt es meines Erachtens keine größere Kluft als die eben genannte. Wenn Sie erklären, auf der Welt herrsche kein Mangel, wird man Ihnen unzählige Gegenargumente präsentieren. Zugleich haben Sie gute Chancen, dass man Ihnen fehlende Sensibilität, Blindheit, mangelnde Moral oder Schlimmeres unterstellt. Haben Sie denn etwa nicht absichtlich die Augen davor verschlossen, welch ein unglaublich großes Ausmaß die Armut und der Hunger auf der Welt angenommen haben? Jesu Worte über die Vorsehung beim Fall eines Sperlings klingen für jemanden, der nicht weiß, wo er die nächste Mahlzeit herbekommen soll, wenig überzeugend. Doch in dieser Weisung Jesu geht es um Bewusstsein, nicht um die Frage, ob das Jahr reiche Ernten oder Hungersnöte bringen wird. Gnade ist großzügig, sobald sie uns zuteil geworden ist. Vorher walten die materiellen Kräfte.

Die Großzügigkeit des Ego besteht in einer Zurschaustellung von Reichtümern und lenkt die Aufmerksamkeit auf den materiellen Reichtum der gebenden und auf die Bedürftigkeit der empfangenden Person. Im Unterschied dazu beansprucht die Seele durch ihre Großzügigkeit keine Aufmerksamkeit für sich selbst. Der Impuls ist natürlich und selbstlos, so wie sich bei einem Baum, der reiche Frucht trägt, die Äste zu Boden neigen. Wenn Sie aus einem Überfluss des Geistigen großzügig sein können, werden Sie aus Gnade handeln.

Versöhnungsbereitschaft zeigen. Nun der aussagekräftigste Test: Bedingungsloses Verzeihen und Vergeben ist ein Zeichen von Gnade. Diese Seelenqualität nachzuahmen ist

Ihr Ego völlig unfähig. Ohne Gnade bleibt Vergebung stets bedingt. Wir warten, bis wir nicht mehr wütend sind. Wir wägen ab, was gerecht und was ungerecht ist. Wir nähren den Groll und malen uns aus, wie wir Rache nehmen könnten (oder setzen sie in die Tat um, bevor wir vergeben). Die Bedingungen sind vorgegeben. Wenn Sie vergeben können, indem Sie diese Bedingungen außer Acht lassen, handeln Sie aus Gnade.

Mancher spirituelle Lehrer würde sagen, das Ego sei von vorneherein überhaupt nicht imstande zu vergeben. Das Christentum erhebt Vergebung zu einem göttlichen Attribut. Die Menschheit nach dem Sündenfall, selbst in hohem Maß der Vergebung bedürftig, kann ohne die Erlösung aus christlicher Sicht die Sünde nicht tilgen. Im Buddhismus ist man der Überzeugung, Schmerz und Leid seien so lange Bestandteil der menschlichen Natur, bis die Illusion, wir verfügten über ein eigenständig existierendes Selbst, überwunden ist. Das bedeutet nicht, dass diese Überlieferungen pessimistisch sind oder dass Verfehlungen aus ihrer Sicht dauerhafte Verdammnis zur Folge haben. Vielmehr haben Jesus und Buddha sich einen realistischen Eindruck von der menschlichen Psyche verschafft, die in ein kompliziertes Geflecht von Richtig und Falsch verstrickt ist. Ganz unweigerlich überkommt uns das Gefühl, Schmerz sei falsch – jedenfalls wenn es um den eigenen Schmerz geht. Und vor diesem Hintergrund zeugt jegliche Verletzung von Ungerechtigkeit. Schmerz gibt uns das Gefühl, Opfer zu sein. Die dem Leben innewohnende Tendenz, Schmerz zu bereiten, macht demnach jeden und alles zum potenziellen Ziel von Vorwürfen und Schuldzuweisungen. Müssten Sie alles, wofür Sie irgendwann irgendjemandem die Schuld gegeben haben, verzeihen und vergeben, würde dieser Prozess ein ganzes Leben in Anspruch nehmen.

Wenn Sie Vergebung nun weiter fassen, macht das deutlich, dass Sie einen Ausweg gefunden haben aus der eben beschriebenen Falle. Vergebung fällt leicht, sobald Sie aufhören, an *Nicht*vergebung anzuhaften. Mit dem Schuldzuweisungsspiel ist es jetzt vorbei; mit dem Eindruck, ein Opfer zu sein, ebenfalls. Angesichts von Gnade bedeutet Vergebung, die Tatsache anzuerkennen, dass es für jede Verletzung eine Heilung gibt. Wenn Sie sich von vorneherein als geheilt ansehen, brauchen Sie erst gar nicht mehr zu vergeben.

Durchbruch Nr. 5
Durch Sie entfaltet sich das Universum

Zu guter Letzt bedarf es eines Durchbruchs, damit offenbar wird, wie kostbar Sie tatsächlich sind. Kaum jemand glaubt, im Gesamtbild der Dinge absolut notwendig zu sein. Wenn Sie aber die unablässig über sich selbst hinauswachsende Spitze der Evolution sind, benötigt das Universum Sie auf eine einzigartige, völlig unvergleichliche Art und Weise. Denn Sie, und nur Sie allein, verfügen über die durch Ihr Leben repräsentierte Erfahrung. Sie sind das genau passende Teilstück eines Plans, der ohne Sie nicht auskommt – eines Plans allerdings, der ganz anders beschaffen ist, als Sie es sich wahrscheinlich vorstellen. Da gibt es weder starre Leitlinien noch vorgegebene Grenzen oder ein vorhersehbares Resultat. Der Plan wird entworfen, während er gleichzeitig ausgeführt wird. Genau aus diesem Grund ist er auf die Mitwirkung jeder einzelnen an dem Prozess beteiligten Person angewiesen.

Einst hörte ich den Ausführungen eines bekannten indischen Gurus zu. Er sprach über den kosmischen Plan bzw. über den göttlichen Plan, wie er sich ausdrückte. Er kleidete den Plan in höchst inspirierende Worte, malte eine von unsäglichem Überfluss und durch Abwesenheit von Leid gekennzeichnete Zukunft aus. Er sprach vor einem großen Publikum, vor allem Menschen aus dem Westen. Für mich deutlich spürbar herrschte in dem Vortragssaal eine Art emotionales Tauziehen. Die Leute wollten an das Gehörte glauben, trauten sich jedoch nicht so recht. Schließlich erhob sich im Publikum jemand und fragte: »Entfaltet sich der göttliche Plan auch jetzt, in diesem Moment? Die Welt macht einen so chaotischen und gewalttätigen Eindruck. Immer weniger Menschen glauben noch an Gott.«

Ohne einen Moment zu zögern, antwortete der Guru: »Der Glaube an Gott spielt keine Rolle. Der Plan ist ewig. Er wird sich immer weiter entfalten. Da gibt es kein Halten.« Und mit einer weit ausholenden Armbewegung fügte er hinzu: »Jeder hier sollte daran mitwirken. Einen höheren Sinn im Leben gibt es nicht. Und wenn Sie jetzt daran mitwirken, werden Sie unter den Ersten sein, die seine Früchte genießen können.«

Der Fragesteller runzelte die Stirn: »Und wenn ich nicht mitwirke«, wollte er wissen, »was geschieht dann?«

Der Gesichtsausdruck des Gurus wurde ernst: »Die Entfaltung des göttlichen Plans hängt nicht von Ihnen ab.« Er beugte sich näher zum Mikrofon. »Wenn Sie nicht mit von der Partie sind, wird er sich allerdings nicht durch Sie entfalten.«

Letzten Endes ist das, glaube ich, die richtige Antwort. Wenn wir aus der Gleichung »göttlich« entfernen und stattdessen von einem unablässig sich entfaltenden Universum sprechen, können Sie entweder an dem evolutionären Fluss teilhaben oder nicht. Das ist Ihre Entscheidung. Die Evolution wird weitergehen, so oder so. Aber wenn Sie sich ausklinken, wird sie sich nicht durch Sie weiter entfalten.

Warum kommt es auf mich an?

Früher wurde uns das Leben dadurch erleichtert, dass wir wussten, was Gott von uns erwartete. Wenn Sie wissen, welchen Platz Sie im göttlichen Plan haben, verlieren die physischen Belastungen und Entbehrungen des Daseins an Bedeutung. Ihr Geschick wird darin seine Erfüllung finden, dass Sie im Jenseits mit Christus vereint sein oder dass Sie in ein neues Leben hinein wiedergeboren werden. Falls Sie aus der Reihe tanzen, erwartet Sie zwar ein leidvolles, jedoch um nichts weniger fest umrissenes Geschick. Ich wüsste von keiner Kultur, die das menschliche Geschick im Unbestimmten gelassen hat. Stets gab es ein zielgerichtetes Universum. Auch im Judentum, wo eine (wenn auch nicht jede) offizielle Auslegung ein Dasein nach dem Tod bestreitet, ordnet Gott an, dass dieses Leben, da es das einzige ist, so fromm wie irgend möglich gelebt werden sollte. Ein Leben unter Gottes Führung zu leben hat den Vorzug, dass Ihre unbedeutende Existenz nicht einfach nur einen höheren, sondern den höchsten nur möglichen Sinn erhält, indem Sie Teil von Gottes Schöpfung sind.

So viel Kraft es uns auch geben mag, für Gott zu leben, war die Religion doch stets von einem schwerwiegenden Widerspruch überschattet: Jeder, so heißt es, ist Gott lieb und wert; niemand andererseits jedoch wirklich notwendig. Zehntausendfach wird Jahr für Jahr das Leben menschlicher Individuen vernichtet und verschwendet. Unzählige weitere Leben gehen durch Krankheiten und Hungersnöte verloren. Oder sie fallen, kaum begonnen, der Säuglingssterblichkeit zum Opfer. Wenige Menschen sprechen über diesen Widerspruch, doch er hat eine verborgene Auswirkung.

Ärzte müssen Menschen mit unheilbaren Erkrankungen die Nachricht vom Herannahen des Todes überbringen, eine schockierende Nachricht. Aber es ist bewegend zu sehen, wie selbstlos die meisten im Sterben liegenden Patienten sind. Sie wollen nur deshalb nicht sterben, weil ihre Familie sie noch braucht. Die große Sinnfrage: »Warum bin ich hier?«, macht anderen zu schaffen. Entsprechendes gilt auch für alte Menschen. Die unter ihnen vorherrschende Angst ist nicht so sehr die vor dem Sterben, ebenso wenig diejenige vor chronischen, zu Einschränkungen und Behinderungen führenden Leiden. Die meiste Angst und Sorge bereitet es ihnen, dass sie ihren Kindern zur Last fallen könnten.

Zu erkennen, dass wir alle einander brauchen, ist nur menschlich. Treibt man dies auf die Spitze, entsteht daraus jedoch ein System wechselseitiger Abhängigkeit (Ko-Abhängigkeit) im schlechtesten Sinne des Wortes: Ich existiere nur, um zu brauchen und gebraucht zu werden.

Ich erinnere mich lebhaft, dass ich mir ziemlich zu Beginn meiner ärztlichen Ausbildung wünschte, wenigstens *ein* Mensch, der erfährt, dass er unter unheilbarem Leber- oder Bauchspeicheldrüsenkrebs leidet, würde sagen: »Welch ein Verlust für die Welt, wenn ich fort bin.« Damit meinte ich nicht den Verlust für die Familienangehörigen und Freunde, vielmehr einen absoluten Verlust, einen Verlust, der die Welt ärmer macht. Dieser Gedanke kommt uns zwar, wenn ein herausragender Mensch stirbt, doch aus der Seelenperspektive sind Sie eine ebenso große Bereicherung für die Welt wie Mahatma Gandhi oder Mutter Teresa. Wenn Sie von der kosmischen Gleichung subtrahiert würden, wäre dies ein nicht weniger großer Verlust. Ein hochfeiner und kostbarer Seidenstoff bleibt, wenn Sie einen Faden herausziehen, im Großen und Ganzen zwar intakt. Dennoch wird der gezogene Faden zu sehen sein.

Viele Menschen würden sich der Vorstellung widersetzen, dass ihnen im Universum ein absoluter Wert zukommt. Ohne es zu wissen, legen sie damit ein Verhalten an den Tag, das als »erlernte Hilflosigkeit« bezeichnet wird. Ein bekanntes Beispiel dafür geht auf Experimente zurück, die man in den Fünfzigerjahren mit Hunden vorgenommen hat.

Zwei Hunde wurden in separate Käfige gesteckt. Beiden versetzte man in unregelmäßigen Abständen schwache Stromstöße. Der erste Hund hatte im Käfig einen Schalter, mit dem er die Stromstöße abschalten konnte. Er lernte sehr schnell, ihn zu betätigen. Da es sich lediglich um schwache Stromstöße handelte, waren bei diesem Hund keine nachteiligen Auswirkungen erkennbar. Dem zweiten Hund wurden in den gleichen Intervallen Stromstöße derselben Stärke versetzt. Er verfügte allerdings über keine Möglichkeit, sie abzuschalten. Dadurch war seine Erfahrung eine ganz andere. Da er die Stromstöße nicht beeinflussen konnte, hatte der Schmerz für diesen Hund den Charakter eines zufälligen, völlig unkontrollierbaren Geschehens.

Besonders aufschlussreich ist indes der zweite Teil des Experiments. Abermals wurden beide Hunde in Einzelkäfige gesteckt. Auf der einen Seite des Käfigs flossen auch diesmal wieder die leichten Stromstöße, während die andere Käfighälfte für den Hund einen sicheren, stromfreien Bereich darstellte. Der Hund brauchte, um in die sichere Zone zu gelangen, nichts weiter zu tun, als über eine niedrige Abtrennung zu springen. Dem ersten Hund, der gelernt hatte, die Stromstöße abzuschalten, stand jetzt also kein Schalter mehr zur Verfügung. Den benötigte er aber auch nicht. Schnell lernte er, sich mit einem kleinen Sprung in Sicherheit zu bringen. Der zweite Hund hingegen gab sich sofort geschlagen. Er legte sich einfach hin, ließ die Stromstöße über sich ergehen und versuchte gar nicht erst, sich ihnen durch einen Sprung zu entziehen.

Hier wird deutlich, worin sich erlernte Hilflosigkeit zeigt. Auf das menschliche Dasein übertragen, sind die Auswirkungen verheerend. Unzählige Menschen akzeptieren, dass Schmerz und Leid im Leben regellos auftreten, nach dem Zufallsprinzip. Sie hatten niemals die Kontrolle über die Erschütterungen, die im Leben eines jeden Menschen auftreten, und daher versuchen sie erst gar nicht, sich ihnen zu entziehen, selbst wenn sich ihnen die Möglichkeit dazu bietet.

Zu wissen, wie die Dinge funktionieren, ist wichtig. Andernfalls überkommt uns erlernte Hilflosigkeit. Der erste Hund hat gelernt, dass das Leben Sinn ergibt. Drückt man auf den Schalter, verschwindet der Schmerz. Der zweite Hund hat gelernt, dass das Leben sinnlos ist. Egal was man tut, der Schmerz kommt sowieso. Und das bedeutet: Entweder steht hier nichts und niemand in der Verantwortung oder dem Verantwortlichen ist völlig egal, was da abläuft. Ein Hundegehirn wird vielleicht nicht so denken. Unser Gehirn tut es sehr wohl. Ohne Zielorientierung, ohne Sinngebung flüchten wir uns in Hilflosigkeit, da es entweder keinen Gott gibt oder dieser sich nicht darum kümmert, was mit uns geschieht. Um aus unserer erlernten Hilflosigkeit herausfinden zu können, müssen wir das Gefühl haben, dass es im Gesamtbild der Dinge auf uns ankommt.

Bretts Geschichte

Unsere Bestimmung bleibt uns verborgen. Doch es gibt Augenblicke, in denen wir sehen, dass alles zusammenpasst. Mag sein, dass wir den Plan nicht kennen. Aber wir haben das Gefühl, dass *etwas* einen umfassenderen Entwurf, ein umfassenderes Gestaltungsmuster ausarbeitet. Noch die gewöhnlichsten Geschehnisse, das wird uns in solchen Augenblicken klar, fügen sich zu bemerkenswerten Mustern zusammen.

Mit seinen 70 Jahren ist Brett ein begeisterter Gärtner. Eine Rose in seinem Garten ist auffallend groß gewachsen und von betörender Schönheit. Sie blüht in einem zarten, mit rosaroten Einsprengseln durchsetzten Gelb. »Das ist die einzige mystische Rose, die ich kultiviere«, erzählte er mir. »Und sie hat eine Vorgeschichte. Als die Nazis in Frankreich einmarschiert sind, kam der professionelle Anbau von Blumen schlagartig zum Erliegen. Jeder verfügbare Hektar Boden musste für die Nahrungsmittelerzeugung genutzt werden. Ein junger Blumenproduzent in der Nähe von Lyon befand sich also unversehens in der Situation, 200 000 Rosenstöcke ausgraben zu müssen, um sie zu verbrennen. Sein Beruf war seine große Leidenschaft. Etwas Schlimmeres, als das Resultat einer über Jahrzehnte sich erstreckenden, auf den Vater und den Großvater zurückgehenden Arbeit zunichtemachen zu müssen, konnte ihm also kaum passieren. Daher hob er wenigstens seinen vielversprechendsten Setzling auf. Der Krieg spitzte sich weiter zu. Dennoch gelang es ihm glücklicherweise, durch einen der letzten diplomatischen Kuriere, die Frankreich noch verlassen konnten, ein Päckchen mit für die Okulation geeigneten Rosenknospen außer Landes bringen zu lassen.

Er hatte keine Idee, was mit diesen Pfropfreisern geschehen war, bis Frankreich schließlich 1944 befreit wurde. Wenige Wochen später erhielt er ein Telegramm, das ihn in helle Aufregung versetzte. Denn in Übersee war die Rose gut gediehen. Aus ihr war nicht nur eine äußerst vielversprechende neue Sorte geworden, sondern sie war schlicht und einfach unglaublich schön – die wohl großartigste Rose, die man in einer amerikanischen Baumschule je zu sehen bekommen hatte. Man beschloss, einen Termin festzulegen, zu dem man das amerikanische Publikum mit ›Peace‹, so der Name der Rose, bekannt machen würde. Darauf ereignete sich eine Reihe von Koinzidenzen, die zum Stoff für Legenden wurden. An dem Tag, an dem man ihren Namen öffentlich bekannt geben wollte, erfolgte die japanische Kapitulation. An dem Tag, als ›Peace‹ die Auszeichnung als beste Rose des Jahres 1945 verliehen wurde, kapitulierte Deutschland. An dem Tag, als sich die ersten Delegierten einfanden, um die Vereinten Nationen zu gründen, wurde jeder von ihnen mit einer solchen Rose begrüßt. Wie sich herausstellte, war dies zugleich der Tag, an dem Deutschland die Papiere unterzeichnete, mit denen es bedingungslos kapitulierte.«

Brett hielt kurz inne. »In der Welt der Rosen weiß über ›Peace‹, die mit Abstand berühmteste Rose der Welt, wirklich jedermann Bescheid. Sie ist millionenfach verkauft worden und hat dem jungen französischen Rosenzüchter namens Francis Meilland ein Vermögen eingebracht. Doch nicht deshalb hat diese Rose für mich etwas derart Mystisches an sich. Meillands Tragik war, dass er so früh starb, im Alter von nur 46 Jahren. Vor seinem Tod suchte er seinen Onkologen auf. Auf dem Tisch in dessen Wartezimmer stand eine mit ›Peace‹-Blüten gefüllte Blumenschale – kaum mehr als ein unbedeutender Zufall, so könnte es scheinen. Aber als er nach Hause kam, erzählte Meilland seinen Angehörigen, neben den Rosen habe er seine Mutter sitzen sehen, die ihn anlächelte. Die Mutter war 20 Jahre zuvor gestorben; und ihr zu Ehren hatte Meilland der Rose in Frankreich einen anderen Namen gegeben: ›Madame Antoine Meilland‹. Wie finden Sie das?«

Es war deutlich, dass diese Geschichte Brett emotional stark berührte. »Was halten Sie denn davon?«, fragte ich ihn.

»Meiner Meinung nach war das vorherbestimmt, die ganze Geschichte. Als sei der erste Samen, den Meilland 1935 gepflanzt hat, dazu auserkoren gewesen, nach dem Krieg zum Symbol für den Weltfrieden zu werden. So haben die Leute es aufgefasst. Und wer könnte ihnen da widersprechen?«

»In gewisser Weise könnte man wohl sagen, dass die offizielle Version der Wirklichkeit ihnen widerspricht«, machte ich geltend. »Eine Reihe von Koinzidenzen ist eben zunächst einmal nichts weiter als genau das.«

»Ich weiß«, meinte Brett. »Man muss naiv oder mit sehr viel Fantasie begabt sein, um auf den Gedanken zu kommen, alles könne derart perfekt zusammenpassen – als hätte jedes einzelne Geschehnis gewusst, dass es Bestandteil dieser einen Geschichte ist. Und so kann es ja wohl nicht gewesen sein, oder?«

Wie man's nimmt. Viele Leute sagen, ohne sich groß etwas dabei zu denken: »Nichts geschieht ohne Grund.« Zugleich sehen sie jedoch keine übergreifende Bestimmung oder Sinngebung in ihrem Leben. Tiere stecken nicht in diesem Dilemma. Beobachtet man sie, so wird klar, wozu sie da sind. Eine hungrige Kuh frisst, eine rollige Katze paart sich. Wozu der Mensch gut ist, wird hingegen kaum je offensichtlich. Wenn man in einem Laden oder einem Kaufhaus dicht gedrängt einen Schwarm von Weihnachtseinkäufern beobachtet, tun im Prinzip alle dasselbe. Das tun sie allerdings nicht unbedingt mit derselben Intention. Manche von ihnen sind von der Festtagsstimmung beseelt und wollen mit den Geschenken ihren Mitmenschen Freude bereiten. Andere folgen einem gesellschaftlichen Ritual. Wieder andere sind schlicht dem Konsum verfallen, im Kaufrausch.

Zu wissen, worin der übergreifende Plan besteht, wäre eine große Hilfe. Ansonsten stehen wir da und beobachten eine Reihe von Individuen, von denen jedes einzelne auf der Suche nach einem Lebenssinn ist, von dem es nur allzu selten einen flüchtigen Eindruck gewinnt.

Die Spielregeln

Den Plan für die Entfaltung des Universums haben wir direkt vor uns, auch wenn wir ihn nicht sehen. Wir sind blind für den Plan, weil *wir* der Plan *sind*. Oder, um es ins Persönliche zu wenden, Sie sind der kosmische Plan – oder der göttliche Plan, falls Ihnen diese Formulierung mehr zusagt. Es gibt keine Regeln außerhalb Ihres Geistes, keine Handlungen außerhalb Ihres Körpers. Wozu Sie sich auch entscheiden, der Plan beugt sich Ihren Absichten und kommt diesen Absichten entsprechend entgegen. Wenn Sie einen neuen Wunsch haben, verändert sich das Universum dahingehend. Ihm bleibt gar keine andere Wahl. Denn gerade hier und gerade jetzt in diesem Moment hat die Schöpfung keinen über Sie hinausgehenden Sinn und Zweck.

Diese Beschreibung klingt nach Übertreibung, ich weiß. Ihr Leben lang haben Sie sich eine Weltsicht zu eigen gemacht, der zufolge Sie einer höheren Macht unterstehen – wenn nicht der Macht Gottes, dann der Macht der Naturkräfte, wenn nicht der Macht von Autoritätspersonen, dann der Macht der menschlichen Natur und ihrer selbstzerstörerischen Impulse. Nichts von alldem trifft zu. Oder, genauer gesagt: Nichts von alldem trifft zu, sobald Sie Ihr wahres Selbst entdecken. Ihre Bestimmung zu entdecken bedeutet also letztlich, dass Sie herausfinden, wer Sie wirklich sind.

Der Ihnen innewohnende, quasi in Sie eingebaute kosmische Plan folgt bestimmten unsichtbaren Leitlinien.

1. *Alles ist bewusst.* In der Schöpfung gibt es keine blinden Flecken. Bewusstsein ist eine Aktivität des gesamten Universums. Das heißt: Was auch immer Sie wahrnehmen, dessen ist durch Sie das gesamte Universum gewahr. Was Sie sehen und tun, verändert den Gesamtplan.

2. *Alles fügt sich zusammen.* Das Universum macht keine halben Sachen. Nichts bleibt übrig. Als ein in sich vollständiges Ganzes sorgt es dafür, dass jedes Teil an seinem Platz bleibt, und es weist ihm diejenige Rolle zu, die ihm notwendigerweise zukommt. Wo etwas nach Zufall aussieht, geht lediglich das eine Muster in ein anderes Muster über.
3. *Die Gesamtstruktur ist selbstorganisierend.* Sie bedarf keiner äußeren Kontrolle. Sobald eine Galaxie, ein Schmetterling, ein Herz oder eine ganze Spezies sich im Umbruch befinden, wissen die damit einhergehenden inneren Prozesse, was zu tun ist.
4. *Die Evolution ist ein Selbstentfaltungsprozess, der sich in sich selbst vollzieht.* Sobald etwas wächst und sich entwickelt, strebt es die höchste Form seiner selbst an: Es ist bestrebt, der beste Stern, Dinosaurier, Farn oder die beste Amöbe zu werden. Hat eine Form sich erschöpft, geht sie in eine neue Form über, die kreativer und interessanter ist.
5. *Freiheit ist das letztendliche Ziel.* Das Spiel gewinnt nicht, wer bis zum Schluss mit dabei ist, sondern wer in dem Moment, in dem das alte Spiel vorüber ist, ein neues Spiel findet. Hier haben wir es nicht mit einer leeren Freiheit zu tun. Nie verlieren Sie den Boden unter den Füßen, geraten ins Schwimmen, in eine haltlose Leere. Vielmehr ist dies die erfüllte Freiheit der niemals ausgehenden Möglichkeiten.

Auf jeder Ebene hält sich die Natur an diese fünf unsichtbaren, nur im Bewusstsein existierenden Leitlinien. Wenn sie Ihnen bisher entgangen sind, liegt das nicht an Gottes Heimlichtuerei. Der Plan ist keineswegs abstrakt. Ganz im Gegenteil – er ist in jede Zelle Ihres Körpers eingebaut. Sie haben die Möglichkeit, dieses Plans gewahr zu werden, sofern Sie sich dazu entschließen. Von dem Moment an gewinnt das Universum ein neues Gesicht.

1. *Alles ist bewusst.* In Einklang mit dieser Wahrheit zu leben bedeutet, dass Sie das Leben in all seinen Formen achten. Sie sind der Überzeugung, Teil eines lebendigen Ganzen zu sein, und Sie handeln wie jemand, der weiß, dass all seine Handlungen zur Entfaltung des Ganzen beitragen. Sie erkennen eine Verwandtschaft mit jedweder Form von Bewusstsein in all seinen Abstufungen, angefangen bei seinen niedersten bis hin zu seinen höchsten Formen.
2. *Alles fügt sich zusammen.* Diese Wahrheit öffnet den Geist für die Einsicht, dass sämtliche Manifestationsformen des Lebens miteinander in Wechselwirkung stehen. Statt in Kategorien der mechanischen Welt zu denken, sehen Sie in jedem Geschehen einen organischen Entfaltungsprozess. Statt das Leben Stück für Stück anzuschauen, öffnet sich Ihr Blick der umfassenderen Sicht, dem Gesamtbild. Ebenso wäre es interessant herauszufinden, wie und warum die Dinge sich zusammenfügen. Gibt es da eine alles überragende Intelligenz, die auf einer kosmischen Ebene denkt? Wenn ja, sind Sie dann ein Gedanke in diesem universalen Geist oder Bestandteil des Gedankenprozesses – oder beides?
3. *Die Gesamtstruktur ist selbstorganisierend.* Hier treffen wir auf eine der faszinierendsten Wahrheiten. Denn sie besagt, dass nichts einen Anfang oder ein Ende hat. Das Universum funktioniert nicht analog zum Kommen und Gehen der Gezeiten von Ebbe und Flut, sondern es entspricht dem gesamten Ozean, der gleichsam ein- und ausatmet und dabei Wellen hervorbringt, die anschließend wieder in das Ganze eingehen. Nicht ein einziges Ge-

schehnis vollzieht sich eigenständig und unabhängig von allem übrigen Geschehen. Getrenntheit sehen wir nur deshalb, weil unsere Perspektive so eng begrenzt ist. Aus einer weiter gefassten Perspektive können Sie erkennen, dass alle Geschehnisse miteinander entstehen.

Stellen Sie sich eine Ameise vor, die Lesen gelernt hat. Nun ist sie zwar die klügste Ameise der Welt, doch immer noch ziemlich winzig. Also liest sie ein Buch, indem sie von Wort zu Wort krabbelt. Aus der Ameisenperspektive scheint die Handlung des Buches völlig linear zu sein. Daher wäre die Ameise verblüfft, würde sie erfahren, dass Sie – ein ungleich viel größeres Geschöpf – das Buch als Ganzes sehen, es aufschlagen und darin blättern können, wo immer es Ihnen beliebt; dass Sie zuerst den Schluss und später das erste Kapitel lesen, dass Sie sich die besten Stellen oder lediglich das, was Sie interessiert, herauspicken können. Zwischen all diesen Optionen zu wählen, dazu sind Sie deshalb in der Lage, weil Linearität bloß *eine* mögliche Herangehensweise an das Buch ist. Für das Leben gilt das Gleiche.

4. *Die Evolution ist ein Selbstentfaltungsprozess, der sich in sich selbst vollzieht.* Sobald Sie sehen, dass lineares Denken lediglich *eine* Option ist – und eine ziemlich willkürlich gewählte dazu –, können Sie die Evolution mit neuen Augen betrachten. Vergegenwärtigen Sie sich jenes Schaubild aus dem Museum, das einen vornübergebeugten Primaten zeigt, der sich in einen Neandertaler verwandelt, dieser dann in einen Höhlenmenschen und der schließlich in einen Homo sapiens; jeder von ihnen größer und mit einer aufrechteren Körperhaltung als sein Vorläufer. Das ist ein perfektes Beispiel für lineares Denken. Dabei wird außer Acht gelassen, dass die treibende Kraft hinter der menschlichen Entwicklung das Gehirn ist

und dieses sich keineswegs linear entwickelt hat – nicht einmal ansatzweise. Vielmehr hat es sich auf eine globale Art und Weise entwickelt: Jedes neue Gehirnareal hat zur Entwicklung des Ganzen beigetragen, jede neue Fertigkeit wurde vom gesamten Gehirn erkannt.

Ein Beispiel: Als unsere Vorfahren erstmals aufrecht standen, beeinflusste das die Bewegungskoordination, das Sehen, den Gleichgewichtssinn, die Blutzirkulation sowie zahlreiche andere Aspekte jenes Körper-Geist-Komplexes, den Sie als den Ihren ansehen. Und der gegenüberstellbare Daumen – ein schulmäßiges Beispiel für eine physische Evolution, die den Menschen von den niederen Primaten unterscheidet – wäre ohne ein Gehirn, das die mit dieser neuen Fähigkeit, den Daumen gegen den Zeigefinger zu drücken, verbundenen unendlichen Möglichkeiten zu erlernen vermag, nicht sonderlich bedeutend. Eine umfassende, alle Register ziehende Antwort des Gehirns war hier notwendig. Erst dadurch konnten sich aus dieser zunächst nur in rudimentären Ansätzen vorhandenen Gabe solche Phänomene wie die bildende Kunst und die Musik, die Landwirtschaft, Werkzeuge, Gebäude und Waffen in all ihren Erscheinungsformen entwickeln. Evolution ist eine alles umfassende Aktivität des Universums.

5. *Freiheit ist das letztendliche Ziel.* Wenn Evolution sich in einer alles umfassenden Art und Weise überall vollzieht, wohin führt sie dann? Jahrhundertelang ist der Mensch davon ausgegangen, der Gipfel von Gottes Schöpfung zu sein, ihr oberstes Ziel. Und ungeachtet unserer schockierenden Herabstufung durch Darwin zu einer Spezies unter vielen sind wir nach wie vor davon überzeugt, eine herausgehobene Stellung einzunehmen. Diese beinhaltet jedoch nicht die Position an der Spitze der Lebensleiter. Vielmehr sind wir jenes eine Wesen, das in der Lage ist

zu erfassen, dass die Schöpfungskraft unendlich ist – unerschöpflich. Die Evolution führt überallhin, in alle Richtungen, sie läuft nicht auf einen Endpunkt zu. Grenzenlose Entfaltung ist das letztendliche Ziel des Universums. Auf eine Kurzformel gebracht: Die Evolution wird zunehmend freier; und totale Freiheit ist ihr letztes Ziel.

Die Naturgesetze geben vor, wie Materieeinheiten – das heißt, wenn ein Atom mit einem anderen zusammenprallt – sich miteinander verbinden, auch wenn sie zugleich unendlich vielfältige Möglichkeiten erlauben. Wir sind in ein dynamisches, freies, schöpferisches und unvorhersehbares Muster eingebettet. Nichts führt uns dies besser vor Augen als jenes Phänomen, das wir »Spiel« nennen. Denken Sie an den Ablauf eines Fußballspiels. Es findet gänzlich im Bewusstsein statt. Menschen haben beschlossen, dass es eine wertvolle Aktivität ist, mit dem Fuß gegen einen Ball zu treten, dabei die Hand aus dem Spiel zu lassen, wohingegen es nicht nur hilfreich sein kann, sondern auch zulässig ist, den Ball hin und wieder auch vom Kopf abprallen zu lassen. Es wurde eine Vielzahl solcher unsichtbaren Regeln entwickelt, die jeder Spieler kennt. Über diese Regeln wird normalerweise nicht gesprochen, solange das Spiel läuft. Regelverstöße werden nichtsdestoweniger sogleich erkannt und geahndet. Das Spielfeld ist durch fest vorgegebene Grenzmarkierungen und einige weitere Linien gekennzeichnet, doch innerhalb der vorgegebenen Linien dürfen die Spieler frei improvisieren. Kein Spiel gleicht genau dem anderen; keine zwei Spieler spielen das Spiel exakt auf die gleiche Art und Weise oder verfügen über gleich großes Talent. Ist das Spiel erst einmal angepfiffen, ergibt sich aus dieser Kombination von festen Regeln und freier Improvisation, wer als Gewinner vom Platz geht. Ungeachtet der festgeschriebenen

Regeln, die den Rahmen vorgeben, ist völlig offen, wie ein Fußballspiel ausgeht, bis es schließlich nach 90 Minuten abgepfiffen wird.

Jedes Spiel führt uns vor Augen, wie das Bewusstsein arbeitet, wenn es sich schöpferisch betätigt. Dieser schöpferische Zustand entspricht dem Daseinsmodus des Universums. Zunächst einmal ist nichts falsch daran, wenn die Verfechter eines sogenannten intelligenten Designs – der Vorstellung, ein allwissender Schöpfer habe alles im Universum so geschaffen, dass es perfekt zusammenpasst – der Schöpfung ehrfürchtig gegenüberstehen. Nur ist dieses intelligente Design nicht intelligent genug. Darin liegt das Problem. Es beschränkt Gott auf *eine* große Idee, die sich nie verändert, während sich in Wirklichkeit das Universum permanent verändert und dabei immer schöpferischer und einfallsreicher wird.

Wenn das gesamte Universum bewusst ist, erklärt das, weshalb nichts zufällig geschieht. Nichtsdestoweniger ist es schwer vorstellbar, ein Stein oder ein Felsbrocken am Wegesrand sei ebenso bewusst, wie Sie oder ich es sind. Aber es gibt eine mögliche Lösung für diesen Einwand. Stellen Sie sich vor, Sie lebten in einem Traum, wüssten das jedoch nicht. In Ihrem Traum sehen Sie andere Menschen, die sich umherbewegen und daher bei Ihnen den Eindruck hervorrufen, sie seien bewusst. Außerdem sehen Sie Tiere, die sich ebenfalls so verhalten, als seien sie bewusst – zum Beispiel sind sie neugierig und können durch entsprechendes Training ein neues Verhalten erlernen. Im Unterschied dazu sind Felsen und Wolken unbelebt, darum gehen Sie davon aus, dass sie nicht bewusst sind. Dann kommt jemand daher und sagt: »Alles ist bewusst. Das muss es sein. Alles, was Sie ringsum sehen, spielt sich im Gehirn eines Menschen ab. Dieser Mensch sind Sie. Sie sind derjenige, der diesen Traum träumt. Und solange dies Ihr Traum ist, hat er teil an Ihrem Bewusstsein.«

Zwischen: »Ich träume« und: »Ich befinde mich in einem Traum« verläuft nur eine hauchdünne Linie. Denn beide Zustände ruft das Gehirn hervor. Warum sollten wir diese Linie nicht überschreiten? In manchen Kulturen bedarf es dazu keiner Aufforderung. Die alten Rishis in Indien haben das Leben mit einem Traum verglichen, weil jede Erfahrung subjektiv ist. Wir erfahren die Welt unweigerlich subjektiv, eine andere Möglichkeit haben wir nicht. Wenn sich also jegliche Erfahrung »hier drinnen« abspielt, macht es absolut Sinn, dass alle Dinge sich zusammenfügen: Wir sorgen dafür, dass sie sich zusammenfügen. Selbst die Vorstellung »Zufall« ist noch ein vom menschlichen Gehirn entwickeltes Konzept. Wenn Fliegen oder Mücken in der Abenddämmerung einen Schwarm bilden, ist an ihrem Treiben rein gar nichts zufällig. Für die Atome in einer interstellaren Staubwolke gilt das Gleiche. Formen und Gestaltungen nehmen wir erst dann wahr, wenn diese unseren vorgeprägten Vorstellungen entsprechen. Für die Natur spielt Derartiges hingegen überhaupt keine Rolle. Betrachtet man sie durch ein Elektronenmikroskop, so sieht jede Zelle Ihres Körpers wie ein wirbelnder Nebel voller Aktivität aus. Aber das ist bloß eine Wahrnehmung. Soweit es die Natur anbelangt, ist jeder Aspekt Ihres Körpers wohlgeordnet und sinnvoll.

Sie stehen also vor einer Entscheidung: Entweder können Sie die Position einnehmen, der zufolge Ordnung nur dort herrscht, wo der Mensch sagt, dass es sie gibt; oder Sie können sich auf den Standpunkt stellen, Ordnung sei überall vorhanden. In beiden Fällen haben Sie lediglich einen Standpunkt eingenommen, nichts weiter. Würden die Menschen auf der Welt zur Hälfte sagen, Gott habe die Schöpfung hervorgebracht und sie gestaltet, während die andere Hälfte erklärte, die Schöpfung sei ein zufälliges Geschehen, würde das Universum immer noch sein, was es ist. Das Bewusstsein würde Ihren Körper, Ihr Gehirn, Ihren Geist und sämtliche Lebewesen durchströmen, ohne den von uns künstlich errichteten Grenzen Beachtung zu schenken. Die Frage eines Entweder-oder stellt sich also nicht in Bezug auf Naturwissenschaft und Religion. Vielmehr stehen wir vor dieser Frage, wenn es darum geht, ob wir an dem kosmischen Plan mitwirken oder nicht. Dabei können wir zwischen einem willkürlichen und einem unwillkürlichen Aspekt unterscheiden. Wie beim Fußball müssen Sie zunächst einmal den Wunsch haben, dabei mitzuspielen. Sobald Sie sich aber dafür entschieden haben, sind Sie mittendrin im Spiel.

Heilung für Sie: Seien Sie mit ganzem Herzen bei der Sache

Es ist wie bei jedem Spiel: Sobald Sie mitspielen, wollen Sie auch gewinnen. Dafür müssen Sie mit ganzem Herzen bei der Sache sein. Die Leitlinien des göttlichen Plans zu kennen verschafft Ihnen dabei einen enormen Vorteil. Denn sie nicht zu kennen ist so, als würden Sie ein Spiel spielen, mit dessen Regeln Sie erst nach und nach vertraut gemacht werden; und zwar immer nur dann, wenn Sie gegen eine Regel verstoßen. Für die meisten Menschen spielt sich ihr Leben in dieser Weise ab: Per Versuch und Irrtum finden sie heraus, wie sie leben können. Andere dagegen greifen auf ein Regelbuch zurück und gehen davon aus, dass die darin vorgefundenen Regeln für jeden gelten und sich auf wirklich alle Wechselfälle des Lebens erstrecken. Die Bibel etwa ist ein derartiges Regelwerk. Aber es gibt noch zahlreiche andere. In Indien belaufen sich solche Ratgebertexte zur Lebensführung (in den sogenannten *Puranas* zusammengefasst) auf Zehntausende Seiten mit minutiösen Beschreibungen selbst der obskursten Lebenssituationen und Verhaltenskombinationen. Letzten Endes hat jedoch noch niemand deshalb ein beispielhaftes Leben geführt, weil er sich an ein vorgegebenes Rezept gehalten hat.

Zwischen den beiden Extremen – sich an keinerlei Regeln halten einerseits, sich starren Regeln unterwerfen andererseits – hat das Universum hinreichend Raum gelassen für dynamische Leitlinien, die den freien Willen nur minimal einschränken. Jede dieser Leitlinien versetzt Sie in die Lage, die Ihrem Leben innewohnenden Möglichkeiten voll und ganz auszuschöpfen – nicht im Sinn eines materiellen Erfolgs, sondern so, dass Sie in möglichst weit reichender und umfassender Weise zu verstehen lernen, wie das Bewusstsein funktioniert.

Leitlinien für eine möglichst erfolgreiche »Spielführung«
- Lassen Sie das Bewusstsein die Arbeit verrichten.
- Stören Sie den Fluss des Lebens nicht.
- Betrachten Sie jeden Menschen als eine Erweiterung oder Fortführung Ihrer selbst.
- Achten Sie auf Veränderungen. Machen Sie klugen Gebrauch von ihnen.
- Holen Sie sich Ihre Information aus jeder verfügbaren Quelle.
- Warten Sie, bis Sie eine klare Intention haben.
- Begreifen Sie, dass nichts persönlich ist – das Universum handelt durch Sie.
- Bitten Sie um nichts Geringeres als Inspiration.
- Betrachten Sie jeden einzelnen Schritt als Bestandteil des Prozesses.

Diese Vorgehensweisen haben eines miteinander gemeinsam: Sie stehen in Einklang mit dem unsichtbaren Plan, der dem Leben eines jeden von uns zugrunde liegt. Da uns aber freigestellt ist, ob wir darauf eingehen, besteht ein scharfer Kontrast zwischen den Menschen, die sich auf den Plan ausrichten, und jenen, die es nicht tun. Diese Aussage möchte ich Ihnen im Folgenden Punkt für Punkt verdeutlichen:

Lassen Sie das Bewusstsein die Arbeit verrichten. Menschen, die sich an diese Leitlinie halten, sind in hohem Maß subjektiv. Ihre Subjektivität ist allerdings nicht flatterhaft und unbeständig, sie überlassen sich nicht jeder flüchtigen Laune. Vielmehr sind sie selbstgewahr. Das heißt, sie wissen, wann sie sich in einer Situation unwohl fühlen, und sie gehen erst dann weiter voran, wenn sie das Gefühl haben, der rechte Moment dafür sei gekommen. Ihr Körper signalisiert ihnen das Vorhandensein von Stress und Anspannung. Und sie nehmen diese Signale ernst. Solche Menschen vertrauen auf sich selbst. Das ist zwar ein vollkommen subjektiver Zustand, nichtsdestoweniger ein überaus kraftvoller. Einem im Ego wurzelnden Selbst zu vertrauen wäre töricht. Wissen Sie hingegen wirklich, wer Sie sind, dann können Sie von der Seelenebene aus sich selbst vertrauen. Auf dieser Ebene ist Bewusstsein nicht einfach nur subjektiv. Vielmehr fließt es durch das Universum, die Seele, den Geist und den Körper. Das Bewusstsein die Arbeit erledigen zu lassen bedeutet, dass Sie sich einem Organisationsprinzip unterwerfen, das umfassender ist als Sie selbst – umfassend genug, um jegliche Realität zusammenzuhalten.

Stören Sie den Fluss des Lebens nicht. Eine tiefgründige buddhistische Lehre spricht von einem großen Fluss, der jedwede Wirklichkeit durchströmt. Sobald Sie zu sich selbst gefunden haben, besteht kein Grund mehr zu handeln. Denn der Fluss erfasst Sie und trägt Sie von da an für immer mit sich. Mit anderen Worten: Eine von der persönlichen Ebene ausgehende Anstrengung – jene Art von Anstrengung, die wir alle gewöhnlich im Alltag unternehmen – wird von einem bestimmten Punkt an gegenstandslos. Das schließt geistige Anstrengung mit ein. Sobald Sie selbstgewahr sind, ist für Sie klar, dass der Lebensfluss weder der Analyse noch der Kontrolle bedarf: Er ist nichts anderes als Sie. Tatsächlich hat es nämlich nur den Anschein, als würden Sie von dem großen Fluss erfasst. In Wahrheit haben Sie sich selbst erfasst – nicht als isolierte Person, sondern als ein Phänomen des Kosmos. Den Lauf des Flusses zu beeinflussen und ihn zu verändern ist nicht Ihre Aufgabe. Also können und dürfen Sie sich einfach an der Flussfahrt erfreuen und den Ausblick auf die Landschaft genießen.

Die Verantwortung für Dinge aufzugeben, für die Sie gar nicht verantwortlich sind, bedeutet zugleich: Sie machen sich von dem Drang frei, Kontrolle auszuüben, sich zu rechtfertigen und zu verteidigen, sich zu schützen und sich gegen Risiken abzusichern. Im gleichen Maß, in dem Sie sich von diesem Drang lösen können, werden Sie den Lauf der Dinge, ihren freien Fluss, nicht mehr stören. In dem Maß, in dem Sie anhaften, wird das Leben Ihnen unentwegt neue Dinge aufbürden, die es zu kontrollieren gilt und gegen die Sie sich verteidigen müssen. Überall werden Risiken lauern. Das bedeutet nicht, dass das Schicksal sich gegen Sie stellt, sondern Sie sehen lediglich die Spiegelbilder Ihrer tiefsten Überzeugungen, während das Bewusstsein jenes Drama entfaltet, dessen Grundrisse Sie zuvor im Geist skizziert haben. Die Wirklichkeit zu entfalten ist Sache des Universums. Ihre Aufgabe ist es lediglich, den Samen dafür zu säen.

Betrachten Sie jeden Menschen als eine Erweiterung oder Fortführung Ihrer selbst. Menschen, die sich auf den spirituellen Weg begeben, erleben vielfach, dass sie missverstanden werden. Ihnen wird (wenn auch häufig nur unter der Hand bzw. hinter ihrem Rücken) vorgeworfen, sie seien selbstbezogen geworden. Damit will man ihnen sagen: »Hier dreht sich nicht alles nur um dich.« Sofern mit »du« bzw. »dich« das isolierte Ego gemeint ist, trifft diese Aussage sicherlich zu. Auf der Ebene der Seele ändert sich allerdings das Selbst. Es streift seine Begrenztheit ab und verbindet sich mit dem Fluss des Lebens, ja, es wird eins mit ihm. Auf dem spirituellen Weg beginnen Sie den Fluss zu spüren, ihn wahrzunehmen, und Sie fließen bereitwillig mit. Dann – und nur dann – ist jeder andere eine Erweiterung Ihrer selbst. Woran erkennen Sie, dass Sie diesen Punkt erreicht haben? Erstens haben Sie keine Feinde mehr. Zweitens spüren Sie den Schmerz eines anderen wie Ihren eigenen Schmerz. Drittens stellen Sie fest, dass Sympathie füreinander alle Menschen verbindet.

Indem Sie diese Dinge bewusst wahrnehmen, wandelt sich die Wirklichkeit für Sie. Sie beziehen Ihr neues Zuhause in der unendlichen Landschaft des Geistes. Aber auch schon bevor diese Prozesse Früchte tragen, sind Sie mit jedem anderen Menschen verbunden. Nichts hält Sie davon ab, diese Wahrheit zu leben. Nach wie vor bleiben die persönlichen Unterschiede bestehen. Die Veränderung betrifft das Eigeninteresse. Statt um »mich« geht es nun in zunehmendem Maß um »uns«, das kollektive, alle miteinander verbindende Bewusstsein. Ganz praktisch bedeutet das ein Streben nach Übereinstimmung, Konsens und Aussöhnung. Wenn man im Fluss lebt, hat man hauptsächlich diese Ziele.

Achten Sie auf Veränderungen. Machen Sie klugen Gebrauch von ihnen. Sie können die Vergänglichkeit des Lebens zu Ihrem Vorteil nutzen. Die meisten Menschen haben Angst vor Veränderung. Andere lassen sie an sich vorübergehen. Wollen wir den Wandel schöpferisch nutzen, so helfen uns derartige Einstellungen nicht weiter. Als Lebensstrategie taugt dann nur dasjenige, in dem sich dynamisches Wachstum verkörpert. Veränderung als solche ist neutral, da auf jede konstruktive eine destruktive Veränderung kommt. Im *Prinzip* des Wandels liegt der Schlüssel. Denn dieses Prinzip hat unausweichliche Konsequenzen für uns: Mit dem Fluss des Lebens mitzufließen verhilft uns zu Wachstum und Schöpferkraft; jeder Versuch, die Geschehnisse und Erinnerungen, die Freuden und Inspirationen zu bewahren, sie wie ein Standbild festzuhalten, sie gleichsam einzufrieren, führt hingegen zu Stillstand, Stagnation. Die inspirierendsten und vergnüglichsten Momente im Leben scheinen geradezu darum zu betteln, dass wir sie bewahren und festhalten. Doch dieser Versuchung sollten Sie unbedingt widerstehen. Denn in dem Augenblick, in dem Sie versuchen, ein Erlebnis festzuhalten, verliert es ebenjene Lebendigkeit, die gerade seine Besonderheit ausgemacht hat.

Nutzen Sie das Prinzip des Wandels so, dass Ihr Leben frisch und wandlungsfähig bleibt. Eine Grundeinstellung, die davon ausgeht, dass der Fluss des Lebens sich unablässig selbst erneuert, hilft Ihnen, der Stagnation zu entgehen und keine Angst vor der Zukunft zu haben. Menschliche Zukunftsangst rührt in erster Linie von der nagenden Besorgnis her, das Beste könne bereits vorüber sein oder eine einzige verpasste Gelegenheit könne über alles andere entscheiden. »Die eine Chance, die ich mir habe entgehen lassen« ist ein immer wiederkehrendes Thema unerfüllt gebliebener Liebe und ebenso der Grundtenor gescheiterter Karrieren, fallen gelassener Projekte und enttäuschter Hoffnungen. In Wahrheit jedoch beinhaltet die eine Chance, die ich mir habe entgehen lassen, nichts weiter als das Anhaften an einer fixen Idee. Der Erfolg jedes schöpferisch tätigen

Menschen gründet in seinem Vertrauen auf den kontinuierlichen Inspirationsfluss. Je mehr Sie schaffen, umso mehr drängt danach, sich schöpferisch auszudrücken. Eine Dokumentation über einen berühmten Dirigenten, der kurz vor seinem 80. Geburtstag stand, erreichte ihren bewegendsten Moment, als dieser abschließend feststellte: »Ich habe eigentlich gar nicht den Wunsch, noch viele weitere Jahre zu leben – es sei denn, weil mir gegenwärtig klar wird, dass ich gerade eben erst beginne, all das, was ich sagen will, durch meine Musik auszusprechen.«

Holen Sie sich Ihre Information aus jeder verfügbaren Quelle. Das Universum ist multidimensional. Wenn wir vom Fluss des Lebens sprechen, handelt es sich um einen multidimensionalen Fluss. Stellen Sie sich nicht einen einzigen mächtigen Strom vor, der dem Meer entgegenrauscht, sondern hundert kleine Flüsschen, die sich miteinander verbinden, vermischen und ihren jeweils einzigartigen und unverwechselbaren Beitrag zum Ganzen leisten. Um möglichst viel aus Ihrem Leben zu machen, müssen Sie sich bewusst sein, dass schlicht und einfach alles zu seinem Gelingen beitragen kann. Inspiration kommt aus sämtlichen Richtungen, von innen wie von außen. Sie brauchen empfangsbereite Antennen, damit Sie spüren, dass die Seele unablässig mit Ihnen kommuniziert. Dieser Kommunikationsprozess gleicht nicht dem Versuch, unter 100 Kabel-TV-Kanälen stets das eine Programm zu finden, das Sie interessiert. Vielmehr gilt es unter dem Ansturm von Sinneseindrücken, mit denen das Gehirn tagtäglich bombardiert wird, diejenigen zu finden, die wirklich für Sie bestimmt sind – die allein für Sie eine persönliche Bedeutung tragen.

In der indischen Überlieferung heißt es, Gott verbringe ebenso viel Zeit damit, sich zu verbergen, wie mit seiner Offenbarung. Das verweist uns auf eine Alltagswahrheit. Ihr nächster Ansporn schlummert so lange unbemerkt vor sich hin, bis Sie ihn erwecken. Die Zukunft ist ein Versteck, das wir als das Unbekannte bezeichnen. Das uns Bekannte, das Hier und Jetzt, kommt allerdings nirgendwoanders her als genau von dort, aus dem Unbekannten. Jene Intuition, die besagt: »Da draußen erwartet mich etwas«, trifft voll und ganz zu. Sie stehen am Dreh- und Angelpunkt zwischen dem Unbekannten und dem Bekannten. Ihre Aufgabe ist es, ins Dunkle, ins Unbekannte zu greifen und dort die nächste für Sie wichtige Sache hervorzuholen.

Manche Menschen umgehen diese Herausforderung, indem sie immer wieder das Gleiche tun. Allerdings sind sie sich nicht darüber im Klaren, dass das Unbekannte nie wirklich unsichtbar ist. Ihre Seele sieht voraus, was Sie benötigen. Daher gibt sie Ihnen Hinweise und legt am Wegesrand Fährten für Sie aus. Auf diese subtile Weise gibt die Seele Ihnen Führung. Das Nutz- und Sinnlose, das Irreführende und die absehbaren Fehlschläge sortiert sie aus. Sofern Sie sich mit wachem Geist einstimmen, werden Sie bei dem, was Sie als Nächstes tun sollten, eine vibrierende Qualität verspüren – es fühlt sich richtig an, verlockend, verführerisch, erfreulich, weckt Ihre Neugierde, fasziniert und fordert heraus. Offen zu sein für diese subjektiven Gefühle befähigt Sie, die von Ihrer Seele gegebenen Hinweise aufzugreifen. Dunkel sieht das Unbekannte nur für diejenigen aus, die sein fast unmerkliches Glühen nicht wahrnehmen.

Warten Sie, bis Sie eine klare Intention haben. Zahllose Menschen suchen am falschen Ort nach Motivation. Sie sind bestrebt, ihre Energie zu erhöhen und ihre Tatkraft zu steigern. Für sie soll es sich gleich so richtig lohnen. Sie liegen auf der Lauer für die ganz große blitzartige Eingebung, damit ihnen die nächste bahnbrechende Erfindung oder die absolut zündende Geschäftsidee in den Sinn kommt. Die wirkliche Inspirationsquelle ist nichts von alldem. Motivation, jene Art von Motivation, die aufkeimende Ideen mit Energie und Leidenschaft fruchtbar werden lässt, erwächst aus einer klaren Intention. Mit unerschütterlicher Überzeugung genau zu wissen, was Sie tun wollen, ist der zündende Funke, der alles andere entstehen lässt – die großen Ideen und deren Ertrag inbegriffen. Verwirrung und Unsicherheit unterteilen den Fluss des Lebens in voneinander getrennte, kümmerliche Kanäle. Da eine klare Intention sich nicht erzwingen lässt, wird sie vielen Menschen niemals zuteil. Dann erstreckt sich ihr persönliches Engagement, immer nur ein Stück weit, auf ein halbes Dutzend Lebensbereiche. Zu einer klaren Intention zu finden ist jedoch überhaupt kein geheimnisvoller Vorgang. Man muss einfach nur abwarten können.

Abwarten ist kein passives Geschehen, auch wenn es so aussehen mag. Zum richtigen Abwarten gehört Unterscheidungsvermögen: Sie klären innerlich, was sich richtig anfühlt und was nicht. Sie lassen zu, dass diffuse Fantasien und idealistische Pläne tun, was sie wollen – diejenigen, die zu nichts führen, verschwinden nach einer Weile von der Bildfläche. Währenddessen achten Sie einfach darauf, wo ein Funke ist, der nicht verlöschen will. Noch vieles andere kommt mit ins Spiel: banges Suchen, quälende Selbstzweifel, die Verlockung hoch gesteckter Ambitionen, völlig abgehobene Höhenflüge. Zu guter Letzt wird sich jedoch eine klare Intention herauskristallisieren. Und sobald das geschieht, werden die in Ihrer Seele beheimateten unsichtbaren Kräfte Ihnen hilfreich zur Seite stehen. Viele Menschen empfinden es als derart erschöpfend, auf eine klare Intention zu warten, dass sie nur wenige Male den Versuch unternehmen. Gewöhnlich tun sie das in jenen von Ungewissheit geprägten Jahren, in denen junge Erwachsene sich entscheiden, welche Berufslaufbahn sie einschlagen wollen. Ohne recht zu wissen, wo es langgehen soll, und mit dem Gefühl, unter Druck zu stehen, machen sie sich auf die Suche. Dabei erleben sie, wie sie von stärker motivierten Altersgenossen auf dem Arbeitsmarkt überflügelt werden.

Im Nachhinein zeigt sich dann oft, dass all diejenigen gut beraten waren, die sich mit der Entscheidung so lange Zeit gelassen haben, bis sich eine klare Intention herausgeschält hatte. Ungeachtet aller Anspannung, der Gruppenzwänge und des Zweifels waren sie innerlich stark genug, darauf zu vertrauen, dass »da draußen etwas auf sie wartete«. Oder hier drinnen. Beides läuft letztlich auf dasselbe hinaus: auf ein verborgenes Potenzial, das behutsam freigelegt und aus dem verwickelten Geflecht der Seele hervorgeholt werden will. Das Beste, was Sie tun können, ist, diesen Prozess so oft wie möglich zu durchlaufen. Mag auch dichter Nebel Ihre Seele verschleiern: Sofern Sie das wollen, wird er sich lichten – egal, wie viel Zeit der Prozess in Anspruch nimmt.

Begreifen Sie, dass nichts persönlich ist – das Universum handelt durch Sie. Es mag seltsam für Sie klingen, dass Sie Ihr Leben nicht persönlich nehmen sollen. Was könnte denn wohl persönlicher sein? Doch der Plan des Universums besteht ausschließlich aus unpersönlichen Kräften. Sie gelten ohne Unterschied für jedes Objekt und jedes Ereignis. Weder sind sie zu Ihren Gunsten noch zu Ihren Ungunsten ausgerichtet, nicht anders als das Gesetz der Schwerkraft. Zu Ihrer Seele zu finden bedeutet dasselbe, wie zu Ihrem unpersönlichen Selbst zu finden. Denn die Seele hat unmittelbar Zugang zu jenen unsichtbaren Kräften, die für die Aufrechterhaltung der kosmischen Ordnung sorgen. Intelligenz ist ebenso unpersönlich wie Schöpfungskraft und Evolution. Nur in Ihrem tiefsten Gewahrsein sind sie zu entdecken. Um vollen Nutzen aus ihnen ziehen zu können, sollten Sie das Leben als eine Schule betrachten und das Bewusstsein als den dazugehörigen Lehrplan.

Das Ego nimmt alles persönlich, worin ein großes Hindernis liegt: Diese oder jene Erfahrung mache »ich«. Der Buddhismus wendet viel Zeit dafür auf, jene Vorstellung aufzulösen, der zufolge das »Ich« einen Anspruch auf die Erfahrung erheben kann. Vielmehr, so der Buddha, entfaltet die Erfahrung sich von allein. Und Sie als die/der Erfahrende sind lediglich der Kanal, den die Erfahrung durchläuft. So gelangen wir zu Formulierungen wie: »Das Denken denkt sich selbst.« Es kann einen schon verblüffen, wenn man die Vielschichtigkeit solch schlichter Aussagen entdeckt wie: »Sein ist.« Oder: »Der Tänzer ist der Tanz.«

Der entscheidende Punkt dabei ist jedoch von großer praktischer Bedeutung: Je weniger persönlich Sie das Leben nehmen, desto leichter kann es durch Sie hindurchfließen. Ein klein wenig festzuhalten kann funktionieren. Sich festzukrallen funktioniert auf keinen Fall. Ebenso wenig hilft die Annahme weiter, dass jede Erfahrung Sie entweder aufbaut oder Ihnen Abbruch tut, entweder zuträglich oder abträglich für Sie ist. Der Fluss des Lebens unterteilt sich nicht in ein Plus- und ein Minus-Segment. Alles hat einen ihm eigenen Wert, der sich in Energie, Schöpfungskraft, Intelligenz und Liebe bemisst. Um Einblick in diese Werte zu gewinnen, muss die oder der Betreffende aufhören zu fragen: »Welchen Vorteil bringt mir das?«, und stattdessen Augenzeuge eines Geschehens werden, das ihn/sie in all seinen Facetten fasziniert.

Bitten Sie um nichts Geringeres als Inspiration. Der Alltag kann sich geradezu unerträglich stumpfsinnig gestalten. Um Eintönigkeit und Langeweile zu überwinden, können Sie eine möglichst große Interessenvielfalt entwickeln. Unter Umständen stellen Sie aber am Ende fest, dass all Ihr Tun ziemlich oberflächlich bleibt. Denn nur aufgrund von Oberflächlichkeit und Seichtigkeit kommt uns das Leben stumpfsinnig vor. In den tieferen Schichten steckt jede Erfahrung voller Lebenskraft. Das heißt, Sie spüren den Pulsschlag des Lebens, wie auch immer Ihr Leben an der Oberfläche aussehen mag. In einigen spirituellen Überlieferungen ist es ein oberstes Ziel, die Routineabläufe des Alltags quicklebendig zu machen. Dem liegt der Gedanke zugrunde, dass man auch in Momenten, in denen man Wasser trägt oder Holz hackt, mit dem Universum in Tuchfühlung bleiben kann. Ich empfinde diesen Überlieferungen gegenüber großen Respekt. Mitunter vermisse ich allerdings die pulsierendste Qualität, die das Leben zu bieten hat: Inspiration. Es schränkt die Seele ein, wenn man sich von ihr wünscht, Licht in die Routineverrichtungen des Alltags zu bringen. Warum soll sie nicht herausragende Leistungen mit Licht erfüllen?

Bewusstsein ist wertneutral. Es kann hässliche, trübe und träge Ausprägungen annehmen, sofern Ihre Intention in die entsprechende Richtung geht. Es gleicht der Palette eines Malers: Ungeachtet all ihrer Farbenvielfalt bietet sie keinerlei Gewähr, dass aus den Farben auch schöne Bilder entstehen. Ebenso zeichnet sich das Bewusstsein durch Lebendigkeit, schöpferische Genialität und Faszinationskraft aus. Doch auch für einen selbstgewahren Menschen ergibt sich daraus nicht automatisch ein Leben, das diese Qualitäten widerspiegelt. Das Bewusstsein muss mithilfe von Intention gestaltet werden. Darum ist es so unerlässlich, um Inspiration zu bitten. Geben Sie sich mit nichts Geringerem zufrieden. An anderer Stelle habe ich bereits angesprochen, dass Ihre Seele entlang des Weges Fingerzeige hinterlässt, Hinweise auf die nächste Sache, die Sie anspornen wird. Um präziser zu sein: Wie diese Hinweise beschaffen sind, hängt davon ab, wohin Sie gehen und woher Sie kommen. Falls Sie einen Weg der geringen Erwartung beschreiten, wird die nächste Sache, die Sie vorfinden, diese geringen Erwartungen bestätigen.

Ihre Seele schmiedet keine Pläne und verfolgt keine Absichten. Sie ist nicht darauf aus, Sie so gut zu machen, wie Sie es nur sein können, sondern darauf, das Potenzial zu verwirklichen, das Sie in sich entdecken. Anders ausgedrückt, Ihre Seele und Sie sind Kooperationspartner in einem Gemeinschaftsunternehmen: Die Anfrage, der Auftrag, kommt von Ihnen und die Seele liefert. Und was sie Ihnen liefert, gibt den Anstoß zu Ihrer nächsten Anfrage. Da es nur selten vorkommt, dass wir jeder sich bietenden Gelegenheit mit einer klaren Intention begegnen, fragen wir die Seele häufig nach Dingen, die unausgereift, verworren und voller Widersprüche sind. Wenn wir das tun, beliefert die Seele uns mit Möglichkeiten, die keineswegs ideal sind. Dann wissen wir nicht recht, was wir eigentlich damit anfangen sollen, oder folgen der falschen Fährte. Um zu vermeiden, dass so etwas geschieht, sollten Sie um Inspiration bitten. Mit anderen Worten: Behalten Sie jederzeit Ihre Leitvorstellung im Sinn. Versuchen Sie, jeder Situation das im Sinn dieser Leitvorstellung Bestmögliche abzugewinnen.

Wie immer ist diese Strategie rein subjektiv. Alles spielt sich in Ihnen ab. Doch nur die stetige Orientierung an Ihrer Leitvorstellung versetzt Sie in die Lage, sich auf das Potenzial auszurichten, das Sie in diesem Leben zum Ausdruck bringen können. Das Beste, was Sie sein können, läuft auf eine Serie von Entscheidungen hinaus, bei denen Sie sich nie mit weniger als dem Bestmöglichen zufriedengeben – ein ums andere Mal. Hier sprechen wir, wohlgemerkt, nicht über einen Einkaufsbummel. Es geht nicht um die bestmögliche Geliebte oder den bestmöglichen Liebhaber, das beste Auto, das beste Haus, den besten Job. Vielmehr begnügen

Sie sich mit nicht weniger als der besten Idee, Motivation, Absicht, Lösung oder Zielsetzung. Und Sie beschließen, nötigenfalls zu warten, bis eine bessere kommt, und darauf zu vertrauen, dass Ihre Seele sie Ihnen liefern wird.

Betrachten Sie jeden Schritt als Bestandteil des Prozesses. Wenn manche Menschen sagen: »Das ist alles Bestandteil des Prozesses«, hört man unschwer einen Anflug von Resignation heraus: als erfordere das Leben zwar Zeit und Geduld, aber wenn man den schwierigen Umständen nur lange genug standhalte, komme der Prozess zu guter Letzt dann doch so richtig in Gang. Das klingt, als gleiche der Prozess den langsam mahlenden und nur mühsam in Gang kommenden Mühlen der Bürokratie oder einem Fließband, das ganz mechanisch Ergebnisse produziert. Der Prozess, über den wir hier gesprochen haben, ist jedoch ganz und gar nicht von dieser Art, sondern dynamisch, unvorhersehbar, faszinierend, jedes Mal neu und anders. Sich voll und ganz auf diesen Prozess einzulassen bringt Freude und Erfüllung. Die großen spirituellen Leitfiguren, jene Menschen also, die das Leben aus der metaphysischen Warte betrachten, erklären häufig, dass der Prozess sich selbst aufrechterhält. Ein bekannter indischer Guru wurde einmal gefragt: »Ist meine persönliche Entfaltung etwas, was ich bewirke, oder etwas, was mir widerfährt?« Seine Antwort: »Beides. Falls wir uns jedoch auf eine der beide Möglichkeiten festlegen müssen, dann ist es etwas, was Ihnen widerfährt.«

Trotz alledem vermittelt der spirituelle Weg uns keineswegs das Gefühl, dass alles wie von selbst läuft. Hier und jetzt, mehr aus der Ameisensicht als aus jener des Adlers betrachtet, verlangt das Leben von uns, dass wir unseren Teil dazu beitragen: Jeder Minute Ihre ungeteilte Aufmerksamkeit zu schenken, darauf kommt es an. Unentwegt tauchen neue Herausforderungen auf, die nicht ignoriert werden dürfen. Nur allzu leicht verfällt man daraufhin in eine Sichtweise, aus der das Leben wie eine Abfolge von Momenten erscheint, von Schritten, die einen entweder voranbringen oder zurückwerfen. Genau auf diese Weise nehmen die meisten Menschen am Leben teil – indem sie »von Tag zu Tag leben«, wie es in der Redewendung heißt. Diese Sichtweise würde es allerdings mit sich bringen, dass wir lediglich überleben, statt wahrhaft zu leben. Sie würde die Ganzheitlichkeit des Lebens leugnen und wenn ihm diese genommen wird, können Sie unmöglich von ganzem Herzen bei der Sache sein. Natürlich werden Sie sich bereitwillig mit jeweils einer Scheibe Brot zufriedengeben, wenn Sie nicht wissen, dass Sie den ganzen Laib haben könnten.

Notgedrungen sprechen wir in Metaphern, weil der Daseinsprozess von Geheimnissen umgeben ist. Vollzieht sich dieser Prozess gerade jetzt, während Sie Ihr Auto volltanken, Ihrem Baby die Windel wechseln oder beim Zahnarzt im Behandlungsstuhl sitzen? Wird er an einem Tag, den Sie sich vorher im Kalender anstreichen können, auf ein grandioses Finale hinauslaufen? Unweigerlich kommt es zur Vermischung des Sichtbaren mit dem Unsichtbaren, des Erhabenen mit dem, was uns zu schaffen macht. Die einzig brauchbare Einstellung dazu lautet: »So ist es.« Dabei kann »es« manchmal auf so gut wie nichts hinauslaufen und Sie können kaum erwarten, bis es vorbei ist. Manchmal fühlt »es« sich so an, als habe der Himmel sich aufgetan, und Sie können nur hoffen, es möge für immer andauern. Doch »es« gleicht einem Vogel im Flug: Man wird seiner niemals habhaft. Das Wunderbare daran: Die größten Schöpfungen wie zum Beispiel das menschliche Gehirn sind entstanden, indem man den Vogel verfolgt hat. Wir weben uns hinein in ein Erfahrungsgeflecht, das im Lauf der Zeit immer komplexer wird. Nichtsdestoweniger ist jeder Faden nichts weiter als der Anflug eines Gedankens, Wunsches oder Gefühls. Jeder gelebte Augenblick fügt dem Gewebe eine weitere Masche hinzu. Und auch wenn Sie sich nicht vorstellen können, wie am Ende das Muster aussehen wird, hilft es zu wissen, dass es sich um einen goldenen Faden handelt.

Zehn Schritte zur Ganzheit

Versprechungen, die Sie halten können

Ganzheit erwächst aus der Verbindung von Körper, Geist und Seele. Im Zustand der Ganzheit sind Sie mit sich selbst nicht länger uneins. Daher erweisen sich im Zustand der Ganzheit getroffene Entscheidungen auf jeder Ebene als hilfreich. Sind Sie sich erst einmal darüber im Klaren, wie die Seele ihr Werk verrichtet, aus welchem Grund sollten Sie dann noch in eine andere Lebensweise zurückverfallen, statt Ihr Leben von der Ebene der Seele aus zu führen?

Ohne die Seele zu leben ist Ihnen andererseits ebenfalls leichtgefallen. Schließlich können Sie ja ignorieren, dass Sie mit sich selbst uneins sind. Dann geht das Leben eben weiter, ohne dass Sie eine Lösung dieser Frage herbeiführen. Fehlentscheidungen bringen zwar Schmerz und Leid über Ihr Leben, doch als Menschen können wir lernen, uns damit abzufinden. Anders ausgedrückt: Aus Gewohnheit, aus Trägheit und aufgrund von alten Konditionierungen, die wir nur schwer zu durchbrechen und abzulegen vermögen, können wir »leicht«, auch ohne die Erfahrung von Ganzheit weiterleben. (Bei der Gelegenheit kommt mir mein erster Meditationslehrer in den Sinn: Sofern ich nicht entschlossen sei, regelmäßig jeden Tag zu praktizieren, bräuchte ich erst gar nicht damit anzufangen, meinte er zu mir. »Wie viele Jahre es bis zur Erleuchtung dauert, vermag ich nicht zu sagen. Aber um alles hinzuschmeißen, braucht man nur einen einzigen Tag. Das weiß ich.«)

Schon jetzt in Ganzheit zu leben, bevor Sie diese vollständig verwirklicht haben, darauf kommt es an. Das wiederum erfordert eine Lebensführung, die Ihre Leitvorstellung quicklebendig erhält. Heutzutage bezeichnet man inzwischen derart unterschiedliche Phänomene als »ganzheitlich« oder »holistisch«, wie zum Beispiel Bio-Lebensmittel, eine zur Verhinderung bzw. Verringerung des Treibhauseffekts vorgenommene Reduzierung von Kohlendioxid-Emissionen, Maßnahmen zur Gesundheitsprophylaxe oder das Vertrauen in die Wirksamkeit von Alternativmedizin. Lauter gute Entwicklungen, gewiss, und sie zeugen von einer wachsenden Bewusstheit, wie man sie sich in früheren Generationen kaum hätte träumen lassen. Andererseits bieten diese Dinge beileibe keine Gewähr, dass Sie tatsächlich auf dem spirituellen Weg weiter vorangehen. Eine wirklich ganzheitliche, eine wahrhaft holistische Lebensführung sollte all das nähren und tragen, was Sie mit Ihrer Seele verbindet; auch und gerade wenn diese Bindungen noch zart und brüchig sein sollten.

Spirituelle Lehrer haben mit diesem Problem seit Jahrhunderten gerungen und sich gefragt, wie sie wohl die Kluft zwischen der alten und der neuen Lebensweise überbrücken könnten. Zu lehren und zu predigen reicht dafür nicht aus. Selbst mit gutem Beispiel voranzugehen genügt ebenso wenig. Dessen ungeachtet war es vielen Menschen dennoch möglich, den Übergang zum Licht zu vollziehen. (Solche Menschen kann man als Heilige bezeichnen, als Yogis, Bodhisattvas oder einfach als inspirierende Vorbilder.) Die Betreffenden haben etwas ganz und gar Reales erreicht. Wenn wir die wesentlichen Merkmale ihrer jeweiligen Lebensgeschichte zusammenfassen, kristallisiert sich ein Lebensstil heraus, der Sie und mich in diesen Zeiten des Übergangs weiterbringt. Sichtbar wird dabei ein schlichter Lebensstil, an dem man sich orientieren kann, ohne dass jemand anderes überhaupt davon zu wissen oder solch eine persönliche Umorientierung gutzuheißen braucht. Diesen Lebensstil habe ich in ebenso schlichte und einfache Schritte aufgegliedert.

Zehn Schritte zur Ganzheit
1. Nähren Sie Ihren »Lichtkörper«.
2. Bewirken Sie einen Wandel von Entropie zu Evolution.
3. Streben Sie nach einem tiefer gehenden Gewahrsein.
4. Legen Sie eine großzügige Geisteshaltung an den Tag.
5. Stellen Sie nicht den Konsum, sondern die zwischenmenschlichen Beziehungen in den Mittelpunkt.
6. Pflegen Sie einen bewussten Umgang mit dem Körper.
7. Heißen Sie täglich eine neue Welt willkommen.
8. Überlassen Sie dem Zeitlosen die Verantwortung für die Zeit.
9. Erspüren Sie die Welt, statt den Versuch zu unternehmen, sie zu verstehen.
10. Begeben Sie sich auf die Suche nach Ihrem persönlichen Geheimnis.

Jeden dieser Schritte vollziehen Sie im Gewahrsein. Für mich haben sie aus einem ganz bestimmten Grund besonders große Bedeutung: Diese Schritte sind die Frucht meines persönlichen Entwicklungsweges. Während meiner Kindheit in Indien habe ich gelernt, dass sich mein Geschick im Spannungsfeld zweier Kräfte entfaltet: und zwar im Spannungsfeld zwischen *Vidya*, oder Weisheit, und *Avidya*, der Unwissenheit. Die Entscheidung, vor die wir uns hier gestellt sehen – übrigens eine Entscheidung, die bereits auf eine mehrtausendjährige Vorgeschichte zurückblickt –, wurde mir damals in höchst anschaulichen Worten vermittelt. Das ermöglichte es auch einem kleinen Jungen zu verstehen, worum es hier ging.

Die Zeit, in der ich zur Welt gekommen bin, war in Indien eine Zeit des Aufruhrs. Damals musste sich das Land mit unheilvollen Dingen aller Art auseinandersetzen, angefangen bei Straßenkrawallen zwischen Hindus und Moslems bis hin zu massiver sozialer Ungleichheit und Ungerechtigkeit, in deren Folge Millionen Menschen von Hungersnot und vom Hungertod bedroht waren. Was konnte uns retten? Weder der Glaube an Gott war dazu geeignet noch groß aufgelegte Sozialprogramme, so hilfreich beides auch sein mag.

Welches Leben ein Mensch führt, so hat man mir beigebracht, ergibt sich aus den Werten, an denen das Gewahrsein der oder des Betreffenden sich orientiert. Geht man den Weg des Lichts oder den Weg der Finsternis? Als ich acht Jahre alt war, wusste ich, welchen Weg ich einschlagen würde: Glück, Erfolg, Wohlstand und Wohlergehen würden mir zuteil werden, sofern ich nur mein Leben auf das Licht, auf *Vidya*, ausrichtete.

Jahre später, als mir eine derartige Arglosigkeit und Treuherzigkeit abhandengekommen war, gewann ich den Eindruck, diese Verheißung bleibe irgendwie unerfüllt, ähnlich wie die in Benjamin Franklins Ausspruch anklingenden Verheißungen: »Geh früh zu Bett und komm früh wieder raus, das bringt Nutzen für Geist, Körper und Haus.«[10] Als wirkungsvoller erwies sich da schon die Angst vor einem Leben in *Avidya*, das Krankheit, Armut und Schande über uns bringen würde. Zum Glück wurde mir dieses bedrohliche Szenarium keineswegs in ähnlicher Weise eingetrichtert, wie man vielfach Kindern warnend vor Augen hält, sobald sie von dem schmalen Pfad abwichen, der zu Gott führt, werde der Teufel sie erwarten. Nichtsdestoweniger bin in fast vierzig Jahren zwischen den beiden Polen Weisheit und Unwissenheit hin und her geschlingert. Welch eine Kluft sich zwischen Leitvorstellung und Wirklichkeit auftun kann, ist mir, wie Sie sehen, aus erster Hand bestens bekannt.

Nun komme ich also, mittlerweile davon überzeugt, dass die Selbsttransformation die alles entscheidende Rolle spielt, auf diese Kluft zurück. Den meisten Menschen ist sehr wohl bewusst, was ihnen eigentlich guttäte. Mit der Entwicklung guter Vorsätze und dem sich selbst gegenüber abgegebenen Versprechen, sich an die Vorsätze zu halten (»Nie werde ich schwindeln, nie werde ich betrügen.« Oder: »Ich werde nicht zulassen, dass meine Ehe einen unglücklichen Verlauf nimmt und mit der Scheidung endet.« Oder: »Nie werde ich, nur um selbst voranzukommen, jemandem anderem in den Rücken fallen.«), ist es indes keineswegs getan.

Ein ziemlich verwirrter Schüler hat einmal seinen Guru gefragt: »Meister, wie um alles in der Welt kann ich denn ein guter Mensch werden?« Der Guru gab ihm zur Antwort: »Das ist nahezu unmöglich. Wenn man nur lange genug überlegt, gibt es tausend gute Gründe, eine Nadel vom Boden aufzuheben. Ebenso gibt es tausend gute Gründe, dies zu unterlassen.« Als der Schüler den Lehrer daraufhin anschaute, sprach aus seiner Miene nur umso größere Besorgnis. »Aber was kann ich dann bloß tun?« Mit einem Lächeln erwiderte der Guru: »Du brauchst nur zu Gott zu finden.« Nun schaute der Schüler allerdings noch besorgter drein als zuvor. »Aber, Herr, zu Gott zu finden, das scheint so weit außerhalb meiner Möglichkeiten zu liegen.« Der Guru schüttelte den Kopf. »Zu Gott zu finden fällt dir hundertfach leichter, als erfolgreich zu versuchen, gut zu sein. Gott ist ein Teil von dir. Hat man diesen Teil erst ausfindig gemacht, geht der Wunsch, gut zu sein, ganz von allein in Erfüllung.«

Soll der spirituelle Weg uns an unser Ziel führen, müssen wir solche Versprechungen machen, die wir tatsächlich Tag für Tag halten können. Genau das trifft auf die zuvor skizzierten zehn Schritte zu. Denn sie verlangen Ihnen nichts ab, was Ihre Möglichkeiten übersteigt. Nichtsdestoweniger werden sich jedes Mal, wenn Sie einen dieser Schritte gehen, Ihre Grenzen ganz allmählich immer weiter und weiter verschieben. Ebenso wenig werden die zehn Schritte durch Ihre alten Gewohnheiten und Konditionierungen untergraben. Denn hier werden Sie ja nicht aufgefordert, gegen Ihr altes Selbst anzugehen. Stattdessen können und sollen Sie mit jedem Schritt dazu beitragen, dass Ihr neues Selbst in aller Stille wächst und gedeiht. Nichts weiter ist notwendig.

Solange die Transformation innerlich vorangeht, bleibt sie außen unsichtbar. Das ist der springende Punkt. Mit jeder Veränderung eines Menschen verändert sich sein Gehirn. Sobald neue neuronale Verknüpfungen hergestellt worden sind, hat das Gehirn keinerlei Möglichkeit, die alten zu bewahren. In gewisser Weise verwischt die Seele ihre Spuren. Zugleich geschieht allerdings auch etwas, was man geradezu mit Händen greifen kann.

Ein guter Freund hat sich jahrelang hingebungsvoll dem spirituellen Weg gewidmet. Äußerlich deutete scheinbar alles darauf hin, dass er ein ganz gewöhnliches Leben führte. Wann immer es sich ergab, dass ich ihn traf, fragte ich ihn, wie es ihm auf seiner Suche ergehe. Stets gab er mir, begleitet von einem Lächeln, die gleiche Antwort. »Ich bin drauf und dran, die Nase aus dem Brutkasten rauszustecken.« So ging das Jahr für Jahr weiter. Er war ein ausgesprochen introvertierter Mensch. Nur einige wenige Menschen wussten, glaube ich, von seiner inneren Hingabe.

Dann kam schließlich der Tag, an dem er die bis dahin geübten Formen strikter spiritueller Disziplin nicht länger aufrechterhielt. Und nach außen hin wirkte er daraufhin weitaus froher und glücklicher als zuvor. Als ich ihn fragte, was sich für ihn geändert habe, schilderte er mir seinen inneren Werdegang. Und die Worte sprudelten dabei nur so aus ihm heraus.

»Anfangs habe ich meine Spiritualität sehr zurückhaltend gehandhabt. In meiner Familie ist man tatsächlich davon ausgegangen, ich hätte eine religionsfeindliche Einstellung. Immerhin hatte ich mich ja seit meinem achtzehnten Lebensjahr geweigert, gemeinsam mit ihnen in die Kirche zu gehen. Nachdem ich zu meditieren begonnen hatte, meinte ich, Veränderungen an mir wahrzunehmen. Soweit da allerdings überhaupt jemandem etwas aufgefallen sein sollte, hat sich jedenfalls kein Mensch mit einer Silbe dazu geäußert. Den meisten Leuten gefiel offenbar die Art, wie ich gewesen war. Also machte ich im Stillen weiter und ließ jedermann in dem Glauben, ich sei nach wie vor diejenige Person, die ich stets gewesen war.«

»Dann stellte ich fest, dass meine Wünsche nicht mehr die gleichen waren. Es gab nichts, was ich unbedingt haben oder nicht haben wollte. Ich hörte auf, jenen Dingen hinterherzujagen, die alle anderen für so überaus wichtig hielten. Meinen Freunden und Familienangehörigen fiel auf, dass ich um einiges ruhiger geworden war. Das war alles, was sie mir sagten. Ich habe weiter an mir gearbeitet und bin meinen Weg gegangen.«

»Die Zeit verstrich, weitere Veränderungen stellten sich ein. Die Auseinandersetzung mit meinem Ego und mit all den Dingen, die es all die Jahre getrieben hatte, habe ich nicht länger gescheut. Ich setzte mich mit meinen alten Überzeugungen auseinander, ebenso mit meinem notorischen Bedürfnis, recht zu haben. Jeden Tag zeigte sich etwas Neues, das nach einer eingehenderen Betrachtung verlangte. Ich schaute mir weiterhin alles an und setzte meinen Weg fort. Äußerlich war eigentlich nichts grundlegend anders als zuvor. Dennoch fand ich es in manchen Momenten verblüffend, dass die mir nahestehenden Menschen nicht sahen, wie ich mich inzwischen von Grund auf verändert hatte.«

»All das ist in jener Zeit geschehen, in der du im Brutkasten gesteckt hast«, fragte ich.

Mein Freund lächelte. »Genau. Mit alldem war dann freilich eines Tages Schluss. Ich wachte auf und hatte einfach nicht den Wunsch zu meditieren. Offen gestanden hab ich mich regelrecht leer gefühlt, wie ein unbeschriebenes Blatt; so als sei in den letzten zehn Jahren überhaupt nichts geschehen. Und als ich mich im Spiegel betrachtet habe, da hat mich dieser ganz gewöhnliche Kerl aus dem Spiegel angestarrt. Einen Moment lang bekam ich's fast mit der Angst zu tun, verspürte einen Anflug von Entsetzen. Ich legte mich wieder aufs Bett.«

»Und da, wie eine warme Flüssigkeit in meinem Innern, hab ich gespürt, wie ›es‹ über mich kam. Was ist ›es‹? Das Leben als solches – wie ein Fluss, der dich aufnimmt und mit sich trägt. Von da an bin ich dort hingegangen, wohin mich der Fluss führt. Von dem Augenblick an läuft einfach *alles* und fügt sich.«

Auf seinem Gesicht zeigte sich ein Glühen, eine gewisse Ekstase. Aber eine Frage hatte ich an ihn. »Warum hast du dich nicht gleich vom ersten Tag an von dem Fluss mittragen lassen? Warum musstest du bis zum Schluss warten?«

»Das ist der Punkt«, meinte mein Freund. »Tausendmal ist der Tag gekommen, an dem ich dachte, nun sei ich tatsächlich am Ziel angelangt. Ebenso wenig bin ich sicher, ob ich sagen könnte, wann der erste Tag war. Diese Sache geschieht, wann *sie* will.«

Ganz ehrlich, niemand von uns weiß genau, welcher Tag der erste Tag auf dem spirituellen Weg war – oder welcher der letzte sein wird. Darum tun wir gut daran, so zu leben, als sei jeder Tag der erste *und* der letzte. Mit jedem Sonnenaufgang wird im Geist eine neue Welt geboren. Das Leben ist unablässig frisch und neu. Deshalb kann Ihr Weg ebenso frisch sein. Andernfalls – wenn Sie in Erwartung jenes Moments, in dem Ihnen diese eine große, alles krönende Gabe zuteil wird, Ihr »eigentliches« Leben in die Zukunft verschieben – könnte es leicht geschehen, dass Sie es nie erleben, mit dieser Gabe beglückt zu werden, und Sie so das eigentliche Leben auf den Sankt-Nimmerleins-Tag verschieben. Sich die Ganzheitserfahrung jetzt, in diesem Augenblick, zunutze zu machen, darauf kommt es an. Denn nur in einem Augenblick wie diesem bricht die Ewigkeit an.

Bei dem nachfolgend erläuterten Schritt geht es darum, Ganzheit zu einer ganz realen Möglichkeit unseres Alltags zu machen. Leitvorstellung und Wirklichkeit wollen zusammenfinden. Der Zeitpunkt, dies zu ermöglichen, ist jetzt da.

Erster Schritt: Nähren Sie Ihren »Lichtkörper«

Ihre Seele dient Ihnen als Ihr geistiger Körper. Als solcher muss er genährt werden. Ebenso wie durch die Stoffwechselprozesse die Zellen Ihres Körpers Sauerstoff und Nährstoffe in sich aufnehmen, nimmt Ihr Geistkörper subtile Energie – oder »Licht« – in sich auf und strahlt sie andererseits aus. Ihr Herz, die Leber, das Gehirn und die Lunge, all Ihre Organe, leben in einem ganz buchstäblichen Sinn vom Sonnenlicht. In jedem einzelnen Bissen Nahrung hat sich gespeichertes Sonnenlicht materialisiert, aus dem Ihr Körper chemische und elektrische Energie freisetzt. Ihre Zellen haben keine Zukunft, es sei denn dank des Lichts.

Auf einer subtileren Ebene erfüllt »Licht« die gleiche Aufgabe. Jede Botschaft Ihrer Seele ist energetisch kodiert. Denn Liebe, Wahrheit, Schönheit – Bedeutung in all ihren Aspekten und Facetten – müssen vom Gehirn in physikalische Aktivität umgewandelt werden. Erst die subtile Energie verhilft dem Geist zu materieller Existenz. Ihre Zukunft hängt also ganz konkret davon ab, wie gut Sie Ihren »Lichtkörper« nähren. Wenn Sie ihn täglich mit frischer Energie versorgen, wird er Ihnen Führung und Inspiration geben.

Im Westen sind wir nicht gewohnt, so zu denken. Im Sanskrit hingegen bezeichnet das Wort *Jyoti*, »Licht«, mehr als nur ein physikalisches Phänomen. *Jyoti* ist Träger von Bedeutung, von Wachstum, von positiven wie von negativen Einflüssen, ist Träger des gesamten Verlaufs, den das Leben eines Menschen nehmen wird. Selbst wenn Sie strikter Materialist und aus diesem Grund der Überzeugung sind, das Gehirn sei der Quell des Geistes, sein Ursprung, auch dann läuft im Gehirn ohne Energie überhaupt nichts. Daher gelangen Sie von dieser Position aus letztlich zu demselben Schluss: Die Hoffnungen, Wünsche und Träume eines Menschen müssen durch Licht genährt werden. Bloß handelt es sich in diesem Fall um Sonnenlicht. Und obendrein werden Sie nun vor der Notwendigkeit stehen zu erklären, wie aus dem vergleichsweise doch eher schlichten Phänomen des aus Photonen bestehenden Lichts das Spiel des Geistes in all seinen Manifestationsformen und in all seinem Bedeutungsreichtum hervorgehen kann. Schließlich weiß ja eine Bohne nicht, wie man ein Bild der Gottesmutter mit dem Jesuskind malt; und ebenso wenig weiß ein Blumenkohl, wie man den Marmortempel der Athene auf der Akropolis, den Parthenon, erbauen kann.

Tag für Tag ist es an Ihnen, die Energie der Seele in den Sinngehalt Ihres Lebens umzuwandeln. So etwas wie eine bedeutungslose, eine sinnlose Erfahrung gibt es nicht. Bedeutung zu entwickeln bzw. sie zu verarbeiten, zu diesem Zweck existiert Ihr Gehirn. Auf die eine oder andere Weise wird das Licht sich in Sie verwandeln. Es stützt die Leitvorstellung, die Sie von sich haben – sofern Sie sich dahin gehend entscheiden. Ist eine solche Leitvorstellung nicht vorhanden, kann es allerdings auch in der Weise gelenkt werden, dass es Ihre alteingeschliffenen Gewohnheiten und in sich geschlossenen Überzeugungen aufrechterhält.

Stellen Sie sich vor, Ihre Seelenenergie werde in ähnlicher Weise aufgeteilt wie die Elektrizität, die Ihr Haus oder Ihre Wohnung mit Energie versorgt. Ein gewisser Teil muss für die *Aufrechterhaltung elementarer Lebensfunktionen* aufgewendet werden. Ihr Gehirn muss die unterschiedlichen Körpersysteme regulieren, damit Sie am Leben bleiben. Ein anderer Teil der Energie wandert in *Routineaktivitäten*. Ihr Gehirn arbeitet, damit für das Auskommen Ihrer Familie gesorgt ist, damit Sie in der Firma Ihre Arbeit ausführen, und so weiter. Ein weiterer Teil der Energie ist für Ihre *Freude* und Ihr *Vergnügen* vorgesehen. Denn freudvolle Erfahrungen lassen Ihr Gehirn regelrecht aufblühen. Durch Unterhaltung, Spiele, Fantasien, sexuelle Erregung und dergleichen mehr versucht es daher, entsprechende Erfahrungen zu verstärken.

Insoweit besteht zwischen der Seelenenergie und der Elektrizität, mit deren Hilfe man einen Haushalt betreibt, eine ziemlich weit reichende Analogie. Die meisten Menschen führen ihr Leben und ihren Haushalt in der Tat auf die gleiche Weise. Sie tun alles Notwendige, um die grundlegenden Lebensfunktionen aufrechtzuerhalten, erledigen die Alltagsroutine, sorgen ferner für ein gewisses Maß an Freude und Vergnügen. Drinnen im Haus könnte allerdings ein Mozart oder ein Picasso leben. Und an dem Punkt führt uns die Analogie nicht weiter. Denn jedes Genie maximiert die Seelenenergie für andersgeartete Zwecke. Insbesondere gewinnt Bedeutung, gewinnt Sinngebung im Leben von Genies einen überproportional hohen Stellenwert. Zum Glück gibt es reichlich Nachschub an subtiler Energie – so viel wir uns nur wünschen. Ist erst einmal für die grundlegenden Dinge des Lebens gesorgt, bleibt noch jede Menge übrig, um Ihre persönlichen Leitvorstellungen und sonstige höhere Zielsetzungen weiter voranzubringen.

Achten Sie bewusst darauf, dass Sie, während Sie sich mit dem befassen, was jeder neue Tag Ihnen bringt, Energie in Ihre Leitvorstellungen kanalisieren. Dazu können Sie sich jede beliebige Qualität der Seele zunutze machen und sie sich anverwandeln. Diese Qualitäten sind beileibe nichts Geheimnisvolles. Überall in Ihrem Umfeld führen Menschen von der Seelenebene aus ein erfülltes Leben. Ich möchte Ihnen kurz vor Augen führen, über welch eine Vielzahl von Entscheidungsmöglichkeiten Sie da verfügen.

Die Seele ist *dynamisch*. Diese Qualität kann in ein Leben voller Abenteuer, Entdeckungen und zukunftsweisender Aktivitäten transformiert werden. Das hier vorherrschende Thema: *ein Ziel erreichen.*

Die Seele ist *liebevoll*. Diese Qualität kann in ein Leben voller Romantik, Hingabe und Verehrung verwandelt werden. Das hier vorherrschende Thema: *immer weiter zunehmende Glückseligkeit.*

Die Seele ist *schöpferisch*. Diese Qualität kann in ein von Kunst, wissenschaftlichen Entdeckungen und Selbsttransformation erfülltes Leben umgewandelt werden. Das hier vorherrschende Thema: *Inspiration.*

Die Seele ist *spontan*. Diese Qualität kann in ein Leben voller Dramatik, Offenbarungen und emotionaler Selbsterkundung verwandelt werden. Das hier vorherrschende Thema: *Überraschung.*

Die Seele ist *verspielt*. Diese Qualität kann in ein erholsames, sportliches und unbeschwert vergnügliches Leben umgewandelt werden. Das hier vorherrschende Thema: *Unschuld*.

Die Seele ist *wissend*. Diese Qualität kann in ein Leben des Beobachtens, Studierens und Meditierens transformiert werden. Das hier vorherrschende Thema: *Reflexion*.

Die Seele ist *stetig wachsend, sich öffnend und weitend*. Diese Qualität kann in ein Leben des Reisens, der Durchbrüche und des persönlichen Wachstums umgewandelt werden. Das hier vorherrschende Thema: *Evolution*.

Sofern Sie diese Qualitäten im Sinn behalten, können Sie die Seelenqualitäten zu jeder gewünschten Art von Leben ausgestalten. Diese Ausgestaltung erfolgt niemals von allein; und niemand kann sie Ihnen abnehmen. Damit will ich nicht sagen, Sie hätten hier eine ein für alle Mal gültige Entscheidung zu treffen. Vielmehr üben in unterschiedlichen Lebensstadien unterschiedliche Bedeutungsqualitäten eine Anziehung auf Sie aus. Zum Beispiel herrscht »wissend« im Allgemeinen in den Studentenjahren vor, »liebevoll« in der Phase der Beziehungen und des Familienlebens, »verspielt« in der Zeit der Kindheit.

Ist eine Lebensgestaltung möglich, ohne dass man auf die Seele zurückgreift? Solch ein Leben, dem es an Bewusstheit und/oder an Weitblick fehlen würde, kann man durchaus antreffen, gar keine Frage. Manche Menschen widmen sich voll und ganz der Arbeit um ihrer selbst willen, haben eine materialistische Gesinnung, sind ausschließlich am eigenen Erfolg und der eigenen Karriere interessiert, sparen nur für die Zukunft oder versuchen die Gegenwart zu bewahren. Man kann hier keineswegs von sinnlosen Entscheidungen sprechen, nichtsdestoweniger lassen sie das Inspirationspotenzial der Seele weitestgehend ungenutzt.

In manchen Kulturen ist ein erfülltes Leben dadurch gekennzeichnet, dass man bestimmte Phasen der Sinngebung durchlebt. Und in den betreffenden Kulturen geht man ganz selbstverständlich davon aus, dass jedermann diese Phasen durchläuft. In erster Linie denke ich dabei an die altindische Kultur. Das menschliche Leben wurde damals in vier *Ashramas*, vier Hauptphasen, aufgeteilt: Eine Lebensphase war dem Studium vorbehalten, eine dem Familienleben, eine dem Ruhestand und eine schließlich der Weltentsagung. In jeder Phase hatte man bestimmte Verpflichtungen. Und alles war letzten Endes dem Ziel unterstellt, die individuelle mit der universellen Seele zu verschmelzen. So sah, mit anderen Worten, in Indien die über viele Jahrhunderte von jedermann akzeptierte Wegskizze für eine spirituelle Reise aus.

Solch eine breite Übereinstimmung gibt es in der modernen Gesellschaft nicht mehr. Der Preis, den wir dafür bezahlen, ist ein ruheloses und chaotisches Leben, dem es an Bedeutung fehlt. Um die Energie Ihrer Seele auf eine sinnvolle und sinnerfüllte Weise zu nutzen, sind Sie jedoch keineswegs auf gesellschaftliche Zustimmung angewiesen. Niemandes Zustimmung ist hier notwendig!

Die Bahn Ihres Lebens kann jeden von Ihnen gewünschten Verlauf nehmen. Bloß auf eines kommt es dabei an: keine Energie zu verschwenden, wie wir auf vielerlei Art die Neigung haben, es zu tun, indem wir beispielsweise fruchtlosen Fantasien nachhängen, unbewusst eigenes Leid heraufbeschwören, uns aufgrund alter Gewohnheiten selbst in die Sackgasse führen oder uns im Kreis drehen. Dies sind die Feinde eines sinnerfüllten Lebens. Nähren Sie Ihren Lichtkörper, indem Sie ihn mit Bedeutung füttern. Erkennen Sie, von welcher Seelenqualität Sie sich angesprochen fühlen, und treten Sie mit dem Potenzial, das dort entfaltet werden will, in Interaktion.

Zweiter Schritt: Bewirken Sie einen Wandel von Entropie zu Evolution

Ihre Seele bietet Ihnen eine Zukunft, die sich vom gegenwärtigen Augenblick an in einem aufsteigenden Bogen entfalten wird. Weder wird es Stagnationsphasen geben noch unsicheres Terrain, in dem Ihnen ein Absturz und Rückfall drohen. Voraussetzung für solch eine Zukunft ist unablässige Erneuerung. Ihre Leitvorstellung muss frisch und unverbraucht bleiben. Das aber kann nur geschehen, wenn Sie für Ihre Energie immer wieder neue Anwendungsmöglichkeiten finden.

Ohne von Ihrer Seele ständig neuen Nachschub zu erhalten, nimmt die Energie hingegen tendenziell ab. Die meisten Menschen haben sich daran gewöhnt zu akzeptieren, dass das Leben mit fortschreitendem Alter einer Art Abnutzung und Verschleiß unterliegt. Das ergibt sich allerdings nicht zwangsläufig so – auch nicht vor dem Hintergrund einer materialistischen Weltanschauung. Wie wir bereits gesehen haben, besteht im gesamten Universum ein Widerstreit zwischen einer zu Streuung und Verringerung neigenden Energie (Entropie) und einer Energie, die kohärenter und komplexer werden will (Evolution). In Ihren Zellen wird der gleiche Widerstreit auch auf der Mikroebene ausgefochten. Die Entscheidungen, die Sie im Alltag treffen, geben zur einen oder zur anderen Seite hin den Ausschlag. Falls Sie Tag für Tag der Evolution den Vortritt einräumen, ist es nur logisch, dass Sie sich ein Leben lang immer weiter entfalten.

Ein mächtiger Verbündeter steht Ihnen dabei zur Seite: der Geist. Er ist der Entropie nicht unterworfen. Verschwindet ein Gedanke, hat er dadurch Ihr Vermögen, einen neuen Gedanken oder hundert neue Gedanken an seine Stelle treten zu lassen, in keiner Weise erschöpft. Entropie können

Sie überwinden, indem Sie im Geist immer höhere und höhere Strukturen aufbauen, immer höhere geistige Formationen hervorbringen. Diese Strukturen halten die Zeit auf und gestalten eine stetig besser werdende Zukunft. Was damit gemeint ist, können Sie leichter erfassen, wenn Sie an ein Projekt denken, dessen Umsetzung länger braucht als einen Tag: ein Gemälde beispielsweise, ein Buch, ein wissenschaftliches Problem oder ein entsprechendes Projekt am Arbeitsplatz. Wenn Sie einen Tag später die Arbeit daran erneut aufnehmen, brauchen Sie im Geist nicht wieder bei null zu beginnen. Eine Struktur in Ihrem Geist sorgt dafür, dass die geleistete Arbeit unangetastet bleibt. Daher können Sie dort anknüpfen, wo Sie tags zuvor aufgehört haben.

Im Sanskrit gibt es für solche fortdauernden geistigen Strukturen einen speziellen Ausdruck; und zwar werden sie als *Devata* bezeichnet. (Das Wort leitet sich von den Devas her; und »Devas« wird gewöhnlich mit »Engel« übersetzt. Tatsächlich sind die Devas jedoch die Erbauer und Gestalter der Wirklichkeit. Ohne die Devas würde das Gewahrsein niemals Gestalt annehmen, sondern unablässig fließen – wie Regenwasser über ein offenes Feld.) Für die vedischen Seher des Altertums hatten die *Devata* dafür zu sorgen, dass die schöpferische Kraft bewahrt, ihre Auflösung und ihr Verschwinden nicht zugelassen wird. Hier können Sie sich sogar im Sinn eines Multitasking mehreren Aufgaben gleichzeitig widmen, denn ohne Weiteres kann der Geist mehrere Strukturen simultan entwickeln. Und Sie können Ihre bewusste Geistestätigkeit einstellen, um schlafen zu gehen beispielsweise, ohne sich Sorgen machen zu müssen, dass aufgrund von Entropie Ihre Gedanken wie Staub im Wind zerstieben. (Jeder von uns hat schon mal die Erfahrung gemacht, morgens beim Aufwachen festzustellen, dass die ersten Gedanken genau dort anknüpfen, wo Sie am Abend zuvor den Gedankengang unterbrochen haben. Von der Gehirnchemie her lässt sich eine derartige Kontinuität nicht erklären, denn in jedem Neuron ändern sich die chemischen Reaktionen unablässig, innerhalb von Tausendstelsekunden. *Etwas* hält dennoch unsere Gedanken aufrecht und erlaubt es ihnen, aufeinander aufzubauen.)

Nutzen Sie den *Devata*-Aspekt Ihres Geistes im Sinn des angesprochenen Aufbaus geistiger Strukturen. Bauen Sie diese Strukturen immer weiter auf und aus. Endlose Kreativität ist Ihr Ziel. Ganz praktisch bedeutet das, gegen Langeweile, Routine und Wiederholung anzugehen. Auf jeder Ebene Ihres Lebens können Sie, wie nachfolgend skizziert, schöpferische Lösungsmöglichkeiten finden:

Das *Familienleben* ist schöpferisch, solange alle beteiligten Personen an jeder anderen Person Interesse zeigen. Niemand wird durch Aussagen wie: »Immer machst du solche Sachen« oder: »Du bist so unwahrscheinlich leicht zu durchschauen« in eine Schublade einsortiert. Niemand wird mit einem Etikett versehen und mit der Erwartung konfrontiert, sich dementsprechend zu verhalten. Niemandem wird eine vorgefertigte Rolle auf den Leib geschrieben (solche Rollen wie: der Rebell, der üble Kerl, das brave Mädchen, Mammis Liebchen, der Rüpel, das Opfer, der Märtyrer). Jede/r wird ermutigt, sich auf die ihr/ihm eigentümliche Weise auszudrücken. Niemandem werden aufgrund eines von irgendwelchen Erwartungen abweichenden Verhaltens Steine in den Weg gelegt.

Beziehungen sind schöpferisch, solange die an der Beziehung Beteiligten Neues aneinander entdecken können. Das macht es notwendig, über das Ego, das seiner Natur nach eigennützig und in allererster Linie auf sich selbst bedacht ist, hinauszugehen. Mag eine Beziehung auch noch so sehr von Gleichberechtigung zeugen, tendiert man, da hier zwei

Ego im Spiel sind, dennoch dazu, den Partner beziehungsweise die Partnerin als selbstverständliche Gegebenheit zu betrachten. Hier gilt es nicht nur, über die eigenen Grenzen hinauszublicken, sondern auch über diejenigen Ihres Gegenübers.

Der Anstoß, im Partner etwas Neues zu erkennen, geht von Ihrem eigenen Wandlungsvermögen aus. Wenn Sie wollen, dass die bei Ihnen ablaufenden Veränderungsprozesse gewürdigt werden, müssen Sie zugleich die in Ihrem Gegenüber sich vollziehenden Veränderungen erkennen und anerkennen. Das setzt ein wechselseitiges Geben und Nehmen in Gang. Einmal in Gang gebracht, erwachsen aus diesem Geben und Nehmen die fruchtbarsten Aspekte jeder Partnerschaft: die gemeinsame Weiterentwicklung, die schöpferische Selbstentfaltung im Miteinander.

Arbeit ist schöpferisch, wenn sie das innerste schöpferische Zentrum eines Menschen mit Zufriedenheit erfüllt. Neuen Herausforderungen werden Sie dadurch gerecht, dass Sie in sich selbst auf neue Ressourcen stoßen. Bei jeglicher Tätigkeit sind Langeweile und Wiederholung ein ganz reales Problem. Die meisten Menschen finden das bereits ziemlich zu Beginn Ihrer Berufslaufbahn heraus. Und nur an wenigen Arbeitsplätzen trifft man Vorkehrungen, dem Problem beizukommen. Daher bleibt die Verantwortung für seine Lösung Ihnen überlassen. Seien Sie wachsam. Geben Sie auf erste Anzeichen acht, die deutlich machen, dass Sie sich nicht mehr gefordert fühlen. Sobald sich solche Zeichen zeigen, sollten Sie unbedingt auf Veränderung dringen. Übernehmen Sie mehr Verantwortung. Scheuen Sie keine Risiken. Sofern Ihre gegenwärtige Situation keine Erweiterung Ihres schöpferischen Horizonts zulässt, sollten Sie nach einer anderen Situation Ausschau halten, die solch eine Erweiterung möglich macht. Nichts ist verhängnisvoller, als sich damit abzufinden, dass sich am Arbeitsplatz Trägheit breitmacht und kein Bewegungsspielraum mehr bleibt, indem man sich darauf hinausredet, Kreativität und Freude seien etwas für den Feierabend und fürs Wochenende. Das würde eine klaffende Lücke in Ihr Leben reißen. Ganzheit bliebe dadurch unerreichbar für Sie.

Ihre *Leitvorstellung* ist derjenige Teil Ihres Lebens, der reine Möglichkeit beinhaltet. Mögen Sie auch noch so viel Energie in den Aufbau eines Familienlebens, in Ihre Beziehungen oder in Ihr Arbeitsleben stecken, trotzdem bleibt enorm viel Raum, nach Höherem zu greifen. Bauen Sie Ihre Leitvorstellung jeden Tag weiter aus. Jedenfalls sollte sie, worin auch immer sie im Einzelnen bestehen mag, über Ihre gewöhnlichen Grenzen hinausgehen. Für manche Menschen liegt sie im Bereich des Humanitären oder Religiösen, für andere im Künstlerischen. (Für mich stellte sich im frühen Erwachsenenalter, angesichts der schwer zu bewältigenden Herausforderungen einer ärztlichen Ausbildung, angesichts der Erfordernisse einer neu gegründeten Familie und angesichts ständigen finanziellen Drucks heraus, dass sie im Bereich des Spirituellen lag.) Doch so wichtig Ihnen die Familie, die zwischenmenschlichen Beziehungen und der Beruf sein mögen – sie sind vergänglich. Für Ihre Leitvorstellung gilt dies nicht, sie stellt das Bindeglied dar zu dem umfassenderen kulturellen und zivilisatorischen Hintergrund, in den Ihr Leben eingebettet ist. Mit ihr haben Sie teil an Mythen und Archetypen, an einer Welt der mutigen Helden, die auf dem Weg zu hehren Zielen große Herausforderungen zu bestehen haben. Bleiben Sie unbeirrbar auf Ihre Leitvorstellung ausgerichtet, so werden Sie vielleicht den Saum der Ewigkeit berühren. Ohne die Leitvorstellung ist hingegen nichts von alldem möglich. Indem die Zeit ihren Gang geht, rückt das materielle Leben in den Hintergrund. Eine Leitvorstellung zu haben gibt Ihnen die Sicherheit, dass nicht am Ende des Weges eine gähnende Leere Ihrer harrt. Wenn Sie sich der Verwirklichung einer Leitvorstellung widmen, werden Sie, das ist das Wunderbare daran, in die kosmische Kraft der Evolution, die weder Anfang noch Ende kennt, mit einbezogen.

Dritter Schritt: Streben Sie nach einem tiefer gehenden Gewahrsein

Stellen Sie sich eine sternenklare Nacht im Juni vor. Der Mond ist hinterm Horizont verschwunden. Spazieren Sie durch die Nacht, bis Sie ein nach allen Seiten hin offenes Fleckchen Erde finden. Legen Sie sich auf den Rücken, den Blick zum Himmel gewandt. Haben Sie eine klare Vorstellung vor Augen, wie Sie in dieser Position daliegen und in den Sternenhimmel schauen? Denken Sie nun Folgendes: *In allen Richtungen umgibt mich Unendlichkeit, ich befinde mich in ihrem Zentrum.*

Das ist keineswegs zu hoch gegriffen. Vielmehr trifft es in einem ganz buchstäblichen Sinn zu, dass Sie – ganz gleich, wo Sie sich gerade aufhalten – im Zentrum der in sämtliche Richtungen sich erstreckenden Unendlichkeit stehen. Und mit Blick auf die Zeit gilt dasselbe. In jeder Minute Ihres Daseins erstreckt sich vor Ihnen und hinter Ihnen die Unendlichkeit. Sobald Sie sich diese beiden Vorstellungen zu eigen gemacht haben, werden Sie sich durch Raum und Zeit schwerlich noch länger gebunden fühlen. Allerdings gilt es nun, noch eine weitere Schicht hinzuzufügen. Schließen Sie die Augen, gehen Sie in sich und denken Sie den folgenden Gedanken: *Die Stille, die ich in mir erlebe, ist der Quell von Unendlichkeit und Ewigkeit.*

Alle Lehren der großen spirituellen Überlieferungen laufen auf diesen Gedanken hinaus. Das Gewahrsein ist der Quell, dem alles entspringt, was ist, was war und was jemals sein wird. Dieses Wissen verbindet Jesus und Buddha miteinander. Die Zeit hängt an ihrer Quelle von Ihnen ab – nicht umgekehrt. Tatsächlich hängt jede Begebenheit, die sich zuträgt, von Ihnen ab. Denn ohne Gewahrsein hört das Universum auf zu existieren. Die Sterne, die Gestirne, ganze Galaxien, sie alle verschwinden. Die gesamte Schöpfung verschwindet in einem schwarzen Loch.

Ihr Gewahrsein lässt dagegen die Realität in allen Richtungen aufblühen: Je tiefer und umfassender Ihr Gewahrsein, umso reicher wird die Schöpfung sein. Können Sie so leben, als seien Sie der Mittelpunkt der Wirklichkeit, während die Unendlichkeit und die Ewigkeit sich rings um Sie erstrecken, dann leben Sie von der Ebene der Seele aus.

Ist es nicht merkwürdig, dass die Menschen sich nicht in dieser Weise wahrnehmen? Aber wie leicht lassen wir uns durch das überzeugen, was die Augen mit ihrem so eingeschränkten Blick uns sagen. Wie leicht lassen wir uns von unserem Geist überzeugen, der nur soundso viel Information aufnehmen kann. Und wie überzeugend kann jenes Ego auftreten, das Ihnen erzählt, Sie seien ein unscheinbares vereinzeltes, von den gigantischen Ausmaßen des Kosmos überwältigtes Individuum.

Glücklicherweise bringt das sich öffnende und sich weitende Gewahrsein jedoch Ihren Augen, Ihrem Geist und Ihrem Ego bei, wie Sie sich ändern können. Praktisch stellt sich das so dar: Wenn Sie sich jeden Tag einem tiefer gehenden Gewahrsein widmen, zeugt das von dem Wunsch nach einer neuen Sicht der Dinge, neuen Überzeugungen, einem neuen Selbstverständnis.

Eine neue Sicht der Dinge wird möglich, sobald Sie sich

aus der Bindung an die von den Sinnen bereitgestellten Ausgangsdaten lösen. Die meisten Menschen gehen zum Beispiel ganz selbstverständlich davon aus, ihre Augen seien eine Art optisches Instrument, auf das eine wahre Flut äußerer Lichtreize niedergeht. Photonen treffen auf die Netzhaut, die daraufhin zwecks Analyse minütlich milliardenfach Photonen an die Sehrinde weiterleitet.

In zahlreichen traditionellen Kulturen fassen die Menschen diesen Prozess jedoch im umgekehrten Sinn auf. Ihrem Verständnis zufolge richtet sich in dem Bestreben, die Welt zu entdecken, der Blick, das vom Geist ausgehende Sehvermögen, nach außen. Anders ausgedrückt: Der Blick trägt das Gewahrsein, wohin auch immer es gehen will.

Dieses Modell der Sinneswahrnehmung entspricht in vielerlei Hinsicht unserer Erfahrung. Falls Sie etwas nicht sehen wollen, spielt es keine Rolle, wie viele Photonen auf Ihre Netzhaut niederprasseln. Sind Sie hingegen stark daran interessiert, etwas zu sehen, kennt Ihr Aufnahmevermögen praktisch keine Beschränkung. Stellen Sie sich einen begabten Künstler vor, der durch eine Menschenmenge in einer belebten Straße geht und jedem Gesicht, an dem er vorüberkommt, jeder Veränderung des Sonnenlichts und dem aus jedem neuen Blickwinkel anders sich darstellenden Stadtbild Inspirationen abgewinnen kann.

Eine neue Sicht der Dinge ist eine schöpferische Sicht. Diese können Sie Tag für Tag kultivieren. Die Dinge des Alltags bergen unermesslich viel Inspiration in sich und warten nur darauf, dass Sie ihnen diese entlocken. Eine der berühmtesten chinesischen Tuschzeichnungen zeigt, Seite an Seite, zwei Pfirsiche. Jeden Pfirsich hat der Künstler auf einen Pinselstrich reduziert. Oberflächlich betrachtet sieht es so aus, als sei es die einfachste Sache der Welt, solch ein Bild zu malen – und kaum wert, als Kunst bezeichnet zu werden.

Sie tauchen einfach den Pinsel in ein wenig schwarze Tusche. Dann zeichnen Sie mit einer Drehung des Handgelenks einen Kreisbogen, der so aussieht wie ein Pfirsich. Aber können Sie das auf so vollendete Weise, dass der Pfirsich reif, süß und verlockend schön aussieht? Können Sie dem Betrachter zugleich den Eindruck vermitteln, dass Sie, der Maler, der Natur mit unendlich großer Empfindsamkeit begegnen? Beides hat in dieses berühmte Bild Eingang gefunden.

Beziehen Sie nun diese Sicht der Dinge auf sich selbst. Können Sie Ihr Kind, Ihre Frau bzw. Ihren Mann so anschauen, dass ihr innerstes Wesen Sie zutiefst und unmittelbar berührt? Können Sie mit Ihrem Blick Liebe übermitteln und im Gegenzug Liebe empfinden? Wir alle verfügen über diese Fähigkeit. Wie Sie im Zentrum von Raum und Zeit stehen, ebenso stehen Sie im Mittelpunkt der Liebe – und Sie müssen gar nichts dazutun. Eine neue Sicht erwächst daraus, dass Sie gewahr werden, wer Sie sind. Wenn Sie Ihre selbst auferlegte Verpflichtung, die Welt mit neuem Blick zu betrachten, immer wieder erneuern, werden Ihnen die Augen aufgehen.

Neue Überzeugungen ergeben sich ganz von allein, sobald Sie die Dinge auf eine neue Art und Weise betrachten. Einst kam ein Schüler zu seinem spirituellen Lehrer und sagte: »Ich glaube nicht an Gott.« Der Lehrer erwiderte: »Du wirst an Gott glauben, wenn du ihn siehst. Hast du wirklich hingeschaut?« Der Schüler errötete vor Scham, da er meinte, in der Frage den Anklang einer Kritik zu vernehmen. »Ich habe genau hingesehen, Herr. Ich bete zu Gott, er möge mir Antwort geben, und halte Ausschau nach einem Zeichen seiner Liebe. Doch all das führt zu nichts, gerade so, als würde Gott gar nicht existieren.« Der Lehrer schüttelte sein Haupt: »Du meinst, Gott sei unsichtbar. Ist es da ein Wunder, dass du ihn nicht siehst? Der Schöpfer ist in seiner Schöpfung gegenwärtig. Begib dich hinaus in die Natur. Hab deine Freude an den Bäumen, den Bergen, den grünen Auen. Betrachte die Natur mit vollkommener Liebe und Wertschätzung, betrachte sie nicht nur oberflächlich. An einem bestimmten Punkt wird Gott bemerken, dass du seine Schöpfung liebst. Wie ein Künstler, der sieht, dass jemand seine Malerei bewundert, wird Gott dich kennenlernen wollen. Dann wird er zu dir kommen. Und sobald du ihn siehst, wirst du glauben.«

In der Geschichte können Sie entweder ein Gleichnis sehen oder Sie können sie als buchstäbliche Wahrheit auffassen (und dabei mit in Betracht ziehen, dass Gott gleichermaßen sie oder er ist bzw. in ihm beides miteinander verschmilzt). Als Gleichnis erzählt uns die Geschichte, dass wir die subtilen Ebenen der Natur – so auch unserer Natur – dadurch zum Vorschein bringen, dass wir sie voller Liebe und Wertschätzung betrachten. Und in dem Maß, in dem sich Ihre Wahrnehmung verfeinert, offenbaren sich diese geheiligten Aspekte des Daseins. An dem Punkt brauchen Sie nur an das zu glauben, was Sie aus persönlicher Erfahrung kennen. Die Geschichte in einem buchstäblichen Sinn aufzufassen lohnt sich allerdings ebenfalls. Wenn Sie etwas betrachten, was Sie lieben – einen geliebten Menschen, eine Rose, ein Kunstwerk –, so sehen Sie darin Gott. Das geschieht deshalb, weil es keine Dinge außerhalb von Ihnen gibt.

Wenn Sie nun lernen, die Dinge tiefer gehend wahrzunehmen, werden Sie das eigene Gewahrsein erblicken. Daraufhin wird sich das System Ihrer Überzeugungen entsprechend verändern. Denn Sie benötigen nichts weiter als den Glauben an sich selbst, so ist Ihnen hier klar geworden.

Ein neues Selbstverständnis tritt zutage, sobald Ihr Glaube an sich selbst gesichert und stabil ist. Wir alle halten an einem Selbstbild fest, das zum Teil ein Fantasieprodukt, zum Teil eine Projektion ist und zu einem weiteren Teil das widerspiegelt, was andere Menschen von uns halten. Fällt also der Apfel nicht weit vom Stamm, dann gilt das auch für unsere Selbstwahrnehmung. Beginnend mit unserer Herkunftsfamilie, sind wir für unsere Selbstdefinition stets von anderen Menschen abhängig gewesen. Sind Sie gut oder schlecht, beliebt oder unbeliebt, eine ausgesprochene Leuchte oder eine trübe Tasse, eine Führungsfigur oder ein Mitläufer? Für die Beantwortung dieser und Hunderter weiterer Fragen sammeln Sie Informationen aus äußeren Quellen. Die Informationen gehen dann mit den eigenen Fantasien und Wünschen eine Verbindung ein. Als letzte Zutat kommen noch die Projektionen hinzu, die Sie auf andere Menschen richten. Und das heißt nichts anderes als: Sie benutzen sie als Maßstab für sich selbst. Diese gesamte Selbstwahrnehmung ist eine auf total wackeligen Füßen stehende Konstruktion. Dennoch stützen Sie sich auf sie, weil Sie meinen, es tun zu müssen. Ansonsten hätten Sie keine Vorstellung, wer Sie wirklich sind.

Dank Ihrer Gewahrseinserfahrung, indem Sie in sich gehen und sich wahrhaft selbst kennenlernen, kann ein neues Selbstverständnis an die Stelle dieser Konstruktion treten. Der Mensch, dem Sie dort begegnen, ist keine fadenscheinige Konstruktion. Vielmehr treffen Sie auf Offenheit, Ruhe, Stille, Stabilität, Wissbegierde, Liebe und den Impuls, zu wachsen und sich zu öffnen.

Dieses neue Selbstverständnis muss nicht erst konstruiert werden: Es hat von Anfang an existiert und wird stets existieren. Nachdem Sie sich auf diese neue Weise kennengelernt haben, fällt es Ihnen immer leichter, sich von Bestandteilen Ihres alten Selbstverständnisses zu lösen. Nichtsdestoweniger braucht solch ein Prozess Geduld. Und er erfordert, dass Sie täglich sich selbst begegnen. Freilich ist er zugleich ein freudvoller Prozess, denn tief im Innern haben Sie sich diese fadenscheinige Konstruktion ohnehin nicht abgekauft, jedenfalls nie ganz. Viel zu viele Erinnerungen daran, wie sie Stück für Stück zusammengekleistert worden ist – manchmal ziemlich wahllos, häufig gegen Ihren Willen –, schwingen da noch mit. Nichts weiter sein als das, was andere Menschen in ihm sehen, wer will das schon? Sehnlichst wollen wir wirklich sein. Und wenn Sie diese Sehnsucht im Sinn behalten, reicht das schon aus. Denn die Person, nach der Sie auf der Suche sind, ist ebenjene, die nach Ihnen sucht.

Vierter Schritt: Legen Sie eine großzügige Geisteshaltung an den Tag

Ganzheit kann es sich erlauben, großzügig zu sein. Sie kennt keinen Mangel. Wie viel auch immer Sie geben, es wird nur umso mehr zu Ihnen kommen. Das ist, glaube ich, das Geheimnis hinter: »Geben ist seliger als Nehmen.« Indem Sie geben, offenbaren Sie eine spirituelle Wahrheit – der Lebensfluss versiegt niemals. Allerdings bekommt man Probleme, wenn man oberflächlich gesehen bereitwillig gibt, einen unterschwellig dabei jedoch ein Gefühl des Mangels beschleicht. Großzügigkeit beginnt auf der Ebene der Seele, der es an zwei absolut lebensnotwendigen Dingen nie mangelt: Energie und Gewahrsein. In dem sicheren Gefühl, dass es Ihnen als Person an diesen beiden Dingen niemals fehlen wird, können Sie sich eine großzügige Geisteshaltung erlauben – sie ist für die Welt ein größeres Geschenk als Geld. Das eine schließt indes das andere nicht aus. Haben Sie erst eine großzügige Geisteshaltung, wird es für Sie zu etwas ganz

Natürlichem und Kinderleichtem, auf allen Ebenen freigebig zu sein.

In praktischer Hinsicht läuft eine großzügige Geisteshaltung auf Folgendes hinaus:

- Vor allen Dingen sich selbst zeigen.
- Nie die Wahrheit verschweigen.
- Eine Harmonie und Zusammenhalt stiftende Kraft sein.
- Darauf vertrauen, dass der Fluss der Fülle nie versiegen wird.

In sämtlichen Punkten entspricht dies unserer generellen Zielsetzung, Ihnen eine Lebensführung zugänglich zu machen, der Sie sich widmen können, ohne das geringste Aufsehen zu erregen, während Sie zugleich in Ihrem gesamten Umfeld reale Veränderungen bewirken.

Vor allen Dingen sich selbst zeigen. Hier meint »selbst« Ihr wahres Selbst. Denn man steht durchaus in Versuchung, eine künstlich fabrizierte Fassung seiner selbst zu präsentieren. Die meisten Menschen geben dieser Versuchung letztlich nach, spielen eine Rolle, die den gesellschaftlichen Erwartungen entspricht (Ehefrau, Arbeiter, Autoritätsfigur, Mitläufer, Abhängige/r, Opfer), und halten sich an die Ego-Forderung, für alles eine Gegenleistung zu verlangen. Im Sinn dieser Forderung macht man ein Geschenk nur, wenn Aussicht besteht, dafür im Gegenzug selbst etwas zu erhalten. Einkommen und Sozialstatus sind die entscheidenden Merkmale, auf die sich ihre Selbstdefinition stützt. Doch fabrizieren solche Faktoren ein falsches Selbst, da es sich um Äußerlichkeiten handelt. Da gibt es nicht jenes Fließen von innen nach außen wie bei einer großzügigen Geisteshaltung. Zwischen jemandem, der als Wohltäter auftritt, weil er seine Zeit zur Verfügung stellt und sein Geld investiert, und jemandem, der sein wahres Selbst zum Vorschein kommen lässt, besteht ein himmelweiter Unterschied. Das wahre Selbst ist offen und verletzlich, vermag sich in das Menschsein, in sein menschliches Gegenüber einzufühlen. Aus seiner Warte besteht zwischen der einen und der anderen Menschenseele kein Unterschied.

Das wahre Selbst zum Vorschein kommen zu lassen kann beängstigend sein. Aber Angst ist hier, wie in den meisten Fällen, ein schlechter Ratgeber. Wenn Sie das wahre Selbst an den Tag legen, fallen Sie dadurch keineswegs der immensen Hilfsbedürftigkeit Ihrer Mitmenschen oder ihrer Fähigkeit, andere Menschen auszunützen, zum Opfer. Stattdessen gewinnen Sie an Stärke. Das falsche, auf Äußerlichkeiten sich stützende Selbst gleicht einer instabilen Rüstung, die man sich in diesem Fall angelegt hat, weil ein Gefühl der Unsicherheit vorherrschend war. Und indem Sie das falsche Selbst ablegen, entledigen Sie sich einer Rüstung, deren Wirkung ohnehin schiere Illusion war. Denn in Wahrheit hat Ihr Körper dank des durch nichts und niemanden aufzuhaltenden Energie- und Gewahrseinsflusses überlebt. Während Sie sich so gebärdet haben, als hätten Sie dichtgemacht, ist Ihr Körper für das Universum offen geblieben. Warum nicht auf eine Strategie zurückgreifen, die ihre Wirksamkeit bereits unter Beweis gestellt hat? Richten Sie sich geistig auf die Schwachen, die Enteigneten und Vertriebenen, die ungerecht Behandelten und die Kinder der Erde aus. Durch Offenheit für sie bieten Sie ihnen nicht sich selbst als individuelle Seele dar, vielmehr offerieren Sie ihnen die Ganzheit des Geistigen.

Verschweigen Sie nicht die Wahrheit. Sind Energie und Gewahrsein in Fluss, fließt die Wahrheit mit ihnen. Alles Falsche führt zu einer Blockierung des Geistesflusses an der Quelle. Niemand fordert Sie dazu auf, für *die* Wahrheit einzutreten, denn absolute Werte stehen hier nicht zur Debatte. Während das Leben sich immer weiter entfaltet, können Sie nur Ihre Wahrheit vertreten. Und mit der Zeit wird diese sich wandeln, da Sie sich weiterentwickeln. Nehmen Sie zum Beispiel die Wahrheit über Gut gegen Böse. Einen nicht so weit entwickelten Menschen mutet das Böse als etwas Mächtiges, Beängstigendes und in krassem Gegensatz zum Guten Stehendes an. Im Verlauf der weiteren persönlichen Entwicklung verändern sich diese Dinge: Zwischen Gut und Böse entsteht eine Grauzone, zugleich herrscht nicht mehr so große Angst vor dem Bösen; der Glaube an seine Macht schwindet. Für einen sehr hoch entwickelten Menschen spielen Gut und Böse hingegen eine geringere, die Trennung von der Seele eine größere Rolle. Außerdem hat solch ein Mensch Vertrauen, dass sich in der Ganzheit der Widerstreit zwischen Gut und Böse aufheben lässt. Jeder Position wohnt die ihr eigene Wahrheit inne, so wie sie von der betreffenden Person empfunden wird.

Entscheidend ist, dass Sie die Wahrheit, worin sie auch bestehen mag, nicht verschweigen. Eine verschwiegene Wahrheit ist eine erstarrte, eine festgefahrene Wahrheit. Jedes Mal, wenn Sie Ihre Wahrheit aussprechen, bringen Sie die eigene Entfaltung weiter voran. Mehr als das: Unübersehbar vertrauen Sie darauf, dass die Wahrheit sich durchsetzen wird. Als Helfershelfer der Unwahrheit fungieren gar nicht so sehr die Lügen, dies tut viel eher das Stillschweigen. In Familien, in denen es körperlichen oder emotionalen Missbrauch, Alkoholismus oder Drogenabhängigkeit gibt, wo unübersehbare Anzeichen von Depression und von Angststörungen vorhanden sind, eine Behandlung jedoch ausbleibt, wahren die übrigen Familienmitglieder gewöhnlich Stillschweigen. In Passivität fügen sie sich dem Gefühl eigener Hilflosigkeit. Vielleicht wird sich ja die Situation ganz von selbst zum Besseren wenden, so ihre völlig ungerechtfertigte Hoffnung, oder sie wird wenigstens stabil bleiben. Tatsächlich aber verschlimmert sich das Problem durch das Stillschweigen. Denn Schweigen steht hier für Gleichgültigkeit, Hoffnungslosigkeit, unausgesprochene Feindseligkeit und fehlende Optionen. Das Aussprechen der Wahrheit eröffnet hingegen Optionen, es zeugt von fürsorglicher Anteilnahme, erteilt der Hoffnungslosigkeit eine Absage.

Seien Sie eine Harmonie und Zusammenhalt stiftende Kraft. Definitionsgemäß ist Ganzheit ein Zustand der Harmonie, Zersplitterung hingegen ein Zustand von Widerspruch und Konflikt. Wären wir nicht innerlich gespalten, würden wir nicht gegen Versuchung, Wut, Angst und Selbstzweifel zu Felde ziehen. Die Seele übt einen harmonisierenden Einfluss aus. Diese Qualität auszustrahlen zeugt von Großzügigkeit. In dem Zusammenhang hat mir ein Freund neulich eine bemerkenswerte Geschichte erzählt. Als er in einer Großstadt zu Besuch war und eine Straße entlangschlenderte, betrat er, einem Impuls folgend, eine feine Bäckerei, von deren extravaganter Schaufensterdekoration er sich angesprochen fühlte. Kaum hatte er die Ladentür geöffnet und die Bäckerei betreten, sah er, dass es dort Ärger gab: Der Geschäftsführer schrie die hinter der Verkaufstheke stehende junge Frau an, die ihrerseits in Tränen aufgelöst war. Beide hatten noch gar nicht registriert, dass ein Kunde den Laden betreten hatte, so sehr waren sie emotional von der Situation in Anspruch genommen. Da sei ihm auf einmal, meinte mein Freund, der Gedanke gekommen: *Hier kann ich für Harmonie sorgen.*

Dem Streit, der ohnehin zum Erliegen kam, sobald man auf ihn aufmerksam geworden war, schenkte er dabei weiter keine Beachtung. An sich ist daran bis hierher eigentlich nichts sonderlich bemerkenswert. Allerdings blieb mein

Freund weiter in dem Laden und zentrierte sich in dem Zustand von Ruhe und Frieden in der eigenen Mitte – er war ein erfahrener Meditierender mit langjähriger Meditationspraxis. Für ihn wurde spürbar, wie eine mildere Atmosphäre den Raum zu erfüllen begann.

Was dann als Nächstes geschah, würde wohl kaum jemand glauben: Der Geschäftsführer und das Mädchen an der Theke lächelten einander zu. Als mein Freund wenig später den Laden wieder verließ, warf er noch kurz einen Blick zurück über die Schulter und sah, dass die beiden sich umarmten und einander erklärten, wie leid ihnen das alles tue.

Können Sie durch Ihre bloße Gegenwart in gleicher Weise Harmonie in eine Situation bringen? Im ersten Schritt müssen Sie zunächst einmal daran glauben, dass Ihnen das möglich ist. Der zweite Schritt besteht in der Bereitschaft, auf jede Parteinahme zu verzichten, stattdessen einzig und allein einen friedvollen Einfluss auszuüben. Im Grunde genommen geht es in Konflikten nicht darum, wer recht und wer unrecht hat. Vielmehr geht es um Inkohärenz, um die chaotischen Emotionen und Gedanken, die sich aus chaotischer Energie und bruchstückhaft zersplittertem Gewahrsein ergeben. Die Frage, wer recht und wer unrecht hat, kommt lediglich als Spiegelbild des inneren Aufruhrs ins Spiel. Indem Sie herausschreien, dass Sie recht haben, brauchen Sie nicht zuzugeben, dass Sie sich verletzt, verwirrt und innerlich zerrissen fühlen. Statt den Aufruhr noch zu vergrößern, können Sie die Situation befrieden – nicht nur weil das gut, moralisch und anständig klingt, sondern weil ohne einen friedfertigen Einfluss keine produktive Veränderung einsetzen kann.

Vertrauen Sie auf den Überfluss. Ganzheit enthält alles, darum kann sie aus niemals versiegenden Quellen schöpfen.

Wenn Sie sich Ihr Leben anschauen, werden Sie vielleicht finden, eine derartige Aussage sei ja wohl mit großer Vorsicht zu genießen. Denn niemand verfügt über unbegrenzt viel Geld, Ansehen, Macht und Liebe. Und wo kein Mangel herrscht, liegt nichtsdestoweniger die Befürchtung in der Luft, dass man früher oder später vielleicht doch mit dem Mangel zu kämpfen haben wird. Hier bedarf es einer anderen Auffassung von Überfluss.

Wenn Sie Überfluss als die unerschöpflichen Ressourcen des Geistigen auffassen, wenden Sie die Aufmerksamkeit von den materiellen Dingen ab. Stattdessen vertrauen Sie darauf, dass von dem, was Ihre Seele zu geben hat, stets genug vorhanden sein wird. Viele Menschen greifen heute wieder auf religiös geprägte Glaubensvorstellungen zurück – sie glauben etwa, Gott werde sie nie mit Herausforderungen konfrontieren, die so groß sind, dass sie diese nicht bewältigen können. Das scheint mir aber eine gar zu grobe Vereinfachung zu sein. Man braucht sich nur mal umzuschauen, um zu sehen, wie viele Menschen unter der Last, die sie zu tragen haben, lautlos und stumm zusammenbrechen und wie viele weitere Menschen sich durch diese Last beeinträchtigt oder überfordert fühlen. Im anderen Lager sitzen die spirituellen Materialisten – diejenigen, aus deren Sicht das eigene Bankguthaben zum Maßstab der göttlichen Gnade wird und die erklären, Gott helfe dem, der sich selbst hilft. (Bringen sie damit nicht zwischen den Zeilen zum Ausdruck, dass Gott *nur* denjenigen hilft, die sich selbst helfen? Das läuft dann auf eine wirkliche Abkehr vom Glauben hinaus, weil es Gottes Rolle darauf beschränkt, die Wohlhabenden und Erfolgreichen zu noch größeren Erfolgen anzufeuern.)

Ich halte es für besser, den Glauben hier ganz aus dem Spiel zu lassen. Überfluss ist weder etwas Materialistisches noch etwas Religiöses. Vielmehr geht es darum, auf den Fluss zu vertrauen in dem Wissen, dass Ganzheit keine Löcher hat, dass sie niemals irgendetwas leer und unausgefüllt lässt. Sie können mit allem, was die Seele Ihnen gibt, großzügig sein, denn anschließend wird Ihnen mehr davon zuströmen. Seien Sie großzügig mit Sympathie, Liebe, Intelligenz, Wahrheit und Kreativität. Je mehr Sie diese Dinge zum Ausdruck bringen, umso mehr werden sie Ihnen auf allen Ebenen zuteil werden. Machen Sie andererseits aus Ihrer Seele keinen Bankautomaten. Der Fluss strömt nicht geradlinig von A nach B; und wenn Sie großzügig sind, gibt es keine Gewähr dafür, dass sich gleich anschließend ein zu Ihren Gunsten ausfallendes Resultat einstellt. Auf längere Sicht werden Sie sich jedoch jeden Tag weiterentwickeln, da die Seele, indem sie durch Sie in die Welt ausstrahlt, Sie zugleich transformiert.

Fünfter Schritt: Stellen Sie nicht den Konsum, sondern die zwischenmenschlichen Beziehungen in den Mittelpunkt

Ganzheit ist auf vollständige und heile Beziehungen angewiesen. In Vereinzelung können Sie nicht ganz sein. Zwischenmenschliche Beziehungen erweisen sich als die eigentliche Feuerprobe jedes spirituellen Zustands. Ansonsten könnten Sie sich etwas vorgaukeln. Das Ego könnte die Seele benutzen, um sich aufzuspielen. Davon handelt eine bekannte Geschichte aus der Yoga-Überlieferung:

Ein Einsiedler hat lange Zeit in einer Höhle hoch oben im Himalaya zugebracht, sich Tag und Nacht dem einen Ziel gewidmet – der Verwirklichung des erleuchteten Zustands. Nach Jahren der hingebungsvoll geübten spirituellen Disziplin lichten sich schließlich all seine geistigen Schleier. Er ist, so erkennt er, an seinem Ziel angelangt. Überglücklich beginnt er daraufhin den Abstieg von seinem Berg, um den Bewohnern der nächstgelegenen menschlichen Ansiedlung die frohe Nachricht zu überbringen. Als er den Rand des kleinen Städtchens erreicht, stolpert ihm ein Bettler über den Weg, der nach Alkohol riecht und ihn anrempelt. »Pass doch auf, wo du hingehst, Idiot«, murmelt der Einsiedler. Doch plötzlich hält er inne. Ohne ein weiteres Wort zu verlieren, macht er kehrt und kraxelt wieder hinauf zu seiner Höhle.

Ihre zur Ganzheit hinführende Transformation bewirkt eine entsprechende Transformation Ihrer Beziehungen – was jedoch nicht unbedingt heißt, dass beide Prozesse ganz von allein parallel verlaufen. Vielmehr gilt es, Ihre Aufmerksamkeit darauf zu richten, in Ihrem Gegenüber ein unermessliches Potenzial zu erblicken. Das ist ganz entscheidend.

Eine Reise nach Kuba hat mich vor ein paar Jahren tief berührt. Als meine Gastgeber mit mir eine Rundfahrt über die Insel unternahmen, habe ich dort zahlreiche Straßensänger und -tänzer gesehen, ähnlich wie es zur Zeit meiner Kindheit in Indien an der Tagesordnung war. In Indien sind sie mittlerweile jedoch aus dem Straßenbild verschwunden. In den Cafés sah ich die Kellnerinnen lachen und mit den Kunden flirten. Beinah überall herrschte eine fröhliche Atmosphäre. Zumindest gewann man diesen Eindruck.

Eines Tages bat ich meinen Fahrer, mir das Gesehene zu erläutern. »So arm, wie wir sind, können wir es uns nicht leisten, irgendwas zu kaufen«, erklärte er mir. »Also müssen wir die zwischenmenschlichen Beziehungen in den Mittelpunkt stellen.«

Wie sehr das Konsumdenken die zwischenmenschlichen Beziehungen tatsächlich untergräbt, war mir bis dahin so klar nicht gewesen. Konsumieren bedeutet, dass ständig alles um materielle Güter geht, zugleich aber auch um die mit ihnen verbundenen Ablenkungen – eine Überflutung mit Videospielen, Fernsehprogrammen, Musik, Hightechgeräten und dergleichen mehr.

Jedermann als Konsumenten zu definieren hat etwas Entwürdigendes. Das Bild eines gierig aufgerissenen Schlundes kommt einem da in den Sinn (und dasjenige vom unvermeidlichen Vorgang der Exkrementenbeseitigung, sobald der Verdauungsprozess abgeschlossen ist). Aber ich will das Ganze nicht zu einer moralischen Frage machen. Aus der Warte Ihrer Seele betrachtet, sind Sie mit allem verbunden. Verbunden zu sein bedeutet, in Beziehung zu stehen. Alle Geschehnisse sind durch ein Beziehungsgeflecht miteinander verwoben. Dessen Fäden erbeben von Fall zu Fall – wie bei einem Spinnennetz, auf das ein äußerer Einfluss einwirkt. Entlang diesen Strängen der Liebe, der Sympathie, der Zusammenarbeit, der Gemeinschaft und des Wachstums kommunizieren wir. Eine Schwächung dieser Stränge bedeutet eine Schwächung all dieser Dinge. (Wie wir bereits an anderer Stelle gesehen haben, stellt sich im Gehirn von Kindern, die Tag für Tag stundenlang Videospiele spielen, eine Veränderung ein: mit der Konsequenz, dass sie sich spezielle motorische Fähigkeiten aneignen, die allerdings auf Kosten sozialer Kompetenzen gehen. Dann schaffen sie es vielleicht, fünfzig außerirdische Invasoren pro Minute zu erledigen. Mit realen Menschen wissen sie hingegen nicht umzugehen.)

Weitgehend unbemerkt zahlen wir für das Konsumdenken insofern einen hohen Preis, weil wir uns dadurch Wachstums- und Entwicklungskanäle verschließen. Stattdessen ist eine Digitalkultur entstanden, deren Netzwerke dazu dienen, die Menschen miteinander zu verbinden. Gewöhnlich zum wechselseitigen Nutzen. Je mehr man in ein elektronisches Netz eingebunden ist, umso stärker ist man mit einer globalen Gemeinschaft verknüpft. Eine Internetverbindung beinhaltet allerdings keine emotionale Bindung und kann einem kein Gefühl von Sicherheit und Geborgenheit geben. Wenn wir eine SMS versenden, übermitteln wir ein paar Worte, die allerdings aus der oberflächlichsten zwischenmenschlichen Interaktionsschicht herrühren.

Bei einem Blick auf das eigene Leben können Sie leicht ermessen, inwieweit das Konsumdenken bei Ihnen im Bereich der zwischenmenschlichen Beziehungen Spuren hinterlassen hat. Die dazugehörigen Fragen sind nicht schwer zu beantworten:

- Findet meine Familie die nötige Zeit für den persönlichen Umgang miteinander?
- Wie steht es um unser aller Zusammengehörigkeitsgefühl?
- Manipulieren meine Kinder mich, um das zu bekommen, was sie haben wollen?
- Besteche ich meine Kinder durch den Kauf der neuesten technischen Errungenschaften, damit ich meine Ruhe habe?
- Haben wir es in unserer Familie eilig, mit dem Computer, iPod, Fernseher oder mit Videospielen allein zu sein?
- Ist es möglich, mit der ganzen Familie darüber zu sprechen, auf was es wirklich ankommt?
- Wie oft gehen wir mit Problemen in der Weise um, dass wir schlicht nach weiteren Ablenkungen suchen?
- Bemesse ich meinen Wert an dem Geld, über das ich verfüge, und an dem Besitz, den ich angehäuft habe?
- Ist ein Einkaufsbummel für mich so etwas wie eine Therapie?

Wenige Menschen können diese Frage offen und ehrlich beantworten, ohne dass sie dabei ein Gefühl von Unwohlsein beschleicht. Gewiss, Ablenkungen bieten uns einen bequemen Ausweg; und in Beziehungen werden sensible Fragen aufgeworfen, deren Beantwortung man wahrscheinlich lieber ausweichen würde. Aber nur in Form einer zwischenmenschlichen Beziehung können zwei Menschen auf dieser Welt ihr Leben miteinander verbringen. Wir brauchen da noch nicht einmal Attribute wie *feste* Beziehung, *langfristige* Beziehung oder gar *glückliche* Beziehung hinzuzufügen. Glück, als eine Emotion bzw. ein Geisteszustand, kann man auch erreichen, ohne sich der Mühe zu unterziehen, Beziehungen zu anderen Menschen einzugehen. Und ohnehin ist die Erwartung, dass ein anderer Mensch Sie glücklich machen wird, selbst im günstigsten Fall weder fair noch realistisch. Ein Punkt, auf den es in jeder Beziehung ganz entscheidend ankommt, ist die Frage, in welchem Maß sie von Gewahrsein getragen wird.

Oberflächlich gesehen gehen Sie zu einem anderen Menschen eine Beziehung ein, um sich besser zu fühlen, um zu bekommen, was Sie wollen, oder um die guten und schönen Dinge des Lebens miteinander zu teilen.

Falls Sie die Beziehung auf eine tiefer gehende Ebene bringen können, so besteht diese in Hinblick auf gemeinsame Zielsetzungen. Die Beziehung soll Ihnen das Gefühl geben, dass Sie von einem anderen Menschen unterstützt werden. Oder sie soll eine Erweiterung von »ich« zu »wir« ermöglichen.

Falls es Ihnen gelingt, noch tiefer zu gehen, beginnt eine Beziehung die Ego-Grenzen aufzulösen. Daraus kann dann eine wahrhaftige Gemeinschaft zwischen zwei Menschen hervorgehen, deren Leben jeweils auch im anderen seine Erfüllung findet.

Und zu guter Letzt gibt es, auf der Ebene der Seele, keine »andere Person«. Individualität macht keine Ansprüche mehr geltend, da das Ego sich dem Geistigen beugt. Auf dieser Ebene haben Sie an der Ganzheit teil. All Ihre Beziehungen bestehen nunmehr in einer Ausweitung von Ganzheit.

Beziehungen seien harte Arbeit, hört man häufig aus dem Mund von Experten. Und das scheint allgemeine Zustimmung zu finden. Auf der Ebene des Ego trifft dies sicher auch zu. Denn unweigerlich zieht es Konflikte nach sich, wenn zwei Egos miteinander in Kontakt kommen. Eine Beziehung auf der Ego-Ebene einzugehen ist jedoch von vorneherein zum Scheitern verurteilt, da solch eine Beziehung in eine der Seele entgegengesetzte Richtung geht.

Wann immer Sie feststellen, Sie arbeiten hart daran, in Ihrer Beziehung etwas zu überwinden – Langeweile, Verärgerung, Feindseligkeit, nicht miteinander zu vereinbarende Meinungen oder ganze Bereiche, in denen die Auffassungen auseinandergehen –, sind Sie auf die Umtriebe des Ego hereingefallen. Und Sie können dann so hart arbeiten, wie Sie wollen, trotzdem führen Sie auf dieser Grundlage keine Beziehung, sondern nur Verhandlungen.

Stattdessen sollten Sie sich klarmachen, dass Beziehungen ganz und gar im Gewahrsein existieren. Darin liegt der Schlüssel zu einer Lösung: Da *Sie* die Quelle des Gewahrseins sind, können Sie in sich jede Beziehung verändern. Weder brauchen Sie darum zu bitten, dass Ihr Gegenüber sich ändert, noch es zu verlangen oder darüber zu verhandeln. Dieser Gedanke geht gegen den Strich von Eheberatung und Therapie. Dessen bin mir sehr wohl bewusst. Doch wer aufgrund von Beziehungsproblemen einen Therapeuten aufsucht, das sollten Sie sich in diesem Zusammenhang vor Augen führen, bringt eigentlich sein frustriertes Ego in die Therapie. Schon lange bevor die erste Beratungsstunde begonnen hat, ist hier das Gewahrsein auf der Verliererstraße gelandet.

Sobald Sie sich einer Vertiefung Ihres Gewahrseins widmen, werden Beziehungen sich unweigerlich verbessern, da Sie über jene unsichtbaren Stränge, die uns alle miteinander verbinden, neue Energie schicken. Allerdings dürfen Sie, diesen Vorbehalt gilt es zu beachten, das Gewahrsein nicht zu Privatbesitz machen – mithin zu noch einem weiteren Grund, sich isoliert zu fühlen. Lassen Sie Ihr Gegenüber am eigenen inneren Wachstum voll teilhaben. Lassen Sie, mit anderen Worten, ihm bzw. ihr jeden liebevollen Impuls zugutekommen. Jede Offenbarung will mitgeteilt werden. Weiterhin geht es dann im Verlauf Ihres Entfaltungsprozesses nicht zuletzt darum, Sein in Handeln umzusetzen.

Doch gleichgültig, was an der Oberfläche geschieht, Sie dürfen die Gewissheit haben, dass jeder Mensch, mit dem Sie zu tun haben, Ihre Energie spürt. Bindungen lügen nicht. Sie können nicht vorgetäuscht werden. Ein Grund mehr, ausfindig zu machen, auf welcher Ebene Bindung tatsächlich entsteht. Dort erst sind Beziehungen keine Arbeit mehr, sondern gewinnen einen mühelosen Charakter.

Sobald Sie eine Bindung eingehen, gibt es keinen Grund mehr, Ihrem Gegenüber zu misstrauen, da Sie beide in der einzigen Art und Weise, auf die es ankommt, eins sind – indem Sie an derselben Ganzheit teilhaben. Einsamkeit, Isolation und die rastlose Unsicherheit des Ego offenbaren sich nun als das, was sie sind: als Nebenprodukt einer von der Ganzheit abgeschnittenen Seelenexistenz, bevor diese Seelen zueinanderfinden.

Sechster Schritt: Pflegen Sie einen bewussten Umgang mit dem Körper

Uns allen hat man beigebracht, dem spirituellen Wert unseres Körpers keine Beachtung zu schenken. Eine über Jahrhunderte reichende Programmierung hat der Illusion Vorschub geleistet, der Körper habe keinen Geist – und ganz gewiss erst recht keine Seele. Ihr Körper hat jedoch, wie wir in diesem Buch ein ums andere Mal sehen konnten, Ihrer Seele selbst dann noch die Treue gehalten, wenn Sie es nicht mehr getan haben. Er öffnet sich dem Fluss des Lebens. Aus dem unbegrenzten Nachschub an Energie und Intelligenz schöpfend, den das Universum uns zur Verfügung stellt, sorgt er für den Erhalt jeder Zelle.

Pikanterweise gebührt die Dankbarkeit, die wir Gott erweisen, eigentlich unserem Körper. Denn verlässlicher als jede »höhere« Macht gewährleistet er unseren Fortbestand. Bewusst kümmert Ihr Körper sich jeden Tag um Sie, immer aufmerksam, immer ganz bei der Sache. Diesen treuen Diensten können Sie Ihre Anerkennung zollen, indem Sie im Gegenzug Ihrerseits einen bewussten Umgang mit dem Körper pflegen. Oder, um genauer zu sein: So werden Sie den Kreis schließen. Das Gewahrsein will frei fließen – vom Körper zum Geist und wieder zurück. Allzu oft sendet der Körper jedoch Botschaften, die der Geist kurzschließt. Bestimmte Botschaften machen uns Angst oder untergraben unser Selbstbild. Wir haben keine Zeit, auf den Körper zu hören; oder wir verschieben es auf »später«, weil wir uns momentan um wichtigere Dinge zu kümmern haben. Bedenken Sie die folgenden Alltagssituationen:

- Sie verspüren einen stechenden Schmerz.
- Sie erkennen Anzeichen des Alterns.

- Sie fühlen sich körperlich »nicht ganz auf der Höhe«.
- Sie bemerken, dass Ihre Energie nachlässt.
- Ihnen ist unwohl zumute in Ihrer Haut.
- Sie sehen keine Übereinstimmung zwischen Ihrem körperlichen Erscheinungsbild und dem wirklichen Selbst in Ihrem Innern.

Es gibt zwei Möglichkeiten, mit diesen Erfahrungen umzugehen: Sie können sich von den physischen Empfindungen abkoppeln – sich so sehen, als seien Sie von ihnen getrennt. Oder Sie können Körperempfindungen als bewusste Mitteilungen von einem an einen anderen Teil Ihrer selbst auffassen. Mit der ersten Reaktion machen wir es uns besonders einfach. Daher ist sie am weitesten verbreitet. Wenn wir ignorieren, was unser Körper uns zu sagen hat, erhalten wir allerdings ein äußerst trügerisches Gefühl von Sicherheit. Sie treffen die Entscheidung, ob Sie ernst nehmen, was der Körper Ihnen sagt; Sie entscheiden, wann und wo Sie ihm Aufmerksamkeit schenken.

Im Grunde begegnen Sie Ihrem Körper auf diese Weise jedoch mit Ablehnung. Wirkliche Sicherheit kann nur dann entstehen, wenn Sie mit Ihrem Körper genauso bewusst umgehen wie mit sich selbst. Dann gewinnen Schmerz und Unwohlsein eine andere Bedeutung, sind nicht länger Warnsignale, vor denen Sie davonlaufen wollen, sondern Mitteilungen, die nach einer Antwort verlangen. (Wir können uns das anhand einer Analogie verdeutlichen: Wenn Sie im Restaurant sitzen und neben Ihnen ein Baby weint, reagieren Sie instinktiv verärgert. Und wenn das Weinen weiter anhält, werden Sie vielleicht den Tisch wechseln wollen. Weint hingegen Ihr eigenes Kind, sieht Ihre instinktive Reaktion anders aus: Sie bewegen sich auf die Störquelle zu und sind bemüht, die Situation zum Besseren zu verändern.)

Eine bewusste Beziehung zu Ihrem Körper erfordert dieselben grundlegenden Einstellungen, die für jede innige Beziehung erforderlich sind. Indem Sie sich jeden Tag um die Pflege dieser Einstellungen kümmern, erhalten Sie die Beziehung gesund.

- Vertrauen
- Rücksichtnahme
- Ehrlichkeit
- wechselseitige Zusammenarbeit
- liebevolle Wertschätzung

All diese Einstellungen sind Aspekte des Gewahrseins. Die meisten Menschen schenken den Entscheidungen, vor die sie der Körper auf der physischen Ebene stellt, viel zu große Aufmerksamkeit – ob sie Vitamine zu sich nehmen, wie viele Kalorien sie aufnehmen oder wie viel Bewegung sie sich verschaffen sollten. Ohne Gewahrsein werden Ihnen solche Überlegung höchstwahrscheinlich nicht viel bringen. Ihr Körper weiß, ob Sie Angst vor ihm haben. Er begehrt dagegen auf, wenn man ihn diszipliniert wie ein ungehorsames kleines Kind. Und schenkt man ihm keine Beachtung, macht ihn das lustlos und träge. Beim bewussten Umgang mit dem Körper geht es einzig und allein darum, für die tatsächlich benötigte Grundlage zu sorgen. Anschließend können Sie, im richtigen Geist, physische Maßnahmen ergreifen. So erzielen Sie die besten Ergebnisse.

Vertrauen. Wirkliches Vertrauen ist ein unbedingtes, von allen Stimmungsschwankungen unabhängiges Vertrauen. Es muss nicht auf die Probe oder unter Beweis gestellt werden. Die meisten Menschen schenken ihrem Körper nur eingeschränktes Vertrauen. Sie erwarten, dass ein Zeitpunkt kommen wird, zu dem der Körper ihnen die schmerzlichen und leidvollen Erfahrungen des Alterns bringen wird. Sobald Sie danach Ausschau halten, was auf der physischen Ebene schiefgehen könnte, ist Ihr Verhalten von Misstrauen bestimmt; also vom Gegenteil dessen, was eigentlich erforderlich wäre. Stellen Sie die Situation daher in einen anderen Kontext. Denken Sie an die sekündlich millionenfach in Milliarden von Zellen auf vollendete Weise ablaufenden Prozesse. Im Vergleich zu diesem stetigen, zuverlässigen, perfekten Funktionieren fallen die wenigen Gelegenheiten, bei denen Ihnen der Körper schmerzliche und leidvolle Erfahrungen bringt, kaum ins Gewicht. Ihrem Körper zu vertrauen ist daher weit realistischer, als ihm mit Misstrauen zu begegnen. Schließlich vertrauen Sie ja auch Ihrem Geist, obgleich er sich gelegentlich zu irrationalen Reaktionen hinreißen lässt und anfällig ist für Niedergeschlagenheit und Besorgnis. Ihr Körper steht Ihnen zur Seite, ohne einen Lohn dafür zu verlangen, und auf ihn ist weit eher Verlass als auf den unsteten Geist.

Rücksichtnahme. Diese verlangt Ihr Körper nicht, wenn Sie dennoch ein wenig Rücksichtnahme zeigen, dankt er es Ihnen umso reichlicher. Rücksichtsvoll verhalten Sie sich zum Beispiel, indem Sie sich aus stressreichen Situationen entfernen. Stress übt auf den Körper hinsichtlich seiner Strategien zur Bewältigung solcher Belastungen einen enormen Druck aus. Nicht zuletzt gilt das für den durch Lärm, beengte Verhältnisse am Arbeitsplatz, übermäßige physische Belastungen und emotionale Krisensituationen hervorgerufenen Stress. Gut möglich, dass Sie etwa die Teilnahme an einem Marathonlauf für eine gute Freizeitbeschäftigung halten. Doch sollten Sie die Perspektive Ihres Körpers in den Entscheidungsprozess mit einbeziehen, ehe Sie ihm abverlangen, dass er Ihrem Wunsch nachkommt.

Ruhepausen einzulegen und sich geregelte Tagesrhythmen zu eigen zu machen ist eine weitere elementare Form der Rücksichtnahme. Gönnen Sie Ihrem Körper, statt so lange zu warten, bis Sie zum Weitermachen definitiv zu müde sind, ein paarmal am Tag eine Ruhepause. Ein paar Minuten lang mit geschlossenen Augen dazusitzen ist alles, was es dazu braucht. Ein absehbarer Tagesablauf in Hinblick auf die Essenszeiten und auf Phasen körperlicher Bewegung zeugt ebenfalls von Rücksichtnahme. Falls Sie an unregelmäßige Abläufe gewöhnt sind, werden Sie es möglicherweise langweilig finden, sich diesbezüglich umzugewöhnen. Aber wenn Sie es auch nur eine Woche lang durchhalten, werden Sie schon feststellen können, dass Ihr Körper darauf positiv reagiert. Er wird entspannter, zugleich vitaler und tatkräftiger sein, außerdem wird er sich besser auf die jeweilige Situation einstellen können. Bereits das geringste Bemühen um ein klein wenig Bewegung, etwa indem Sie sich alle paar Stunden vom Schreibtisch erheben, um sich zu strecken und zu dehnen, lässt den Körper spüren, dass ihm persönliche Beachtung zuteil wird.

Vergegenwärtigen Sie sich immer wieder: Ihre Aufmerksamkeit ist das Grundnahrungsmittel, das Ihr Körper benötigt.

Ehrlichkeit. Eine Fassade aufrechtzuerhalten kostet in zwischenmenschlichen Beziehungen große Anstrengung. Im Umgang mit unserem Körper verhält es sich ebenso. In beiden Fällen hat es mit unserem Selbstbild zu tun, wenn wir uns anders zu geben versuchen, als wir tatsächlich sind. Sie schauen sich Ihren Körper an und wollen, dass er dem Wunsch Ihres Ego gerecht wird, in den Augen Ihrer Mitmenschen gut dazustehen und gut auszusehen. Viele Leute verbringen Tausende Stunden im Fitnesscenter – nicht dem Körper zuliebe, sondern um dem Ego-Ideal von Schönheit, Eitelkeit, Stärke und Sicherheit sowie den Erwartungen anderer Menschen zu entsprechen. Das körperliche Erscheinungsbild stellt für viele Menschen ein riesengroßes Problem dar. Frauen leiden traditionell besonders stark darunter. Das ganze Problem können Sie in eine andere Perspektive rücken, indem Sie Ihren Körper mit dem Menschen vergleichen, an dem Ihnen auf der Welt am meisten liegt. Kümmert es Sie wirklich, wie er im Spiegel aussieht? Drehen Sie der betreffenden Person einen Strick daraus, dass sie nicht dem Bild eines Supermodels entspricht, nicht ihr Idealgewicht, nicht den perfekten Bizeps oder zu kleine Brüste hat? Verliert dieser Mensch in Ihren Augen dadurch an Wert, dass er älter wird?

Wenn derartige Erwägungen für Sie in diesem Fall keine entscheidende Rolle spielen, liegt das einfach daran, dass es sich um die Beziehung zu einer anderen Person handelt, nicht zu einem Objekt, das einem Idealbild zu entsprechen hat. Stellen Sie sich nun Ihren Körper als eine Person vor, die in einer ebenso innigen Beziehung zu Ihnen steht. Dazu ist es gar nicht nötig, dass Sie diese Person »ich« nennen. Unter welchem Namen auch immer – Ihr Körper hat sich als ein denkbar verlässlicher Freund erwiesen. Sobald Sie ihn aus diesem Blickwinkel betrachten, wird die Ego-Vorstellung bedeutungslos. Kurzum: Lernen Sie, den Körper als Person zu betrachten, dann werden Sie nicht so leicht in Versuchung geraten, ihn zum Objekt zu machen.

Wechselseitige Zusammenarbeit. Selbst beim besten Willen dürfen Sie nicht erwarten, dass Ihr Körper Ihnen alle erdenklichen Dienste leisten kann, wenn Sie ihm andererseits nichts zu tun geben. Der Körper eines leitenden Angestellten oder Managers mittleren Alters legt es keineswegs darauf an, diesen Mann zu sabotieren, wenn der beschließt, ein paar Zentimeter Schnee von der Grundstückszufahrt wegzuschippen. Falls der Betreffende jedoch seinem Herzen seit

Jahren keine Beachtung geschenkt hat, bedeutet jede größere körperliche Anstrengung Gefahr für ihn, womöglich gar eine tödliche Gefahr.

Zusammenarbeit ist der Schlüssel zu körperlicher Verlässlichkeit: Fordern Sie Ihrem Körper nicht mehr ab, als Sie ihm gegeben haben. Gerade im Vergleich zu anderen innigen Beziehungen zeigt sich: Der Körper verlangt von Ihnen nur einen Bruchteil dessen, was er Ihnen im Gegenzug zu geben bereit ist. Auch in diesem Bereich hilft es, den Körper zu personifizieren, statt ihn zum Objekt zu machen. Stellen Sie sich Ihren Körper als einen arbeitswilligen Mitarbeiter vor, der sich zwar mit einem mageren Lohn begnügt, wenn er völlig leer ausgeht, jedoch nicht überleben kann. Der Lohn, den Ihr Körper verlangt, wird in Form von Aufmerksamkeit ausgezahlt. Wenn Sie den aufrichtigen Wunsch haben, mit Ihrem Körper zusammenzuarbeiten, ist ein wenig Aufmerksamkeit gleichbedeutend mit angemessener Ernährung, Bewegung und angemessenen Ruhepausen. Und diese Dinge werden Sie ihm zur Verfügung stellen, weil Sie wollen, dass Ihr arbeitswilliger und fleißiger Mitarbeiter zugleich auch ein zufriedener Mitarbeiter sein soll.

Liebevolle Wertschätzung. Ihr Körper wird ein Leben lang Ihren Interessen dienen und sie wahren. Da ist es nur gerecht, ihm für diesen Dienst Wertschätzung entgegenzubringen, und zwar nach Möglichkeit in Form von aufrichtiger Zuneigung. Davon sind die meisten Menschen weit entfernt. Stattdessen betrachten sie ihren Körper so, als wäre er ein altes Auto, das verschleißbedingt immer reparaturanfälliger wird und immer häufiger Pannen hat. Das führt zu einer schweren Kommunikationsstörung. Was sie vom Leben wollen – eine Zukunft, die ihnen mehr Wohlbehagen und Erfüllung bringt –, passt nicht zu einem Körper, der ihnen zusehends Unbehagen und Enttäuschung bereitet.

Dieses Missverhältnis geht jedoch nicht auf den Körper zurück. Vielmehr ist es das Ergebnis von Annahmen und Überzeugungen, die im Geist geboren wurden. Wir alle haben mit Menschen zu tun, die uns lieb sind und uns nahestehen, und wenn alles gut läuft, wird unser Verhältnis zu ihnen umso besser, je älter sie werden. Vertrautheit ruft in diesem Fall Zuneigung hervor. Und die Wertschätzung entsteht dann auf ganz natürliche Weise.

Dasselbe sollte für Ihren Körper gelten. Da er für Sie ein vertrauter Gefährte ist, können Sie ihn mit der Zeit immer mehr lieb gewinnen. Sie und er gewöhnen sich immer mehr an ein gemeinsames Leben, wissen Dinge übereinander, die jemand anderes unmöglich wissen kann. Sollte das für Sie nach einer Ehe klingen, so besteht dieser Eindruck zu Recht. Das höchste Ziel im Leben ist die Vermählung von Geist und Seele und da der Körper als Bindeglied zwischen den beiden fungiert, verdient er es, im Lauf der Jahre Teil einer vollendeteren Einheit zu sein. Dies ist keine Fantasie, die den fortschreitenden physischen Alterungsprozess zu kompensieren versucht. Es ist ein realistisches Herangehen an Ihr Gewahrsein. Wollen Sie künftig in Ihrem Leben mehr Gewahrsein, Weisheit und Erfüllung haben, dann heißen Sie Ihren Körper willkommen, in Zukunft Ihr gleichberechtigter Partner zu sein. Sind Körper, Geist und Seele aufeinander abgestimmt, wird das zu ganz anderen Resultaten führen, als wenn sie einander entfremdet sind.

Siebter Schritt: Heißen Sie täglich eine neue Welt willkommen

Damit Ihr Leben insgesamt zu einem großen Sieg wird, gilt es auf dem Weg dorthin viele kleine Gefechte erfolgreich zu bestehen. Diese werden in den Niederungen des Alltags ausgefochten. Im Großen und Ganzen sehen wir jeden Tag die gleichen Leute und erwarten von ihnen dieselben Dinge. Indem wir so funktionieren, folgen wir einer Routine, die uns zur zweiten Natur wird. Die Möglichkeit, in Langeweile, Gleichgültigkeit und Trägheit abzugleiten, ist daher eine uns jederzeit drohende Gefahr. Unterhalb dieser scheinbaren Banalität und Verflachung unseres Daseins erneuert sich das Leben nichtsdestoweniger unablässig. Niemals kommt es vor, dass Ihre Zellen gelangweilt, abgelenkt, träge oder teilnahmslos sind. Vielmehr sorgen sie jederzeit mit vollem Einsatz für Ihr Überleben.

In dieser Hinsicht besteht demnach offenbar zwischen Geist und Körper eine Kluft. Da der Geist dem Körper sagt, wo es langgeht, wird diese Kluft sich vergrößern, falls Sie Ihre kleinen Gefechte gegen die Routine, die Trägheit und die Langeweile verlieren sollten. Daraufhin wird die Flut der Erneuerung abebben, die Vorwärtsbewegung allmählich zum Stillstand kommen. Können Sie andererseits diese Kluft schließen, wird hingegen genau das Gegenteil geschehen. Jeder Tag wird sich dann als eine Erneuerung darstellen.

Aber auch jede Kluft hat – in mehrfachem Sinn – ihre zwei Seiten. Das Paradebeispiel dafür ist die Synapse, der mikroskopisch kleine Spalt, durch den die sich verästelnden Ausläufer der Gehirnzellen voneinander getrennt sind. Damit eine Gehirnaktivität möglich wird, müssen chemische Botenstoffe den Sprung über den synaptischen Spalt bewältigen. Auf der einen Seite des Spalts befindet sich der Sender, auf der anderen der Empfänger. Beide müssen bereit sein, ihre Aufgabe ohne Fehl und Tadel zu erledigen. Denn bei einer Störung der synaptischen Funktion gerät das Gehirn aus dem Takt. Das bedeutet, dass Sie miterleben, wie Sie selbst aus dem Takt geraten. Ihre gesamte Selbstwahrnehmung hängt davon ab, was innerhalb dieser Kluft, innerhalb des synaptischen Spalts, geschieht. Forscher haben beispielsweise einen Zusammenhang entdeckt zwischen depressiven Zuständen und der Menge an Serotonin, einem speziellen Botenstoff im Gehirn, die über den synaptischen Spalt hinweggelangt und anschließend resorbiert wird, um so für den nächsten Serotoninschub den Weg frei zu machen. In einem normalen Gehirn legt die geeignete Menge Serotonin den Weg über den synaptischen Spalt zurück. Anschließend wird gerade genug davon aufgenommen, damit Sender und Empfänger für den Austausch neuer Nachrichten bereit sind. Demgegenüber wird im Gehirn eines depressiven Menschen zu viel Serotonin resorbiert. Angesichts der zur Neige gegangenen Vorräte ist dann nicht mehr genug auf Lager, um die nächste Nachricht angemessen zu übermitteln. Bestimmte Rezeptoren werden durch zu viel Serotonin blockiert, während bei anderen keinerlei Serotonin ankommt. Ihnen – uns allen – ist es unmöglich, dauerhaft und zuverlässig in einer zufriedenen Stimmung sein, sofern hier keine Ausgewogenheit herrscht.

Ein stark vereinfachendes Bild. Dennoch sagt es viel darüber aus, wie Sie einem neuen Tag begegnen. Ihre Seele sendet Energie und Gewahrsein; und Sie schicken sich dann an, beides aufzunehmen. Falls Ihr Gehirn noch mit zu vielen alten, längst nicht mehr aktuellen Erfahrungen beschäftigt ist, können Sie nur einen Bruchteil der Ihnen zugesandten neuen Energie und des frischen Gewahrseins aufnehmen. Wir alle wissen genau, wie sich das anfühlt. Kommen Sie zum Beispiel gerade aus einer gescheiterten Beziehung, sind Sie noch nicht wirklich imstande, an eine neue Beziehung zu denken. Dazu fehlt es Ihnen auf allen Ebenen an der nötigen Aufnahmefähigkeit.

Das beginnt bei den Rezeptoren Ihrer Gehirnzellen, erstreckt sich indes ebenso auf Ihr Selbstverständnis; ferner betrifft es den ganzen Bereich dessen, was Sie von der Liebe erwarten, wie Sie andere Menschen sehen, wie Sie mit Enttäuschung zurechtkommen und dergleichen mehr. Sich den zur Rede stehenden Prozess so vorzustellen, als überquerten hier lediglich molekulare Botenstoffe den synaptischen Spalt, wäre der Sache nicht wirklich angemessen, sondern zu kurz gegriffen. Ihr ganzes Selbst kommt und geht über den Spalt. Diese Rezeptoren, von denen der Ablauf Ihres Lebens abhängt, sind Empfänger von Erfahrungen aus dem gesamten Bereich von Geist und Körper.

Als Sie heute Morgen aufgewacht sind, war die Möglichkeit gegeben, einen vollkommen neuen und frischen Tag anbrechen zu lassen. Jeder Tag beinhaltet eine neue Welt. Ihr Gehirn ist darauf ausgelegt, Milliarden neuer Datenbits in Empfang zu nehmen. Nichts zwingt es, an den alten, das Empfangssystem blockierenden Erfahrungen festzuhalten. Fühlt der heutige Tag sich nicht vollkommen frisch an, dann deshalb, weil ein neues Selbst die Voraussetzung dafür ist. In dem Maß, in dem Sie gestern und heute mit demselben alten Selbst zu erfassen versuchen, ist die Erneuerung blockiert – ebenso sicher, als würden Sie einen Rezeptor im Gehirn, der bereits vollständig belegt ist, mit zusätzlichen Botenstoffen füllen wollen. Für einen Zellbiologen sind die blockierten Gehirnrezeptoren unter einem Mikroskop nachweisbar. Ein Neurologe kann anhand einer Magnetresonanztomografie zeigen, welche Bereiche des Gehirns nicht so aktiv sind, wie sie es sein sollten. Wir dürfen jedoch nicht in die Falle tappen zu meinen, das Selbst werde durch Materie gesteuert: Rezeptoren, die Sie offen halten wollen, wird Ihr Gehirn nicht füllen. Wenn Sie sich jeden Tag neu erfinden, werden Sie mit jedem Sonnenaufgang eine neue Welt erleben.

In einer materialistisch geprägten Gesellschaft lassen derartige Aussagen die Alarmglocken klingeln. Behaupten wir hier etwa, dass unter Depressionen leidende Menschen Ihr Serotonin-Ungleichgewicht selbst hervorgebracht haben? Haben sie es vielleicht versäumt, jene Freude und Erfüllung zuzulassen und sie in sich aufzunehmen, die ihnen die Seele geben wollte?

Die bestmögliche Antwort darauf ist unglücklicherweise ausgesprochen ambivalent. Das Gehirn unterliegt einer zweifachen Steuerung. Zum einen läuft es automatisch. Das bedeutet: Die Möglichkeit, dass eine chemische Ungleichgewichtigkeit von selbst weiter zunimmt, besteht durchaus. Außerdem neigen gestörte Hirnaktivitätsmuster zu einer gewissen Eigendynamik. Einmal vorhanden, treten sie, sofern von außen keine Gegenmaßnahmen eingeleitet werden, immer wieder auf. Daher wäre es weder gerechtfertigt noch gerecht, zudem medizinisch falsch, würde man behaupten wollen, ein unter Depressionen leidender Patient verursache seinen Zustand selbst. Andererseits tragen die Menschen tatsächlich zu ihrer Depression selbst bei. Die Gehirnaktivität wird in hohem Maß willentlich gesteuert. Wenn Sie zu viel Alkohol trinken, in einer ungesunden Beziehung leben oder in Zeiten von Stress nicht über ausreichende Fähigkeiten verfügen, diesen zu bewältigen, wird das eine depressive Gehirnfunktion zur Folge haben. Eine genaue Bestimmung jener Grauzone zwischen der willkürlichen und der unwillkürlichen Steuerung fällt außerordentlich schwer. Letztlich lebt jeder von uns in beiden Bereichen und muss sich nach besten Kräften einen Weg durch sie bahnen.

Glücklicherweise haben Sie diese Dinge zum weit überwiegenden Teil persönlich unter Kontrolle. Sie können sagen: »Heute will ich neu sein«, schon ist die Arbeit zu 90 Prozent getan. Sprechen Sie die Aussage: »Heute will ich neu sein«, so klar und mit solcher Hingabe aus – das ist hier der Kunstgriff –, dass die Botschaft fehlerlos und frei von aller Verwirrung empfangen wird.

Der springende Punkt dabei: Bei jeder Botschaft sind Sie zugleich Sender und Empfänger. Welch entscheidende Bedeutung diesem Umstand zukommt, darüber sind sich die meisten Menschen nicht im Klaren; sie haben eine in »ich« und »nicht ich« unterteilte Welt konstruiert. Und sobald sie diese Unterteilung vornehmen, stürmen Botschaften jedweder Art von außen auf sie ein. Denn »nicht ich« umfasst andere Menschen, die Welt im Ganzen, so auch die Natur selbst.

Ist hingegen alles »ich«, dann gehen sämtliche Botschaften von einem Aspekt des Selbst an einen anderen Aspekt. Der neue Tag, zu dem Sie heute Morgen erwacht sind – das sind Sie in anderem Gewand. Er besteht in frischen, von einer unsichtbaren und immateriellen Ebene des Selbst herrührenden Möglichkeiten. Das Gewand der äußeren Welt zu tragen erweist sich dabei als überaus wirkungsvoll. Wenn Sie das Telefon läuten hören und den Anruf entgegennehmen, hören Sie eine Stimme, die »nicht ich« ist. Was könnte überzeugender sein? Aber lassen Sie sich bitte nicht so leicht überzeugen! Jede Erfahrung, die Ihnen dieser Tag gebracht hat, war subjektiv. Aufgenommen, verarbeitet, beurteilt und integriert wurde sie von Ihrem Gewahrsein. Deshalb hat es diesen Tag im Gewahrsein gegeben, nirgendwo sonst. Und Sie *sind* Gewahrsein.

Keine zwei Menschen können den heutigen Tag auf dieselbe Art und Weise erleben. Nicht einmal eine einzige Minute können zwei Menschen in gleicher Weise erfahren. Da Sie also eine einzigartige Welt erleben, liegt es bei Ihnen, wie der jeweilige Augenblick aufgenommen, verarbeitet, beurteilt und integriert wird. Diese Aufgaben erledigt das Selbst.

Und das heißt: Wie das Selbst beschaffen ist, entscheidet darüber, was Sie dem Leben von einem Augenblick zum andern abgewinnen können. Auf einer oberflächlichen Ebene gibt es da eine andere Person, die am Telefon mit Ihnen spricht – ein »Nicht-Ich«. Auf der Seelenebene dagegen sendet ein Aspekt des Gewahrseins einem anderen Aspekt eine Botschaft.

Der gegenwärtige Augenblick ist der einzige »Ort«, an dem Erneuerung möglich ist, da wir alle jetzt, im gegenwärtigen Augenblick, und nur da, Botschaften empfangen. Dennoch, eine besondere Magie wohnt dem Jetzt nicht inne. Wenn ein fabelhafter Sternekoch ein verlockendes Essen vor Ihnen auf den Tisch stellt, hängt das Esserlebnis nicht von Ihrer Präsenz im Hier und Jetzt ab. Alles, worauf es ankommt, ist die Beschaffenheit des Selbst, das diese Erfahrung rezipiert. Ein zerstreuter Mensch wird das Essen kaum schmecken, ein deprimierter Mensch wird es wenig schmackhaft finden, doch wer verliebt ist, wird bei demselben Essen denken, es sei göttlich. Das Jetzt ist demnach wie ein offener Rezeptor im Gehirn, der auf das Geben und Nehmen der nächsten Botschaft wartet.

Falls Sie vollständig offen sind, Ihr Gewahrsein rege und locker, Ihr Geist frei von alter Konditionierung, dann freilich wird Ihnen das Jetzt magisch erscheinen. In Wahrheit sorgen allerdings Sie für diese Magie.

Sobald Sie sich wirklich darüber klar geworden sind, welche zentrale Rolle Sie spielen, wird es für Sie etwas ganz Natürliches sein, jeden neuen Tag als eine neue Welt willkommen zu heißen. All die Dinge, die den Anschein erwecken, es handele sich um dieselbe alte Welt, wohnen Ihnen inne. Indem Sie Ihr Augenmerk auf Ihre ganz persönliche Evolution richten, können Sie sich von diesen Dingen frei machen. Der Nebel, der die neue Welt verschleiert, wird sich dann immer weiter lichten, bis der Zeitpunkt kommt, an dem Erneuerung mühelos und spontan stattfindet. Das ist der Augenblick, in dem der Sender und der Empfänger einander in einer ununterbrochenen Umarmung begegnen.

Achter Schritt: Überlassen Sie dem Zeitlosen die Verantwortung für die Zeit

Man bringt uns bei, die Zeit klug zu nutzen. Wie aber sieht das praktisch aus? Für die meisten Menschen läuft es auf die eine oder andere Art von Zeitmanagement hinaus. Der Tag hat nur soundso viele Stunden. Wenn Sie also zu viel Zeit ungenutzt verstreichen lassen, ist der Tag bereits vorüber, bevor Sie auch nur die Hälfte all dessen, was Sie sich vorgenommen haben, erledigen konnten.

Ihre Seele betrachtet die Zeit jedoch nicht auf diese Weise. Ihr Bezugsrahmen ist zeitlos. Klugen Gebrauch von der Zeit zu machen bedeutet deshalb, sie zeitlos zu nutzen. Sollten Sie jemals von jemandem die Aussage gehört haben: »Mein Leben ist zeitlos«, haben Sie vielleicht angenommen, die oder der Betreffende sei tiefreligiös; und zeitlos zu sein sei gleichbedeutend mit, Gott nahe zu sein. Oder es handele sich um jemanden, der in der Wüste oder einem vergleichbaren Ort lebt, an dem die Zeit stillzustehen scheint. Natürlich gibt es noch weitere Möglichkeiten. Die- oder derjenige könnte etwa Meditation praktizieren – zum Beispiel ein/e Buddhist/in und somit bestrebt sein, dem Gefängnis der Zeit zu entkommen, um Nirvana zu erreichen. Das Wort *zeitlos* hat, mit anderen Worten, einen mystischen Beiklang, der es womöglich verwirrend und unpraktisch macht. Und wenn Sie einen realistischen Zugang zur Welt haben, versuchen Sie dann lieber, Ihre Zeit in dem Bemühen zu verbringen, all die Dinge, die Sie erledigt wissen wollen, in Ihren Tag hineinzupacken.

Das Zeitlose zu einer praktischen Option zu machen ist also sehr wichtig. Wenn Sie ihm den Rücken zukehren und vergessen, dass das Zeitlose existiert, schneiden Sie sich von Ihrer Seele ab, die Sie in Ihren täglichen Zeitplan definitiv nicht mit hineinpacken können. Ist es also vielleicht möglich, umgekehrt zu verfahren und Ihr Leben in einen zeitlosen Zeitplan hinein auszuweiten? Zwecks Annäherung an diese Frage überlegen Sie sich doch bitte einmal, in welcher Hinsicht Dinge vom Zeitlichen her schiefgehen können.

Um uns vor Augen zu führen, welche verborgenen Fallstricke die Zeit bereithalten kann, greifen wir am besten auf ein Beispiel zurück. Nehmen wir an, Sie haben sich zu einem Traumurlaub entschlossen, einer Reise auf die Bahamas, die für Sie so etwas sein soll wie die zweiten Flitterwochen. Mit Ihrem Mann sind Sie sich darüber einig, dass Sie beide schon lange eine etwas ausgedehntere Auszeit verdient haben; und indem Sie die restliche Familie zu Hause lassen, hoffen Sie, Ihre Beziehung zu neuem Leben erwecken zu können.

Ab jetzt laufen viele Dinge unglücklicherweise ganz anders als erwartet. Die Planung der Reise geht auf Kosten der wenigen kostbaren Freizeit, über die Sie verfügen, und so fangen Sie an, Ihrem Mann Vorwürfe zu machen, dass er nicht seinen Teil zu den Vorbereitungen beiträgt. Dann fällt Ihr Flug in die Karibik kurzfristig aus, was bedeutet, dass Sie einen Tag lang am Flughafen festsitzen. Bei der Ankunft auf den Bahamas fühlen Sie sich schließlich ganz ausgelaugt und sind irgendwie gar nicht imstande, sich zu entspannen – praktisch bis zu dem Tag, an dem Sie Ihre Heimreise antreten müssen. Obendrein verbringen Sie bis dahin mehr Zeit damit, sich wegen der daheimgebliebenen Kinder Sorgen zu machen, als wieder eine innige, von neuem Leben erfüllte

Beziehung zu Ihrem Gatten aufzubauen. Als der Urlaub zu Ende geht, fühlen Sie sich erleichtert. Einen Monat später kommt Ihnen die ganze Vorstellung von zweiten Flitterwochen wie eine weit entfernte Erinnerung vor.

Der Unterschied zwischen »eine gute Zeit verbringen« und »eine schlechte Zeit verbringen« lässt sich im Grunde auf die Zeit selbst zurückführen. Bei unserem Beispiel hier sind folgende Dinge schiefgelaufen:

- Die Zeit wurde zu knapp und zu beengend.
- Die Zeit hat Sie psychisch in Bedrängnis gebracht.
- Die unter dem Zeitdruck gemachten Erfahrungen kamen Ihnen leer und oberflächlich vor.
- Diejenigen Dinge, die aus Ihrer Sicht unbedingt stattfinden sollten, hat Ihnen die Zeit nicht geboten.

Kann Zeitlosigkeit diese Probleme lösen, erweist sie sich als eine außerordentlich praktische Angelegenheit, da auch wir uns täglich mit denselben Übeln herumplagen. Sehen wir uns zunächst einmal das Grundübel an, über das fast jeder klagt: die zu knapp bemessene Zeit. Unter dem Druck von Abgabeterminen und Stichtagen, neudeutsch Deadlines, mit den allzu vielen Anforderungen an die uns zur Verfügung stehende Zeit wird der Alltag für uns zu einem Wettlauf, in dem es zu viele Ziellinien gibt, die immer mehr außer Reichweite zu geraten scheinen, je schneller Sie rennen. Zeitmanagement ist ein Versuch, das Problem zu lösen, kann es jedoch bestenfalls abmildern. Die Arbeit wird all die Zeit ausfüllen, die Sie ihr geben. Die Lösung besteht darin, das Leben von einem Ort der Zeitlosigkeit aus zu führen.

Erst wenn die Zeit verschwindet, ist genug von ihr vorhanden. Das klingt paradox, doch hier folgt die tiefer gehende Erklärung dieses scheinbaren Paradoxons:

Die Zeit existiert keineswegs getrennt von Ihnen; sie ist ein Bestandteil Ihres Seins. Am Ausgangspunkt Ihres Seins, an Ihrer Quelle, werden sämtliche Geschehnisse mit vollendetem Timing angelegt. Der Anfang kennt das Ende. Ihnen wird genügend Zeit zugeteilt, damit Sie nicht nur alles Nötige verwirklichen, sondern ebenso die Erfahrung machen können, sich von A nach B zu bewegen. Anders ausgedrückt: Die Entfaltung der Zeit ist zugleich die Entfaltung des Selbst. Was Sie wirklich ausmacht, Ihr Selbst, kann durch die Zeit nicht eingeengt oder eingeschränkt werden.

Denken Sie an Ihren Körper zu jener Zeit, als Sie sich noch im Mutterleib befanden. Nur aus einem Grund dauert eine normale Schwangerschaft neun Monate: Die ganze Komplexität eines neugeborenen Kindes passt perfekt in diese Zeitspanne. Benötigt der Embryo weniger oder mehr Zeit, passt sich die Geburt entsprechend daran an. Es herrscht kein Druck, nichts und niemand schreibt vor, dass sich aus der Zeitspanne von neun Monaten ein vorgeschriebener Stichtag für die Geburt ergibt. Auf die gleiche flexible Weise ist alles, was Sie erreichen wollen, mit einem inneren Zeitplan versehen. Die Zeit richtet sich nach Ihren Wünschen, nicht umgekehrt. Wenn zwei Menschen dasselbe Buch lesen, kommt es zuvorderst darauf an, wer aus dem Buch den größten persönlichen Gewinn ziehen konnte; und nicht, wer zuerst mit der Lektüre fertig geworden ist.

Sobald Sie erst erkennen, dass Zeit vollkommen subjektiv und auf das eingestellt ist, was Sie vom Leben erwarten, löst sich diese ganze Vorstellung von Zeitdruck in Wohlgefallen auf. (Die britische Schriftstellerin Doris Lessing, die 2007 mit dem Nobelpreis für Literatur ausgezeichnet wurde, ist im Alter von vierzehn Jahren in Rhodesien von der Schule abgegangen und hat nie mehr eine Schule besucht. In einem Interview erklärte sie ihrem Gesprächspartner, dies habe sich als enormer Vorteil herausgestellt. Denn statt diejenigen Bücher lesen zu müssen, die für die Highschool und das College auf dem Lehrplan standen, war es ihr nun freigestellt, jedes ihr zusagende Buch auszuwählen, wenn – und zwar nur wenn – es sie interessierte. So zog sie den größten Gewinn aus allem, was sie las; und ihr Leben entfaltete sich in Einklang mit den Büchern, die sie in ihren Bann zogen.) Durch die Bindung an ein äußeres Zeitgefühl verfehlen Sie komplett den Sinn und Zweck des Daseins, der ganz und gar nicht darin besteht, Deadlines einzuhalten.

Das Zeitlose weiß die Zeit weitaus wirkungsvoller zu nutzen, als der menschliche Geist es sich jemals ausdenken könnte. Wir sind noch nicht einmal imstande, die elementaren biologischen Rhythmen zu organisieren, die so komplex und so stark ineinander verflochten sind, dass sie gänzlich der Natur überlassen bleiben müssen. Nichtsdestoweniger ist der Geist in der Lage, diese Rhythmen durcheinanderzubringen. Dasselbe gilt für die Zeit insgesamt. Der Geist mag willkürlich entscheiden, dass nicht genügend Zeit vorhanden ist, die Zeit knapp wird, Dinge rechtzeitig fertiggestellt sein müssen und dergleichen mehr. In Wirklichkeit kümmert sich jedoch das Zeitlose um die Zeit.

Stellen Sie sich vor, Sie verbringen ganz zwanglos eine Stunde damit, das Essen vorzubereiten, in einer Zeitschrift einen Artikel zu lesen und ein wenig leichte Hausarbeit zu erledigen. Alles geschieht ohne jede Zeitvorgabe. Zwar haben Sie eine vage Vorstellung, dass Sie das Essen möglichst zu einer bestimmten Uhrzeit auf den Tisch stellen möchten, ansonsten bereitet es Ihnen jedoch keinerlei Mühe, alles gut aufeinander abzustimmen. Ihnen bleibt sogar genügend Raum, über das Gelesene nachzudenken und vielleicht ein bisschen vor sich hin zu träumen oder sich über ein künftiges Projekt, das gerade erst in den Kinderschuhen steckt, Ihre Gedanken zu machen.

Stellen Sie sich noch einmal die gleiche Situation vor. Abweichend von der ersten Fassung, kommt lediglich ein Telefonanruf hinzu, in dem Sie erfahren, dass Ihr Mann seinen Chef zum Essen mit nach Hause bringen wird. An der Zeit hat sich nichts geändert, psychologisch haben Sie jetzt jedoch ein ganz anderes Verhältnis zu ihr. Jetzt verspüren Sie Druck. Und was zuvor so leicht von der Hand ging, wird nun von Besorgnis überschattet. Ihnen bleibt keine Zeit, den Artikel in der Zeitschrift zu lesen, geschweige denn nachzudenken, herumzuträumen oder für ein künftiges Projekt Pläne zu schmieden. Das Element des Zeitlosen, dessen hervorstechende Eigenschaft darin besteht, dass für Zeit gesorgt wird, ist Ihnen abhandengekommen. Wird die Aufgabe des Zeitmanagements dem Geist übertragen, wirkt die Ordnung, die er den Dingen aufzuerlegen sucht, im Vergleich zur spontanen Organisation des Zeitlosen unbeholfen und unbefriedigend.

Um ganz zu sein, müssen Sie das Zeitlose mit der Zeit verschmelzen lassen. Das ist nicht einfach nur die Frage einer veränderten Einstellung. Dazu müssen Sie tiefes Gewahrsein kultivieren, denn auf der Oberfläche verändert sich das Gewahrsein unablässig, da ein Ding nach dem anderen Ihre Aufmerksamkeit in Anspruch nimmt. Ein Fluss strömt an der Oberfläche besonders schnell dahin, während er am Grund nahezu unbewegt bleibt. Gehen Sie so an Ihren Geist heran, indem Sie die ruhigen, stillen Stellen in der Tiefe ausfindig machen, zu denen Sie durch Meditation Zugang gewinnen. Ähnlich wie bei einem Fluss sind die stillen Stellen in der Tiefe Ihres Geistes keineswegs von der Oberflächenaktivität völlig losgelöst. Auf jeder Ebene, in jeder Tiefe besteht der Fluss aus demselben Wasser und bewegt sich auf dasselbe Ziel zu. Allerdings wird die Reise sehr viel angenehmer, wenn Sie nicht wie ein dahintreibendes Blatt hin- und hergewirbelt werden.

Nicht nur im Sinn einer mystischen Metapher kann ein Fluss zur selben Zeit still und in Bewegung sein. Entsprechend besteht kein Grund, der Fähigkeit des Geistes, zur selben Zeit still und bewegt zu sein, eine mystische Note beizulegen. Das Zeitlose verschmilzt ebenso leicht mit der Zeit, wie Wasser sich mit Wasser mischt. Diese Erfahrung können Sie persönlich machen.

Wenn Sie dann entdecken, dass der Zeitdruck verschwindet, sobald Sie innerlich zur Stille finden, werden Sie unweigerlich auch den nächsten Schritt vollziehen. Und so werden Sie sehen: Niemals wird Ihnen die Zeit knapp und Sie sind an keine Deadline gefesselt, sobald Sie zulassen, dass das Zeitlose sich um die Zeitregulierung kümmert. Das Zeitlose bringt Freiheit, eine Qualität, die dann die Zeit durchdringt und Sie genau in diesem Moment frei macht.

Neunter Schritt: Erspüren Sie die Welt, statt den Versuch zu unternehmen, sie zu verstehen

Ihren Weg zur Ganzheit können Sie sich nicht ausdenken, aber Sie können Ihren Weg dorthin erspüren. Gegen Ende seines Lebens hat Leonardo da Vinci Hunderte Stunden mit dem Versuch zugebracht, aus den wirbelnden Mustern, die sich auf dem Weg flussabwärts im Wasser bildeten, schlau zu werden. Aber es ist ihm nie gelungen. Das Fließen des Wassers widersetzt sich der Analyse. Dasselbe gilt für den Fluss des Lebens.

Doch Sie sind mit Gewahrsein ausgestattet, das über alles Denken weit hinausreicht. Sie können einen Raum betreten und spüren, ob Spannung in der Luft liegt. Sie können spüren, ob jemand Sie liebt oder nicht. Auf einer subtileren Ebene können Sie spüren, ob Sie sich an einem für Sie richtigen Ort aufhalten bzw. ob Sie an diesem sicher sind. Solch subtile Gewahrseinsaspekte leiten unser Leben in weit höherem Maß, als den meisten Menschen klar ist. Zumal man in ihrer Abwesenheit sieht, wie hinderlich und lähmend es sein kann, wenn man die Welt nicht spürt.

Hierbei denke ich an die Erfahrungen eines jungen Mannes, der sich in eine Frau verliebt hat und rasch mit ihr zusammengezogen ist. Sie war ebenfalls sehr verliebt. Bald schon trat bei ihr allerdings ein eigentümlicher Anflug von Unsicherheit zutage. Wann immer der junge Mann ins Nebenzimmer ging, folgte sie ihm. Versuchte er, ein Buch zu lesen, dauerte es nicht lange, bis sie ihn fragte: »Woran denkst du im Moment?« Anfangs konnte er noch locker damit umgehen und antwortete ihr: »An nichts Besonderes. Weshalb fragst du?« Aber die Situation verschlechterte sich. Alle paar Minuten fragte sie ihn: »Woran denkst du gerade?« Was er ihr auch antwortete, nichts stellte sie zufrieden. Der junge Mann hatte keine Idee, worauf diese Obsession zurückzuführen war. Letzten Endes führte sie indes dazu, dass ihre Beziehung zerbrach.

Erst im Nachhinein wurde ihm klar, dass die junge Frau nicht in der Lage war, sich geliebt zu fühlen. Jedes Mal, wenn der junge Mann verstummte – beim Lesen, während der Arbeit am Computer oder wenn er überhaupt nichts tat –, überkam sie die panische Empfindung, dass er sie nicht liebte. Wenn sie fragte: »Woran denkst du gerade?«, hätte nur eine einzige Antwort sie zufriedenstellen können: »Ich denke an dich, meine Liebe.« Aber selbst auf diese liebevolle Antwort hin, hätte diese panische Empfindung sich ihrer fünf Minuten später erneut bemächtigt.

Am Beispiel der jungen Frau zeigt sich, wie es ist, wenn ein Mensch nicht spüren kann, dass er geliebt wird. Daraus resultierte eine lähmende, zur Beendigung ihrer Beziehung führende Behinderung. Falls Sie sich von vornehrein nicht liebenswert fühlen, können Sie nicht spüren, wenn ein anderer Mensch Sie liebt. Ein fest vorgegebener Gedanke blockiert Ihr Gewahrsein.

Ebenso wenig kann man Menschen, die sich nicht sicher fühlen, durch einen wie auch immer gearteten äußeren Schutz das Gefühl von Sicherheit vermitteln. Sich wertlos fühlende Menschen können durch keinerlei äußere Errungenschaft zu einem Selbstwertgefühl finden. Bei eingehender Betrachtung zeigt sich in all diesen Fällen, dass das Selbst von der Welt abgeschnitten ist. Wie wir uns fühlen, projizieren wir auf die Außenwelt. Falls Sie das Gefühl haben, nicht liebenswert zu sein, erscheint Ihnen die Welt lieblos. Fühlen Sie sich unsicher, kommt die Welt Ihnen gefährlich vor.

Aber ist denn die Welt nicht tatsächlich ein gefährlicher Ort? Sind wir nicht von lieblosen Handlungen und von einer weit reichenden Gleichgültigkeit umgeben? Durchaus, nur hat all das keinen absoluten Charakter. Manchmal erweist sich die Welt als gefährlich, meistens dagegen nicht. In vielen Situationen fehlt es an Liebe, dann jedoch kommt die Liebe ganz unvermutet in den finstersten Situationen zum Vorschein. Statt den Versuch zu unternehmen, die endlos sich wandelnde Welt zu verstehen, können Sie Ihren Weg erspüren und diesen Gefühlen vertrauen. Erst dann werden Sie wissen, was sich um Sie herum wirklich abspielt und entfaltet.

Ganz zu sein setzt eine höchst spezifische Empfindung voraus: *Ich bin genug.* Wenn Sie das spüren, wird die Welt ebenfalls genug sein. Falls Sie dagegen das Gefühl haben: »Ich bin nicht genug«, wird Ihnen auch die Welt nie genügen können. Sie werden ein vages Gefühl in sich tragen, dass es Ihnen in irgendeiner Weise an einer für die persönliche Erfüllung unentbehrlichen Zutat mangelt. So angestrengt Sie auch versuchen mögen zu verstehen, woran es Ihnen eigentlich fehlt, wird diese fehlende Zutat nie auffindbar sein.

Viele Male habe ich auf den vorangegangenen Seiten schon darauf hingewiesen, dass Ihr Körper Ihrer Seele näher ist, als Sie es sich vermutlich vorstellen. Und das ist jetzt nicht anders. Ihr Körper weiß, dass er genug ist. Zellen sind weder unsicher noch besorgt. Könnten sie sprechen, würden sie, ihrer Sache vollkommen gewiss, folgende Dinge äußern:

- Ich bin selbstgenügsam.
- Ich bin sicher.
- Ich weiß genau, wie ich mein Leben zu führen habe.
- Das Leben wird meinen Bedürfnissen und Erfordernissen gerecht.
- Ich bin da, wo ich hingehöre.

Die Wahrheit, die sie nicht in Worte fassen können, *leben* die Zellen, indem sie, jederzeit selbstgenügsam, in perfektem Zusammenspiel mit jeder anderen Zelle ihrer Rolle im Körper ohne Fehl und Tadel gerecht werden. Auf Ihrem Weg zu der Gewissheit, dass Sie genug sind, können Sie sich, indem Sie Ihren Körper zur Grundlage nehmen, an Ihrem Gefühl orientieren.

Vielleicht kennen Sie jene ziemlich weit verbreiteten Videoaufnahmen von einem Teenager, der als Kind an einer Form von Augenkrebs erkrankt ist. Der Junge hat nach seiner Erblindung ein individuelles Sonar erfunden. Wie ein Delfin lässt er in ganz kurzen Zeitabständen eine Sequenz von Schnalzlauten ertönen. Dann hört er auf das Echo, das die Laute hervorrufen, sobald sie von Objekten reflektiert werden. Auf diese Weise bewegt er sich mit verblüffender Anmut durch eine dunkle Welt. Er fährt eigenständig Fahrrad, spielt Basketball und übernimmt Hausarbeiten. Wenn er einen Bürgersteig entlanggeht und spürt, dass ihm ein Objekt im Weg steht, kann er die Schnalzlaute gezielt aussenden und »sehen«, dass es sich bei dem Hindernis beispielsweise um eine Mülltonne handelt, um die er dann einen Bogen macht.

In der medizinischen Literatur wird noch eine Handvoll weiterer Patienten ohne Augenlicht beschrieben, die solch eine Anpassung vollzogen haben. Offenbar gestattet ihnen ihr selbst geschaffenes Sonar, auf Klang basierende Vorstellungsbilder entstehen zu lassen.

Die Sache hat allerdings einen Haken: Das von Delfinen eingesetzte Sonar, die sogenannte Echolokation, erfordert eine unglaublich schnelle Abfolge von Klangimpulsen – bis zu 1750 Schnalzlaute pro Sekunde. Demgegenüber kann ein Mensch bestenfalls fünf Schnalzlaute pro Sekunde produzieren, nicht annähernd genug, um daraus ein geistiges Bild von den Objekten im nahen Umfeld auszugestalten. Wie aber sieht dann ein Mensch ohne Augenlicht?

Eine Antwort lautet: Der Körper verfügt über Augen, die keine Augen im engeren Sinn sind, sondern urtümliche Gehirnareale an der Schädelbasis gleich oberhalb der Wirbelsäule. Ohne zur Sehrinde und zu einem Augenpaar in Verbindung zu stehen, »sehen« diese Zellen, indem sie die äußere Welt unmittelbar spüren; ähnlich wie primitive einzellige Lebewesen dem Licht zustreben. Über das »autoskopische Sehen« *(autoscopic vision)*, wie das Phänomen genannt worden ist, wissen wir bis heute wenig. Dieses Phänomen könnte indes auch die durchaus gängige Vorstellung erklären, der zufolge man quasi im Hinterkopf Augen hat – im gerade beschriebenen Sinn verhält es sich buchstäblich genau so. (In verlässlich nachvollziehbaren Versuchen wurde beispielsweise nachgewiesen, dass die Versuchspersonen es spüren können, wenn jemand sie von hinten anblickt.) Der frappierendste Beleg für dieses Phänomen sind Menschen, die sehen können, wie der eigene Körper vor ihnen steht. Neurologen haben eine Handvoll Personen dokumentiert, die eine derartige Wahrnehmung beschreiben. Bei jenen Nahtoderfahrungen, bei denen die betroffene Person davon berichtet, sich in die Luft erhoben und auf den eigenen Leichnam hinuntergeblickt zu haben, könnte gleichfalls eine gewisse Art von autoskopischem Sehen eine Rolle gespielt haben.

Diese Beispiele liefern nicht etwa eine plausible Erklärung für Nahtoderfahrungen oder für Blinde, die zu sehen vermögen. Vielmehr zeigen sie uns, dass das Gewahrsein wesentlich weiter reicht, als wir gemeinhin annehmen. Der Körper ist auf ein Gewahrsein hin angelegt, das über die fünf Sinne weit hinausreicht. Sollten Sie glauben, das treffe nicht zu, blockieren Sie durch diese Geisteshaltung möglicherweise jenes subtile Gewahrsein, das dazu dient, Sie zu leiten. Ebenso steht es Ihnen jedoch frei zu akzeptieren, dass subtiles Gewahrsein real vorhanden ist. Sobald Sie das tun, wird das Erspüren des Weges, der Sie durch die Welt führt, zu einem entscheidenden Bestandteil der spirituellen Reise.

Kommen wir noch einmal kurz auf die junge Frau zurück, die zu fragen pflegte: »Woran denkst du gerade?« Hätte sie über entsprechendes Gewahrsein verfügt, hätte sie gespürt, welch eine Panik ihrem zwanghaften Fragen zugrunde lag. Durch Einstimmung auf dieses Panikgefühl wäre sie gewahr geworden, dass sie sich ungeliebt fühlte. Daraufhin wäre sie dem Gefühl auf den Grund gegangen und zu dem Schluss gelangt, dass sie letzten Endes das Empfinden hat, nicht liebenswert zu sein. Damit ist dann ein Wendepunkt erreicht, denn sie steht nun vor einer Entscheidung. Nicht liebenswert zu sein ist entweder eine Tatsache, die alle Welt immer wieder von Neuem auf höchst schmerzliche Weise bekräftigt; oder es ist etwas, was sie im Innern selbst heilen kann. Falls sie die Entscheidung trifft, sich zu heilen, besteht das Heilmittel darin, wieder zu ihrem tiefgründigsten Gewahrsein in Verbindung zu treten: ihrer Seele. Denn sie ist die Quelle des Gefühls, liebenswert zu sein.

Anstelle von »Ich bin nicht liebenswert« kann man hier auch vergleichbare Aussagen einsetzen wie etwa: »Ich bin nicht sicher.« Oder: »Ich bin unerfüllt.« Oder: »Mein Leben hat keinen Sinn.« Jeder Mangel, den Sie empfinden, lässt sich darauf zurückführen, dass Sie von Ihrer Quelle abgeschnitten sind. Darum können Sie, Ihrem Gespür folgend, dorthin zurückkehren und die innere Bruchstelle heilen. In ihrer gesamten Existenz hängt die Seele von der Gewissheit ab, dass sie genug ist. Da sie ein Ganzes ist, kann nichts außerhalb von ihr existieren. Indem Sie wieder zu Ihrer Seele in Verbindung treten, Schritt für Schritt Ihrem Gespür folgend, wird Ihr Gewahrsein sich verändern. Nun wird für Sie spürbar, wer Sie wirklich sind. »Ich bin genug.« So lautet das Ziel aller spirituellen Suche.

Die gute Nachricht: Da dies Ihr natürlicher Zustand ist, wird Ihr Streben nach Ganzheit – sofern Sie Ihrem Vorhaben die Treue halten – unweigerlich von Erfolg gekrönt sein.

Zehnter Schritt: Begeben Sie sich auf die Suche nach Ihrem persönlichen Geheimnis

Die Ganzheit wird Ihnen beschieden sein, sofern Sie es wollen. Menschen wollen eine Arbeit haben, ein Auto, ein Haus, Geld und eine Familie. All dies bekommen sie, weil sie sich entsprechend darum bemühen, und die Gesellschaft ist dazu da, es möglich zu machen. Die Gesellschaft ist hingegen nicht dazu geschaffen worden, dass wir Ganzheit verwirklichen können. Alles Spirituelle ist in einer anderen, vom materiellen Leben getrennten Schublade untergebracht worden. Zwar haben manche Menschen in der Tat eine so starke religiöse Überzeugung, dass sie in jeglicher Hinsicht ein christliches Leben, ein jüdisches Leben oder ein moslemisches Leben führen wollen. Sich einer Religion zu widmen hat den Vorteil, dass Ihnen ein vorgezeichneter Weg mitsamt der starken Unterstützung durch eine große Gruppe gleichgesinnter Menschen zur Verfügung steht. Das mit der Hingabe an einen religiösen Weg verbundene Problem liegt in der von Ihnen geforderten Anpassung. Und selbst wenn Sie sich so gut anpassen, dass aus Ihnen ein perfekter Christ, Moslem oder Jude wird, liegt darin keine Gewähr, dass Sie dadurch ganz sein werden.

An zwei Tatsachen führt kein Weg vorbei: Es ist notwendig, dass Sie Ganzheit mit ebenso großem Eifer erreichen wollen, wie Sie ein Auto, ein Haus, Geld und eine Familie haben wollen. Außerdem müssen Sie gewillt sein, den Weg allein zu gehen. Ich war tief bewegt, als Jahre nach Mutter Teresas Tod ihre Privatkorrespondenz veröffentlich wurde und die »Mutter von Kalkutta« offenbarte, niemals habe sie Gott erfahren. Trotz ihres jahrzehntelang hingebungsvoll geübten Dienstes an den Armen und so gar nicht passend zu dem Bild von der vollendeten Heiligen, das die Öffentlichkeit sich von ihr machte, hatte Mutter Teresa das, was sie erreichen wollte, nicht erreicht – persönliche Gotteserkenntnis. In den Augen vieler Menschen war dies eine deprimierende Enthüllung. Wenn selbst eine Heilige ihre spirituellen Ziele nicht verwirklichen konnte, wie sollen wir das dann schaffen? Die Antwort, so mein Vorschlag, ist in der

Suche nach Ihrem persönlichen Geheimnis zu finden – nicht nach einem, das Ihnen jemand anderes überreicht hat. Die Buddhisten bringen dies in dem Leitsatz zum Ausdruck: »Begegnest du dem Buddha auf dem Weg, so töte ihn.« Soll heißen: Falls Sie feststellen, dass Sie versuchen, einem vorgefertigten Ideal gerecht zu werden, machen Sie sich schleunigst von dieser Vorstellung frei!

Das Geheimnis des Lebens ist dasjenige Geheimnis, das zu lösen Ihnen aufgegeben wurde. Jeden Schritt auf dem Weg gilt es ohne vorgefasste Vorstellungen zu gehen. Es gehört schon einiges dazu, voll Leidenschaft bei der Sache zu sein, ohne dabei ein festes Ziel vor Augen zu haben. Um wie viel leichter ist es da doch, sich zu sagen: »Eines Tages werde ich perfekt sein.« Oder: »Eines Tages werde ich Gott begegnen. Und Er wird mich lieben.« Wenn Sie ein fest definiertes Ziel verfolgen, werden Sie jedoch einer Eisenbahn gleichen, deren Räder auf beiden Seiten von einer Schiene in der Spur gehalten werden und die sich aus eigenem Entschluss weder nach rechts noch nach links bewegen kann. Die Fähigkeit, sich von jetzt auf gleich in jede gewünschte Richtung bewegen zu können, ist aber von ganz entscheidender Bedeutung. Das Leben kommt nicht auf Eisenbahnschienen auf uns zu, sondern aus allen Richtungen. Aus diesem Grund benötigen wir vollständige Bewegungsfreiheit. Und das bedeutet selbstverständlich auch: vollständige Entscheidungsfreiheit. Ein leidenschaftlicher Freiheitsdrang wird Ihnen auf jeder Stufe des spirituellen Weges zugutekommen.

Überaus plastisch ist dies unlängst mittels eines Tierexperiments veranschaulicht worden, das zeigen sollte, wie Mäuse Glück erleben. Zoologen definieren Glück bei Mäusen als eine Gehirnreaktion. Wenn eine Maus frisst, leuchten unter Hinzuziehung bildgebender Verfahren bestimmte, auf Zufriedenheit und Wohlbehagen hinweisende Hirnareale auf. Wenn die Maus später an die Nahrung erinnert wird – durch den Geruch zum Beispiel –, reicht das aus, um die gleichen Areale erneut aufleuchten zu lassen. Bei uns Menschen stellt sich die Situation ähnlich dar. Erhalten wir Signale, die uns an Glückszustände erinnern (nicht unbedingt nur Essensdüfte, sondern auch Bilder von unseren Lieben oder ein Filmbericht über einen traumhaft anmutenden Tropenstrand), leuchten die mit Glückserfahrungen in Verbindung stehenden Bereiche des Gehirns bei uns auf.

Dann zeigt sich hier allerdings etwas Merkwürdiges. Wird eine Maus an etwas erinnert, was bei ihr Glücksgefühle ausgelöst hat, versucht sie die Reaktion zu verstärken. Der Geruch von Nahrung macht sie hungrig, daraufhin will sie fressen. Menschen dagegen streben nicht in solch einer linearen, vorhersehbaren Art und Weise nach Glück. In Bezug auf das Gehirn ergibt Perversität keinen Sinn. Zeigt das Gehirn eine Glücksreaktion, wäre es eigentlich natürlich, das entsprechende Areal dazu zu bringen, so oft wie möglich aufzuleuchten. Im Käfig gehaltene Tauben werden dieselbe Aufgabe tausendmal ausführen, wenn ihnen das zu ein paar Körnern Futter verhilft. Im Unterschied dazu verzichten Menschen auf Essen, da wir uns über die Biologie hinwegsetzen können. Eine in Armut lebende Mutter entsagt ihrer Mahlzeit, damit ihr Kind etwas zu essen hat. Ein politischer Idealist wie Gandhi fastet, um die britische Kolonialmacht, die sein Volk unterdrückt, aufzurütteln. Ein Supermodel lebt von Diätkeksen und Zitronen, um die Figur zu wahren, die es ihr erlaubt, weiterhin als Model zu arbeiten. In Anbetracht der Situation könnte einem Hirnforscher in all diesen Fällen das Wort *pervers* in den Sinn kommen, *transzendent* wäre allerdings ein geeigneteres Wort.

Wir überwinden den biologisch gegebenen Drang, damit wir höher hinausgelangen, damit wir eine Leitvorstellung von Glück verwirklichen, die über das uns heute zu Gebote stehende Glück hinausgeht, es transzendiert. Zu essen ist eine biologische Notwendigkeit, zu transzendieren ist hingegen eine menschliche Notwendigkeit. In einem Zuwachs an Bedeutung, an Sinnhaftigkeit, an Intensität und an Ganzheit – darin besteht für uns höheres Glück. Millionen Menschen beziehen diese Dinge aus ihrer Arbeit, dem Haus, dem Auto, dem Bankkonto und ihrer Familie. Falls Sie die Vorstellung hegen sollten, dass Sie einen Zustand vollkommener Erfüllung erreichen, sobald Ihnen all das zur Verfügung steht, hält die Wirklichkeit eine Überraschung für Sie bereit: In dem Augenblick, in dem Sie ein bestimmtes Zufriedenheitsniveau, egal welches, erreicht haben, tut sich vor Ihnen ein neuer Horizont auf – und Ihr Verlangen, jenen Horizont zu erreichen, wird nicht minder stark sein als irgendein anderes starkes Verlangen, das Sie auf dem bis hierher führenden Weg angetrieben hat.

Darin besteht letzten Endes das Geheimnis: Mit begrenzter Erfüllung kann sich der Mensch nie zufriedengeben. Uns wohnt der Drang inne, darüber hinauszugelangen, zu transzendieren. Sosehr Sie möglicherweise versuchen, diese Sehnsucht zu ignorieren, sie lässt sich nicht unterdrücken. Daher werden Sie ein besseres Glück anstreben. Indem Sie das tun, werden Sie weiter nach Ihrem persönlichen Geheimnis suchen. Und dieses Geheimnis ist eines, das die ganze Menschheit betrifft. Es bringt Sie hinauf auf die Stufe von Buddha und Jesus; und es bringt Buddha und Jesus hinunter auf Ihre Stufe. Dieses Sehnen nach Transzendenz vereint Sie mit allen anderen Seelen. Ein leidenschaftliches Verlangen, ganz zu sein, werden Sie deshalb niemals entfachen müssen. Denn es wohnt Ihnen längst inne. Es ist Ihr angeborenes Recht.

Resümee:
»Wer hat mich gemacht?«

Indem die richtigen Fragen gestellt werden, geht das Leben weiter voran. Meine erste Frage, an die ich mich erinnern kann (und die meine Kinder wiederum an mich gerichtet haben), lautete: »Wer hat mich gemacht?« Kinder wollen unbedingt wissen, wo sie herkommen. Das liegt in ihrer Natur. Kinder nehmen die Schöpfung persönlich, so sollte es auch sein. Doch in ihrer Unschuld werden sie in die falsche Richtung gelenkt. Man erzählt ihnen, Gott habe sie gemacht oder ihre Eltern hätten sie gemacht, statt ihnen die Wahrheit zu enthüllen: Niemand von uns weiß wirklich, wer uns gemacht hat. Hier haben wir es mit einem der tiefsten Mysterien zu tun. Und was ist uns dazu eingefallen? Nichts als Klischees. Mit einem Achselzucken reichen wir die Antwort weiter, die unsere Eltern uns damals gegeben haben.

Nur indem Sie erkunden, wer Sie sind, können Sie die Wahrheit herausfinden. »Wer hat mich gemacht?«, ist schließlich die intimste und persönlichste Frage überhaupt. Denn Sie können einfach nicht wissen, wo in aller Welt Sie hingehören, solange Sie nicht wissen, wo Sie hergekommen sind. Falls Sie der religiösen Antwort, dass Gott Sie geschaffen hat, Glauben schenken, haben Sie eine Glaubensgewissheit, allerdings kein nützliches Wissen. Das Mysterium des Lebens ist ausgegliedert – der Genesis überlassen – und das Buch geschlossen worden.

Darum haben sich Menschen, die auf nützliches Wissen bedacht sind, den Naturwissenschaften zugewandt. In den

Naturwissenschaften vertritt man den Standpunkt, in der Schöpfung seien die Kräfte des Zufalls zugange, alles sei letztlich auf wirbelnde, zum Zeitpunkt des Big Bang in einem explosionsartigen Prozess entstandene Gase zurückführbar. Diese Sicht der Dinge verhilft uns immerhin zu einer weiterhin sich fortsetzenden Schöpfung: Energie und Materie werden noch auf Milliarden Jahre hinaus neue Formen hervorbringen, bis ein erschöpftes Universum keine Energie mehr abzugeben hat.

Wer sich für das naturwissenschaftliche Wissen entscheidet, zahlt dafür allerdings einen gewaltigen Preis. Denn Sie haben dann keinen liebenden, fürsorglichen Schöpfer mehr. Wie jedes andere Objekt ist Ihr Körper ein Zufallsprodukt aus dahintreibendem Sternenstaub – aus Sternenstaub, der ebenso gut durch ein schwarzes Loch aus der raumzeitlichen Existenz hätte herausgesaugt werden können. Das Leben hat aus dieser Sicht keine letztgültige Bedeutung und kein Ziel, abgesehen von jenen Zielen, die wir uns ausdenken und um deretwillen wir miteinander in Streit geraten oder gegebenenfalls kämpfen.

Weder die eine noch die andere Antwort habe ich je akzeptieren können. Mein Zweifel hat den Anstoß zu diesem Buch gegeben, in dem ich eine dritte Möglichkeit anbiete. Für den Körper, der in seiner hochgradig vervollkommneten Ordnung und Intelligenz einem in Vergessenheit geratenen Wunder gleichkommt, habe ich die Aura des Geheiligten, seine sakrale Natur wieder in Anspruch zu nehmen und zugleich nützliches Wissen von der Art, wie die Naturwissenschaften es anstreben, mit hinzuzusteuern versucht. Um solches Wissen enthüllen zu können, mussten wir jenes unsichtbare Territorium überqueren, auf dem der Materialismus sich unwohl fühlt. Doch obgleich solche Dinge wie Gewahrsein, Intelligenz, Kreativität und die Seele unsichtbar sind, sollten wir uns nicht dazu hinreißen lassen, sie als unwirklich abzutun. Für uns Menschen sind sie real und genau darauf kommt es letztlich an, da das Mysterium, das wir lüften wollen, unser ureigenstes ist.

Ich hoffe, dass die Argumente, die ich zugunsten einer Neuerfindung des Körpers im Sinn von Energie und Gewahrsein aufgeführt habe, für Sie nachvollziehbar und glaubhaft gewesen sind. Ich bin von ihnen überzeugt – von ganzem Herzen. Ebenso bin ich davon überzeugt, dass es gilt, die Seele in unseren Alltag zurückzubringen. Aber im Hinterkopf höre ich mich weiterhin jene Frage stellen, die ich schon als Vierjähriger auf den Lippen hatte: »Wer hat mich gemacht?«

Mit ihr, der schlichtesten, nichtsdestoweniger tiefgründigsten aller Fragen, bewahrheitet sich ein spiritueller Leitsatz: *Der Weg ist die Antwort*. Um Ihren Schöpfer zu finden, müssen Sie das Universum erkunden, bis er (oder sie) sich zeigt. Im Altertum meinte man in Indien, im Menschen manifestiere sich in komprimierter Form die gesamte Schöpfung. Um das Universum zu erkunden, brauche man darum bloß sich selbst zu erkunden. Falls Sie sich jedoch der Lehre von der Priorität der Außenwelt verpflichtet fühlen, dem Objektivismus, können Sie umgekehrt vorgehen, indem Sie ebenjene Außenwelt erkunden. Indem Sie jedem Hinweis folgen, werden Sie so schließlich an die letzte oder äußerste Grenze der Schöpfung geführt werden – und von Ehrfurcht überwältigt sein. Albert Einstein hat erklärt, keine große wissenschaftliche Entdeckung sei je gemacht worden; außer von denjenigen, die sich voll Erstaunen und Bewunderung vor dem Mysterium der Schöpfung niederknien. Erstaunen ist ein subjektives Gefühl. Auch wenn Sie sich nach draußen wenden, werden Sie letzten Endes mit sich selbst konfrontiert. Eine funkelnde Galaxie ist nur dann großartig und wunderbar, wenn das menschliche Auge sie erblickt. Und das Bedürfnis, unser Erstaunen zu verstehen, ist ein zutiefst menschliches Bedürfnis.

An anderer Stelle in diesem Buch habe ich einen alten Guru zitiert, der gesagt hat, Gott könne man am besten dadurch begegnen, dass man seine (oder ihre) Schöpfung so sehr bewundert, bis der Schöpfer sich schließlich aus dem Unsichtbaren entbirgt, um Sie kennenzulernen. Ähnlich wie bei dem Künstler, dem zu Ohren kommt, dass jemand für seine Bilder unbändige Begeisterung empfindet. Welcher Künstler könnte der Versuchung widerstehen, solch einen Bewunderer persönlich kennenzulernen?

Selbstverständlich steckt in dieser schlichten Geschichte durchaus eine Finesse. Denn wer die Schöpfung bis zu dem Punkt erkundet hat, an dem er über Licht und Schatten, Gut und Böse, Innen und Außen hinausgelangt ist, hat zu Gott bereits Verbindung aufgenommen. An dem Punkt verbindet nunmehr Ihren Schöpfer und Sie die Liebe zu denselben Dingen. Die Antwort auf die Frage: »Wer hat mich gemacht?« kann dann nur lauten: »Ich habe mich selbst gemacht.«

Auf die Empörungsschreie jener, die in der Vorstellung, der Mensch habe sich selbst geschaffen, eine Blasphemie sehen, können wir uns gefasst machen. Doch niemand versucht hier, sich Gottes Vorrechte unter den Nagel zu reißen. Die Ebene, auf der wir uns erschaffen, ist die Ebene der Seele. Die Seele ist Ihr geheiligter Körper, die Kontaktstelle, an der die Unendlichkeit und die relative Welt einander berühren. Diesbezüglich stimme ich Einstein nicht zu. Aus meiner Sicht muss das menschliche Gewahrsein der Unendlichkeit nicht in Ehrfurcht gegenüberstehen. Der denkende Geist mag dazu gezwungen sein. Wo jedoch das Denken uns seine Dienste versagt, steht es dem Bewusstsein frei weiterzugehen. Die Liebe, das Verlangen, die Kunst, die Musik,

Güte, Uneigennützigkeit, Intuition, Weisheit und Leidenschaft – all diese Dinge, die das Leben erst lebenswert machen, waren nie eine Erfindung des Denkens. Wenn der denkende Geist in Ehrfurcht vor Gottes Schöpfung zum Stillstand kommt, hat die Liebe noch Lichtjahre vor sich; und das Verlangen zieht weiter seine Kreise. Der hier beschriebene Prozess, die Neuerfindung des Körpers und die Wiederweckung der Seele, beinhaltet eine Reise. Diese Reise geht nie zu Ende.

Dank

In diesem Buch ging es mir darum, das Leben als einen Prozess zu erfassen. Wie wahr das ist, wird einem, während die Produktion eines Buches über die Bühne geht, erst so richtig bewusst. In dem Fall hat der Prozess einen scharfsinnigen und wohlwollenden Lektor wie Peter Guzzardi benötigt, der es versteht, auf Abwege geratende Kapitel wieder auf den richtigen Weg zurückzugeleiten. In vielerlei Hinsicht ist er der klammheimliche Autor der endgültigen Textfassung. Von ganz entscheidender Bedeutung war für dieses Buch ein hilfreiches Umfeld. Dieses wurde seitens des Verlages durch Shaye Areheart und Jenny Frost bereitet. Ohne ihren Glauben an das gedruckte Wort hätte meine Niederschrift niemals einem höheren Zweck zugutekommen können. Nicht weniger unentbehrlich sind diejenigen Menschen, die sich um all die Details des Produktionsprozesses kümmern und einem Autor das Leben erleichtern – in diesem Fall Tara Gillbride, Kira Walton und Julia Pastore. Mein Dank gilt euch allen; und wie immer auch Carolyn Rangel, der getreuen rechten Hand, die stets weiß, was die linke gerade tut.

Anmerkungen des Übersetzers

[1] Matthieu Ricard, *Glück*, übers. v. Christine Bendner, nymphenburger, München 2007, S. 270f. u. S. 274.
[2] Spleißen: Zwecks Modifikation genetischen Materials wird die DNS zerschnitten. Anschließend werden die Segmente so zusammengefügt, dass nun andere DNS-Stücke zusammentreffen oder bestimmte Stücke komplett entfallen. Den ganzen Vorgang könnte man mit dem Schneiden und Zusammenkleben eines Tonbands oder eines Filmstreifens vergleichen.
[3] Das Medikament enthält den Wirkstoff Fluoxetin; in Deutschland ist es u.a. unter den Handelsnamen Fluxet und Fluctin in Umlauf.
[4] Es gibt sogar ein Volk, das *keinerlei* Zahlen kennt (und im Übrigen auch keine Worte für Vergangenheit und Zukunft). Siehe: Daniel Everett, *Das glücklichste Volk: Sieben Jahre bei den Pirahã-Indianern am Amazonas*, übers. v. Sebastian Vogel, DVA, München 2010.
[5] Abspanntransformator: ein Trafo, der je nach Bedarf die Stromspannung vermindert – beispielsweise von 220 V auf 12 V wie die Trafos bei vielen Niedervoltlampen.
[6] »die schwachen Kräfte«: Gemeint sind die schwachen Kräfte oder Wechselwirkungen im kernphysikalischen Bereich.
[7] Ebenezer Scrooge: Die Hauptfigur in Charles Dickens' Erzählung »A Christmas Carol« (»Eine Weihnachtsgeschichte«).
[8] Im englischen Original »the ghost in the machine« ist diese Doppelsinnigkeit von »Geist« im Sinn der deutschen Pluralform, die im folgenden Satz noch einmal zum Tragen kommt, offensichtlicher.
[9] Daniel Gilbert: *Ins Glück stolpern: Über die Unvorhersehbarkeit dessen, was wir uns am meisten wünschen*, übers. v. Burkhard Hickisch, Riemann, München 2006.
[10] »Early to bed, early to rise, makes a man healthy, wealthy and wise.«